北京三山五园石刻文化

北京『三山五园』石刻文化

吴梦麟
陈　辉　著

北京燕山出版社

丁酉中秋

北京三山五园石刻文化

谢辰生题 时年九十又六

前言

“三山五园”是清代皇家园林中最为重要的组成部分之一。所谓“三山”指的是香山、玉泉山和万寿山，而“五园”则除了香山静宜园、玉泉山静明园和万寿山清漪园（颐和园）之外，还包括圆明园和畅春园。以“三山五园”为核心，加之围绕皇家园囿而建造的众多皇家赐园、私家园林、寺观等，构成了京西园林文化的独特风采，是北京历史文化以及中华文明的一枝奇葩，为国内外所瞩目，并得到许多研究机构和学者的青睐，从不同的视角著书立说，呈现出一派繁荣的景象。因研究这一课题涉及历史、园林、建筑、文物等诸多方面，具有特殊的跨学科特点。老一辈学者已做了许多工作，尤其清史泰斗戴逸已在其《乾隆帝及其时代》一书中收“三山五园”作为历史专题，在详细梳理了其兴建的历史脉络之后，进而总结分析了其对清代京城乃至当代北京城市格局的影响，以高屋建瓴之势，提出了对史学界研究清代皇家园林的指导意见。此外，还有王道成、张宝章、张恩荫等学者也从不同的角度写了许多专著。近年来“三山五园”

方面的研究热度一直在增强，海外学者们也提出了不少观点，如《清代皇家园林史料汇编》等。我们二人在这种热潮的感召下，心中也不时涌动一些设想，希望能加入这一行列中来，并发挥我们专业的优势，做些添砖加瓦的工作。目前已出版的相关书籍中多以建筑为研究对象，着眼在园中的山形水系、遗存建筑等方面，对一些重要的释名或抒发感情、记录事件的石刻类文物关注不够。有的研究内容也多收录碑刻、石雕列目，而撰刻在石头上的文字及形制多被遗漏，十分可惜。清代皇家园林中有许多特殊质地、形制的石刻，一般只在北京才能存留，如昆仑石、太湖石等，除质地精良外，其上镌刻的文字也具史料价值和艺术价值。我们在确定了“三山五园”的石刻研究这一课题后，以当代关于石刻学的理念指导我们的研究，即按摩崖、刻石、碑碣、墓志、刻经、帖石分类。许多建筑上的匾、联，石桥上的券石多为皇帝御书题刻，此次我们大胆地将其分在刻石类中，目的是将园中石刻尽量收全。对分布在建筑、遗址上的石刻及摩崖石刻逐一进行登记、录文，按文物登记的要求进行，争取多收录一些。同时还从文献中摘录了已佚或尚未发现的石刻文字，使其成为供读者欣赏和研究的资料。

我们在工作中采取田野勘查与室内整理相结合的方法，以考古的视角和方法进行。愿望已有，就勇往直前，但思路是否全面、得当，仍需得到社会的认可，我们等候诸家的宝贵意见。

吴梦麟

陈　辉

2017年12月

目录

第一章

『三山五园』石刻文化概说

壹 『三山五园』概说

[一]关于“三山五园”的定义

“三山五园”是今天对清代在北京西郊建成的五座大型皇家园林的简称。在清代官方档案中，目前并未发现“三山五园”的专称。“三山”指香山、玉泉山和万寿山，这是学界的共识。乾隆朝中期，清廷设有“三山大臣”管理此处的事务。在《大清会典·内务府苑囿》中有“三山职掌”条目。“五园”在清代档案中没有固定的指称，因此有不同的说法。目前学界普遍认为，在香山、玉泉山、万寿山分别建有静宜园、静明园、清漪园（颐和园），再加上畅春园和圆明园合称为“五园”。也有的学者认为“三山”与“五园”有所重复，因此“五园”指“圆明五园”，即圆明园、长春园、绮春园和熙春园、春熙院。[1] 圆明园包括圆明园、长春园、绮春园三园，乾隆三十二年（1767）皇室赐园“熙春园”并入圆明园，乾隆四十五年（1780）皇室赐园“淑春园”改名“春熙院”归入圆明园，此时圆明园有“五园”之盛。但嘉庆七年（1802）嘉庆帝将“春熙院”赐给庄静固伦公主，道光二年（1822）道光

1 张恩荫：《五园三山溯源》，《圆明园》学刊第十五期。

帝又将“熙春园”分赐给皇亲绵恺和绵忻，“圆明五园”又恢复成“圆明三园”。从乾隆四十五年至嘉庆七年（1780—1802）间“圆明五园”仅存在了二十二年。本书采用目前普遍的说法即“五园”指：静宜园、静明园、清漪园（颐和园）、畅春园和圆明园，这也是狭义上所指的“三山五园”。由于清帝经常在“三山五园”中驻跸，这些皇家园林周围还有众多皇室赐园，大臣们也纷纷在附近修建或租赁宅院，同时这里还建有兵营、寺庙等为权贵们服务的建筑。清末震钧在《天咫偶闻》一书中描述此处景观：“朱门碧瓦，累栋连甍，与城中无异。”[2] 因此广义上的“三山五园”指北京西郊的广大区域内，以五座皇家园林为核心，包括周围建造的众多皇家赐园、私家园林、寺观、兵营等构成的亭榭相连、山水相望、蔚为壮观的建筑群。本书以介绍皇家园林石刻为主题，因此采用狭义“三山五园”的概念。

清代“三山五园”的建成经康熙、雍正、乾隆三朝，前后历时 150余年，总面积达到 1500多公顷。但北京西郊作为皇家行宫与园林景群的建设地，其发轫可追溯到公元 11世纪的辽金时期，而颐和园的重建则是在晚清时期，前后建设延续的时间长达 800多年，具有深厚的历史文化底蕴，代表了我国古典园林造园艺术的最高水平。“三山五园”是清帝及皇室成员日常生活的主要居所，亦为其处理王朝政务的重要场所，是清廷在紫禁城外的另一处政治中心。它的兴建、繁盛与衰落，见证了当时社会的变迁，王朝的盛衰，也汇聚了清代思想、文化艺术之精华。“三山五园”多次遭野蛮的劫掠、焚烧和破坏，原有建筑有的如今已经荡然无存，有的尚存遗址，有的保存相对完整，被列入各级文物保护单位，颐和园还被联合国教科文组织列入《世界遗产名录》。

[二] 清帝选定北京西郊修建皇家园林

女真族崛起于白山黑水之间，入关前过着游牧、渔猎的生活。顺治皇帝在北京登基之后，很不适应这里盛夏溽暑的气候和紫禁城封闭枯燥的生活，便在京城南郊明代

2 震钧：《天咫偶闻》，北京古籍出版社，1982年版。

南海子的基础上修建了供皇室骑射、避暑的南苑行宫。康熙早期在京郊活动的主要地点也是南苑。北京西郊具有得天独厚的地理环境、自然环境和深厚的历史文化内涵。康熙十四年（1675），康熙开始在西郊活动。此后清帝命工匠融合多元文化，结合自然山水形胜及历史文化遗存，运用极高的造园技巧，在北京西北郊先后修建了功能互相补充、景观相互因借的“三山五园”皇家园林建筑群。

1.优越的自然环境

北京西郊气候宜人，山脉蜿蜒，泉脉丰沛，植被茂密，地理位置适宜，距京城较近，又能摆脱城市的喧嚣。清帝对山林有着天性的亲近，西郊的湖光山色比紫禁城对他们更具吸引力。太行山余脉西山以及西山余脉玉泉山和瓮山逶迤连绵。香山双清泉、玉乳泉等丰沛的泉水流出西山后渗入地下，从玉泉山喷涌而出，泉水与万泉河水汇流于瓮山泊。清人吴长元在《宸垣识略》中描述了这里的景色：“流泉满道，或注荒地，或伏草径，或散漫尘沙间。春夏之交，晴云碧树，花香鸟声，秋则乱叶飘丹，冬则积雪凝素。”[3] 丰沛的泉水和绵延的西山是大自然造就的天然图画，这里具有如同江南水乡般的山水自然景观，为兴建园林创造了得天独厚的先天条件。

2.深厚的历史文化积淀

北京西郊自然条件优越，辽金时期就得到一定的开发，成为京郊著名的风景旅游胜地，不但吸引了无数官宦、文人和百姓，还是历代帝王游豫之地。帝王、官宦、文人在此营建行宫、寺庙、私家园林，作为他们游玩狩猎、澄志散怀的理想场所。金章宗完颜璟在香山、玉泉山修建了行宫，还在这里建成了西山八大水院。在金章宗明昌年间，出现了在北京的自然和人文景观中最有代表性的“燕山八景”，也称“燕京八景”，八景的名称历代略有变迁，但其中北京西郊的玉泉垂虹、西山晴雪就占其中两景。元代瓮山泊已成为公共风景名胜区。明代在这里由皇帝敕建或皇亲、贵族、宦官捐资修建众多佛寺。而这里最著名的私家园林是武清侯的清华园和太仆寺卿、书画家

3 于敏中等编：《日下旧闻考》，卷八，北京古籍出版社，1985年版，123页。

米万钟的勺园。从金代的皇家行宫，到元代的瓮山泊，再到明代的清华园和勺园，直至清代的“三山五园”，北京西郊历史文化遗存丰富。皇室达官的逸闻轶事，文人墨客的诗文辞赋，构成了这里深厚的文化积淀。

清代康熙至乾隆朝，结合自然山水形胜及历史文化遗存，集历代造园艺术之大成，萃南北园囿及中西文化之精华，在这里先后修建了香山静宜园、畅春园、玉泉山静明园、圆明园和万寿山清漪园（颐和园）。至乾隆朝，在西郊一带形成了地域紧密连接，景观相互因借，功能相互补充，以“三山五园”为中心横跨数十里的皇家园林群。康熙在畅春园中处理朝政，开清帝在皇家园林中理政之先河，此后历朝清帝均效法他。康熙、雍正、乾隆、嘉庆、道光、咸丰，直至晚清慈禧太后，每年大部分时间在“三山五园”中理政、游憩。畅春园、圆明园和颐和园（清漪园）先后成为紫禁城之外清王朝最重要的统治中心地，是清代政治中心多元一体的重要组成部分。咸丰十年（1860）、光绪二十六年（1900）“三山五园”曾遭英法联军、八国联军劫掠、焚毁。圆明园、静宜园现仅存部分遗址；畅春园如今除恩佑寺和恩慕寺的山门外，已经荡然无存；颐和园（清漪园）、静明园经屡次重修保存相对完整。“三山五园”是我国园林集大成之作，见证了清朝政治的跌宕起伏和王朝的兴衰历程，承载了国家和民族的辉煌与屈辱。这里的一草一木，一殿一阁，一砖一石，都浸染了清帝具有个性色彩的政治理念、生活理想以及文化诉求。无论是山水、建筑、花木还是文物陈设，都蕴涵着丰厚的古代传统文化精髓。

[三]“三山五园”的兴衰

《日下旧闻考》中的记载叙述了“三山五园”的兴建过程及功能：“苑囿之设，所以循览郊原，节宣气序。仰惟开国以来，若南苑则自世祖肇加修葺，用备蒐狩。而畅春园创自圣祖，圆明园启自世宗，实为勤政勅几劭农观稼之所。皇上绍庭继述，每岁恭值驾幸圆明园，凡莅官治事，一如内朝，晷刻靡间。其旁近园居若清漪、静明、静宜诸园，规制朴略，以备岁时观省。”[4] 康熙继位后，剪除权臣，平定三藩，收复台湾，天下渐次安定，国库充盈，开始在西郊兴建皇家园林。康熙十六年（1677）修建香山行宫。康熙十九年（1680），修建玉泉山行宫，命名澄心园，康熙三十一年（1692）更名静明园。这两座园林规模不大，仅供皇帝偶尔游憩驻跸。康熙二十三年 (1684)，康熙南巡归来，在明朝武清侯的清华园旧址上，仿照江南园林修建的畅春园，于康熙二十六年（1687）基本建成。畅春园是清帝在西郊的第一处常年居住、避喧理政的皇家园林，开创了清帝“园居理政”的模式。为了便于皇室、大臣到畅春园觐见皇帝，康熙将周围的土地赐予成年皇子和朝廷重臣修建园林。康熙四十六年（1707）他将畅春园北的一片土地赐给皇四子胤禛修建园林，并赐名“圆明园”。康熙病逝，胤禛即位，成为雍正皇帝。雍正在圆明园原有“亭台丘壑”的基础上，“建设轩墀，分列朝署，俾侍值诸臣有视事之所。构殿于园之南，御以听政”。规模远胜畅春园，殿堂建筑也更为华丽。从此圆明园取代了畅春园，成为帝王常居理政的“御园”。乾隆帝在位时期，清朝正值国力顶峰，他好大喜功，热爱园林艺术，皇家园林的建设也空前繁盛：乾隆七年至九年（1742—1744），增建了圆明园四十景；乾隆十年至十二年（1745—1747）扩建长春园，后又在其中建了西洋楼；乾隆三十四年（1769）修建并命名绮春园；乾隆十年至十一年（1745—1746），在香山行宫的基础上建成二十八景，赐名静宜园；乾隆十五年至十八年（1750—1753），在玉泉山静明园基础上扩建成十六景，后又建了妙高寺、圣缘寺等；乾隆十四年至十九年（1749—1754）建成万寿山清漪园，又陆续新建了须弥灵境、耕织图等景点，乾隆二十九年（1764）全部建成。

至乾隆中叶，逐渐形成了香山静宜园、玉泉山静明园、万寿山清漪园、圆明园以及畅春园在内的横跨数十里的，空前绝后的“三山五园”皇家园林群。每座园林都体现着中国传统文化的丰富内涵，从景观布局、叠山理水、建筑名称、花木配置到殿内陈设，都诠释着传统文化思想和美学观念。以山地风景为主的静宜园，天然山景为主、小型水景为辅的静明园，天然水景为主、山景为辅的清漪园，大范围平地建园的畅春园和圆明园以及众多的私家园林，在景观上彼此成景，方圆百里的景致融为一体，玉

4 于敏中等编：《日下旧闻考》，卷七十四，北京古籍出版社，1985年版，1231页。

泉塔影、昆明湖光，近山远水，浑然一体，展示出盛世下的宏大气势。同时，“三山五园”各自承担着不同的使用功能，乾隆在《万寿山清漪园记》中对清漪园等皇家园林的功能作了一个大致的划分，“畅春以奉东朝，圆明以恒莅政，清漪、静明一水可通，以为敕几清暇散志澄怀之所”。[5] 畅春园是奉养皇太后的地方；圆明园是御园，皇帝常年在此居住和理政；清漪园和静明园用以“散志澄怀”，是畅情山水之所。当时，乾隆居住、理政都在圆明园，而香山静宜园、万寿山清漪园和玉泉山静明园则是他游幸的行宫。其中静宜园距离较远，弘历一日游或几日游，有时在那里过夜。而清漪园和静明园由于与圆明园近在咫尺，他都是“过辰而往，逮午则返，未尝度宵”。“三山五园”既实现了“避喧听政”的休憩功能，又能维持京城作为政治中心、经济中心的职能。康熙执政期间“计一岁之中幸热河者半，驻畅春园者又三分之二”。到了雍正三年（1725），“诏以是园为春夏秋临御听政之所”，圆明园取代畅春园在国家政治生活中获得更高的地位。圆明园惨遭焚毁后，这一地位过渡到颐和园。

《养吉斋从录》载：“万寿山、玉泉山、香山称三山。乾嘉两朝，翠华不时临幸，或驻跸数日，或即还御园。其临幸时，在何处传膳办事，召对臣宫，先一日传知，俗谓之‘挪动’。道光初年，间有春秋游豫。厥后四方多故，库藏渐虚，力行节俭之政，于是三山遂不复至。工作尽停，陈设全撤。咸丰五年，移驻御园，稍稍循乾嘉旧制。”[6] 嘉庆朝是清王朝由康雍乾盛世走向衰落的时期。随着国势的转弱和内忧外患接踵而来，虽然嘉庆仍沿袭其父传统，常年驻跸圆明园并巡幸三山园囿，但他已无暇大规模增建新园林，仅完成了绮春园敷春堂、清夏斋、含晖楼等殿堂增建和改建，将清漪园的惠山园改建为谐趣园，并对望蟾阁进行了改造。畅春园因乾隆“永为太后园”的御旨，而当时并无皇太后，故也被闲置起来。道光年间，由于国力衰微，清廷难以维持“三山五园”皇家园林群维护的高昂成本，圆明园作为规模最大、设施最全的园林自然不能被放弃，其他园林的管理、维护则日益衰落。道光初年，由于畅春园年久失修，道光不得不违背皇祖乾隆的旨意，将圆明三园之一的绮春园改作“太后园”，同时又将圆明五园中的熙春园和春熙院赐予皇室宗亲。道光停止游赏清漪园、静明园和静宜

5 于敏中等编：《日下旧闻考》，卷八十四，北京古籍出版社，1985年版，1393页。

6 吴振棫：《养吉斋丛录》，卷十八，中华书局，2005年版，239页。

园，裁汰了“三山”的部分官员。此时，除圆明园以外的“三山五园”基本被闲置起来，因此这些园林即使有自然损毁也难以得到及时修葺。咸丰年间，虽然咸丰恢复了巡游三山园囿，但除圆明园以外，逐渐破旧、损坏的皇家园林，不仅不能及时得到维修，有的反被拆毁，拆下的旧料被用来修葺其他园林。咸丰十年（1860），英法联军抢劫并焚毁了“三山五园”和周围的宗室赐园以及私家园林，亭台楼阁，灰飞烟灭。除了少数建筑景点幸存之外，绝大多数都被焚掠殆尽 ,昔日的皇家御园成为废墟。后人王闿运诗云“玉泉悲咽昆明塞，惟有铜犀守荆棘。青芝岫里狐夜啼，绣漪桥下鱼空泣”，道出了当时西郊皇家园林的悲惨景象。成书于光绪二十一年至二十九年（1895—1903）震钧撰《天咫偶闻》记载：“自庚申秋御园被毁，翠辇不来。湖上诸园及甸镇长街，日就零落。”[7] 同治年间朝廷一度拟重修圆明园，但重修工程经费难以筹措，而各级官吏请求缓修、停修的奏折不断送到朝廷。同治十三年（1874），圆明园重修工程停止。光绪十二年（1886），清廷开始对清漪园进行全面重建，更名颐和园。颐和园成为慈禧太后和光绪皇帝长期驻跸的离宫御苑。光绪二十六年（1900）八国联军侵华，颐和园再次遭到破坏，此后，清廷在废墟上又重修颐和园。此时清朝国力日衰，已拿不出大批的款项进行园林建设，修复清漪园尚是挪用海军经费秘密开工，更无法对“三山五园”全部修复了。

[四]“三山五园”简介

1.香山静宜园

香山是西山地势最高的山脉，静宜园是天然山地园林，占地面积 160万平方米，位于“三山五园”园林群最西端。辽代在香山建有香山寺及燕王耶律淳的永安陵，其对香山的经营已具有一定的规模。金世宗把重修的香山寺改为大永安寺。元、明续有营建。今蒐集到元代的几方石刻，如铁可墓志、房山周口店瓦井村宝严寺高僧松谿和尚生平及其与大永安寺机缘碑等，为研究元代香山寺增添了新的材料。明宣德年间，

7 震钧：《天咫偶闻》，卷九，北京古籍出版社，1982年版，199—201页。

宦官郑同创建洪光寺，明英宗正统年间，在金代永安寺的旧址上，由宦官范弘捐资扩建香山寺。清康熙十六年（1677），清廷修建仅供皇帝偶尔游憩的香山行宫。乾隆十年至十一年（1745—1746）乾隆在香山独特的地形基础上，大兴土木扩建香山行宫，赐名“静宜园”，并御题“静宜园二十八景”。“峰头岭腹，凡可以占山川之秀，供揽结之奇者，为亭、为轩、为庐、为广、为舫室、为蜗寮，自四柱以至数楹，添置若干区”。[8] 乾隆四十五年（1780），清廷为迎接班禅来京为皇帝祝寿而建昭庙。香山静宜园共有大小景点50余处，依托西山层峦叠翠，同时借静明、清漪两园的湖光山色，在此极目远眺京城景色一览无余。咸丰十年（1860）静宜园多处建筑被英法联军焚毁，除见心斋外，其他多为遗址和建国后复建的。

2.玉泉山静明园

静明园以山景为主，水景为辅，山形奇丽，林木葱郁，多奇岩幽洞，山有流泉，水质甘美，建筑疏朗简约，突出自然天成之美。玉泉山是静明园的主体，因山中泉水丰沛而得名，是众多皇家园林造景的重要水源。山中最大的泉眼在山的西南麓，是金元以来燕京八景之一——“玉泉垂虹”的所在地，清乾隆时改称“玉泉趵突”。此泉被乾隆誉为“天下第一泉”，供内廷使用。明昌元年（1190），金廷建“玉泉行宫”。明英宗正统年间，敕建上、下华严寺，嘉靖二十九年（1550）被毁。康熙十九年（1680），清廷建皇家行宫“澄心园”，康熙三十一年（1692）改名“静明园”。乾隆十五年（1750），清廷对静明园进行了大规模扩建，将玉泉山及山麓的河湖地段全圈入宫墙内。至乾隆十八年（1753）新园基本建成，御题“静明园十六景”。园内共有大小建筑群 30余组，其中有东岳庙、圣缘寺、清凉禅窟等十余座宗教建筑，山上还建有四座不同形式的佛塔，足见其浓厚的宗教色彩。咸丰十年（1860），静明园遭英法联军焚掠，多座建筑被毁。今静明园被单位占用。

3.畅春园

畅春园是“三山五园”中第一座规模大且清帝常驻跸的皇家园林。康熙十九年

8 于敏中等编：《日下旧闻考》，卷八十六，北京古籍出版社，1985年版，1437页。

（1680），清廷在明代武清侯清华园的基础上建园，至迟在康熙二十六年（1687）建成，康熙赐名“畅春园”。康熙每年都有相当一段时间在此避喧听政、奉母颐养、游园赏景、学习科学、纂修图书，直至康熙六十一年（1722）在此离世。从建成后康熙的驻跸时间来看，畅春园集园居、理政、游憩等功能于一身，逐渐成为仅次于紫禁城的统治中枢。雍正即位后，畅春园在西郊皇家园林中的核心地位被圆明园所取代。雍正元年（1723），雍正在畅春园东北隅建恩佑寺，供奉康熙御容。乾隆朝畅春园成为皇太后在西郊的居所，乾隆常赴园中向其母孝圣宪皇后问安。乾隆四十二年（1777）皇太后去世，乾隆为其母在恩佑寺之右建恩慕寺。恩佑寺、恩慕寺建筑规模、格局相近，都是供佛以尽孝。乾隆将畅春园定为专供后世的皇太后居住之园。然而，自乾隆朝后期至嘉庆朝，清朝一直没有皇太后，这里也始终闲置，以至破败不堪。道光即位后，以畅春园年久失修、不堪使用为由，将皇太后移往圆明三园之一的绮春园奉养。咸丰十年（1860）已衰落的畅春园也未能幸免，与圆明园、清漪园等同时被英法联军劫掠、焚毁。遗存的恩慕寺、恩佑寺、青溪书屋等建筑也被彻底焚毁。宣统时畅春园已不存，仅剩荒山、稻田。建国后部分遗址被辟为农田和村落。20世纪 80年代畅春园旧址成为机关、学校的宿舍楼。如今除恩佑寺、恩慕寺两座山门外，畅春园故址已无遗迹可寻。畅春园是清代首座集政务、休养与奉养太后于一身的宫苑,对“三山五园”格局的形成和清帝在皇家园林中理政的方式都具有开创性的作用。

4.圆明园

被誉为“万园之园”的圆明园是一处集理政、游赏功能于一体的大型皇家宫苑。清雍正、乾隆、嘉庆、道光、咸丰五朝皇帝，每年大部分时间在这里游赏、休憩的同时，也进行各种政治活动，使圆明园与紫禁城共同构成了当时的封建统治中心，被称为“御园”。盛时的圆明园由紧相毗连的圆明、长春、绮春三园组成，占地350公顷。乾隆称这里为“天宝地灵之区，帝王豫游之地，无以逾此”。

圆明园于康熙四十六年（1707）始建，原是康熙赐予皇四子胤禛（雍正帝）的园囿。雍正即位后，圆明园成为帝王御园。乾隆即位后在园内进行大规模的扩建和改建：至乾隆九年（1744）形成了著名的“圆明园四十景”；乾隆十年至十六年（1745—1751）在圆明园的东邻兴建长春园；乾隆三十五年（1770），合并几处私家园林，在圆明园东南兴建了绮春园，基本形成了圆明三园的格局。嘉庆帝将圆明三园进一步完

善，重点建设了绮春园，至嘉庆十九年（1814）三园的规模达到全盛。道光、咸丰两朝仅对园内部分景点进行修缮和改建。咸丰十年（1860）十月英法联军入侵北京，洗劫、焚毁了圆明园。当时他们主要是掠夺珍宝和焚毁建筑，对园内各种石质文物的损毁并不严重。通过历史照片和文字记载可知，如主体结构为石质的长春园西洋楼，此时大部分建筑还相当完整。面对这段历史，我们不得不承认圆明园的石质文物多毁于国人之手。圆明园惨遭焚毁后，清廷仍对残存建筑进行管理。同治年间，还试图重修圆明园，但终因国势衰微，半途而废。庚子年（1900）八国联军侵占北京，使圆明园少数劫余建筑也不复存在。宣统三年（1911）清王朝虽然终结，圆明园仍属清皇室私产，由隶属内务府管辖的圆明园档房管理。但因军阀混战，时局动荡，从清末开始，无论是洋人、官僚、军阀、盗匪还是附近的农民，在建学校、别墅、教堂、房屋时，或堂而皇之或鸡鸣狗盗，都从圆明园拉运石料、石雕、太湖石、砖瓦等，不但数量庞大，而且持续时间近 30年之久。年复一年，在重重劫难之下，昔日的御园宫殿，只剩下埋在荒草中的废墟。众多的圆明园石刻流散在世界各地，无法计数。

5.万寿山清漪园（颐和园）

颐和园是“三山五园”中现存规模最大、保存最完整的皇家园林。以万寿山、昆明湖为主体，将“三山五园”的景观联系为气势恢宏的整体。元、明在瓮山、瓮山泊周围先后建有大承天护圣寺、圆静寺、好山园。乾隆十五年（1750）乾隆以建佛寺为母祝寿为名，兴建大报恩延寿寺，并将瓮山更名万寿山，瓮山泊更名昆明湖。乾隆二十九年（1764）竣工，赐名“清漪园”，被乾隆誉为“何处燕山最畅情，无双风月属昆明”。咸丰十年（1860）清漪园被英法联军焚毁。

光绪十二年（1886）慈禧太后开始秘密修复清漪园。光绪十四年（1888）清廷以光绪帝名义颁布上谕整修清漪园，供慈禧颐养冲和，并更名为“颐和园”，恢复了清漪园的主要景观，新建了排云殿、德和园等建筑。虽未称帝却掌控晚清政权的慈禧太后长期在这里居住、理政。此时颐和园替代圆明园成为清廷在紫禁城之外最重要的政治中心地。光绪二十六年（1900）颐和园被八国联军洗劫。民国年间，颐和园曾对公众开放。中华人民共和国建国后颐和园经重新修缮，成为人民公园。1998年被联合国教科文组织列入《世界遗产名录》。

贰 『三山五园』的石刻

孔子云："知者乐水，仁者乐山。知者动，仁者静。"把山石、流水和仁人君子的品德修养联系起来。"春风秋月几阅历，海水桑田任迁转"。[9]石性的坚硬，石龄的古老，象征着皇权永固，江山稳定。因此假山、奇石、碑刻、摩崖不仅受到文人雅士的喜爱，也得到历朝皇室的青睐。

"三山五园"中曾有大量石刻，由于材质坚硬、体积大且沉重，不易搬运，大部分得以在多次浩劫中保留至今。它们不仅与秀丽的山水、辉煌的宫阙交相辉映，衬托皇家园林雍容的气势和仙境般的美景，也是可独立观赏的艺术品，承载了丰富的历史文化信息。这些石刻作为皇家园林重要的组成部分，用料讲究，刻工精细，内容丰富，形制多样，造型、规格、纹饰等级分明，充分体现出皇家气派、帝王风范。石刻种类丰富，体量大小不一，刻文以清帝御笔为主，其中以乾隆为最，也有的是大臣奉旨敬书。内容无论是记载史实，还是写景抒情，都是"金石补史"的珍贵实物遗存。楷、行、篆等字体多样，字形各异，有蝇头小楷，也有擘窠大字。以汉文为主，也有满、汉合璧或是满、汉、藏、蒙四种文字镌刻的。"三山五园"的石刻内

9《清高宗御制诗文全集》，五集，卷三十，中国人民大学出版社，1993年版。

容广，数量多，形式丰富，具有很高的史料、书法、文学、雕刻艺术价值。对其历史背景、刻文内容，背后的故事深入分析十分重要。“三山五园”中的石刻将帝王的治国理念、游赏心绪、文学趣味与湖光山色的自然情趣和雕刻的人工匠意融为一体。

1.石刻的选料

石刻所用的石料大部分就近取材，包括天然岩壁、汉白玉、青石、太湖石。“三山五园”石刻中的摩崖石刻，以万寿山、香山、玉泉山最为集中，以天然岩壁为材。汉白玉是结构均匀、质地细腻、颜色洁白的细粒大理岩，由于白度高，似玉非玉而得名。房山大石窝位于北京西南房山区，此地盛产汉白玉和青白石。正如俗语说“先有大石窝，后有北京城”。明清时期营建皇家建筑所用的石材多是从房山取材，“三山五园”中所用的石料大部分也来自这里。《房山县志》载：“大石窝在县西南四十里黄龙山下，前产青白石，后产白玉石，小者数丈，大至数十丈，宫殿营建多采于此。”[10]优质汉白玉石料洁白晶莹，质地细腻，手感温润，质地较软，适于雕刻但强度及耐风化能力均不如青白石。青白石主要出产于京西房山大石窝和门头沟，色泽青白相间，浅色的底子上，遍布青色涡状花纹。因颜色和花纹不同可分为豆瓣绿、艾叶青等。质感细腻，硬度较高，不易风化。太湖石有南太湖石和北太湖石两种。江南苏州一带所产的南太湖石历来是陈置庭院中或叠山造园的上等材料，但晚明时天然玲珑的南太湖石已很稀有。“三山五园”中的南太湖石多是清帝从各地搜罗的历代名石。承托湖石的是清廷专为太湖石精雕细琢、纹饰精美的石座。辉煌的湖山宫阙间，多点缀有颇负盛名的太湖石。如原在杭州宋德寿宫故址的“青莲朵”石，原属明代著名文人米万钟所有的“青芝岫”石。北太湖石产自北京西南房山周口店大灰厂一带，多洞孔且大小相间，石质纹理层次丰富，适合堆叠假山。乾隆作《玲峰歌》云：“将谓湖石洞庭产，孰知北地多无限。”[11]“三山五园”中堆叠假山所用的材料多为北太湖石。如圆明园狮子林的假山、文源阁的假山等。其中文源阁前的“玲峰”石，集中了南太湖石的

10 于敏中等编：《日下旧闻考》，卷一百三十，北京古籍出版社，1985年版，2092页。

11 《清高宗御制诗文全集》，五集，卷三十，中国人民大学出版社，1993年版。

妩媚玲珑和北太湖石的雄健古朴，极具天然的婉约之美。奇石假山上多镌刻清帝题写的石名和御制诗。

2.石刻形制及书中体例

石刻是以岩石为载体，通过人的劳动加工成的作品。中国古代石刻文物分为石雕和文字石刻两部分。文字石刻又有广义和狭义之分，广义指人们在天然的石壁上摩刻的所有内容，包括各类文字、造像、图案等。狭义专指文字石刻，利用天然石材刻文记事。古代的金石学和今日的石刻学则主要指“狭义”的石刻。本书仅从文字石刻的角度对“三山五园”的石刻作初步探讨。除揭示各园丰富的文化内涵，也为中国尤其是北京的文化增添新的视角和材料。

我国石刻起源于商，形成于东周，汉唐是其大发展时期。我国石刻文字萌芽在商代，但由于当时记载文字的材料主要是甲骨，加之雕刻工具的限制，石刻未能发展。东周时出现的“石鼓文”表明，石刻技术已经有很大的进步。商周时期是中国石刻文字的发展和形成期。到了春秋战国之际，随着铁器的使用，工具有所改进，而青铜器铸字难，帛书书写昂贵，所以在使用竹木简的同时，刻字较多的石刻开始出现。秦朝统一全国后，铁质生产工具得到广泛运用，对石刻的发展起到了推动作用。汉唐石刻的镌刻进入了新的发展期。石刻文字已呈现出百花齐放的局面，成为保存古代书法艺术的重要载体。

石刻文字除数量大，遍及我国各地，其种类和形制也极大丰富，可分为摩崖、刻石、碑刻、墓志、刻经和帖石六种。“三山五园”石刻除墓志类年代较早外，其他多为清代文物。虽然时代较晚，但内容丰富，类别多样，几乎囊括了石刻文物的全部类别。本书体例：五园内容各为一章。各园石刻分为在原址、流散和有记载尚未发现的三大类。每类中以形制为主兼及内容，又分为：摩崖、刻石、碑刻、墓志、刻经、帖石。同一类别中以时代先后排序，年代不明确的列在每类的最后。

摩　崖：

镌刻于天然岩石或崖壁上的石刻，是最早出现的一种石刻类型。摩崖出现的时间说法不一。现有实物和记载可考，并能确指为摩崖者，主要在东汉时期。摩崖石刻内容丰富，标志地点、题咏记事、颂扬美景。字体多样，尺寸各异，文字多寡不一，无固定规格，富于天然意趣。香山、玉泉山、万寿山的地理环境为摩崖的镌刻提供了绝佳的载体。“三山五园”的摩崖中多为乾隆御题，其中慈禧皇太后的摩崖刻字，也补充了清代晚期的石刻内容。

刻　石：

指在独立的石头上镌刻，无一定规制，内容自由的石刻文字。此类石刻书体丰富，内容广泛，形制多样。以青白石、汉白玉和太湖石等石材为主。本书将假山石和太湖石题刻，石牌楼、石坊的额题、楹联、诗刻，石桥拱券的额题、楹联、诗刻，城关、水关的匾额，以及建筑的石匾、楹联等建筑附属题刻也收在此类。匾联、牌坊本为建筑，为展示文字部分，收入刻石类，此类在“三山五园”的石刻中数量最多。匾额是悬挂在建筑明间檐下的题字，是古代建筑装饰的元素之一。东汉许慎《说文解字》中称：“扁，署也，署门户之文也。”就是说在门户上方题字，以作建筑的标记。唐代已有人“匾于小亭”，大概是为了识别建筑。殿、亭、台、楼、阁、斋、堂、轩等处以大字写于门额上，均称匾额。楹联是挂在明间檐柱或金柱等处的对联，据说是肇于五代之桃符。宋代用匾联已经是一种普遍的风俗，这时文人墨客在居处立上一匾，已不仅是取名装饰门面，而是要创造一种清新高雅的境界。明代为匾联兴旺发达时期，到了清代楹联应用达到极致，成为古代皇宫建筑物典雅的装饰品。楹联高度凝聚诗词的品格和韵味，表达作者的思想和感受。匾额与楹联相互配合，形成互依互存、相辅相成的关系。匾、联集文学、书法、雕刻、印章、装饰、建筑等多种艺术于一体，把中国传统文化与建筑艺术巧妙地结合起来，成为中国建筑独特的文化形式。其内容涵盖面广，其文物价值是不可估量的，折射出深厚的文化内涵。“三山五园”的石质匾联，从内容上看，多以皇帝的思想、文化以及生活行为、道德规范等为主体，有选择性地摘录古典诗文或皇帝的御制诗，并与宫殿的用途和帝王治国安邦的思想紧密相联。匾与联不仅有外观上的美感，而且文字精练凝重，内涵雅致深邃，每一件作品都切景切题，成为传达旨趣、升华宫殿意境的重要元素。牌坊是中国古建筑独特的建筑形式，早在汉代已经出现。当时的形式简单，与民居之门相似，最初的牌坊只有一间二柱，后增为三间、五间，形式越来越繁复，逐渐从民居之门分离出来。牌坊可分为木、石、琉璃、砖、木石混合等，既有装饰作用又有导引作用。牌坊题额文字简约、寓意深刻凝练，揭示出各景点的美妙精绝之处，成为景点的标志。“三山五园”中不仅有精美的石牌坊，如清漪园“知鱼桥”牌坊，圆明园“柳浪闻莺”“断桥残雪”石坊，静明园“云霞舒卷”“湖山罨画”“兰渚蘋香”“烟柳春佳”石坊，还有琉璃牌坊或木石混合的牌坊，其上的坊额为石刻题名，如香山静宜园昭庙前的四柱七楼三间歇山顶琉璃牌坊，清漪园荇桥东、西牌坊等。假山石和太湖石题刻也是“三山五园”刻石中很重要的部分。如清漪园“青芝岫”石、圆明园“青莲朵”石，均为乾隆命名，其上刻有乾隆和大臣们的题咏，不仅记载了此石的流传经过，更是不可多得的文学与书法载体。

碑　刻：

碑在早期主要用作工具，为庭院中祭祀时拴牲口、测日影和

墓葬下棺时置辘轳之用，这段时期称为实用碑时期。其后在碑上雕刻文字，以颂扬人的功绩、品格和记载史实的时期称为刻字碑时期。刻文纪实之碑最早见于西汉末至东汉初。东汉桓帝、灵帝时，建立墓碑蔚然成风。碑的形制较为固定，由首、身、座三部分构成。碑首，是碑的顶部，多为圭首、圆首、螭首。碑首中间为碑额，是雕刻碑名的地方，字体以篆体最多，故称“篆额”。碑身是碑的主要部分，多为长方扁形。正面为碑阳，背面称碑阴，两边称碑侧。碑座用来承托碑身。初期碑身较小，碑首、碑身、碑座以一块石料雕成。在整块石料的下边，留出一块空白，不刻字就成为碑座。竖碑时，碑身在地上，部分碑座插入土中以稳定碑身、碑首。后来碑体越来越大。为防止碑体下沉，往往另选石料做碑座。一般为方形或长方形，比碑身宽大，固定碑身，又防其下沉。“三山五园”中的碑刻体量大、用料精，碑首、碑座乃至碑框、碑侧雕刻华丽，充分体现了皇家园林的王者气派。其中的穹碑，如清漪园的“万寿山昆明湖”碑以高九米多的整块青石刻成，在北京地区也是较大的碑，可想当年采石、搬运、雕刻是何等艰巨。“三山五园”中的碑从功能上分有题名碑、记事碑、诗文碑、墓碑等。题名碑，如北京历史上著名的景观石刻，“燕京八景”中的“玉泉垂虹”和“西山晴雪”碑就在“三山五园”中。记事碑的碑文内容多为建筑的修建缘由和规制以及记录与之相关的重大历史事件，如清漪园的乾隆御笔“万寿山五百罗汉堂记”碑、静宜园昭庙碑等。其中诗文碑数量最多的，如圆明园“前湖”诗昆仑石碑、乾隆御笔“半月台”碑、静宜园乾隆御笔“娑罗树歌”碑等。墓碑是“三山五园”的碑中比较特殊的，如圆明园技勇八品首领任亮墓碑，既不是在圆明园出土的，其体量不大，雕刻简单，也与圆明园这座曾经金碧辉煌的皇家御园并不相称，但它却真实地记述了任亮在咸丰十年（1860）八月二十二日在圆明园出入贤良门内英勇抵抗侵略军并以身殉职的事迹，具有特殊意义。“三山五园”中的碑的形制丰富，有立碑、卧碑、四面碑、昆仑石碑等。昆仑石碑的形制比较特殊，仅清乾隆时期在圆明园、颐和园、北海等皇家园林中留存。

墓　志：

埋入墓穴中能表明墓主人身份的一种石刻。其上镌刻墓主人姓名、籍贯、家世、生平以及埋葬时间、地点和颂铭等。墓志是在东汉缘起以后，于魏晋南北朝时期发展、形成的一类新型石刻。在魏晋时期多无定制，有的似刻石，有的似碑，内容的多寡也无定式，但对其墓主的状况，如姓名、性别、年龄、籍贯、生卒年月等，绝大多数都有记载。发展到南北朝，则形成定制，出现了两石（盖底）一盒的体制。盖书标题，底刻志文或铭文，形制也多为方形，成为后来此类石刻的定式。一般御苑、行宫内不会保存此类石刻，而“三山五园”所在地，有悠久的历史人文渊源，墓志多为近年来考古发掘出土。如乾隆年间扩建清漪园，将元代耶律楚材祠划入园内。1998年在耶律铸夫妇合葬墓中出土了夫妇的墓志两方。静宜园所在的香山，明代时由太监捐资添建佛寺，1980年香山园内出土了数方明代太监墓志。

刻　经：

园内刻经多以经幢镌刻，形制为八角柱状，也有六角或圆柱形，经幢之制，始于唐永淳年间。其形似塔，上有盖有额，下置台座。幢各面上部及底座多刻佛像或佛龛，佛像上下，遍刻经咒，其中以《心经》和《尊胜陀罗尼经》最多。幢文书体，除额系篆书外，经文多为楷书。“三山五园”内多建有皇家寺庙，寺内放置有成对的经幢。如颐和园现立于须弥灵境遗址东、西的一对石

经幢，是清漪园大报恩延寿寺内旧物。

帖　石：

摹刻于石板之上的书迹。内容选自历代帝王、名人的墨迹，经传拓后供人临摹、欣赏。历史上大量名家真迹原本已佚，石刻延续了宣纸的使命，使书法艺术得以传之后世。研习书法者无不以名家墨迹为临习的范本，但古代名家的墨迹随着岁月的流逝，日渐稀少，而且大多为内府或私人秘藏。为了使名家墨迹化身千万，广为传播，以满足众多临习者和鉴赏家的需要，古人用透明纸覆在墨本上，对着光亮双钩出原件字形，把名人墨迹钩填摹勒于木版或石版上，再用纸墨拓取其字，装订成册，方便阅览临摹，这就是拓本。石刻法帖以墨迹为范本，钩摹复制。帖石多呈长方形，体量不大。其上多具标题，并附书者名号，有的也摹勒年月。法帖有单帖和集帖之分。单帖是单件书迹摹刻的，只收录一种帖。将多种古今名帖汇为一帙者称集帖，亦称丛帖。刻帖始于何时，名家著述不一。目前学术界一致公认的中国历史上第一部大型丛帖是《淳化阁帖》，有"法帖之祖"之称。作为一种文化收藏活动成果的表现和社会高层文化界的时尚，自唐宋以来，刻帖之风渐渐盛行。有清以来，诸帝酷爱书法，其中以康熙、雍正、乾隆为最，帝王的好尚，文臣的追随，为后世留下大量清廷刻帖石。康熙的《懋勤殿法帖》、乾隆《钦定重刻淳化阁帖》，自作跋文，又命大臣详加校勘。将帖石置于皇家园林的建筑中，不仅利于帖石的保存、展示，使它们传之久远，也对建筑园林起到最佳的点缀作用。"御刻墨妙轩法帖"帖石嵌于清漪园墨妙轩（轩今已不存）；"钦定重刻淳化阁帖"帖石嵌于长春园淳化轩与含经堂之间的回廊中；"兰亭八柱帖"帖石原位于圆明园坐石临流亭；颐和园宜芸两廊镶嵌有乾隆临写名家书迹的帖石，均十分珍贵。

叁 『三山五园』石刻的特点和价值

[一]特　点

1.石刻对园林的点缀

我国自古就有在名山大川、园林名胜、亭台楼榭等处镌刻题咏的传统。寥寥数语点出园林中山水的主题，表现出文字所寄寓的思想和意境，使园林具有诗情画意。现故宫博物院珍藏的石鼓文，即为先秦时期园囿的镌刻，既是书法艺术的瑰宝，也是我国现存最早的园囿题咏。中国古典园林不仅模仿自然山水，也蕴含人文艺术的精华。园林中叠石成山、列石成景、刻石成碑或摩崖、匾联，将诗词、书法、镌刻艺术融入建筑园林中。或衬托宫殿的雄伟富丽，或增加园林的自然野趣，拓展有限的景物空间，情景交融，对景观起着烘云托月的作用。颐和园乐寿堂前的“青芝岫”石和原位于圆明园茜园内的“青莲朵”石，成为院落的天然照壁，与紫禁城诸多殿堂前规矩的照壁相比，更为随意和自然，其上题刻的诗文也赋予了园林更多的诗情画意。颐和园清可轩以万寿山天然的岩石为后壁，不仅依山构室，建筑结构堪称一绝，而且其上镌乾隆御题清可轩诗32首。香岩室是依岩所筑的一座石洞，具自然天成

之美，洞内石壁上刻乾隆御笔“香岩室”题刻和乾隆御笔“香岩室”诗刻 10首，为景色增添无限的意趣。

中国文人自古以来便有借景抒情的习惯，每到风景优美之地便镌刻题咏来描绘山川景物，抒发个人情怀，后又将此情怀寄托于自己营造的小天地中，也是中国园林讲究诗情画意的原因。借助文字这种媒介将人的精神与情感和园林景观联系起来，于观者而言是一种对园林意境解读的指引，也可视为造景的手段之一。园林并非只是形式美的事物，而是由山水花木、匾联刻石这些物质与精神元素构成的双重栖居地，后者更是园林意境创造的点睛之笔。正如曹雪芹《红楼梦》借贾政之口所说的那样，“若大景致，若干亭榭，无字标题，任是花柳山水，也断不能生色”。园林寓情于景，因景生情，才能达到情景交融的艺术效果。风景园林不会说话，只能藉由匾额、楹联和摩崖石刻等方式，反映园主人的意志和情感，以诗情画意入景，将人意融于自然，并籍此巧夺天工。在满足实用功能的同时，将主题、赏析、遐想以最简练优美的文字表达，同时也显示了文学、书法和镌刻的成就。《红楼梦》第十七回当贾政率诸人行至稻香村景外时，“忽见篱门外路旁有一石，亦为留题之所，众人笑道：‘更妙更妙！此处若悬匾额，则田舍家风一洗尽矣。立此一碣，又觉许多生色，非范石湖田家之咏不足以尽其妙。’”可见这种手段，是清中期造园艺术的时尚。乾隆有良好的文化素养，虽忙于政务，但醉心于山水，纵情于书画。他大量借助古代诗文、典故中的优美意境，深化景观文化内涵。这些文学性品题与景观空间环境相融合，诗化了园林景观，升华了景观意境。他所造园林通常都有若干主题明确的景致，并在这些景致所在写诗刻碑。以“三山五园”为代表的清代皇家园林，集历史之大成，虽然有的建筑已无存，但流连于遗址，找寻崖壁、叠石、碑石上遗存的题刻，似乎更添几分怀古之情与历史沧桑感。

中国古代园林不仅模仿自然山水，具有自然美的千姿百态，又蕴含人文艺术的精华，建筑、书画、金石、诗文等多种元素，赋予了园林更多的诗情画意。园林中从建筑布局到石雕木刻，无不呈现出园林主人的生活品味和文化修养。清朝统治者入主中原后，帝王及皇室吸纳了博大精深的中原文化，并为其深深吸引，从而产生了较高的精神文化需求。情趣高雅的“圆明主人”雍正、乾隆等历朝皇帝，将这里的建筑山水、花木树石经营得超凡脱俗。相对于肃穆庄严的紫禁城，圆明园中的园林建筑充满了江南风韵之美，更为灵动、秀雅。“室无石不雅，园无石不秀”，石与文人在文化品性上存在着契合和共鸣。园林中用不同的布局、造型，将石与自然融合，相映成趣。刻石、石碑、帖石、石匾额、石楹联，将诗词、书法、镌刻艺术融入建筑园林中，对园林景观起着烘云托月的作用。中国园林艺术是自然环境、建筑、诗画、楹联、雕刻、石刻、特色植物等多种艺术元素的综合。情景交融是园林欣赏的最高境界，它能唤起游人对以往经历的记忆联想，产生物外情、境外意。充满着诗情画意的山居园林环境，是中国园林设计师所追求的核心。

“三山五园”中叠石成山、列石成景、刻石成碑或匾额、楹联，其上大多刻有乾隆、嘉庆、道光御笔亲题的诗文、楹联、景名。内容多以简明扼要的文字点出景物的精华，或写景抒情，或感怀古人，或托物言志，或引经据典，文采飞扬。文字内容起到润饰景色、提示意境的作用，将情与景、自然美与人文美完美结合，达到情景交融的境界。它们摆放在宫殿门前、丹墀上下；点缀在庭院中，与园林环境相协调，交相辉映。或衬托宫殿的雄伟，渲染出神圣庄严、富丽堂皇的气氛；或增加园林中的自然野趣，具有历史、人文和审美的价值，是传统建筑不可缺少的艺术元素，起到画龙点睛的作用。

2.“满、汉、藏、蒙”多种文字合璧

“三山五园”石刻刻文以汉字为主，也有满、汉文或满、汉、藏、蒙四种文字合书的，是多民族国家和清廷政治制度的体现。圆明园乾隆御笔“文源阁记”碑为满、汉文书写。清漪园乾隆“御制万寿山多宝塔颂”碑、香山静宜园乾隆御笔“娑罗树歌”碑、乾隆御笔昭庙碑、乾隆御笔昭庙牌楼石额、圆明园乾隆御笔“正觉寺”石匾，均为满、汉、蒙、藏四种文字合璧。清帝在儿童时期就已开始学习多种语言文字乃至书法。尤其是乾隆，通晓满、汉、蒙、藏、维吾尔等多种语言文字。清朝入关后，尊满

文为国语，作为官方使用的语言文字。清初，朝廷虽对汉族采取了一系列民族高压政策，却从未以满语去替代已有几千年历史、根深蒂固的汉语。不仅允许汉文和满文并存，而且以开明进取的精神学习汉语言文化。但清朝入关后尊满文为国语，满、汉文同时出现在碑刻、匾额中，排序时满文居上位，仍是其以满语为尊的体现。

清代统治者管理统一多民族的国家，始终注意维护与蒙、藏等民族之间的关系。而且“三山五园”四体文字碑刻、匾额，也多与佛教寺庙有关。

3.宗教石刻文字众多

“三山五园”所在的北京西郊，在辽金时期就已是梵刹林立。清朝对各种宗教采取兼容并蓄的态度。“三山五园”中，遍布神殿佛堂，供奉着儒、道、汉传佛教、藏传佛教各宗神祇。正如乾隆所说，“何分东土西天，倩它装点名园”。[12] 如此众多的神佛济济一园 ,不只是点缀园林，也满足了皇帝寻求心灵寄托和神佛护佑的需要。无论是出于“兴黄安蒙”“因俗而治”的政治需要，还是个人的精神寄托，清代统治者尤为推崇藏传佛教，对达赖、班禅、章嘉、哲布尊丹巴等黄教领袖十分尊崇。“三山五园”中的石刻多与宗教建筑有关，如现存颐和园须弥灵境遗址的乾隆御笔经幢，是乾隆为母祝寿而建的大报恩延寿寺遗物。“三山五园”中寺庙建筑多为清帝御书石匾、联，如畅春园恩佑寺和恩慕寺匾；圆明园正觉寺、汇万总春之庙匾和法慧寺匾、联；香山昭庙牌楼匾和香山寺无量殿匾、联；颐和园广润灵雨祠、妙觉寺、善现寺、云会寺匾等。“三山五园”中的寺庙碑刻除佛经、佛像外，多记载建庙缘由、形制和重要的宗教事件，是珍贵的宗教文物。如“万寿山五百罗汉堂记”碑、乾隆“御制万寿山多宝塔颂”碑、香山乾隆御笔“娑罗树歌”碑、乾隆御笔昭庙碑、香山寺石屏等。乾隆御笔昭庙碑记述了建庙原因、寺庙形制和赞叹班禅在此讲法的盛况。香山寺石屏阳面为乾隆敬书佛经，阴面为佛像和乾隆题赞。清帝所书的宗教石刻的刻文内容，引用了大量佛教经典，蕴含着深厚的佛学思想，显示了他们对佛学的精通，赋予了皇家园林浓厚的宗教色彩。

12 弘历：《月地云居》词。

[二] 价　值

“三山五园”石刻与园林建筑结合，文景辉映，意趣横生。其内容是清代文化与宫廷史的一部分，凝聚着一个时代的精神风貌，作者是帝后、大臣，字里行间跳动着王朝的文化脉搏，闪烁着诗文与书法的光彩。石刻造型精美、雕工卓绝、纹饰寓意吉祥，为皇家园林赋予了无尽的寓意。

1. 文物艺术价值

“三山五园”中的石刻不仅是园林的点睛之笔，而且因其独特多样的造型和寓意丰富、雕工考究的纹饰，还是独立的艺术品，为秀美的风景增加了深厚的人文内涵，丰富了名山、名园中的文化元素。“三山五园”不仅建筑傍水依山，多取天然之趣，而且石刻的造型与纹饰也更为活泼、多样，充满园林情趣。圆明园藻园“翠照”“绮交”椭圆形造型双面刻石匾，与传统长方形石匾相比，尤显灵秀、活泼，与藻园仿建江南园林的风格相称。乾隆御笔“西山晴雪”碑、“万寿山昆明湖”碑，碑首立雕四龙，碑框也浮雕龙纹，突显皇家尊贵的地位。乾隆御笔“娑罗树歌”碑碑座束腰转角雕金刚力士、画中游石坊雕刻的缠枝莲纹、宝云阁石坊雕刻的祥云纹和八仙祝寿纹，都表达了吉祥寓意。

2. 史料价值

“三山五园”从康熙至光绪、慈禧统治时期，始终是清廷在紫禁城外另一个统治中心，许多重大的历史事件在这里发生。刻文多由皇帝御制、亲题，其余也是由大臣奉旨敬书，表达了帝王情怀和治国理念。有的记述了国家大事、文治武功，如颐和园清华轩内乾隆御笔“万寿山五百罗汉堂记”碑，碑阳为乾隆御制《万寿山五百罗汉堂记》，碑阴刻乾隆御制《西师诗》，碑侧刻乾隆御制《平定准噶尔勒铭伊犁之碑记》和《平定准噶尔后勒铭伊犁之碑记》。碑文记述了清华轩的前身清漪园五百罗汉堂的

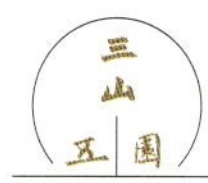

形制、规模及乾隆年间清廷平定准噶尔叛乱的史实。这是记述乾隆“十全武功”的重要石刻文献。此碑被英法联军焚烧，今痕迹犹存，也是清漪园屈辱历史的见证。香山乾隆御笔昭庙碑记述了清代西藏宗教首领班禅来京的史实，是多民族国家团结的见证。有的记录了某组建筑的营造目的和经过，如乾隆御笔“文源阁记”碑和乾隆御笔“万寿山昆明湖”碑，反映了乾隆的造园思想和园林建筑的变迁。甚至刻文中的一些细节为我们今日的研究提供重要的依据。如耶律铸夫妇墓志中记载“元至元二十二年葬于大都昌平瓮山先茔”，提供了确切的葬地名。这些刻文对研究清帝的政治活动、生活及思想感受；“三山五园”的规划思想；景观的兴建时间、缘由及内容有重要作用，是珍贵的第一手资料。

3.文学价值

每个人的文学修养与其兴趣爱好、学识性情、自身经历、所处时代相关。清帝大多从小受到严格的教育，通晓诗文、书画。康熙、雍正、乾隆三帝不仅政绩突出，而且学养深厚。嘉庆以后诸帝学识、才干虽无法与其先辈相比，但也沿袭了喜好诗文的传统。清朝从康熙开始编纂正规的御制诗文集，至光绪止，代代相传。乾隆自幼受到儒家教育的熏陶，同时有游历名山大川的阅历和较高的文学、造园造诣，不乏文人士大夫的气质。他一生写有御制诗文 4万余首，创作数量之多，堪称历代帝王之最。其中园林诗占有很大比重，除引经据典外，写得清逸远淡，如行云流水，而且大量诗句刻于园林碑刻、匾联、刻石、摩崖上。而慈禧太后明显缺少书卷气，其题刻内容多表现自己爱热闹、喜吉祥长寿的心理。“三山五园”的石刻内容与其所在宫殿或园林的功能相应。有的是追思先祖丰功伟绩之作；有的选自诸子百家、唐诗、宋词；有的取自神话传说、佛教经典；有的是歌功颂德、粉饰太平的词句；有的以简明扼要的文字题名或点出景物的精华，如乾隆御笔“森玉笏”刻石、乾隆御笔“长青洲”刻石、乾隆御笔“燕台大观”刻石、慈禧御笔“翠岫”“小有趣”刻石；有的以诗词形式，或写景抒情，或言志抒怀，如乾隆御笔“半月台”诗碑、乾隆御笔“香山春望二首”诗刻、道光御笔“烟岚”诗刻等。诗文辞藻优美，文体多样，引经据典，显示了清帝的文学造诣。谐趣园的“寻诗径”出自唐代诗人李贺寻诗的典故。颐和园知鱼桥石坊、香山乾隆御笔“知乐濠”刻石，典出《庄子·秋水》，体现出乾隆对老庄哲理的思考，并在对“鱼之乐”的观赏中领悟人生逍遥游的真谛。诗文绝大多数出自帝王笔下，能够反映他们的情趣和思想。圆明园狮子林“虹桥”“水门”“水关”刻石上有乾隆帝在乾隆三十七年至嘉庆元年（1772—1796）“新正、暮春、季春、孟夏、仲夏”的诗作共 28首，从中可真切感受到帝王的心路历程和狮子林的四季风光。刻文内容起到润饰景色、提示意境的作用，将情与景、自然美与人文美完美结合，达到情景交融的境界。颐和园十七孔桥南额上刻有“修蝀凌波”四个字，形容十七孔桥如同一道彩虹，飞架于昆明湖碧波之上。北额“灵鼍偃月”四个字，又把十七孔桥比喻成横卧水中如半月形的神兽，生动形象。这些刻石因在皇家园林中，内容多表现悠闲舒适之意，形式轻松活泼，有浓厚的生活气息，思想、艺术性俱佳。

4.书法价值

清代书法艺术和金石学的昌盛，与清帝认同并积极学习汉文化有关。他们不仅收藏、鉴赏、临写、刊刻历代名家书作和法帖，为我国书法艺术保存了珍贵的史料，还大多勤于临池，常将御笔书写的诗文题咏，刻留于各处的匾额、楹联、碑石、摩崖之上。“三山五园”中遗存有多位清帝和帝后的御笔石刻，书法精美、刻工精良。石刻的书体主要有楷书（正书）、行书、草书、篆书，其中行书居多，以特殊的形式保存了多位清代帝后的书迹。目前留存最多的是乾隆的题刻。“高宗袭父祖之余烈，天下晏安，因得栖情翰墨，纵意游览，每至一处，必作诗纪胜，其书圆润秀发，善仿松雪”。[13]

乾隆勤于临池，终生不辍，直至古稀之年，仍坚持习写，其存世书迹数量为历代帝王之冠。他酷爱赵孟頫书法，擅长行书，其字体秀劲，点画圆润均匀，字间和行间疏朗匀称，但缺少变化和韵味，书家评曰：“千字一律，略无变化，虽有承平之象，

13 马宗霍：《书林藻鉴》卷十二，文物出版社，1984年版。

终少雄武之风。”[14] 虽然从艺术角度看，他个人的书法成就难以在书法史上占一席之地。但特殊的帝王身份和对书法的酷爱，使他的书法引领了清朝主流书风。“三山五园”石刻中还保留了一些大臣的书迹，多为工整雅正的“馆阁体”。这些奉命敬书诗文的大臣都是清帝身边以诗文、书法见长的词臣。如“青芝岫”石上汪由敦、蒋溥、钱陈群、刘统勋等敬题诗句；圆明园“玲峰”石上彭元瑞、曹文埴敬题诗句；圆明园“喜雨山房”碑碑文由嘉庆帝御制、当时的礼部尚书，清代四大书家之一的铁保敬书。这种现象也多是北京才具有的。

[三]结　语

清代的“三山五园”是北京历史上重要的园囿遗存，也是当前“西山文化带”研究中的重要内容，社会各界都很关注。长期以来，“三山五园”的研究多集中于园林艺术，其中的石刻文物，未被学界整理和研究，许多重要的内容鲜为人知。“三山五园”石刻珍贵的史料价值、优美的辞藻，以及其上或飘逸、或方正、或秀雅的书法和生动精美的纹饰，承载了人文的雅趣和历史的厚重，提升了园林意境，使山水增色。这些石刻是清代皇家园林文化的重要组成部分，加强文物本体保护的同时，结合历史、园林、书法、文学等方面的知识，探寻石刻所承载的历史、文化以及艺术之美，发掘其蕴含的深厚文化内涵，必将对研究“三山五园”的历史、文化、艺术起到重要作用。

14 马宗霍：《书林藻鉴》卷十二，文物出版社，1984年版。

清人绘《三山五园图》

香
山
山
香山
静宜园
三
玉泉山
静明园

第二章

御园自是风光好，
山色还须让静宜。

——香山静宜园

第一节 香山静宜园概况

香山静宜园位于北京西北郊西山东麓，在“三山五园”清代皇家园林群最西端。“香山”之名的来源说法不一。一说源于状如香炉的巨石；一说明朝香山曾有杏树十万株，因花香而得名；一说源自佛经，在《华严经》中香山是仅次于须弥山的佛教名山。相传东晋时期，著名道教学者葛洪曾在香山修道炼丹。香山皇家寺庙、园林的建设始于盛唐，沿于金，明清加以扩建。盛唐时期随着佛教传播，香山陆续出现了香山寺、吉安寺等寺院。金代这里成为帝王射猎、游幸之地。金大定二十六年（1186），金世宗扩建香山永安寺，并修建行宫。金章宗曾七次到香山游猎，留有梦感泉、护驾松等胜迹。元代诸帝也多

次幸香山寺，召见高僧大德，留下不少元代帝王关注该寺的事迹。明朝时皇帝敕建，太监捐资，大兴土木营建香山。清朝于康熙十六年（1677）在原香山寺旧址扩建香山行宫，成为皇帝临时驻跸的行宫，当时的建筑和设施都比较简单，仅供皇帝偶尔游憩临幸。乾隆八年（1743），弘历初游香山，决定在康熙香山行宫的基础上，兴建皇家园林。乾隆十年（1745）动工，利用康熙“旧行宫之基，葺垣筑室……凡可以占山川之秀，供揽结之奇者，为亭、为轩、为庐、为广、为舫室、为蜗寮”。乾隆十一年（1746）建成，乾隆十二年（1747）乾隆帝赐名“静宜园”，亲自命名静宜园二十八景名，并且御题二十八景诗。“丙寅春三月而园成，赐二十八景和静宜园名”。此后在静宜园中还不断地新建和续建景观。乾隆四十五年（1780），香山最后一组建筑宗镜大昭之庙建成。从乾隆九年（1744）成立香山工程处，至乾隆四十五年（1780）宗镜大昭庙落成，清廷对静宜园的营造持续了三十年。这里形成了内垣、外垣、别垣的造园格局，景观建筑近百处，在“三山五园”中占一山一园。

静宜园面积 160公顷，是一座自然山地型园林，景致“惟山林最胜”，园内峰峦叠嶂，清泉甘洌，林木茂密。静宜园的营造借唐、辽、金、元、明等前朝古迹名胜，利用香山丘壑起伏的山地风貌、自然条件，精心设计建造而成。既满足了宫廷避喧听政、园居游览的需要，又保持着天然林泉之趣味。著名的“静宜园二十八景”依山就势而建，隐藏于天然山水之中，乾隆根据其特色点景题名，并御制诗文刊刻于各处。

自唐代起，香山便是梵宇集聚的佛教圣地。香山寺、玉华寺规制宏伟、香火兴盛。清代静宜园中星罗棋布的大小寺庙坐落在山林之间，掩映于苍松翠柏之中，宛如佛国仙境，显示了乾隆尊崇佛教以维护统治的政治目的。静宜园众多寺庙建筑中最著名的是香山寺和宗镜大昭之庙。香山永安寺是古刹，始建于唐辽时期，初名“香山”“吉安”。金世宗、章宗皇帝皆幸其寺，金大定二十六年（1186），并二寺为一，赐名“大永安寺”。元代易名“甘露寺”。明代迭经扩建，规制宏丽，又更名“永安禅寺”。明正统六年（1441），司礼太监范弘捐资重修，名“永安禅寺”。清乾隆十一年（1746），乾隆皇帝又添建了“买卖街”、“香云入座”牌坊、坛城及山神庙、龙王庙、土地庙等建筑，形成前街、中寺、后苑错落有致的完美格局，赐名“大永安禅寺”，是静宜园二十八景之一。香山寺位于静宜园南侧山麓，占地面积约 55000 平方米，建筑面积约 2900 平方米，为坐西朝东的五进院落。前部为买卖街，街尽头为放生池“知乐濠”，中部寺院依山叠落，有天王殿和圆灵应现殿。天王殿北侧建有四方碑亭一座，内置乾隆三十八年御笔“娑罗树歌”碑一通。圆灵应现殿是面阔七间、进深三间的歇山式建筑。殿前立一座石屏，其上刻有乾隆御笔的佛经和佛像。经圆灵应现殿两侧罩子门，可进入寺院最精彩的后苑。后苑有眼界宽厅、水月空明殿、薝蔔香林阁、青霞寄逸楼等精美园林建筑。后苑叠石横似云朵，立如剑锋，曲路相通，洞壑相连，在有限的空间创造出磅礴的气势。香山寺的殿宇依山借势，由低到高，层层递进，建筑与山水林泉达到高度融合，在中国古典造园艺术中堪称上乘之作。寺内建筑在 1860年被英法联军焚毁，仅存石屏、石碑及建筑遗址。1991年进行了修葺。2017年香山寺试开放。

宗镜大昭之庙建成于乾隆四十五年（1780），是为迎接六世班禅进京向乾隆皇帝祝贺七十大寿，模仿西藏日喀则的札什伦布寺而修建的，占地面积 9100 平方米。其庙宇坐西向东，依山傍水，大殿四层上下贯通，由三门琉璃坊、都罡正殿、大白台、重檐碑亭、大红台、七层万寿琉璃塔组成。总体为藏式建筑，但细部装修又体现出汉族风格，是一座汉藏结合的大型喇嘛庙。乾隆四十三年（1778），六世班禅得知乾隆皇帝要举行七十大寿庆典的消息，主动请求进京朝觐。乾隆皇帝欣然允准，而且对此事极为重视，进行了大量周密细致的准备工作。乾隆皇帝考虑到承德、北京气候较西藏炎热，为了给六世班禅大师避暑，下谕旨在承德修

建须弥福寿之庙；在北京西郊香山静宜园修建宗镜大昭之庙，作为班禅夏季驻锡之地，称“班禅行宫”。并且为六世班禅装修好北京安定门外的西黄寺，作为他冬季驻锡之地。乾隆四十四年（1779年），六世班禅奉命进京为清高宗祝寿，从札什伦布寺启程，踏上了东行朝觐之路。乾隆四十五年（1780）七月，班禅一行历时一年，行程数万里抵达承德，得到了乾隆隆重接待。九月，六世班禅大师由热河至北京，驻锡在五世达赖喇嘛曾居住过的西黄寺。九月十八日，清高宗与六世班禅共同出席了昭庙开光大典。在昭庙开光法会上，天降绵绵细雨，宛似天花坠落，面对此情此景，乾隆皇帝作《昭庙六韵》诗一首，此诗及诗注以满、汉、蒙、藏四体文字镌刻在石碑上，立在清净法智殿前的天井中。昭庙于咸丰十年（1860）同静宜园一起惨遭英法联军劫掠和焚毁，仅留有琉璃牌坊、四个幡杆石座、白台、红台基础、御碑一座和七层琉璃塔一座。六世班禅前往承德、北京朝觐乾隆皇帝祝贺七十大寿的壮举，对维护国家主权和领土完整，促进民族团结起到了重要的作用。昭庙及乾隆御笔昭庙六韵碑是汉藏民族团结和国家统一的见证。

咸丰十年（1860），香山也被英法联军焚毁。民国期间，静宜园遗址内出现了辅仁社、静宜女校、香山慈幼院等在近代教育史上占有重要地位的机构和众多别墅。抗战时期，日军曾占用静宜园，昭庙被作为日军医院使用。1948 年，中共中央入驻香山，在这里发布了解放全中国的命令，为建立新中国做最后的准备。1956 年，香山作为公园对外开放。截至 2016 年，累计修复香山寺、勤政殿、致远斋、昭庙历史建筑 38 处。

“三山五园”中只有静宜园是以山地景观为主，著名的“静宜园二十八景”大多与山地景观有关，包含山峰、山坡、洞窟、悬崖、巨石等各种地貌及山泉、树林等自然景观。香山得天独厚的地貌条件为静宜园石刻文物的镌刻提供了最佳的载体。香山静宜园的石刻文物种类丰富、数量众多、跨越时间长。本书由于篇幅所限，在时间段上仅收录清代静宜园时期的石刻（其中墓志类，因作为一种重要的石刻类型，而且也反映了在明代香山的不少寺院由宦官捐资修建的历史，故而收录了部分 1980年出土的明代宦官墓志）。在地域范围和景区的选择上，收录了静宜园范围内的石刻，未收录碧云寺、卧佛寺及香山周边寺庙的石刻。静宜园石刻文物种类丰富，有摩崖、刻石、碑刻、墓志、刻经。其中摩崖数量最多，这与香山独特的地貌有关。石刻内容有诗词、楹联、匾额、碑文、题名、佛经及绘画，增添了景观深厚的文化意蕴，达到突出主题、点景的功效。如引《庄子·秋水篇》之典命名的“知乐濠”刻石嵌于池壁之上；立于香山寺天王殿北侧的乾隆皇帝御笔“娑罗树歌”诗碑，赞誉佛门祥瑞的娑罗树；位于香雾窟北侧的乾隆十六年御笔“西山晴雪”碑，乾隆确认此处是“燕山八景之一”西山晴雪所在；道光三年御笔“写秋容”刻石，点出香山秋色之美；乾隆十一年御笔“璎珞岩”诗刻，写出了璎珞岩命名的缘由和景观之妙。静宜园不但是一座具有林泉之趣的皇家园林， 也是皇帝处理政务的场所，是诸多历史事件的发生地。如乾隆四十五年御笔昭庙碑就记载了六世班禅进京向乾隆皇帝祝贺七十大寿，乾隆与班禅共同为昭庙落成进行开光庆典的重大历史事件，见证了民族的团结和国家的统一。石刻文物中除墓志外均为清帝御笔，其中以乾隆御笔数量最多。乾隆皇帝一生来香山驻跸 73 次，居住 280 余天，写下相关诗作一千四百余首。香山石刻的字体包括篆书、楷书、草书、行书等，其中行书数量最多，符合皇家园林中石刻轻松自由的风格。下文香山静宜园石刻分为现存石刻和尚未发现的石刻两大类。现存石刻中分为五类：摩崖、刻石、碑刻、墓志、刻经。尚未发现的石刻一类是根据《日下旧闻考》《清朝通志》和《光绪顺天府志》中记载的清代存于静宜园中的石刻加以整理，但目前在原址尚未发现。

静宜园二十八景

内垣二十景：
勤政殿　丽瞩楼
绿云舫　虚朗斋
璎珞岩　翠微亭
青未了　驯鹿坡
蟾蜍峰　栖云楼
香山寺　知乐濠
听法松　来青轩
唳霜皋　香岩室
霞标磴　玉乳泉
绚秋林　雨香馆

外垣八景：
晞阳阿　芙蓉坪
香雾窟　栖月崖
重翠崦　玉华岫
森玉笏　隔云钟

——清乾隆朝《日下旧闻考》[1]

乾隆御制静宜园记

乾隆乙丑秋七月，始廓香山之郛，薙榛莽，剔瓦砾，即旧行宫之基，葺垣筑室。佛殿琳宫，参错相望。而峰头岭腹凡可以占山川之秀，供揽结之奇者，为亭、为轩、为庐、为广、为舫室、为蜗寮，自四柱以至数楹，添置若干区。越明年丙寅春三月而园成，非创也，盖因也。昔我皇祖于西山名胜古刹，无不旷览。游观兴至，则吟赏托怀。草木为之含辉，岩谷因而增色。恐仆役侍从之臣或有所劳也，率建行宫数宇于佛殿侧。无丹雘之饰，质明而往，信宿而归，牧圉不烦。如岫云、皇姑、香山者皆是。而惟香山去圆明园十余里而近。乾隆癸亥，予始往游而乐之。自是之后，或值几暇，辄命驾焉。盖山水之乐不能忘于怀，而左右侍御者之挥雨汗而冒风尘亦可廑也。于是乎就皇祖之行宫，式葺式营，肯堂肯构。朴俭是崇，志则先也，动静有养，体智仁也。名曰静宜，本周子之意，或有合于先天也。殿曰勤政，朝夕是临，与群臣咨政要而筹民瘼，如圆明园也。有憩息之乐，省往来之劳，以恤下人也。山居望远村平畴，耕者、耘者、馌者、获者、敛者，历历在目。杏花菖叶，足以验时令而备农经也。若夫岩峦之怪特，林薄之华滋，足天成而鲜人力。信乎造物灵奥而有待于静者之自得耶！凡为景二十有八，各见于小记而系之诗。

——清乾隆朝《日下旧闻考》[2]

1 于敏中等编：《日下旧闻考》，卷八十六，北京古籍出版社，1985年版，1439页。

2 于敏中等编：《日下旧闻考》，卷八十六，北京古籍出版社，1985年版，1437—1476页。

以往有关香山寺与永安陵道的相关材料极稀少，但在陈述香山的历史沿革时，这又是不可绕开的内容。所幸近年来学界特别注重多元视角搜集材料，终于从北京地区出土的墓葬和金石资料中发现了一些直接或间接的珍贵材料，计有三则：

①“辽天王寺建塔题记”刻石

1976年唐山大地震，波及北京，许多古建筑受损，其中天宁寺塔就是一处。因天宁寺塔为北京地区最高的辽塔，修缮规模较大，文物工作者也注意到对文物的保护。当时塔刹处砖石崩裂，经仔细清理，在塔刹处发现了斗方大小、青石质地、纹理致密的“辽天王寺建塔题记”刻石一方。刻文的主文中有“皇叔、判留守诸路兵马都元帅府事、秦晋国王天庆九年五月二十三日奉圣旨起建天王寺砖塔一座，举高二百三尺，相计共一十个月了毕”的字样，明确指出了主持建塔者为耶律淳。他虽是“僭越之君”，但还是为北京留下了这样一座精美的古塔，实属不易。刻文中还列出了陪都辽南京许多著名寺院高僧大德的名字，其中就有“香山寺僧智选”，这就指明了香山寺与天王寺不一般的关系。新材料极富研究价值。

天宁寺塔

在金代，香山也建有寺院楼阁，为金帝游览之地。《金史·世宗本纪》中记载：“（大安二十六年三月）癸巳，香山寺成，幸其寺，赐名大永安。”金代在香山建有行宫、会景楼，还修缮了辽时创建的香山寺，并改名大永安寺。因此，香山在金代已是游览胜地和金帝专用之行宫。金世宗还赐永安寺田达两千亩之多，可见此寺规模之大。但目前还未发现相关的金石等材料。又据《辽史·天祚本纪》的

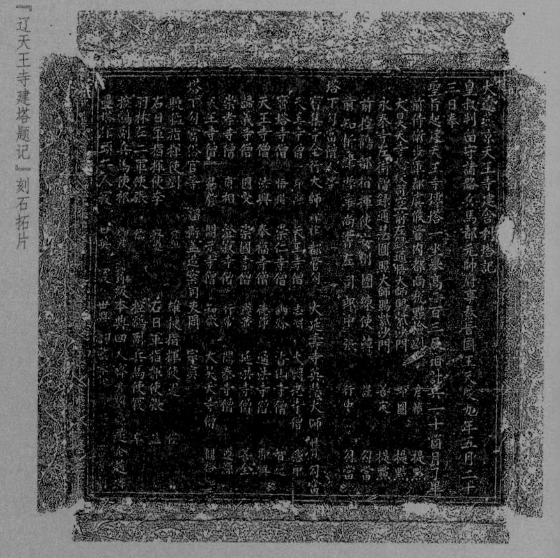
『辽天王寺建塔题记』刻石拓片

记述："耶律淳者……保大二年，天祚入夹山……议欲立淳……百官上号天锡皇帝，改保大二年为建福元年……淳病死，年六十。百官伪谥曰孝章皇帝，庙号宣宗，葬燕西香山永安陵。"据此，可见辽代对香山的经营已经具有一定规模。金世宗把重修后的香山寺改为大永安寺，与永安陵的名称是有关联的。永安陵是辽代在慌乱的情况下仓促构筑的，其规模不可能宏大，也未得到历代官方的保护与修缮，又因长期处于皇家禁苑中，故被人遗忘。只有《日下旧闻考》中有"永安寺今无考"的记载。民国年间，御苑开放，永安陵才以"辽王坟"的名称再现世间。目前因相关资料短缺，对其情况有些人只是依文献做了些推测。永安陵作为西山永定河文化带上的一处古迹，我们还是应对它进行更科学的考古调查工作。

金朝贞祐三年（1215），金中都失陷被毁，史称其为"旧城"或"南城"。金朝早在中都选址时，还曾特别注意到西山一带，其后这里也成为元廷关注的地域，文献中多有记述。今收录的两件北京地区发现的重要元代石刻，即铁可墓志和松谿和尚碑，记述了二人的生平和他们在香山寺中活动的细节。

② 铁可墓志

铁可为元朝初年辅佐忽必烈的重臣，历世祖、成宗、武宗、仁宗四朝，官至太傅。志文内容涉及广泛，包括国名、地名、人物、信仰、宗教活动等。《元史·铁哥传》载："元世祖即位，幸香山永安寺，见书畏吾字于壁，问谁所书。僧对曰：'国师兄子铁哥（铁哥即铁可）书也。'帝召见，爱其容仪秀丽，语音清亮，命隶丞相孛罗备宿卫。"铁可之后历任正议大夫、尚膳使，累迁司农事、平章政事等。

铁可生于1248年，出生地在山西浑源，父名斡脱赤，中国籍巴基斯坦人，

铁可墓志拓片

大元故太傅録軍國重事宣徽使領大司農司太醫院事鐵可公墓誌銘
翰林待制同知制誥兼國史院編修官承直郎蔡文淵撰
集賢大學士榮禄大夫劉賡書丹
公諱鐵可，乞失迷兒部人。曾祖考校可答失里，曾祖妣三卜德脇迭術。祖
考沙磕納失里，祖妣脇合納迭。纉世修德，捨爵為右族。考椅脱赤，管領乞
失迷兒萬户，佩金符。
憲宗朝以伽葉伊彌古竺北國未入版圖，請往招諭，其國王聽悉弗從，遂遇
害而死。繼遣偏師滅之，追封代國公，謚忠愍，旌其節也。妣李氏貞懿，倫
内治有法，封代國太夫人。公生渾源，四歲而孤，性聰明，不為稚嬉。太夫人
撫育俻至。既長，克自樹立，客遊香山永安寺，登佛閣，讀書其名于壁。
世祖幸香山，見之，訪諸左右，曰國師羅麻光子也。召至，見其容止温雅，應
對詳敏，宸心允愜，命典禁膳，統領衛士，更直恂謹，沉容朝夕匪懈。
上察其忠慤，益知委任。庚辰，特授正議大夫、尚膳使。癸未，除中奉大夫、司
農寺達魯花赤、同知宣徽院事、領尚膳監事，尋加正奉大夫。丙戌，陞司農
寺為大司農司，秩正二品。上曰：農桑，國之大事，汝為大司農，欽哉。官資
吾大夫。丁亥，乃授扈從事駕東征，勞績居多。壬辰，拜榮禄大夫、中書
平章政事、同知宣徽院事。
成宗登極，丁酉改元大德，進光禄大夫、中書平章政事、領大司農司、同知宣
徽院事。己亥，上以乞解機務，授平章政事、領中書省事。癸卯，朝政更新，
復拜中書平章政事、宣徽使、領大司農司事，以疾辭。丙午，優詔趣入政
府，未幾乞以疾，從之。
武宗踐阼，加金紫光禄大夫，進授中書右丞相，依前宣徽使、領大司農司事。
改中加開府儀同三司。時權奸竊政，朝臣往往阿附尚安，公素剛直不
為依仰，欲誣害公。上以先朝耆舊，特賜懷察。
皇太后龍眷彌厚。辛亥冒殞，己酉立慶支院，敕公兼領之。
皇上繼統，勵精求治，圖任舊人，特授太傅、録軍國重事、領太醫院事，依前開
府儀同三司、宣徽使、領大司農司事。皇慶癸丑春正月，
世祖忌辰，詔公詣大萬安寺莅作佛事，仍命即齋宮圖公像以進。公瞻

睟聖容，追念疇昔，悲慟不能自已，由是感疾。敕近臣候視，尚醫
診治。
皇太后亦數遣中使臨問。竟以夏四月辛未薨于所居正寢，享年七十
有六。
上聞訃震悼，賻中統鈔十萬貫，有司治喪具，儀制有加。乙酉，葬大興縣
先師莊先塋之北，從禮也。夫人冉氏，先公卒，內出資裝，配以宮嬪
張氏。子男六人：曰忽察擲林，[illegible]少中大夫；曰平安奴，中大夫、太平
路達魯花赤；曰也先可，朝請大夫、同知山東道宣慰司事；曰忽里台，
中順大夫、同知真定路總管府事；曰亦馬，奉議大夫、同知大都護府
事；曰重喜，奉訓大夫、隆禧院副使。女八人，適[illegible]授左丞相馬興子允任。
男孫七人：教化、伯顏、黑兒、同壽、善住、又花、十三。女孫[illegible]人，幼在室。
公資瑞重，寡言笑，識慮深遠，歷事
累朝五十年，小心慎畏，始終如一。
兩宮寵賚優渥，位望崇高，而謙抑自將，未嘗有
啓沃決[illegible]宗室譜系疏戚周知，領給廩
於步履，凡朝會，特命乘轎至殿廷，入見輒賜坐，慰勞甚異。
禮遇如此。嗚呼！風雲際會，實千載一時也，是宜銘。銘曰：
□公之先，積慶有源，萬生魁傑，相我
皇元。侍帷幄，居廊廟，嘉謨嘉猷，深明治要。
國有儲備，民勤數為，衣赤舄，百辟是師。眷遇之隆，其孰能比？
不自伐，慎終如始。吁嗟昊天，胡不慭遺？移舟夜壑，逝手斯一，鑑云
亡，百身莫贖。生榮死哀，公葬不忝，大師之原，馬鬣其封，埋石刻銘，永
奠幽宮。
石匠

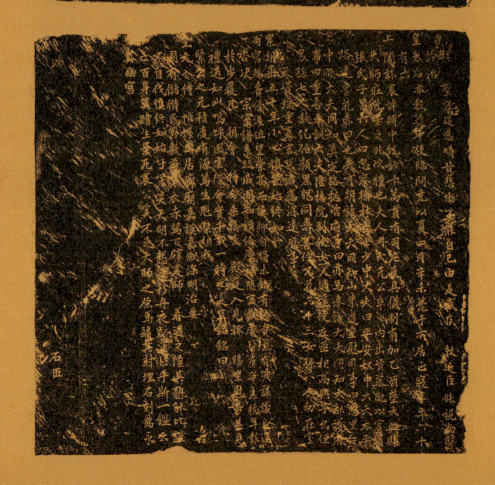

母李氏，中国人。铁可卒于元仁宗皇庆二年（1313），享年六十六岁，葬大兴太师庄（即今朝阳区龙潭湖北吕家庄，墓志1962年冬出土）。该墓出土文物较丰富，其中墓志最重要，是北京地区重要的考古发现，志文中有铁可与元代皇帝密切关系的记述，尤其在香山寺的活动记述较为罕见。

③ 故昭文馆大学士、荣禄大夫、司徒、佛性圆觉大禅师、领东山宗事松谿和公长老大和尚碑

该碑记述了元代高僧松谿的生平事迹。碑石位于北京房山区周口店瓦井宝严寺遗址。从拓片可知，碑高135厘米，宽82厘米，额高33厘米，宽28厘米。篆额“故荣禄大夫司徒佛性圆觉大禅师松谿和公塔铭”。

松谿，俗姓刘，名显和，涿郡范阳人，住宝严禅寺。元世祖中统元年（1260）生，9岁出家，18岁至滦州开觉寺依龙溪老人叩启宗乘，机锋迅捷，受其戒。历十寒暑，来到大都住双泉龙渊寺，依九峰老方主。元世祖至元三十年（1293），回宝严禅寺任住持。大德六年（1302），九峰方主上书元廷，推荐松谿为大都香山寺住持。至大二年（1309）武宗皇帝临幸永安寺，赐金一锭，银六锭，银币七千五百缗，彩币四千，充山门之供、云侣之施、衣钵之需等。皇庆改元（1312），仁宗给匠百名，除弊起新，助永安寺大规模修缮。工就，仁宗临幸，见寺若图画然，龙颜大悦，当即赐钱五千缗。松谿以皇帝所赐财物大修功德，兴建殿堂、斋厨等。他住持香山永安寺十年整，皇庆二年（1313），婉拒僧众的劝挽，辞去永安寺住持，但仍为永安寺续产置业。延祐三年（1316），被元仁宗加封为昭文馆大学士、荣禄大夫、司徒、东山宗佛性圆觉大禅师，授银章白麻，位列三公，序居一品。泰定元年（1324），圆寂于香山永安寺不二轩。元廷收其化为五色舍利的遗骨，分葬于香山永安寺、房山宝严寺等处，各建舍利宝塔。松谿一生为香山永安寺操劳，是一位献身佛教事业的高僧大德。此碑也为香山佛教人物增添了新的材料。

此碑收录在杨亦武著社会科学文献出版社2018年版《房山碑刻通志》卷四。

录文

故昭文馆大学士荣禄大夫司徒佛性圆觉大禅师领东山宗事松谿和公长老大和尚碑并序

大都竹林禅寺住持传法嗣祖沙门慈慧妙辩广福圆音大禅师鲁云行典撰文并书

应奉翰林文字从仕郎同知制诰兼国史院编修官李泰篆额

有大宗师出现于世，如优昙花芬馥人天，牟尼宝相，济贫苦以逆顺，合时行藏守道。观因缘而存取舍，正丛林而定规矩。大振玄风，宏扬慈化。若讷于岩薮之间，真隐于烟霞之表。神清貌古，望重学优。王臣崇奉，而佛祖加持。如龙如象者，愚于佛性圆觉大禅师香山永安和尚见之矣。

师讳显和，刘姓，世为涿郡范阳人，松谿其自号也。母余氏感吉梦，生而颖异，方九龄，乐出家，父母莫夺其志。命礼房山瓦井宝严禅寺庵主顺公为祝发师，侍执巾瓶凡九年。眼勤不怠，诵五部大经，粗训厥旨。迤逦行拓，淘汰诸方。诣滦州开觉依龙溪老叩启宗乘，爱其机锋迅捷，与受具戒。兼修素业，历十寒暑，归于都。时九峰老方主，双泉龙渊法席，以知见之香、曹洞之风引接后学，师即驻锡奉之。其金针玉线，正偏兼列，派下宗旨，参讲日进，遂即可之。

至元癸巳，囊锥颖露。众与开发而出世，住宝严禅寺，耀里社之荣，福缘渐盛。不三数载，丈室为之一新。元贞初元，受滦州乐亭之南千金崇法兰若，其绩益著。余六霜，建方丈以间计者七。大德壬寅，师道价日弘，清誉远播。九峰走疏，命主燕西之香山永安寺，四众咸服。至大己酉，武宗皇帝丕膺宝历，不忘付嘱，大辟金田，幸其寺，赐金一、银六、青蚨七千五百缗、彩币四千，充山门供及云侣之施、衣钵之需。复仅万缗，致重如此。

皇庆改元，仲夏，仁宗宠赉佛门，留心释典。兴弊起新，眷香山之门刹，

居燕蓟之胜游，给匠百名，赐钞万锭，至于殿堂郎庑、厨库斋寮，寺所宜有者糜不毕具。金碧璀璨，若图画然。上幸之甚悦，仍赐宝券计五千缗。师以衣盂长物即昌平之栗园，创佛殿、西堂、方丈、僧舍余二十楹。洎宛平门头村之吉祥、新张里之道院、大兴之净居、城南之遵敬、房山之宝严、永平之云峰诸大刹，旧者新之，缺者完之，危者扶之。与夫堂殿、斋厨、库厩，轮奂可观。越明年，勇退永安，佥议弗从。复为续产置业，如崇智之店、成宁之库、苜蓿之房，功力甚夥，未易殚纪。延祐丙辰，上以师德粹行淳，加昭文馆大学士荣禄大夫司徒领东山宗佛性圆觉大禅师，授银章白麻。恩至渥而气不骄盈，岂浅浅之智所能及哉？

泰定元年秋七月十有九日示疾于不二轩右胁，而化时晴空雨堕，云敛光生，其感异又如此。荼毗之际，圆光骇目，会葬者千人，靡不耸瞻。收五色舍利罗，分葬香山、道者、千金、宝严，各建浮图，惟表盛德。寿六十有四，僧腊三十。度门弟子百十余人，嗣法长老曰全、曰璋、曰新，俱化。一方庵主曰阔、曰庆、曰海、曰渊、曰清、曰璨，皆不坠休风。呜呼！自世尊灭度后，圣圣弘化，代代袭传。如师蚤岁出尘，壮而慕道，老备善缘于诸刹，享荣福者。皇朝坐处，分明荣枯自若，振纲纪，隆祖道，生死自由，圣凡叵测，预高僧之列，不其伟欤？故焚香稽首而之铭。铭曰：

达人上士，应迹有方。优昙瑞世，佛祖弘扬。和公挺出，母梦贞祥。诸方行脚，声振滦阳。年方髫齿，归礼空王。顺庵训诱，贝叶披祥。诣九峰老，薰知见香。龙渊柱锡，印可开堂。宝严一主，里闬生光。葺居崇法，劬役六霜。嘉声籍甚，学海汪洋。香山胜概，古佛道场。殊恩首遇，临幸武皇。内帑金币，所赐非常。仁庙继幸，睹顾荒凉。赐赀万锭，贲饰宝坊。宛如图画，炜炜辉煌。龙颜甚悦，特赐银章。秩登荣禄，罣罢弥彰。司徒掌教，钦退如藏。众推弗允，再踞禅床。庄严列列，金碧相望。百废具举，奕世流芳。泰定秋仲，示疾云亡。荼毗舍利，塔依碧苍，甡甡弟子，复帜而昌。实惟张本，识虑深长，丰碑颂德。永劫无忘。

元泰定二年三月吉日 本寺提点庆山、临寺海浩、庵海璨等立石诸色府石匠蔡琮刊

第二节 香山静宜园石刻

壹 现存石刻

（一）摩崖

1

乾隆十一年御笔

“璎珞岩”

诗刻

璎珞岩为静宜园二十八景之一。岩石堆叠宛如屏风，泉水从叠石间流下成池，岩壁缀满青苔，流水潺潺，宛若珠串，因此得名璎珞岩。岩上方有敞厅三楹，外檐悬康熙御题“绿筠深处”匾，岩前水池一方，池前建有清音亭。建筑于 1860年被英法联军焚毁，1984年修复了绿筠深处敞厅和清音亭。《日下旧闻考》载：“璎珞岩为二十八景之一。绿筠深处额，圣祖御书。”[3] 水池南侧的一块山石上刻有乾隆十一年（1746）御笔《璎珞岩》诗，竖刻七行文字，行书。《日下旧闻考》中记载此诗序为：“横云馆之东，有泉侧出岩穴中。叠石如扆，泉漫流其间，倾者如注，散者如滴、如连珠、如缀旒，汎洒如雨，飞溅如雹。萦委翠壁，潨潨众响，如奏水乐。颜其亭曰清音，岩曰璎珞。亭之胜以耳受，岩之胜与目谋，澡濯神明，斯为最矣。”[4]《光绪顺天府志》记载：“御制《璎珞岩》诗，行书，乾隆十一年，五言律一首。在静宜园。”

3 于敏中等编：《日下旧闻考》，卷八十六，北京古籍出版社，1985年版，1442页。

4 于敏中等编：《日下旧闻考》，卷八十六，北京古籍出版社，1985年版，1442—1443页。

录　文

滴滴更潺潺，琴音大」地间。
东阳原有乐，」月面却无山。
忘耳」听云梵，栖心揖」黛鬟。
饮光如悟此，不」复破微颜。」
丙寅小春御笔

诗刻上钤“德日新”长方形印玺一方，下钤“惟精惟一”“乾隆宸翰”方形印玺各一方。

乾隆十一年御笔「璎珞岩」诗刻

2

乾隆十一年御笔“翠微亭”诗刻

翠微亭建于乾隆十一年（1746），是一座八方亭，静宜园二十八景之一。原亭于1860年被焚毁，1991年复建。刻在翠微亭东南侧岩壁上的乾隆御笔《翠微亭》诗，幸免于难。竖刻文字九行，行书。《日下旧闻考》中记载此诗序为：“宫门之南，古木森列，山麓稍北为小亭。入夏千章绿阴，禽声上下；秋冬木叶尽脱，寒柯萧槭，天然倪迂小景。”[5]乾隆在诗序中对亭子的位置、环境特点、季节变化进行了描写。由于香山具有“须弥佛国”的喻意，此诗是一首包含佛教典故的写景诗，乾隆认为此地自然景观如同倪瓒笔下的图画。《光绪顺天府志》记载：“御制《翠微亭》诗，行书，乾隆十一年，五言律一首。在静宜园。”

录文

须弥与一芥，大｜小岂争差？
亭｜子不嫌窄，翠｜微良复赊。
入诗｜惟看画，沐雨欲｜蒸霞。
莫羡痴｜黄派，倪迂各｜擅家。
题翠微亭｜御笔

5 于敏中等编：《日下旧闻考》，卷八十六，北京古籍出版社，1985年版，1443页。

翠微亭

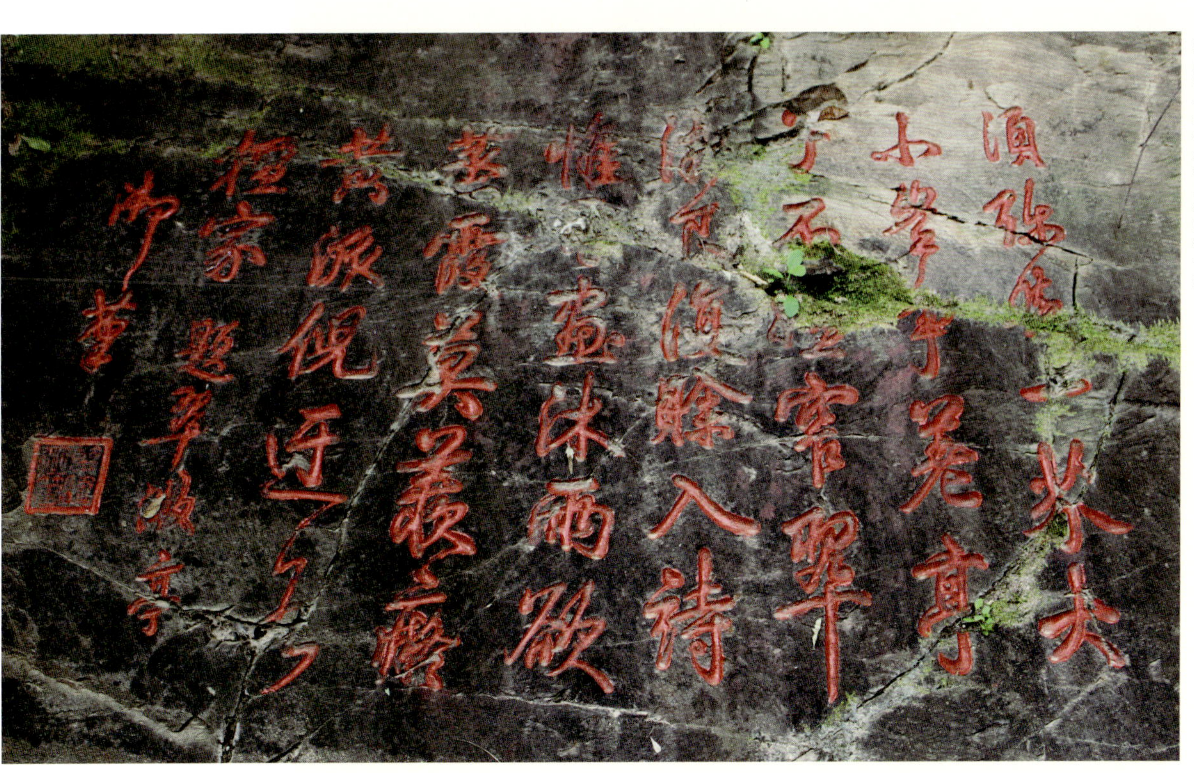

乾隆十一年御笔「翠微亭」诗刻

3

乾隆十一年御笔 “森玉笏” 刻石

森玉笏为静宜园二十八景之一。此处因有一高耸突兀立于山谷间的高大石壁，森然如朝天玉笏，乾隆赐名“森玉笏”。森玉笏景区中的建筑在1860年被英法联军焚毁。民国时期这里曾改建为私人别墅。《日下旧闻考》载：“玉华寺西南峰石屹立，上勒御题，为‘森玉笏’。”[6] 乾隆御笔“森玉笏”三字竖刻，行书，其左钤“奉三无私”椭圆玺，下钤“所宝惟贤”“乾隆御笔”方形印玺各一方。《光绪顺天府志》记载：“御书‘森玉笏’三字，行书，乾隆十一年。在静宜园。”

乾隆十一年御笔『森玉笏』刻石

6 于敏中等编：《日下旧闻考》，卷八十六，北京古籍出版社，1985年版，1457页。

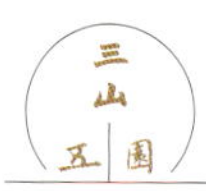

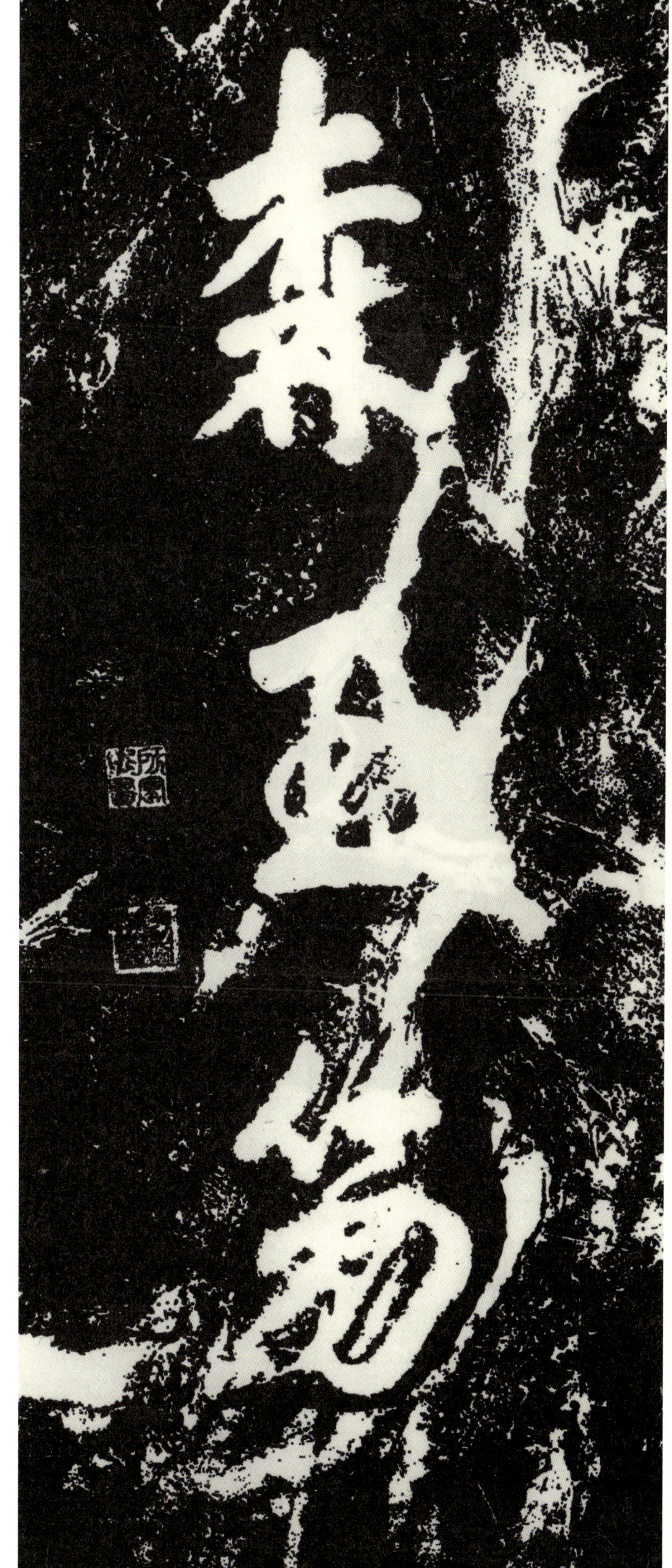

乾隆十一年御笔『森玉笏』刻石拓片

4 乾隆十一年御笔“森玉笏”诗刻

乾隆十一年（1746）御笔《森玉笏》诗，刻于巨石上，竖刻文字八行，行书。《日下旧闻考》中记载此诗序为：“山势横峰侧岭，牝谷层冈，攲涧曲径，不以巉削峻峭为奇。而遥睇诸岭，回合交互，若宫、若霍、若岌、若峘、若峤、若岀、若陲、若巘、若重甗、嵯峨嵚崟，负异角立。积雪映之，山骨逼露。群玉峰当不是过也。”[7]《光绪顺天府志》记载：“御制《森玉笏》诗，行书，乾隆十一年，五言律一首，在静宜园。”

录文

回风纷合沓，峻」岭郁嵯峨。俨若」千夫立，森然万」玉罗。色无需藻」绘，坚不受砻磨。」山伯朝天阙，圭璋」列几多。」乾隆丙寅御题

诗刻下钤“所宝惟贤”“乾隆御笔”方形玺印各一方。

7 于敏中等编：《日下旧闻考》，卷八十六，北京古籍出版社，1985年版，1457页。

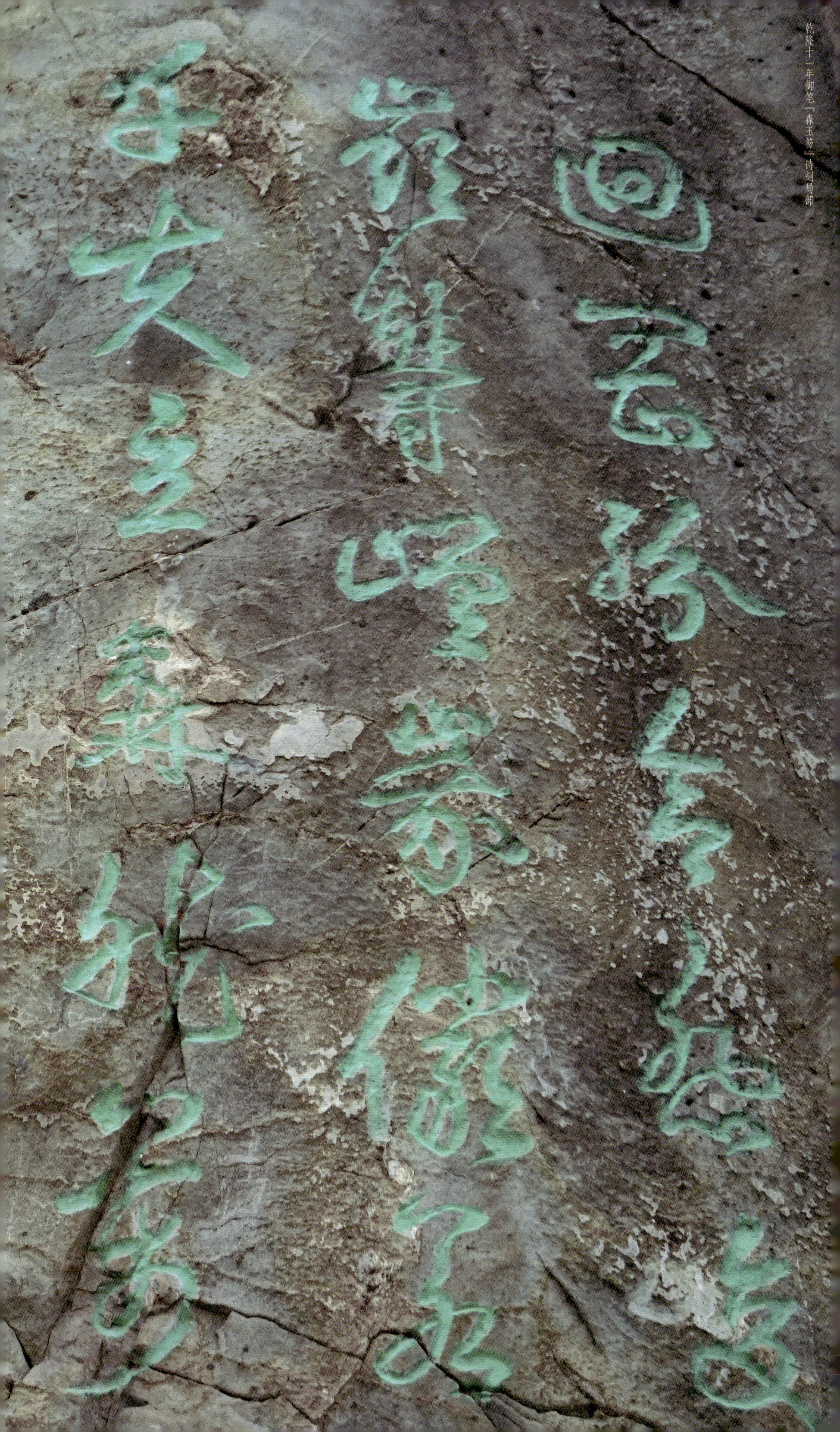
乾隆十一年御笔「森玉笏」诗刻局部

三山
五园

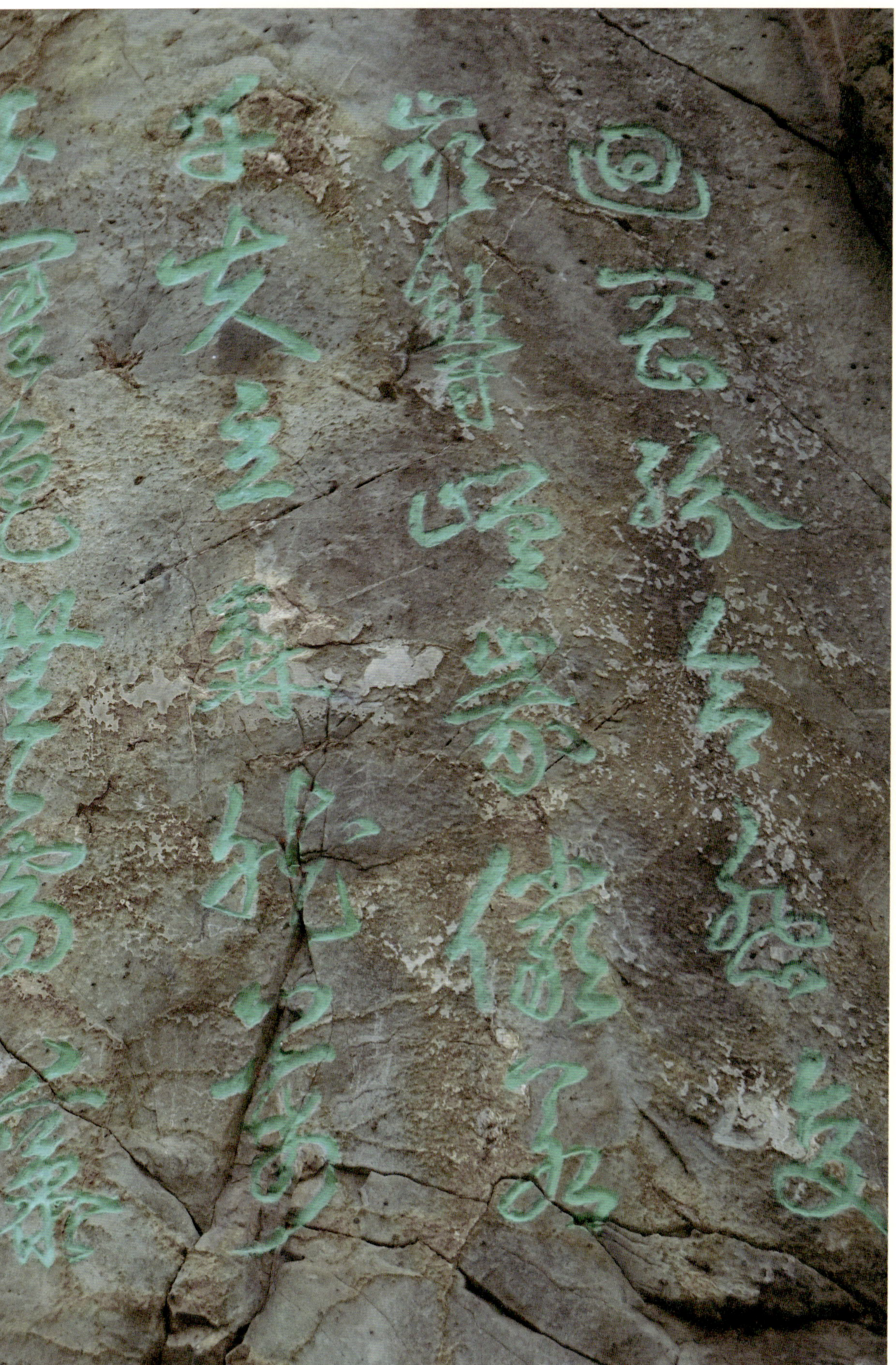

乾隆十一年御笔『森玉笏』诗刻

5

乾隆十一年御笔“芙蓉坪”刻石

芙蓉坪为静宜园二十八景之一。原建筑在1860年被焚毁，现存建筑为中华民国时期兴建的私人别墅。乾隆御笔“芙蓉坪”三字，刻于芙蓉馆东北的山岩上，横刻，行书。“芙蓉坪”三字正中上钤“乾隆御笔”方形印玺一方。《日下旧闻考》记载“芙蓉坪为二十八景之一，镌题于石壁间”。[8]《光绪顺天府志》记载：“御书‘芙蓉坪’三字，行书，乾隆十一年，在静宜园。”

乾隆十一年御笔『芙蓉坪』石刻

8 于敏中等编：《日下旧闻考》，卷八十六，北京古籍出版社，1985年版，1454页。

6

乾隆十一年御笔

“芙蓉坪”

诗刻

乾隆御笔《芙蓉坪》诗，刻于芙蓉馆东北的山岩上。竖刻文字七行，行书。芙蓉坪的“芙蓉”即乾隆诗刻文中的“青莲”，指香山犹如莲花形的山峰。《日下旧闻考》中记载此诗序为：“最北一嶂，迤逦曲注，宛宛如游龙，回绕园后。昔人有云：‘岩岭高则云霞之气鲜，林薮深则萧瑟之音清。’两言得园中之概。”[9]《光绪顺天府志》记载：“御制《芙蓉坪》诗，行书，乾隆十一年，五言古一首。在静宜园。”

录 文

足底生云霞，臂左」招星辰。振衣千仞」冈，此语诚可人。到」来每徘徊，欲去重」逡巡。翘首眺青莲，」堪以静六尘。」乾隆丙寅御题

诗刻下钤“所宝惟贤”“乾隆御笔”方形印玺各一方。

9 于敏中等编：《日下旧闻考》，卷八十六，北京古籍出版社，1985年版，1454页。

7

乾隆十一年御笔

“香山春望二首”

诗刻

乾隆御笔《香山春望二首》诗，刻于玉乳泉遗址山道南侧山石上。竖刻文字八行，行书。

录　文

烟景不胜赏，春山｜渐可登。谁知初试｜步，即是最高层。花｜意寒犹怯，苔痕｜嫩欲蒸。东郊举｜趾者，历历入吟冯。｜香山春望二首｜御笔

诗刻上钤“德日新”椭圆形玺，下钤“所宝惟贤”“乾隆御笔”方形印玺各一方。

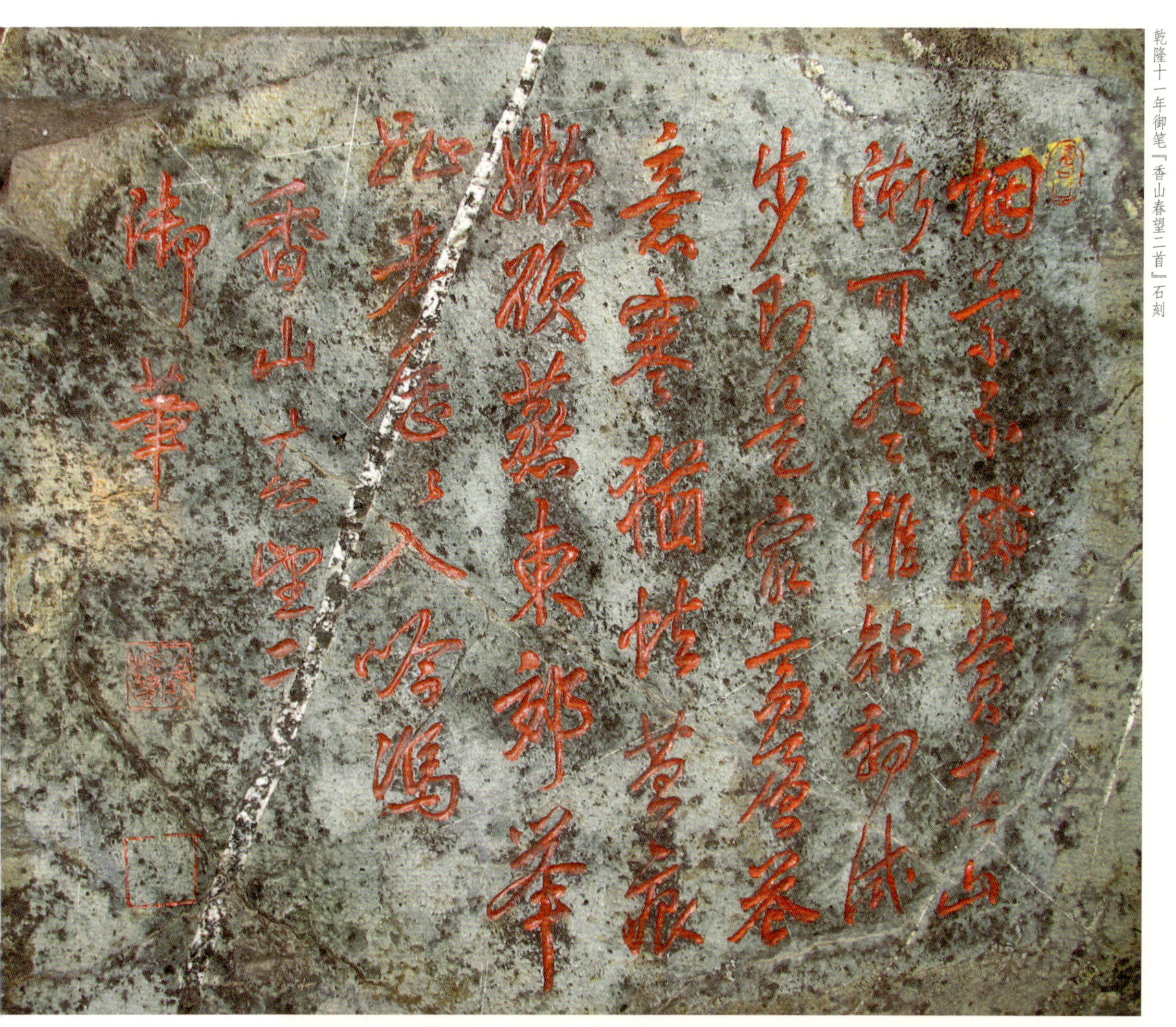

乾隆十一年御笔『香山春望二首』石刻

8

乾隆十一年御笔“玉乳泉”诗刻

玉乳泉为静宜园二十八景之一，因泉水如“玉液流甘”，故名。乾隆在其泉源建造了玉乳泉殿并在此处设了三个池潭，山泉流入潭中，终年不溢不竭。泉旁的殿宇在 1860年被英法联军焚毁。1920年时这里泉水尚充盈，但到了 1934年泉已干涸。乾隆十一年（1746），御题《玉乳泉》诗，刻于玉乳泉遗址西山路北侧，竖刻文字八行，行书。《日下旧闻考》中记载此诗序为：“行宫之西，循仄径而上，有泉从山腹中出，清泚可鉴。因其高下，凿三沼蓄之，盈科而进。各满其量，不溢不竭。《长安可游记》谓山有乳峰，时嘘云雾，类匡庐香炉峰。不知玉液流甘，峰自以泉得名耳。”[10] 乾隆在诗序和诗句中表达了自己认为香山之名来源于玉乳泉的甘洌清香的观点。他看到玉乳泉三潭蓄水，便联想起杭州西湖三潭映月的胜景。《光绪顺天府志》记载：“御制《玉乳泉》诗，行书，乾隆十一年，五言律一首，五言绝一首。在静宜园。”

玉乳泉

10 于敏中等编：《日下旧闻考》，卷八十六，北京古籍出版社，1985年版，1451页。

乾隆十一年御题『玉乳泉』诗刻

录文

乍可微风拂，偏｜宜皎月涵。西湖不｜千里，当境即三潭。｜演漾冈峦影，卷｜舒晴雨岚。灵｜源何处是？一脉｜试寻探。｜乾隆御题

诗刻上钤“德日新”椭圆形玺，下钤“所宝惟贤”“乾隆御笔”方形玺各一方。

『所宝惟贤』和『乾隆御笔』方形玺

『德日新』椭圆玺

9

乾隆十一年御笔“知 时”诗刻

乾隆御笔“知时”二字刻于钟亭东的山石上。横刻，行书。二字上方正中钤“乾隆御笔”方形印玺。《光绪顺天府志》记载：“御书‘知时’二字，行书，乾隆十一年，自鸣钟阁前，在静宜园。”

10

乾隆御笔“晞阳阿”刻石群

晞阳阿是静宜园二十八景之一，取屈原《九歌·少司命》中“与女沐兮咸池，晞女发兮阳之阿”之句而得名。原有晞阳阿殿、观音阁、延月亭、朝阳洞等建筑，在1860年被焚毁。自乾隆十一年至五十四年（1746—1789），乾隆为晞阳阿题诗14首，其中10首刻于石壁上。

乾隆御笔「晞阳阿」刻石群

乾隆十一年御笔“朝阳洞”刻石

10-1
乾隆十一年御笔“朝阳洞”刻石

乾隆御笔“朝阳洞”三字刻于朝阳洞洞口上方的山石上。横刻，行书。“阳”字上刻“乾隆御笔”方玺。《光绪顺天府志》记载：“御书‘朝阳洞’三字，行书，乾隆十一年。在静宜园。”朝阳洞为一朝南的石洞，内供奉龙神。乾隆曾多次在此祈雨。《日下旧闻考》载：“丽瞩楼北度岭为晞阳阿……西为朝阳洞，后为观音阁。……朝阳洞深广可丈余，内祀龙神。”[11]

“朝阳洞”刻石拓片

10-2
乾隆十一年御题“晞阳阿”诗刻

乾隆十一年（1746）御题《晞阳阿》诗，刻于朝阳洞西侧石壁，竖刻文字九行，行书。《日下旧闻考》中记载此诗序为：“逾丽瞩楼而北，过小岭，有石岈立，虚其中为厂，可敷蒲团晏坐，望香岩来青，缥缈云外，其南数十步复有巨石，卓立如伟丈夫，俗呼‘朝阳洞’。《日下旧闻》不之载，盖无僧寮亭榭，为游人所忽耳。命扫石壁烟煤，芟除灌秽，取楚词为之名。”[12]《光绪顺天府志》记载：“御制《晞阳阿》诗，行书，乾隆十一年、十二年、十三年，五言古各一首。在静宜园。”

11 于敏中等编：《日下旧闻考》，卷八十七，北京古籍出版社，1985年版，1453页。

12 于敏中等编：《日下旧闻考》，卷八十七，北京古籍出版社，1985年版，1453页。

壹 现存石刻

【一】 摩崖

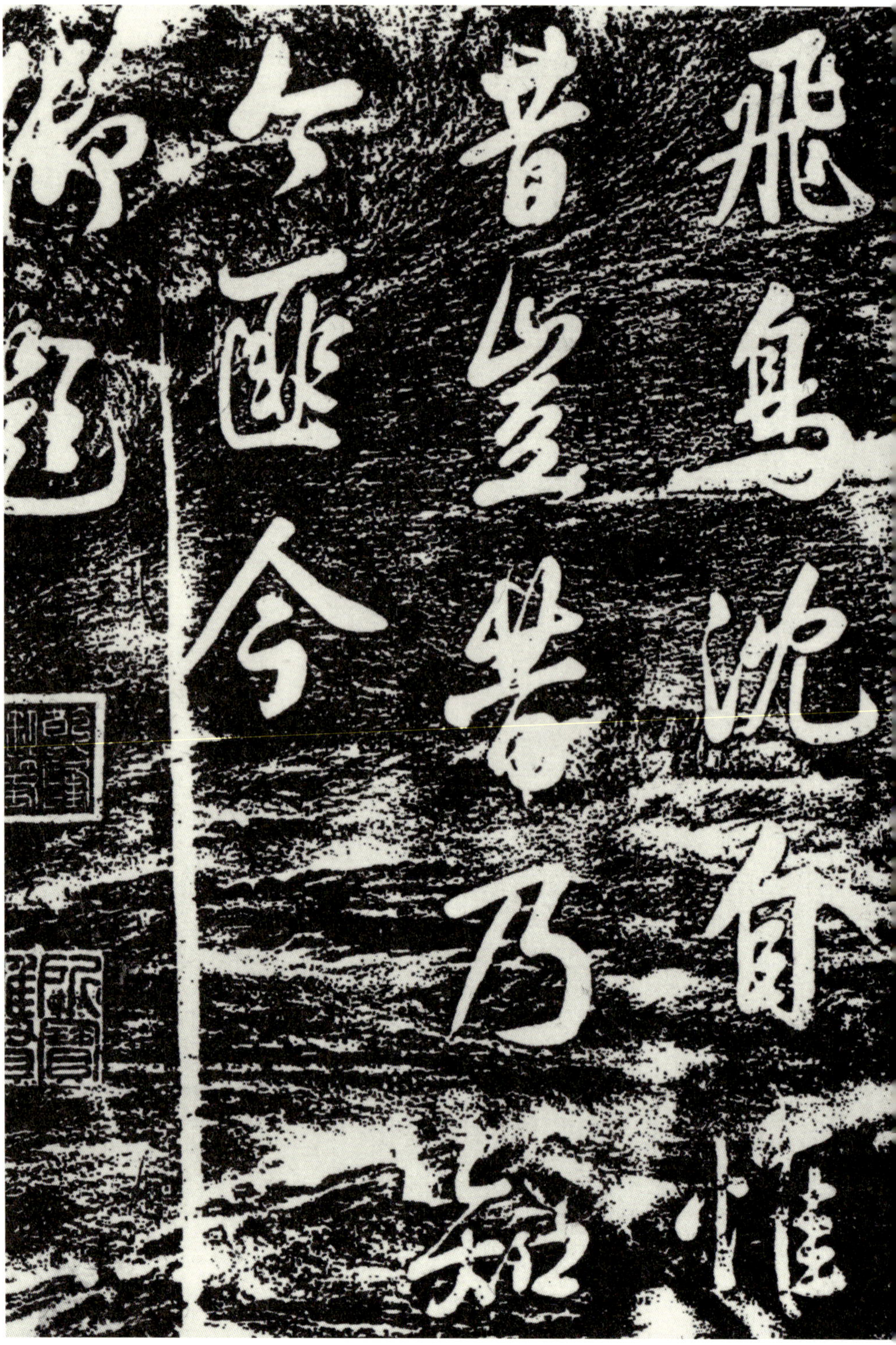

录文

我初未来此，雾」壑尔许深。扫」石坐中唐，一畅」平生心。仰接」天花落，俯视」飞鸟沉。自惟」昔岂昔，乃知」今匪今。」御题

诗刻上钤“奉三无私”长方形印玺，下钤盖“乾隆御笔”“所宝惟贤”方形印玺各一方。

『晞阳阿』诗刻拓片

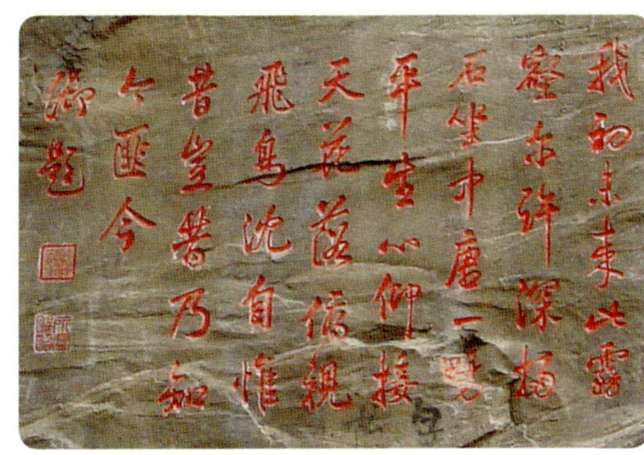

乾隆十一年御题『晞阳阿』诗刻

10－3
乾隆十三年御题“晞阳阿”诗刻

乾隆十三年（1748）《晞阳阿》诗，刻于朝阳洞东侧的岩壁上，竖刻文字十一行，行书。

录　文

古洞香山隩，赐名曰晞」阳。盘盘历曲栈，宛宛成」回冈。精舍构其间，冬」温夏复凉。四序无不佳，」斯时景最良。一窗暖」日明，万嶂石林苍。冰泉」哀玉声，霜叶水晶光。」近郭与远村，烟里辨」微茫。披卷晤古人，获」我中心藏。」戊辰初冬御题

诗刻上钤“奉三无私”长方印玺，下钤“≡”圆玺和“隆”字方形印玺各一方。

10－4
乾隆十三年御书“晞阳阿作”诗刻

乾隆十三年（1748）御书《晞阳阿作》诗，刻于延月亭遗址的石壁上。竖刻文字八行，行书。

录　文

朝阳古洞香山奥，蹊径几盘」方得到。深谷无景壁含风，芳」杜烟萝相窈窕。传闻仙姥此」烧丹，云浆玉液供丹灶。骑上」茅龙何所之，虚无铛釜遗层」峤。茹芝辟谷学登仙，如可求兮」愿执鞭。仙缘苟无堕铁锁，退不」可悔前不可。晞阳阿作

诗刻上钤“德日新”椭圆形印玺，下钤“≡”圆玺、“隆”字方玺和“乾隆御书”方形印玺各一方。

10-5
乾隆三十二年御题“朝阳洞”诗刻

乾隆三十二年（1767）刻于朝阳洞西南石壁上，竖刻文字十二行，行书。《光绪顺天府志》记载：“御制《朝阳洞》诗，行书，乾隆三十二年，五言古一首，三十三年，五言律一首，三十四年，七言绝一首，四十四年，五言古一首，五十年，七言绝一首，在静宜园。”

录文

崿嶂倾崖间，仄｜蹊凡几转。数息亦｜既到，穹洞岩之半。｜宛而复中隆，随｜宜置山殿。取朴｜弗取华，好山围｜四面。憩坐吟我｜诗，亦以歇人倦。｜山鸟弄春声，可｜听不可见。｜丁亥仲春月｜御题

诗刻下钤“所宝惟贤”“乾隆御笔”方形印玺各一方。

10-6
乾隆三十三年御题“朝阳洞”诗刻

乾隆三十三年（1768）刻于朝阳洞西侧石壁，竖刻文字八行，行书。

录文

尚有最高处，宁当｜孤此来。千林入葱｜蒨，一室坐徘徊。骋｜望既以远，托情无｜不该。夏凉冬则燠，｜北洞具神栽。｜戊子清和月中浣｜御题

诗刻下钤“所宝惟贤”“乾隆御笔”方形印玺各一方。

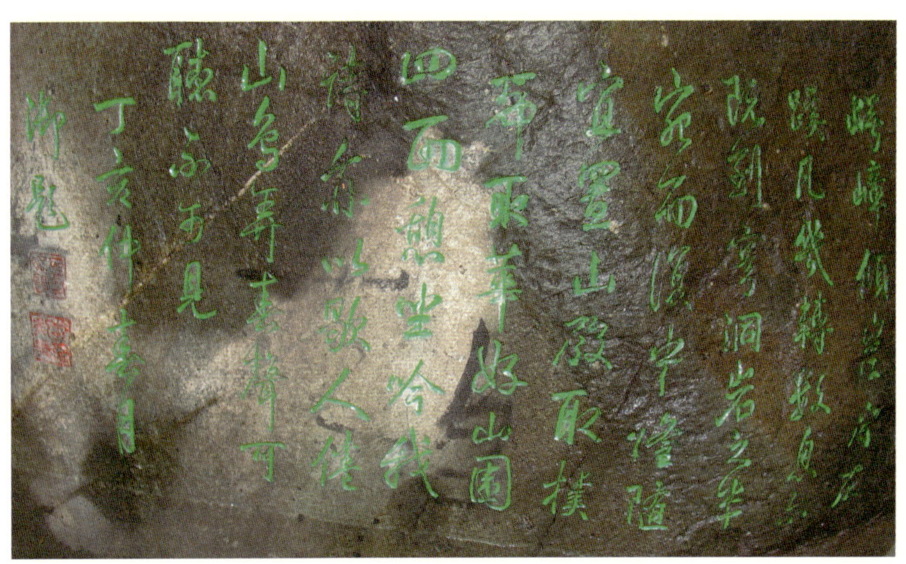

乾隆三十二年御题『朝阳洞』诗刻

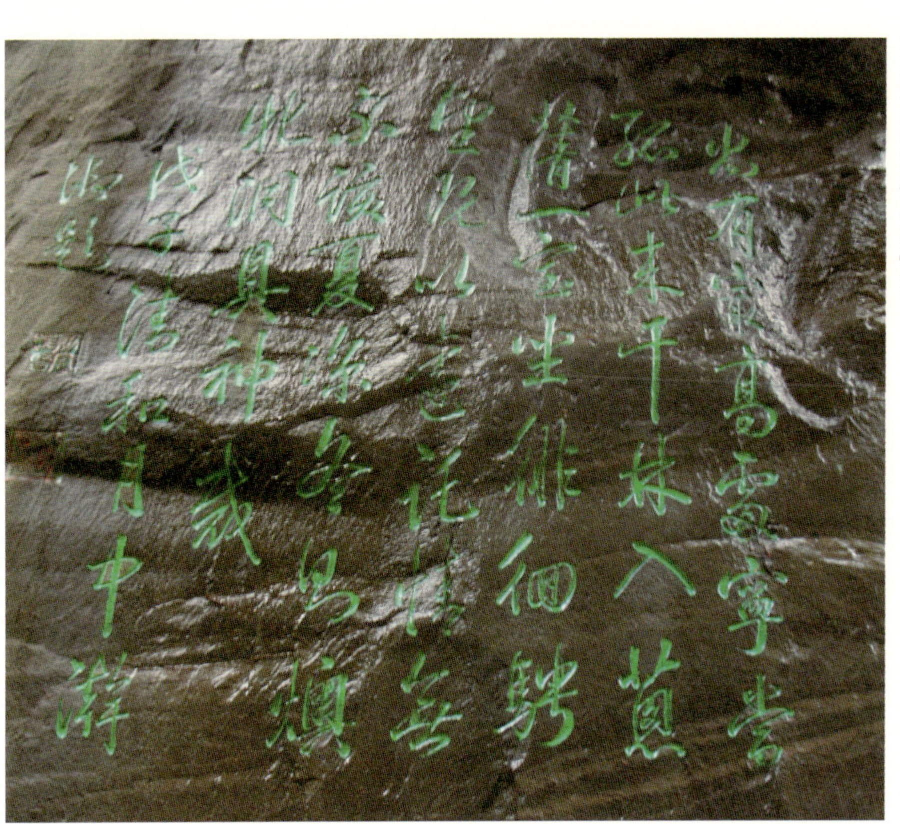

乾隆三十三年御题『朝阳洞』诗刻

10-7
乾隆三十四年御笔“朝阳洞口号”诗刻

乾隆三十四年（1769）刻于朝阳洞西侧石壁，竖刻文字六行，行书。

录 文

回峦深谷朝阳处，｜朴斫三间静且便。｜雨后山风浑觉｜冷，片时向暖也宜｜然。朝阳洞口号｜己丑清和御笔

诗刻下钤“所宝惟贤”“乾隆御笔”方形印玺各一方。

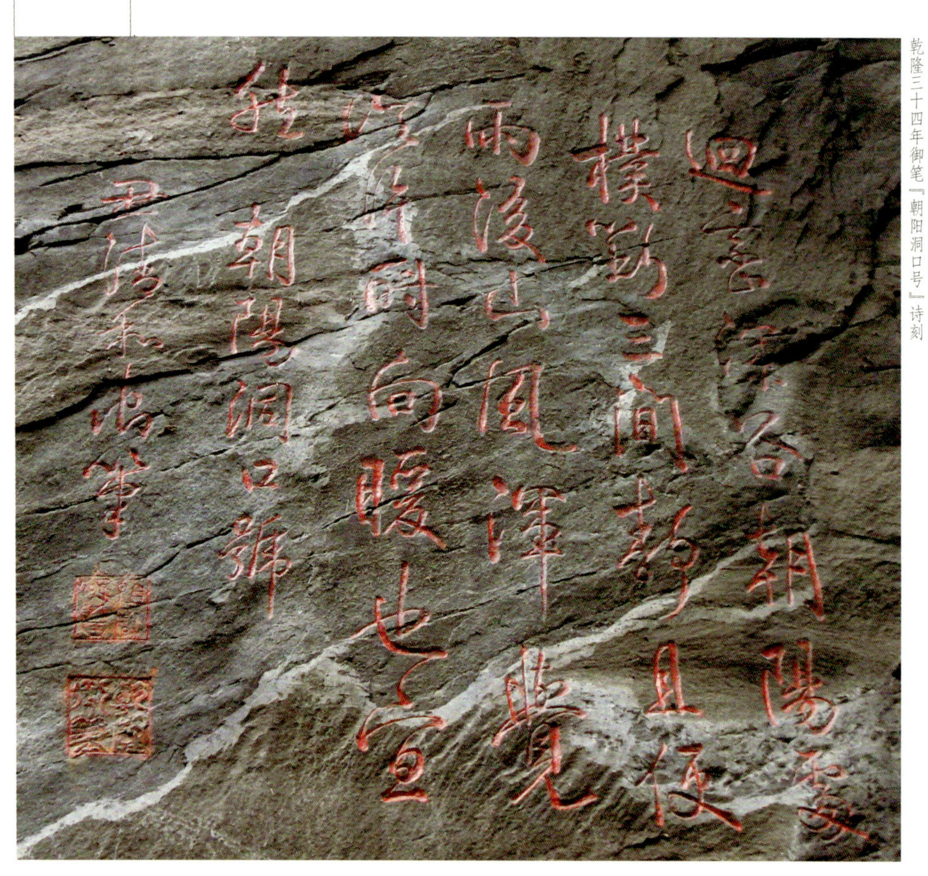

乾隆三十四年御笔『朝阳洞口号』诗刻

10-8

乾隆四十四年御题“朝阳洞有会”诗刻

乾隆四十四年（1779）刻于朝阳洞西侧石壁，竖刻文字九行，行书。

录文

丬洞向东南，因得朝｜阳号。两年忽以别，一｜朝适尔到。玩景则且｜置，思义亦会要。君阳｜而臣阴，朝者纷焉造。｜设非付大公，物来奚｜朗照。朗照匪察察，无｜欲观其妙。｜己亥孟夏下浣御题

诗刻下钤“≡”圆玺和“隆”字方玺各一方。

乾隆四十四年御题『朝阳洞有会』诗刻局部

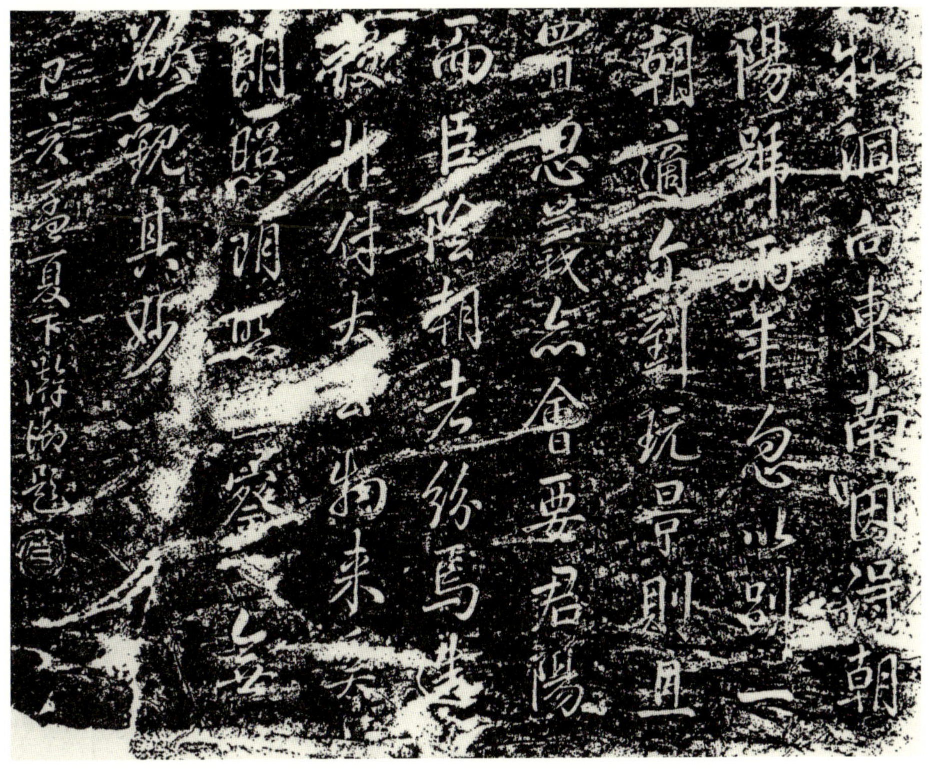

诗刻拓片

10-9
乾隆五十年御笔 “朝阳洞作”诗刻

乾隆五十年（1785）刻于朝阳洞西侧石壁，竖刻文字六行，行书，诗刻外有长方形开光。

录 文

静室据峰顶，其隩则斯洞。隩乃受曦｜处，朝阳名久中。洞中塑天龙，雨旸所｜司统。致拜祈甘泽，继润佑农种。劳躬｜非所虑，泽物申诚贡。不必更升高，升｜高恐劳众。朝阳洞作｜乙巳孟夏中浣御笔

诗刻下钤“古稀天子之宝”“犹日孜孜”方形印玺各一方。

10-10
乾隆五十一年御题 “朝阳洞”诗刻

乾隆五十一年（1786）刻于朝阳洞西侧石壁，竖刻文字六行，行书。

录 文

像设龙神石洞中，拜｜祈膏雨尽虔衷。望空｜恐似去年例，惭愧依｜然今岁同。｜丙午孟夏月中浣｜御题

诗刻下钤“古稀天子之宝”“犹日孜孜”方形印玺各一方。

乾隆五十一年御题『朝阳洞』诗刻

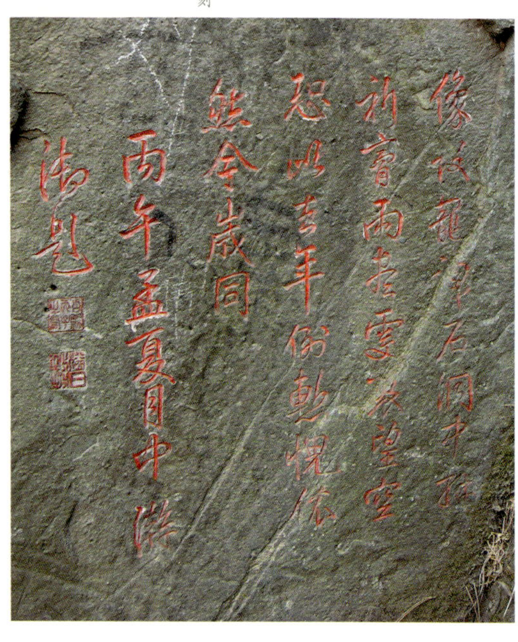

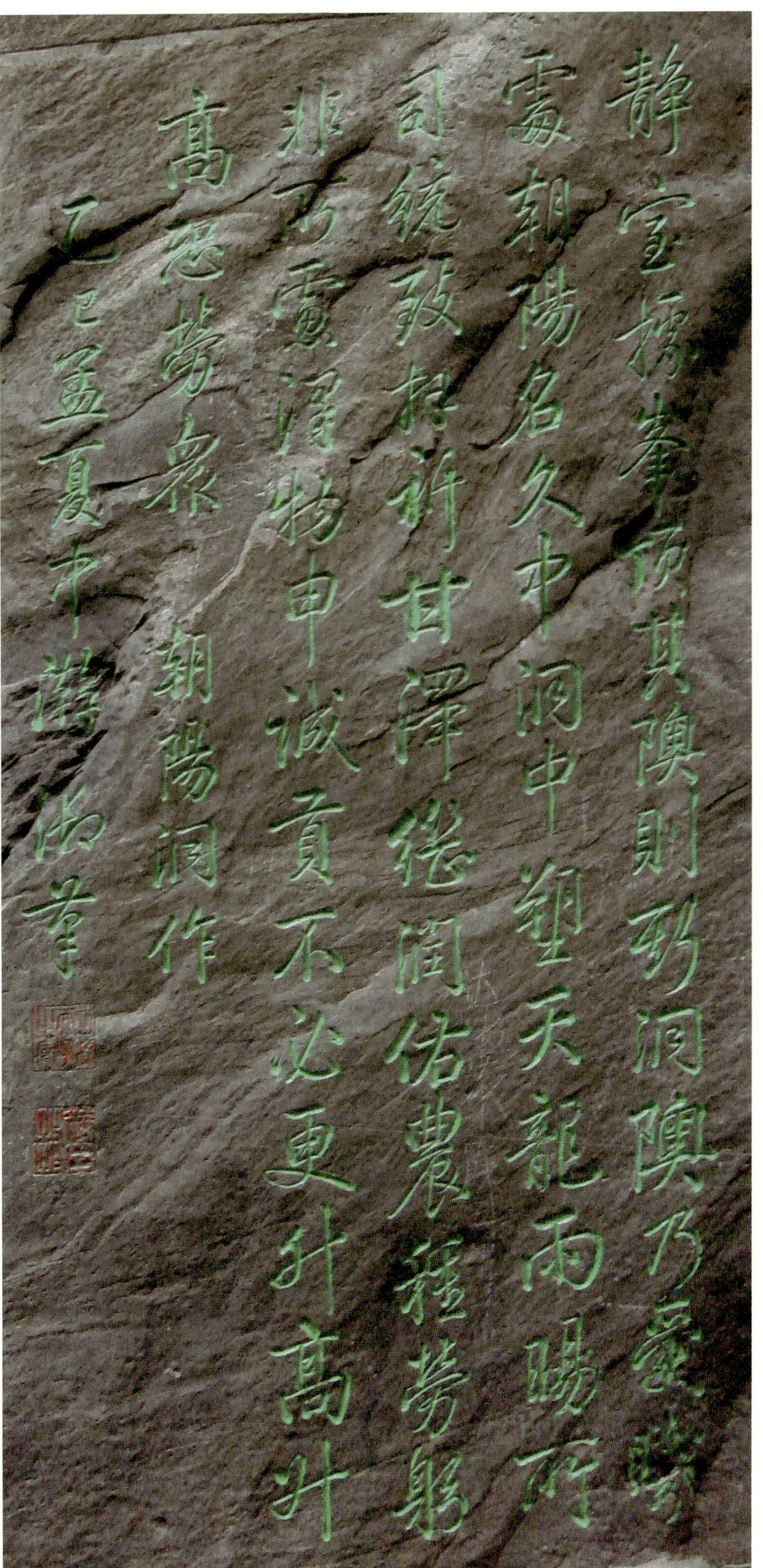

乾隆五十年御笔「朝阳洞作」诗刻

10-11

乾隆五十二年御笔“朝阳洞叠去岁韵”诗刻

乾隆五十二年（1787）刻于朝阳洞西侧石壁右侧，竖刻文字八行，行书。

录文

昨去今来一瞥｜中，拜缘请雨愧｜由衷。五更作阵｜凌晨罢，诚恐仍｜如客岁同。｜朝阳洞叠去岁韵｜丁未孟夏中浣｜御笔

诗刻下钤“古稀天子之宝”“犹日孜孜”方形印玺各一方。

11

乾隆十二年御笔“蔚　秀”刻石

乾隆十二年（1747）御笔“蔚秀”二字，刻于重翠崦至平台路南。横刻，行书，上部正中钤“乾隆御笔之宝”方玺。《光绪顺天府志》记载：“御书‘蔚秀’二字，行书，乾隆十二年。在静宜园栖月崖。”

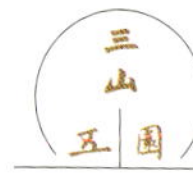

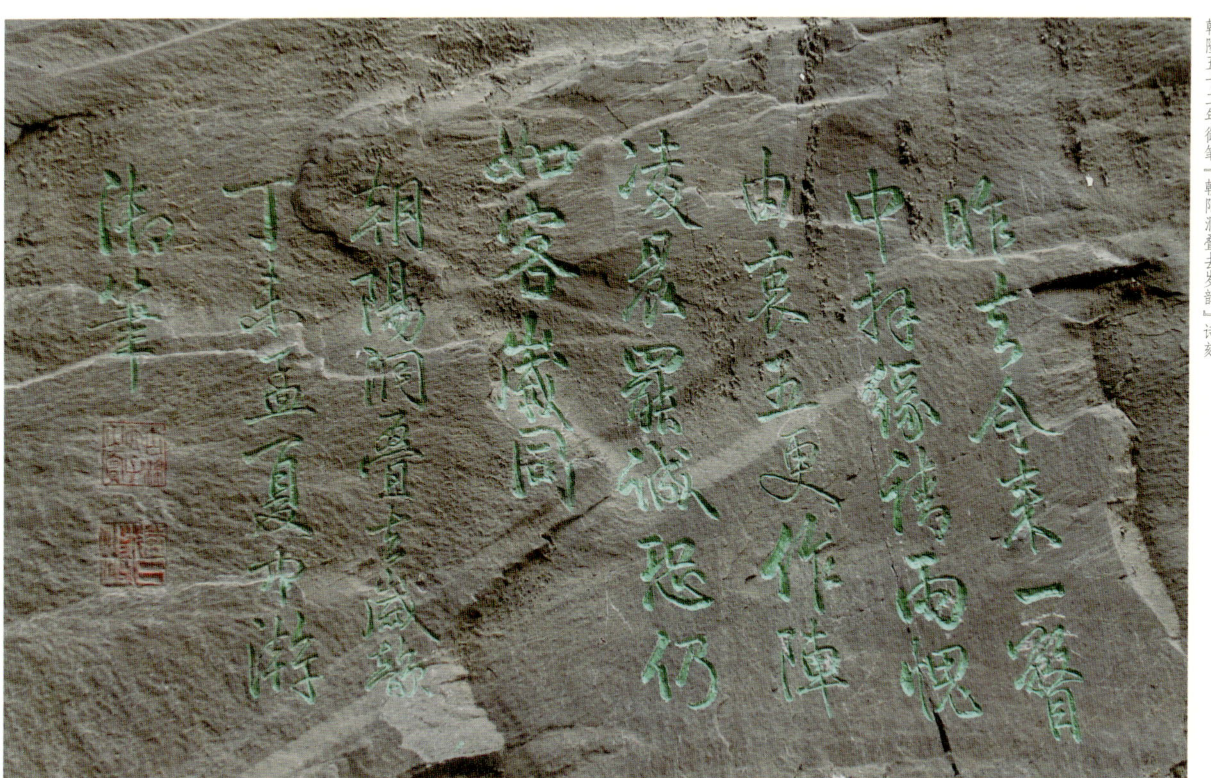

乾隆五十二年御笔『朝阳洞叠去岁韵』诗刻

乾隆十二年御笔『蔚秀』刻石

12

乾隆十二年御笔

“仙　掌”

刻石

乾隆十二年（1747）御笔“仙掌”二字，刻于玉乳泉遗址北侧形似手掌的石壁上。竖刻，行书，字大可近尺，“仙”字上方钤“乾隆御笔”方形印玺。《光绪顺天府志》记载：“御书‘仙掌’二字，行书，乾隆十二年。在静宜园绚秋林石。”

乾隆十二年御笔『仙掌』刻石

「仙掌」刻石拓片

13

乾隆十三年御笔 “飞　秀” 刻石

乾隆十三年（1748）御笔“飞秀”，刻于洪光寺至绚秋林的路旁。行书，竖刻，上钤“乾隆御笔”方形玺。《光绪顺天府志》记载：“御制‘飞秀’二字，行书，乾隆十三年。在静宜园绚秋林石。”

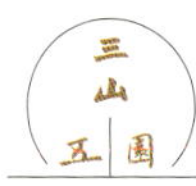

乾隆十三年御笔「飞秀」刻石

14

乾隆十六年御笔“双　清”刻石

今“双清别墅”相传为金章宗赐封的“梦感泉”旧址。乾隆十年（1745），清廷于此修建“松坞云庄”，院内建有“栖云楼”，为静宜园二十八景之一。因院内西壁山坡的两股清泉顺崖而下，蓄水成池，泉水清澈，涌流不断，乾隆赐名“双清”。1917年熊希龄创建“香山慈幼院”，将此地辟为私人宅邸，又因乾隆御题“双清”故名“双清别墅”。

乾隆十六年（1751）御笔“双清”二字，刻于双清别墅内西南通往欢喜园山路旁崖壁上，横刻，行书，二字上方居中钤“乾隆御笔”方印。《光绪顺天府志》记载：“御书‘双清’二字，行书，乾隆十六年。在静宜园香山井南石。”

乾隆十六年御笔『双清』刻石

15

乾隆三十九年御笔

“山行四绝句”

诗刻

乾隆三十九年（1774）御笔“山行四绝句”诗刻在“森玉笏”摩崖的左下方崖壁，竖刻文字八行，行书。诗刻外有长方形边框。《光绪顺天府志》记载：“御制《山行》诗，行书，乾隆三十九年，七言绝四首。在静宜园。”

录 文

山行不约险和夷，揽景惟因意与宜。风过树阴」益觉爽，云依峰顶自为迟。凭高俯下最怡」情，近郭遥村景毕呈。忽向其间生转念，汉章」诏戒刻为明。黍禾长夏麦将秋，此际真宜时」雨优。近每作云风每妒，慰心无几盼仍愁。虽」然章奏日常披，究觉余闲自愧之。清跸明当」御园返，便宜新得数篇诗。山行四绝句」甲午清和月中浣御笔

诗刻下钤两方印玺已漫漶。

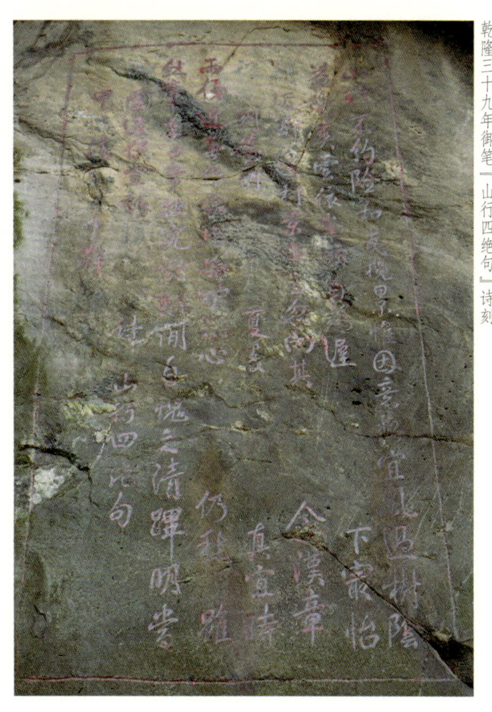

乾隆三十九年御笔『山行四绝句』诗刻

16

乾隆御笔 “紫霞天” 刻石

勤政殿是静宜园的正殿，为二十八景之一，依山而建，坐西朝东，位于大宫门之后，面宽五楹。这里是乾隆处理朝政、召见群臣之处。咸丰十年（1860）被英法联军焚毁，2003年复建。乾隆御笔“紫霞天”三字刻于勤政殿后山的山石上。竖刻，行书，“紫”字已剥蚀。字右侧钤“惟精惟一”“乾隆宸翰”方形印玺各一方。

乾隆御笔『紫霞天』刻石及刻印

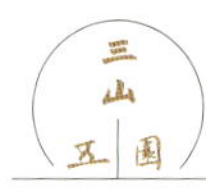

17

乾隆御笔

“凤　味”

刻石

乾隆御笔“凤味”二字刻于勤政殿西南的山石上。横刻，行书。二字上方正中钤“乾隆宸翰”方玺。

乾隆御笔『凤味』刻石

壹 现存石刻

〔一〕摩崖

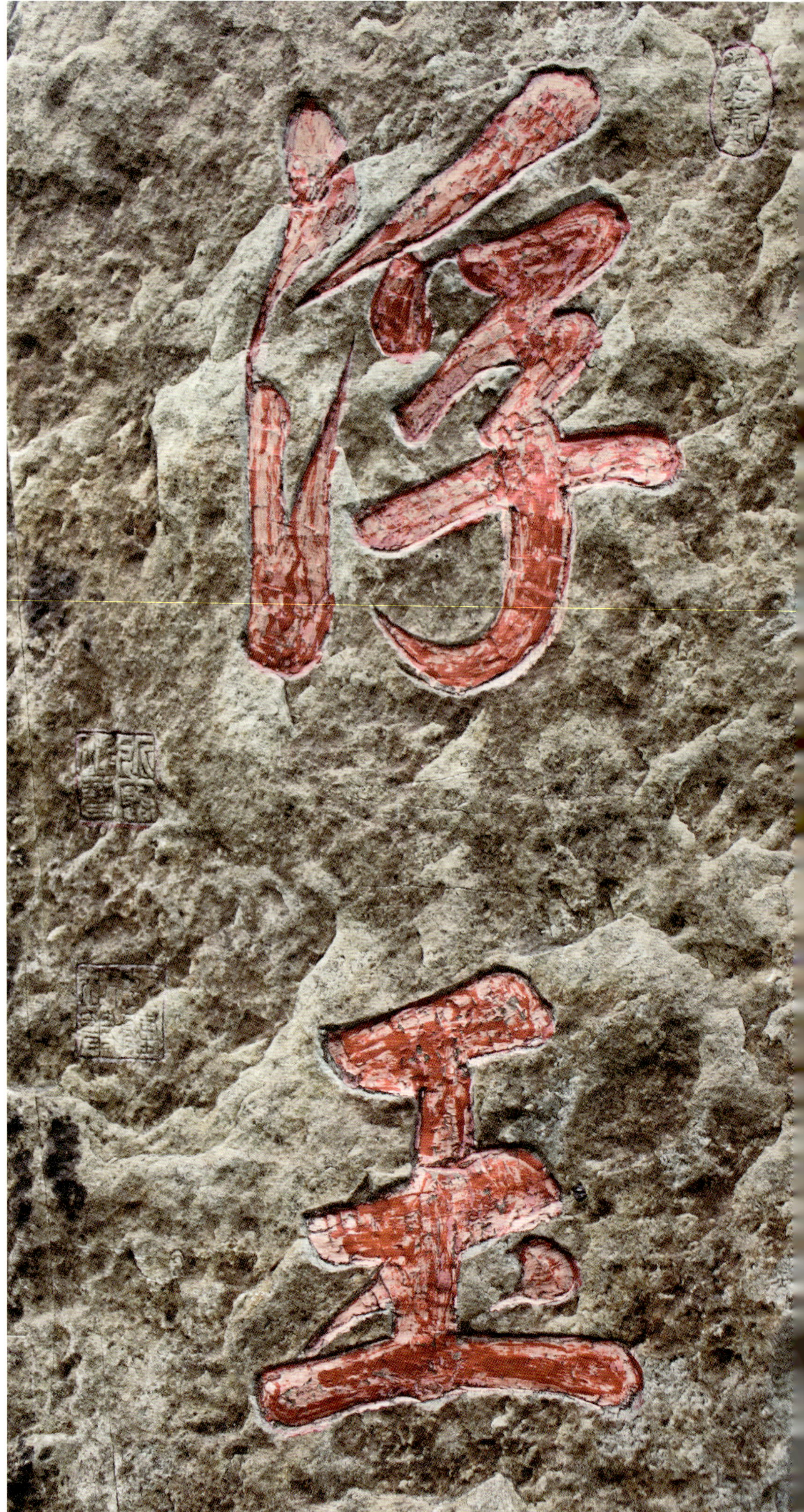

乾隆御笔「浮玉」刻石

18

乾隆御笔

“浮　玉”

刻石

乾隆御笔“浮玉”二字刻于多云亭东侧的山石上。竖刻，行书。上钤“德日新”椭圆玺，下钤“所宝惟贤”“乾隆御笔”方形印玺各一方。

19

乾隆御笔

“阆　风”

刻石

原静宜园内垣围墙设有约白门，门外临崖建有约白亭，旁有“阆风”石刻。后约白亭毁，民国时期在其基础上建一草亭，命名为“阆风亭”。1985年改建为四角重檐亭。阆风亭石阶下有上下两处刻石，上石为自然岩石，下石为假山石。假山石上为乾隆御笔“阆风”，竖刻，正书。字旁钤“惟精惟一”“乾隆宸翰”方形印玺各一方。

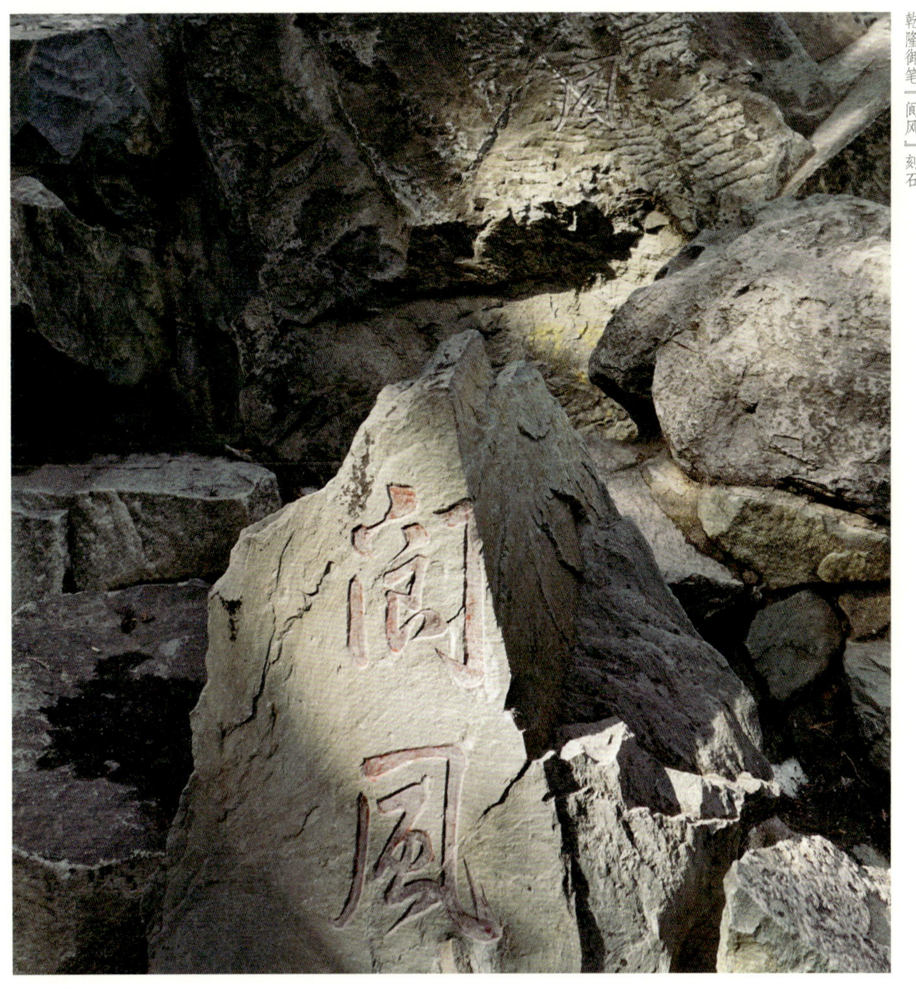

乾隆御笔『阆风』刻石

20

乾隆御笔
“垂　云”
刻石

乾隆御笔“垂云”刻于烟霏蔚秀西南。横刻，行书。二字上方中间钤“乾隆御笔”方玺。

乾隆御笔『垂云』刻石

21

乾隆御笔

“涌　鳌”

刻石

乾隆御笔“涌鳌”刻于芙蓉馆遗址前井边立石上。竖刻，行书。字旁钤“惟精惟一”“乾隆宸翰”方形印玺各一方。

22

乾隆御笔
“削　玉”
刻石

雨香馆是清代静宜园二十八景之一，雨来之时，花木芬芳沁人心脾，故名。雨香馆的建筑在 1860 年被英法联军焚毁。乾隆御笔“削玉”刻于雨香馆遗址西北的巨石上。竖刻，行书。上钤“乾隆御笔”方玺。

乾隆御笔「削玉」刻石

23

乾隆御笔

“叠　翠”

刻石

绚秋林为静宜园二十八景之一，树木繁茂，每当深秋，颜色绚丽，是赏秋景的佳处。乾隆御笔“叠翠”刻石位于绚秋林遗址，竖刻，行书。上钤“乾隆御笔”方形印玺。

24

乾隆御笔

“翠云堆”“萝　屏”“留　青”“卓　笔”

刻石

《日下旧闻考》载：“绚秋林为二十八景之一。岩间巨石森列，镌题曰萝屏，曰翠云堆，曰留青。”[13]“翠云堆”刻石，横刻，行书，上方正中钤“乾隆御笔”方玺。“萝屏”刻石，横刻，行书，上方正中钤“乾隆御笔”方玺。“留青”刻石，横刻，行书，上方正中钤“乾隆御笔”方玺。乾隆御笔“卓笔”，竖刻，行书，其左钤刻印二方，上印漫漶，下印为“乾隆御笔”方玺。《光绪顺天府志》记载：“御书‘翠云堆’三字，行书，乾隆十二年。在静宜园绚秋林石。”“御书‘留青’二字，行书，乾隆十二年。在静宜园翠云堆石。”“御制‘萝屏’二字，行书，乾隆十三年。在静宜园绚秋林石。”

13 于敏中等编：《日下旧闻考》，卷八十六，北京古籍出版社，1985年版，1451页。

乾隆御笔『萝屏』刻石拓片

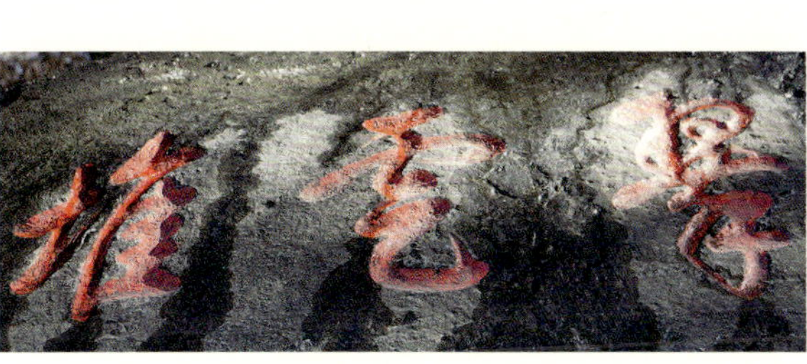

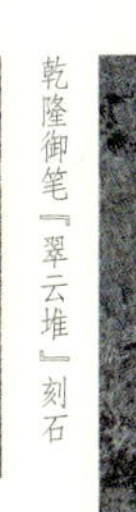

乾隆御笔『翠云堆』刻石

乾隆御笔『卓笔』刻石

乾隆御笔『留青』刻石

25

乾隆御笔

“抱云挂月”

刻石

静宜园借香山地势之雄伟，假山的堆叠代表了清代皇家园林掇山技艺的最高水平。香山寺后苑的假山，以青石堆叠，很有气势。后苑奇石假山丛中竖立乾隆御笔刻石，南侧为刻石“太华飞云”，今已无存，北侧为刻石“抱云挂月”。竖刻，行书，上钤“乾隆御笔”方玺。刻石内容是对香山永安寺宛如仙境般景象的描述和赞美。

乾隆御笔『抱云挂月』刻石

香山寺后苑

26

嘉庆十三年御笔

“山　行”

诗刻

嘉庆十三年（1808）刻于重翠崦西山路西侧的独立山石上。竖刻八行，正书。

录　文

石栈新修辟，坦平｜榛莽除。山高云出回，｜径复马行徐。密荫龙｜青嶂，清流汇碧渠。据｜鞍舒旷览，不觉到岩｜居。山行一首｜戊辰清和月中浣｜御笔

诗刻钤“嘉庆御笔”“所宝惟贤”方形印玺各一方。

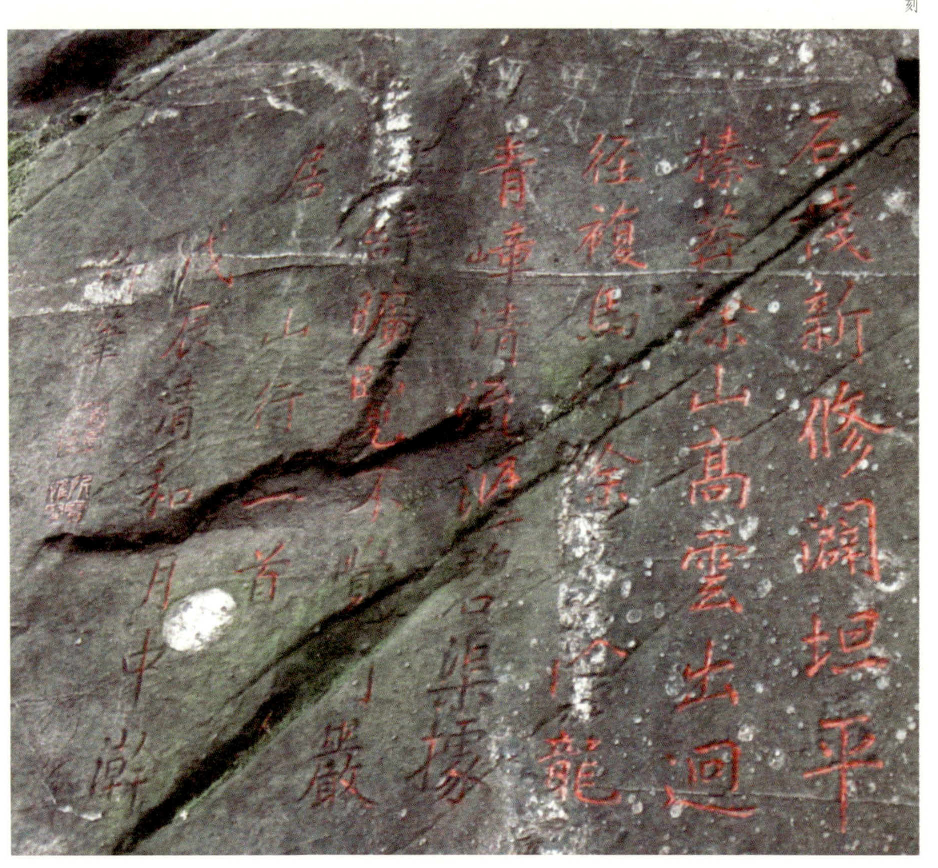

27

道光三年御笔

“写秋容”

刻石

道光三年（1823）九月刻于乾隆御书“森玉笏”摩崖西北的巨岩上。竖刻文字三行，行书。右款竖题“道光癸未九月”，左款竖题“御笔”二字，下钤“惟几惟康”“道光御笔之宝”方形印玺各一方。为道光皇帝感怀香山秋景即兴而得之句。

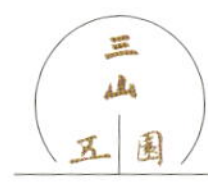

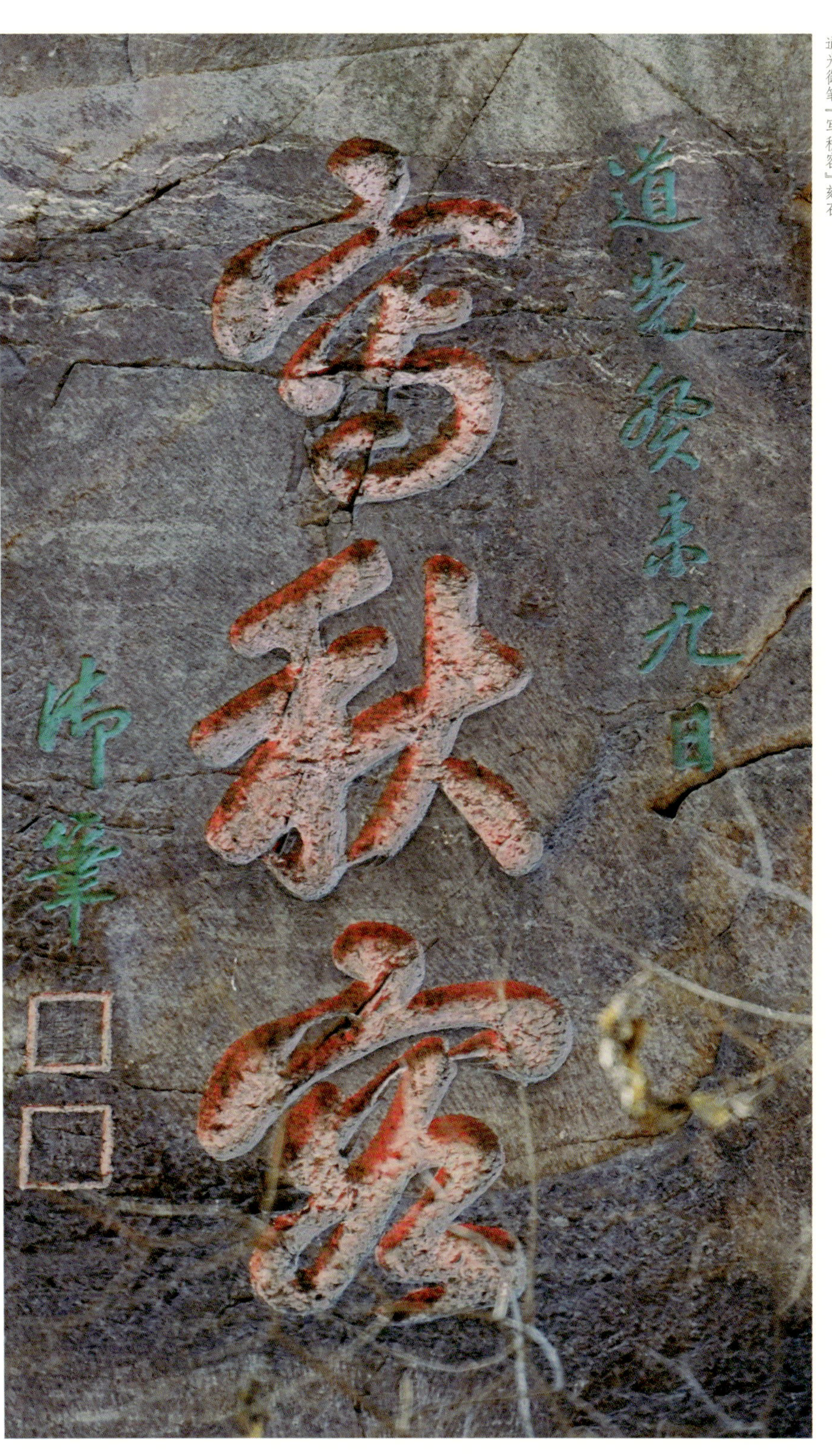

道光御笔「写秋容」刻石

28

道光四年御笔

“对　瀑”

诗刻

道光四年（1824）刻于双清别墅院内南侧山石，竖刻七行，行书。

录　文

何来匹练下层峰，洗｜出芙蓉拨黛浓。落日｜衔山晚风静，砺窗对｜处涤心胸。｜对瀑｜道光甲申季春下｜浣御笔

诗刻下钤“道光御笔”“含经味道”方形印玺各一方。

1

乾隆御笔

“知乐濠”

刻石

知乐濠为静宜园二十八景之一，位于香山寺山门前，为寺院放生池。乾隆引《庄子·秋水》之典命名，通过“鱼之乐”的观赏，领悟人生的真谛。《日下旧闻考》载：“香山寺前石桥下方池为知乐濠，知乐濠为二十八景之一。”[14] 乾隆御笔“知乐濠”三字刻于石桥汉白玉栏板上。横刻，行书。

乾隆御笔「知乐濠」刻石

14 于敏中等编：《日下旧闻考》，卷八十六，北京古籍出版社，1985年版，1445页。

2
香山寺
乾隆御笔石屏

香山寺正殿圆灵应现殿前立乾隆御笔汉白玉石屏。《日下旧闻考》载："香山寺在璎珞岩之西。前建坊楔，山门东向，南北为钟鼓楼，上为戒坛，内正殿七楹。殿后厅宇为眼界宽，又后六方楼三层，又后山巅楼宇上下各六楹。……香山寺为二十八景之一，据徐善《泠然志》，寺为金章宗会景楼故址。……正殿前石屏一，中刊《金刚经》，左《心经》，右《观音经》，屏后恭镌皇上御笔然灯古佛、观音、普贤诸像，并御制赞语。"[15]

石屏汉白玉台基上镶嵌三方碑刻，双面刻。阳面刻三座宝塔形图案，三座塔的形制均不相同，每一图案中又刻有佛经，行书。左侧刻《般若波罗蜜多心经》，"乾隆九年甲子元日敬书"，下钤"乾隆宸翰"和"惟精惟一"方形印玺各一方。正中刻《金刚般若波罗蜜经》，"乾隆十年岁在乙丑四月朔日御笔书起至浴佛日书成"，下钤"乾隆宸翰"和"惟精惟一"方形印玺各一方。右侧刻《八大人觉经》，"乾隆十一年丙寅元日敬书"，下钤"乾隆宸翰"方形印玺。《光绪顺天府志》记载："御书《金刚经》塔碑，行书，乾隆十一年。在静宜园香山寺。御书《心经》塔碑，行书，乾隆十一年。在静宜园香山寺。御书《八大人觉经》塔碑，行书，乾隆十一年。在静宜园香山寺。"碑阴自左至右刻乾隆十四年（1749）御笔绘"观音菩萨""燃灯佛""文殊菩萨"像。佛像上角题刻御制赞语。燃灯佛法相古朴庄严，神情静谧安详；观音菩萨为持柳枝法相；文殊菩萨为持剑法相，造型完美，栩栩如生。虽然碑刻内容以佛经、佛像和诗文为主，但石碑的造型具有西洋特色，尤其是石屏首，模仿西洋建筑的栏杆和柱头的形式。

15 于敏中等编：《日下旧闻考》，卷八十六，北京古籍出版社，1985年版，1446页。

录　文

观音菩萨御赞：水在瓶中，风还柳上。风水」相遭，如是现相。兜罗帕首，」端坐佛陀。不可思议，合掌」摩诃。乾隆御赞

燃灯古佛像御赞：威音那畔，周穆王时。孰今孰古，」不即不离。偶然示现，丈六金身。」朗朗满月，蔼蔼光春。衣水纹衣，无」言袖手。试问三乘，能外此否。吴门」高第，曰惟贯休。重摹真迹，法喜」随流。乾隆御赞

文殊菩萨御赞：把卷执剑，祛魔度生。是以臣子，无虑无营。不生何度，万魔何祛。设曰诸进，视此□□。乾隆御赞

香山寺乾隆御笔石屏阴面

香山寺乾隆御笔石屏阳面佛塔佛经拓片

阴面御笔线刻佛像及御制赞语

石屏屏柱及石屏两侧上均镌刻乾隆御题楹联，共五副。

阳面中联

花语轻霏结青莲法界，
云峰郁起现白毫相光。

下联钤“乾隆宸翰”“存诚主敬”方形印玺各一方。

阳面次联

智镜光圆宏六度，心莲香远演三乘。

下联钤“≡”圆玺，“隆”“御书”方玺。

阴面中联

□□□□□□□□□，
虚空留月印普现三乘。

阴面次联

禅心澹兴秋云杳，□□□□□□□。

上联钤“德日新”椭圆形玺。

石屏两侧楹联

灵鹫风香传妙偈，澄潭月皎印真如。

上联钤“奉三无私”椭圆形玺，下联钤“惟精惟一”“乾隆宸翰”方形印玺各一方。

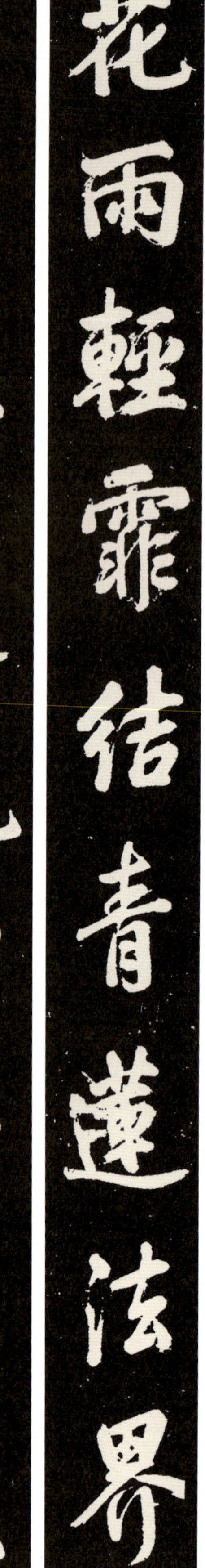

香山寺乾隆御笔石屏阳面中联拓片

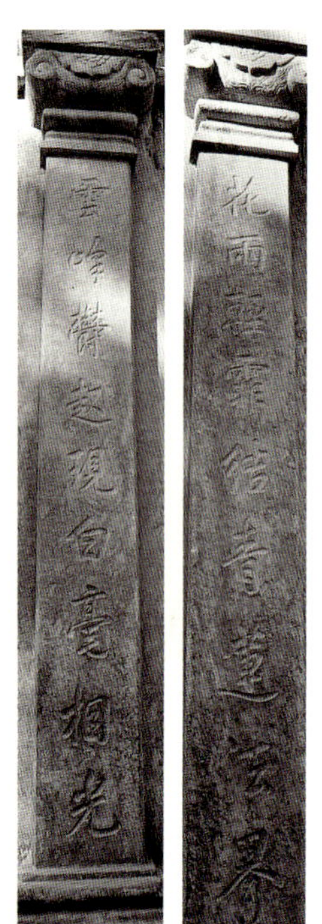

香山寺乾隆御笔石屏阳面中联

香山寺乾隆御笔石屏阳面次联

阴面中联

阴面次联

石屏两侧楹联

智鏡光圓宏六度
心蓮香遠演三乘

香山寺乾隆御笔石屏阳面次联拓片

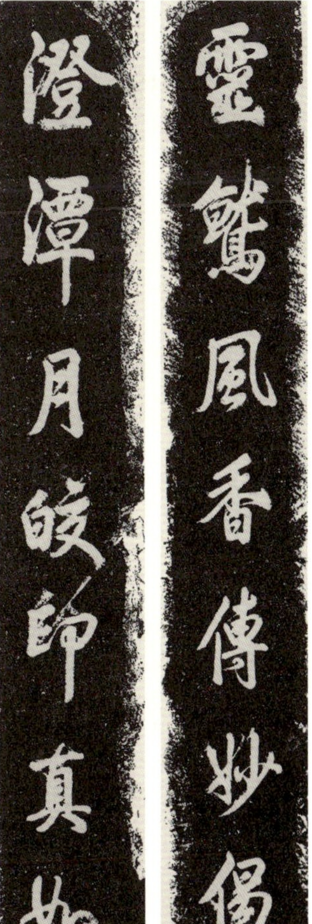
靈鷲風香傳妙偈
澄潭月皎印真如

石屏两侧楹联拓片

3

香山寺

乾隆御笔残石联

圆灵应现殿后南北两侧各设罩子门一座，各嵌两副对联，但均已残损。青石质残联，行书。

残联一

□□□□□□□，十笏齐□□雨霏。

残联二

□□□□□□□，磬声徐出远林间。

残联三

身行随现吉祥地，鼻观常参清净香。

上钤刻“奉三无私”椭圆形玺，下钤刻“惟精惟一”“乾隆宸翰”二方玺。

石联上『奉三无私』印

香山寺乾隆御笔残石联，
现藏中国园林博物馆

4

无量殿

乾隆御笔石匾、石联

无量殿景区建于香山寺北侧，院内原有无量殿、观音殿等建筑，1860年被焚毁后，仅存遗址。《日下旧闻考》记载：“香山寺北有无量殿。无量殿山门额曰‘楞伽妙觉’，皇上御书。”[16] 无量殿山门的青石质匾、联，为乾隆御笔，行书。横额“楞伽妙觉”上方正中钤“乾隆御笔”方玺，周围装饰有石刻如意云纹。

楹联录文

风旌不动真乘义，月印常圆了悟因。

上联钤“奉三无私”椭圆形玺，下联钤“惟精惟一”和“乾隆御笔”方玺。

无量殿山门

16 于敏中等编：《日下旧闻考》，卷八十六，北京古籍出版社，1985年版，1449页。

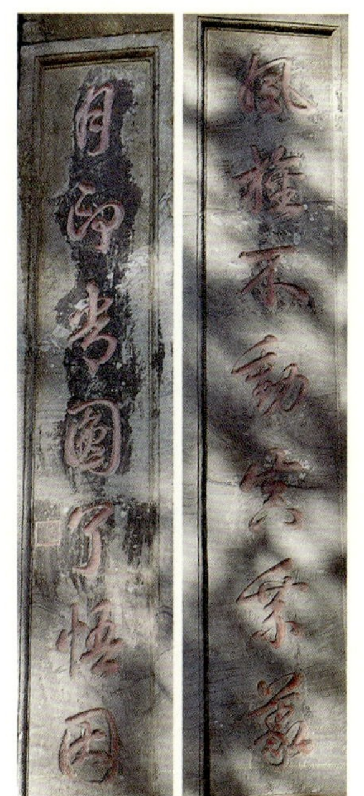

无量殿山门乾隆御笔石联

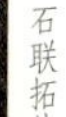

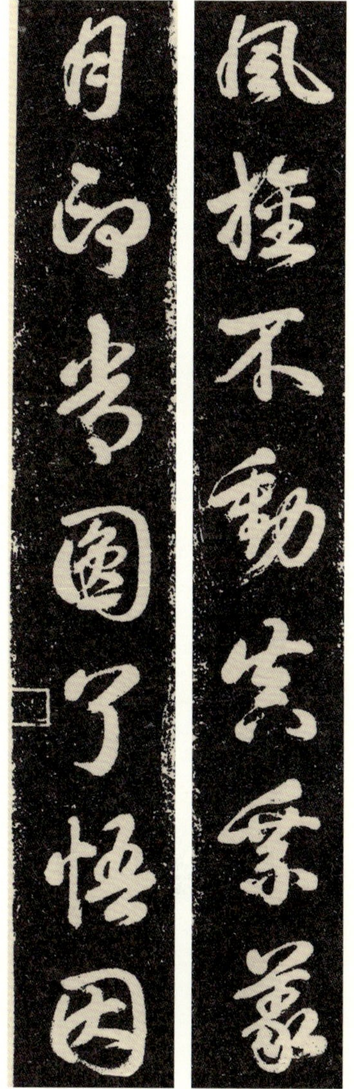

石联拓片

无量殿山门乾隆御笔石匾

5

双清别墅

乾隆御笔石屏

双清别墅院内北侧石屏为中华民国时期修建。砖石混合式，顶部呈半圆形，正中浮雕一向下俯视的龙头，龙口呈吐水状，周围雕莲瓣纹。石屏中间为三券门，两侧券门内无装饰，中间券门分为上下两部分，下部为如意云纹，上部为佛龛状，龛内雕刻的佛像端坐在青石质地的莲花座上。石屏两侧为乾隆御笔青石联，行书。

楹联录文

翠竹满庭瞻法相，白云一坞识宗风。

上联钤“德日新”椭圆形玺。下联钤“所宝惟贤”和“乾隆御笔”方形玺。

双清别墅乾隆御笔石屏

石屏两侧乾隆御笔楹联

6

昭庙
琉璃牌楼石额

《日下旧闻考》载：“宗镜大昭之庙，亦称昭庙，额悬都罡正殿。乾隆四十五年，就鹿园地建琉璃坊。东面额曰法源演庆，西面额曰慧照腾辉。”[17]昭庙门东向，穿过月河上石桥，迎面高台上建有一座四柱三间七楼的五彩琉璃牌楼。汉白玉基座和券门雕刻精美，彩色琉璃瓦装饰牌楼显得庄严华美，气势磅礴，显示出当时藏传佛教在皇室中的地位和影响。昭庙琉璃牌楼两面汉白玉质石额为乾隆御笔，

昭庙琉璃牌楼

17 于敏中等编：《日下旧闻考》，卷八十六，北京古籍出版社，1985年版，1458页。

东额为“法源演庆”，西额为“慧照腾辉”。正书，满汉藏蒙四种文字，上部正中均钤“乾隆御笔”方形印玺。

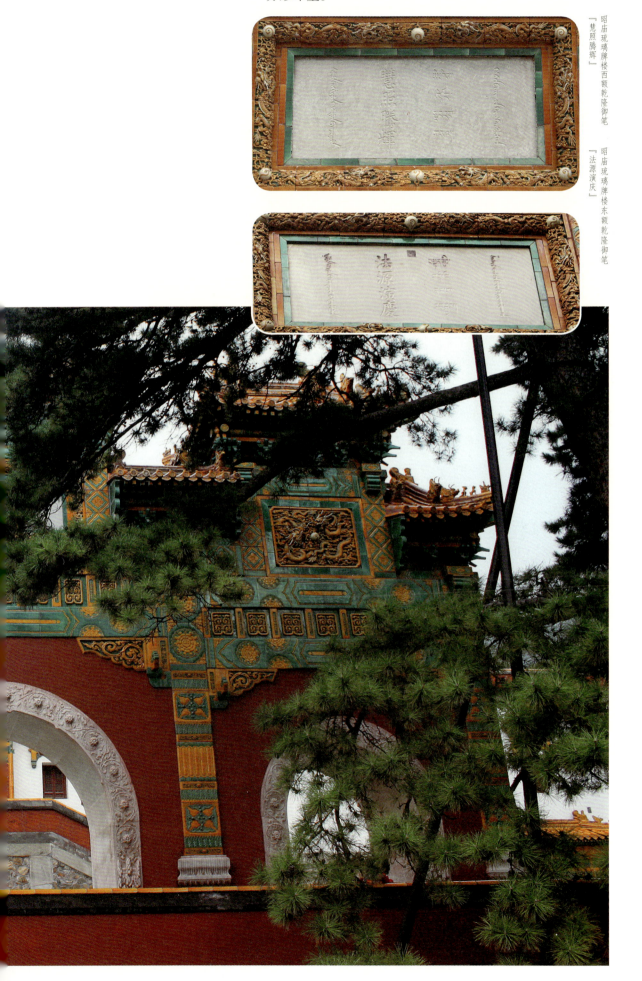

昭庙琉璃牌楼西额乾隆御笔「慧照腾辉」

昭庙琉璃牌楼东额乾隆御笔「法源演庆」

1

乾隆十六年御笔

“西山晴雪”

碑

香山雪景自金代就深受人们喜爱。一场大雪过后，所有的山峰和树木都银装素裹，西山笼罩在冰清玉洁的雪光里。西山晴雪作为燕山八景之一，始于金章宗明昌年间，当时称为“西山积雪”，元代改称“西山晴雪”，明代又称“西山霁雪”，这一景观泛指西山一带，并无确指固定地点。乾隆十六年（1751）六月，弘历写了《燕山八景诗叠旧作韵》，给每首诗写了诗序，题石勒碑，竖于各处。《日下旧闻考》载：“西山晴雪石刻，皆皇上御书，西山晴雪为燕山八景之一。”[18] 乾隆将西山晴雪碑立在静宜园内，自此这里便成为西山晴雪所在地。碑所在的位置地势开阔，不仅香山层层山峦尽收眼底，还可远眺北京城。

乾隆十六年（1751），清廷在园内最高的一处建筑群——香雾窟北侧山坡立“西山晴雪”石碑。碑为汉白玉质地，通体浮雕装饰。四龙脊方首，碑额正反两面均刻“御制”二字。碑框刻龙纹，束腰须弥座式碑座。碑阳镌刻乾隆御书“西山晴雪”，上钤“乾隆御笔”方玺。碑阴镌刻“乾隆辛未初秋御题”《西山晴雪》诗。《光绪顺天府志》记载：“御书‘西山晴雪’四字，行书，乾隆十六年。在静宜园。御制《西山晴雪》诗，行书，乾隆十六年，七言律一首。在静宜园。”乾隆在此诗的诗序中说：“西山峰岭层叠不可殚名，因居京城右辅，故以‘西山’概焉。高寒故易积雪，望如削玉。今构静宜园于香山，辄建标其岭志之。”

18 于敏中等编：《日下旧闻考》，卷八十七，北京古籍出版社，1985年版，1454页。

碑阴录文

久曾胜迹纪春明，叠嶂嶙峋信｜莫京。
刚喜应时沾快雪，便教｜佳景入新晴。
寒村晓炊依林袅，｜古寺谏钟隔院鸣。
新傍香山构｜精舍，好收积玉煮三清。｜
乾隆辛未初秋御题

诗刻下钤“≡”圆玺和“隆”字方玺各一方。

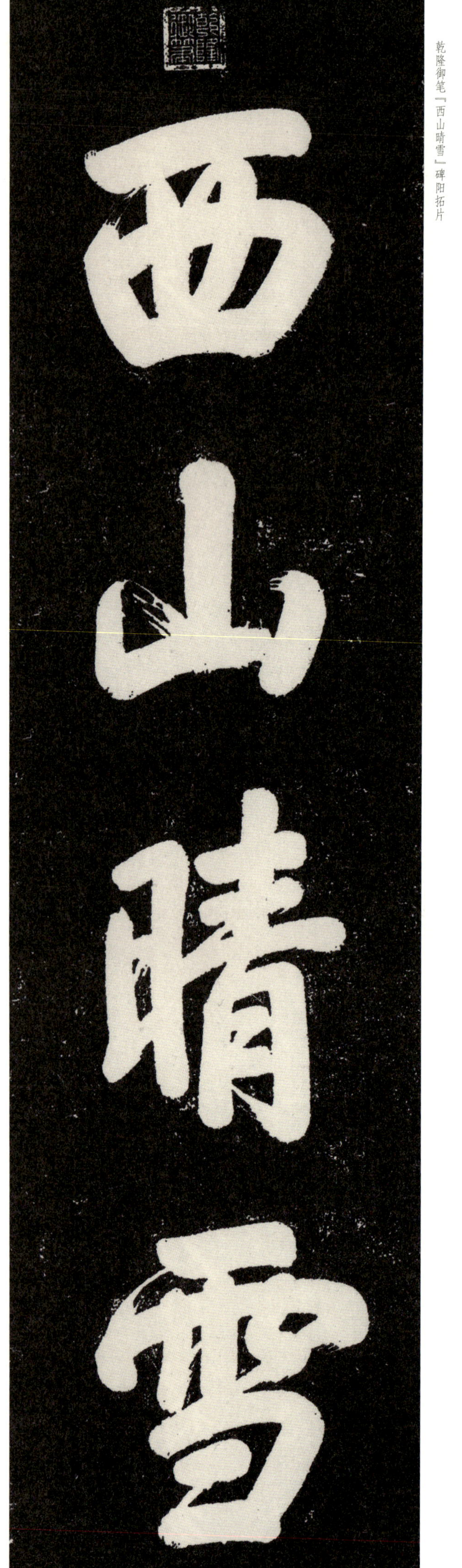

乾隆御笔「西山晴雪」碑阳拓片

乾隆御笔『西山晴雪』碑阴拓片

2

乾隆三十八年御笔“娑罗树歌”碑

《日下旧闻考》载：“香山寺正殿门外有听法松，山门内有娑罗树。”[19] 香山寺天王殿北侧竖有乾隆三十八年（1773）御笔“娑罗树歌”碑。碑首为四龙脊方首。碑首南面下檐刻乾隆五十年（1785）御制“题娑罗树一首乙巳孟夏中浣御笔”。碑身为四方体，碑框刻卷草纹。四面分别用满、汉、蒙、藏四种文字镌刻“乾隆癸巳闰春月下浣御笔”《娑罗树歌》。东侧刻满文；南侧刻汉文，行书；西侧刻藏文；北侧刻蒙文。碑座为须弥座式，束腰正中雕金刚力士像，脚蹬下枋，头顶上枋，双目圆睁，手持宝剑、双腿下蹲。转角处也雕刻呈跪姿托碑状的金刚力士像。《娑罗树歌》诗文中说，乾隆皇帝来香山寺时，发现寺前有一株茂盛的千年娑罗树。娑罗树又称菩提树，树叶呈七叶状。相传，释迦牟尼是在娑罗树下得道成佛的，所以寺庙中常有娑罗树。三十多年后乾隆皇帝再来香山时又见此树，仍然繁茂。但自感奇怪的是，在这些年中，竟没有作诗歌颂此树，故而作《娑罗树歌》。

19 于敏中等编：《日下旧闻考》，卷八十六，北京古籍出版社，1985年版，1446页。

乾隆御笔「娑罗树歌」碑

南侧碑刻录文

娑罗树歌｜震旦号交让，梵天称娑罗。交让虚名谁则见？娑罗实有而弗多。徒传｜巴陵及伊洛，佛宇对峙耸枝柯。香山寺前今见一，千年外物犹婆娑。｜巨本拥肿干插堨，轮囷如岳森嵯峨。郁葱叶叶必七瓣，定力院契欧｜阳哦。我闻如是佛成道，八佛八树名殊科。毗舍浮证涅槃际，即此娑｜罗诚非讹。梵僧攀泣思往事（见《荆南记》），未识佛在理则那。笑我卅年未经｜咏（癸亥始游香山，至今三十年矣，成诗不下数百首，而未经咏此树），或者有待今斯过。万劫一瞬应视此，视此｜灵根戢旮恒。友优昙（拘那含牟尼佛成道树），及普陀（毗婆尸佛成道树）。｜乾隆癸巳闰春月下浣御笔

下钤"乾隆宸翰"和"惟精惟一"方形玺各一方。

碑首南面下檐诗刻录文

香山寺｜里娑罗｜树，种自｜何年不｜得知。翠｜色参天｜叶七出，｜恰如七｜佛偈成｜时。｜题娑罗｜树一首｜乙巳孟｜夏中浣｜御笔

下钤"古稀天子之宝"方形玺。

壹

现存石刻

[三]

碑刻

乾隆御笔『娑罗树歌』碑僧帽式碑首

乾隆御笔『娑罗树歌』碑碑座

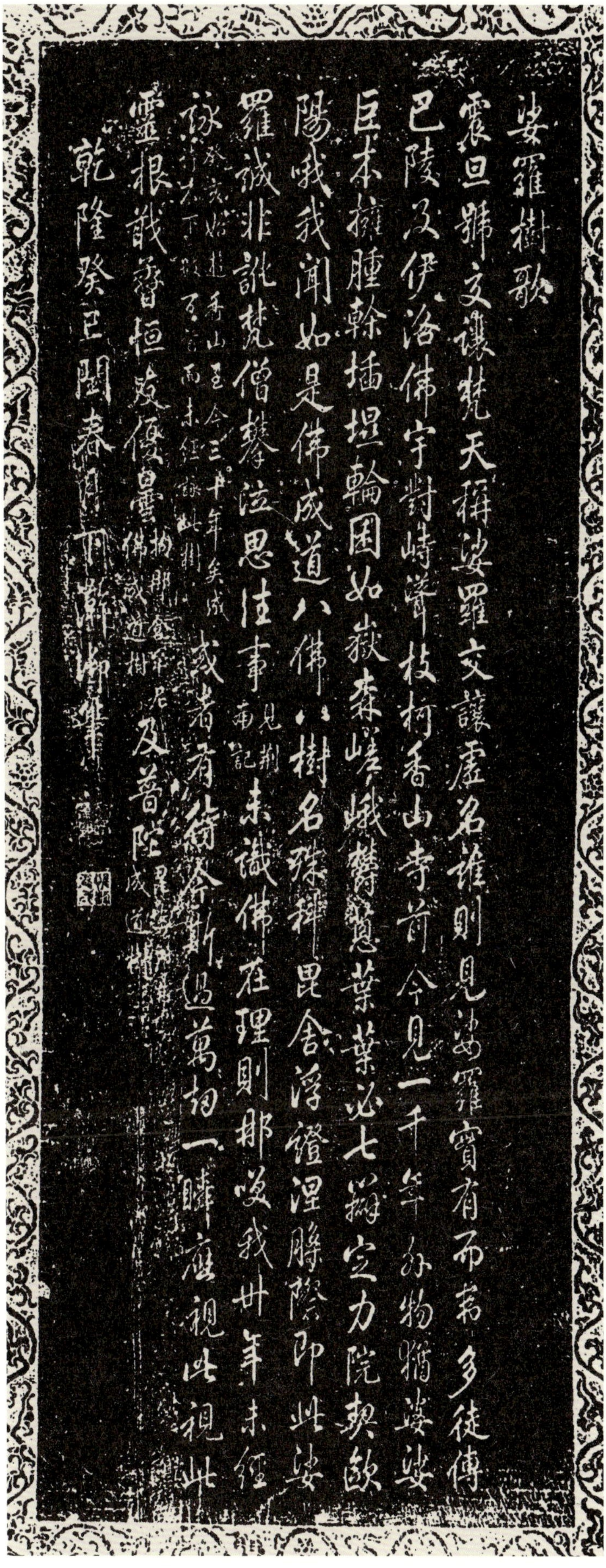

娑羅樹歌

震旦翻文讓梵天稱娑羅文讓虛名誰則見娑羅實有而希多徒傳巴陵及伊洛佛宇對峙聳枝柯香山寺前今見一千年外物猶婆娑巨木擁腫幹插堤輪囷如嶽森嵯峨欝蔥葉葉必七稱定力院契歟陽峨我聞如是佛成道八佛八樹名殊稱毗舍浮證涅槃際即此娑羅識非訛梵僧攀泣思佳事（見荊南記）未識佛在理則那嗟我卅年未經詠（癸亥始遊香山至今三十年矣成詩不下數百首而未經詠此樹）或者有待今斯遇萬劫一瞬應視此視此靈根戩晉恒歧優曇（拘那含牟尼佛成道樹）及菩提（成道樹）

乾隆癸巳閏春月御筆

乾隆御笔『娑罗树歌』汉字碑文拓片

3

乾隆四十五年御笔昭庙碑

《日下旧闻考》载："宗镜大昭之庙，亦称昭庙。额悬都罡正殿。乾隆四十五年，就鹿园地建琉璃坊。东面额曰法源演庆，西面额曰慧照腾辉，前殿额曰众妙之门。清净法智殿前八方重檐碑亭内恭勒御制《昭庙》诗。红台上层东额曰大圆镜智殿，西曰妙观察智殿，南曰平等性智殿，北曰成所作智殿。皆皇上御书。"[20] 昭庙又称宗镜大昭之庙，乾隆四十五年七月落成（1780年 8月），为迎接班禅六世来北京向乾隆皇帝祝贺七十大寿而建。清廷当时在承德修建了须弥福寿之庙，规制与昭庙相似，均是仿照班禅在日喀则的扎什伦布寺之制而建，也都作为班禅行宫。昭庙依山而建，大殿四层上下贯通，屋顶覆盖鎏金铜瓦。庙前建琉璃牌坊一座，庙后建琉璃宝塔，是一座汉藏结合的大型藏传佛教寺庙。1860年被焚毁，仅存琉璃牌坊、石碑、琉璃塔和建筑台基等。

乾隆四十五年（1780）九月十九日，乾隆与班禅共同为昭庙落成举行开光庆典。乾隆即兴题写《昭庙六韵》诗，勒石立碑，记载建造昭庙的原因和六世班禅为其开光的盛典。不幸的是，昭庙落成不足两月，班禅便于十一月二日因天花在西黄寺圆寂，年仅四十二岁。御制昭庙六韵碑立于昭庙清净法智殿内天井的御碑亭中。碑亭在 1860年被毁，碑幸存。乾隆御笔昭庙六韵碑，青白石质，高 5.2 米，方首、方座均雕有回云纹，碑首篆"御制"，碑身四面刻，碑框刻云纹。碑身以满、汉、蒙、藏四种文字刻乾隆御笔《昭庙六韵》诗，南面刻汉文，正书，西面刻藏文，北面刻蒙文，东面刻满文。《光绪顺天府志》记载："御制《昭庙》诗，国书、正书、蒙古、托忒四体书，乾隆四十五年，五言排律

20 于敏中等编：《日下旧闻考》，卷八十七，北京古籍出版社，1985年版，1458页。

一首。在静宜园。”

碑文“黄衣宣法雨，碧嶂散天花”一句中的“黄衣”，即指六世班禅大师，在他与乾隆皇帝主持昭庙开光典礼时，天本晴朗却忽然下起微雨，被称为是“散天花之喜”。“雪山和震旦，一例普庥嘉”，“雪山”指西藏；“震旦”是古印度对中国的称呼。“一例”是一统，“庥”是庇荫，“嘉”是美好。这两句诗说西藏是中国不可分割的一部分。此碑既是清朝“兴黄安蒙藏”国策的体现，也是汉藏民族团结的象征，具有重要的文物和历史价值。

乾隆四十五年御笔昭庙碑

南侧录文

昭庙缘何建？神僧来自遐。因教仿西卫（既建须弥福寿之庙于热河，复建昭庙于香山之静宜园，」以班禅远来祝釐之诚可嘉，且以示我中华之兴黄教也。是日自谒陵回跸至香山」落成，班禅适居此庆赞。又昭庙肖卫地古式为之。卫者番语谓中，俗谓之前藏。班禅所居」后藏，乃实名藏，藏者善也），并以示中华。是日当庆落，便途礼脱闍（见《楞严经》注，唐语谓法幢也）。黄」衣宣法雨，碧嶂散天花（是日本晴，甫至经坛乃微雨，皆以为散天花之喜云）。六度期群度，三车」演妙车。雪山和震旦，一例普庥嘉。昭庙六韵」乾隆庚子季秋之月中浣御笔

碑刻后钤“古稀天子之宝”和“犹日孜孜”方形印玺各一方。

昭庙碑碑首

昭庙碑碑座

昭庙碑南侧碑文拓片

昭廟緣何建，神僧来自遐。因敎仿西衛，既建須彌福壽之廟於熱河，復建昭廟於香山之靜宜園，以班禪遂来祝釐之誠可嘉，且以示我中華之興黄教也。是日自謁陵迴蹕至香山，落成，班禪適居此慶讃。又昭廟肖衛地古式為之。衛者，番語謂中，俗謂之前藏；班禪所居後藏，乃實名藏，藏者，善也。並以示中華。是日當慶落，便途禮脫闍。見楞嚴經注，唐語謂法幢也。黄衣宣法雨，碧嶂散天花。是日本晴，甫至經壇，乃微雨，皆以為散天花之喜云。六度期羣度，三車演妙乘。雪山和震旦，一例普庥嘉。

昭廟六韻

乾隆庚子季秋之月中澣御筆

古稀天子

明代的宦官权力较大，又信奉佛教，他们纷纷在香山附近投资建寺。明宣德年间，太监郑同创建洪光寺。正统年间，在金代永安寺的旧址上，宦官范弘捐资 70余万两，扩建香山寺。成化年间，宦官郑同拓建洪光寺。正德、天启年间，宦官于经、魏忠贤先后扩修碧云寺。香山附近也成为宦官的埋葬之地。1980年 6月翻修香山饭店时，园内出土明代宦官墓志数方，其中刘忠墓葬规模最大，石刻最为精致。

1

明太监顾恒墓志

明弘治元年（1488）太监顾恒墓志，汉白玉质，正方形。缺志盖。1980年香山饭店附近出土。志文 44行，满行 44字。竖刻，正书“明故内官监太监顾公墓志铭”。

2

明太监刘忠墓志

明嘉靖三十三年（1554）葬。太监刘忠墓志一合，汉白玉质，正方形，长、宽均 70厘米，厚 12厘米，边框线刻云纹。1980年 6月香山饭店附近出土。刘忠墓是园内出土规模最大的明代太监墓葬，墓内大部分文物被盗，但建筑石雕等文物保存完好。志盖篆书，竖刻五行，铭文“明故御马监太监署乙字库事栖岩刘公墓志铭”。志文竖刻，正书 29行，满行 32字。赵永撰文，杜旻书丹，薛翰篆盖。志载，刘忠葬于都城西香山乡慈感庵义茔，明御马监太监署乙字库事，号栖岩，广东人。九岁入选内廷，为孝宗、武宗、世宗三朝近侍太监，在宫中达五十九年，生前“特赐蟒衣玉带”。

明太监刘忠墓志志盖

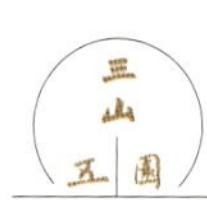

3

明太监
韦宁墓志

明太监韦宁墓志一合，汉白玉质，正方形，边框线刻云纹。1980年香山饭店附近出土。志盖篆书，竖刻四行，铭文“大明故司礼监太监韦公之墓”。志文竖刻，正书35行，满行37字。

1

松坞云庄经幢

松坞云庄是位于香山寺南侧的一座修建在半山腰的庭院。由栖云楼、松坞云庄、山水清音戏台和天池、双清泉等建筑景观组成，乾隆驻跸香山时常在此召见藏传佛教四大活佛之一的“章嘉国师”讲经。1860年这里的建筑被英法联军焚毁。1920年熊希龄在香山成立慈幼院，将此处更名为双清别墅。1949年 3月 25日，中共中央书记处及中国人民解放军总部从西柏坡迁至北平，毛泽东居住在双清别墅，并在此指挥渡江战役，筹建新中国。

松坞云庄正门内东西两侧各矗立一座八角形石经幢。经幢青石质，乾隆四十二年（1777）题刻，经文竖刻，正书。两经幢幢身上的方孔为后人所凿。东侧经幢正南铭文“金刚般若波罗蜜经姚秦三藏法师鸠摩罗什译”。西侧经幢正南铭文“佛说药师如来本愿经隋天竺三藏法师达摩笈多译”。

松坞云庄

贰 尚未发现的石刻

根据《日下旧闻考》《清朝通志》和《光绪顺天府志》的记载，昔日静宜园中还有一些石刻，但以下石刻现在尚未发现。

1	御制《圣感寺碑文》，正书，康熙十七年。在静宜园。
2	御书《清净经》，正书，乾隆九年。在静宜园。
3	御制《静宜园二十八景》诗，行书，乾隆十一年，五言古、五言律共二十八首。在静宜园。《日下旧闻考》记载："学古堂前周廊嵌御制静宜园二十八景诗石刻。"[21]
4	御制《知乐濠》诗，行书，乾隆十一年，五言律一首。在静宜园。
5	御书"蟾蜍峰"三字，行书，乾隆十一年。在静宜园。
6	御书"听法松"三字，行书，乾隆十一年。在静宜园香山寺。《日下旧闻考》载："香山寺正殿门外有听法松，山门内有娑罗树。……'听法松'三字镌石栏上，为二十八景之一。"[22] 今香山寺内"听法松"三字为民国时期所刻。
7	御制《听法松》诗，行书，乾隆十一年，五言律一首。在静宜园香山寺。
8	御书"栖月崖"三字，行书，乾隆十一年。在静宜园。
9	御制《栖月崖》诗，行书，乾隆十一年。五言律一首。在静宜园。
10	御书"重翠崦"三字，行书，乾隆十一年。在静宜园。
11	御制《重翠崦》诗，行书，乾隆十一年，五言古一首。在静宜园。
12	御书"隔云钟"三字，行书，乾隆十二年。在静宜园。
13	御制《隔云钟》诗，行书，乾隆十一年，五言律一首。在静宜园。
14	御制《霞标蹬》诗，行书，乾隆十一年，五言律一首。在静宜园。
15	御书"萝幄"二字，行书，乾隆十一年。在静宜园。

21 于敏中等编：《日下旧闻考》，卷八十六，北京古籍出版社，1985年版，1441页。

22 于敏中等编：《日下旧闻考》，卷八十六，北京古籍出版社，1985年版，1446—1447页。

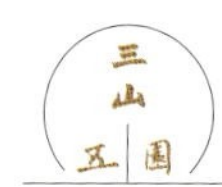

民国时期『听法松』刻石

16	御书“松扉”二字，行书，乾隆十一年。在静宜园。《日下旧闻考》载：“静宜园前为城关二，由城关入，东西各建坊……城关南额曰松扉，北额曰萝幄。”[23]
17	御制《香山寺》诗，行书，乾隆十一年，五言律一首。在静宜园。
18	御制《宝珠洞》诗，行书，乾隆十三年。在静宜园。
19	御书“得大自在”四字，行书，乾隆十七年。在静宜园香山寺。
20	御书“倚吟”二字，行书，乾隆二十八年。在静宜园栖月崖。
21	御书“唳鹤皋”三字，行书，乾隆二十八年。在静宜园。
22	御书“绚秋林”三字，行书，乾隆二十八年。在静宜园。
23	御制《石壁临天池》诗，行书，乾隆五十年，五言古一首。在静宜园。
24	御制《过礼烈亲王园寝赐奠》诗，国书、正书，乾隆四十三年，七言排律一首。在静宜园。
25	御制《香山寺瞻礼》诗，行书，乾隆四十年，五言律一首。在静宜园。

23 于敏中等编：《日下旧闻考》，卷八十六，北京古籍出版社，1985年版，1437页。

玉泉山

明园

第三章

静明绝胜处，山秀水偏清。

——玉泉山静明园

第一节 玉泉山静明园概况

玉泉山静明园，位于北京西山东麓，地处颐和园和静宜园之间，是以自然山水为主的皇家园林。玉泉山是静明园的主体，山呈南北走向，因山中泉水丰沛，故名玉泉山。玉泉山以优美的自然景观著称，山形奇丽，林木葱郁，多奇岩幽洞。山中最大的泉眼称“玉泉”，水质甘美，“玉泉垂虹”是金元以来久负盛名的“燕京八景”之一，也被乾隆誉为“天下第一泉”，是北京一处不可多得的水源。

玉泉山自金代开始就建有皇家行宫和寺庙，自然景观与人文景观完美结合。《日下旧闻考》载：“静明园在玉泉山之阳，园西

山势窈深，灵源浚发，奇征趵突，是为玉泉。山麓旧传有金章宗芙蓉殿，址无考，惟华严、吕公诸洞尚存。康熙年间创建是园，我皇上几余临憩，略加修葺。园内景凡十六。”[1]《金史·章宗纪》记载金章宗曾八次来玉泉山游赏，并在此地建有芙蓉殿。明朝蒋一葵著《长安客话》记载“玉泉山顶有金行宫芙蓉殿故址，相传章宗尝避暑于此”。[2]及至元明，玉泉山的寺庙和景观建设日益发展。《帝京景物略》载：“元世祖忽必烈在此建昭华寺。”[3]明正统年间，英宗在玉泉山南坡敕建上下华严寺，后于嘉靖年间毁于战火。清代玉泉山皇家园林的建设更为兴盛。顺治帝多次来此驻跸。《康熙起居注》载：“十四年乙卯闰五月初六日癸巳，早，上幸玉泉山观禾。酉时 .回宫。”这是康熙首次幸玉泉山的记载。康熙十九年(1680)，康熙帝将玉泉山改建为皇家行宫，康熙二十一年（1682）行宫建成，名“澄心园”。从此，康熙经常来此居住、游览、理政。从康熙十九年(1680)，始建玉泉山行宫起，到康熙二十六年（1687）畅春园建成为止，康熙共 21次来玉泉山。[4]

畅春园建成后，康熙便常年驻跸畅春园，仅在玉泉山偶尔游憩。康熙三十一年（1692），“澄心园”更名为“静明园”，范围大致在玉泉山的南坡和玉泉湖、裂帛湖一带。康熙三十三年（1694），大学士张玉书等近臣与皇帝同游畅春园和玉泉山。张玉书所写的《赐游畅春园玉泉山记》，描述了康熙时期静明园的风貌，“（四月）初六日癸酉，早，上御玉泉山静明园，诸臣俱集，从园西门入。园在山麓，环山为界。林木蓊郁，结构精雅，池台亭馆，初无人工雕饰，而因高就下，曲折奇胜，入者几不能辨东西径路。攀跻而上，历山腰诸洞，直至山顶，眺望西山诸胜。”[5]

玉泉山静明园的全盛时期在乾隆朝。乾隆十五年（1750），乾隆皇帝对静明

1 于敏中等编：《日下旧闻考》，卷八十五，北京古籍出版社，1985年版，1412页。

2 蒋一葵：《长安客话》，卷三，北京古籍出版社，1982年版，48页。

3 刘侗、于奕正：《帝京景物略》，卷七，上海古籍出版社，2001年版，429页。

4 张宝章：《静明园述往》，中央文献出版社，2012年版，32页。

5 吴振棫：《养吉斋丛录》，卷十八，中华书局，2005年版，238页。

园进行了大规模的扩建，亲自参与静明园的规划，将玉泉山及山麓的河湖全部圈入宫墙之内。园林设计以山景为主，水景为辅，多借助山势、泉流、林木构筑，天然风景与造园相融合，突出自然天成之美。乾隆十八年（1753）基本建成，乾隆命名了“静明园十六景”，主要集中在玉泉湖周围的南麓和东麓，每景皆有题咏，分别是：廓然大公、芙蓉晴照、玉泉趵突、竹炉山房、圣因综绘、绣壁诗态、溪田课耕、清凉禅窟、采香云径、峡雪琴音、玉峰塔影、风篁清听、镜影涵虚、裂帛湖光、云处钟声、翠云嘉荫。乾隆虽对这十六处景致命名、题咏，但仍不满足，他认为：“玉泉山盖灵境也。虽亭台点缀，时有晦明；而山水吐纳，岚霭朝暮，与造物相终始。故一时之会，前后迥异；一步之移，方向顿殊。吾安能以十六景概之。即景杂咏，复成十六首。”[6]乾隆十八年（1753）七月，他又写成三字静明园十六景，分别是：清音斋、华滋馆、冠峰亭、观音洞、赏遇楼、飞云嵎、试墨泉、分鉴曲、写琴廊、延绿厅、犁云亭、罗汉洞、如如室、层明宇、迸珠泉、心远阁，并分别作了题咏。乾隆二十四年（1759）是静明园建设的全盛时期。乾隆五十七年（1792）又进行了大规模的修缮。乾隆时期的静明园，面积约 65万平方米，园内有景点 30余处。其中东岳庙、圣缘寺、清凉禅窟等佛、道宗教建筑十余座，并在玉泉山主峰、侧峰、山岭、山腰的地方建有形制、材质不同的佛塔 4座，分别是玉峰塔、妙高塔、华藏塔、圣缘寺琉璃塔，并开辟大量的石穴、石洞。乾隆所作关于玉泉山的诗共 1100余首。其中写全园景致或泛写景物的诗 120首，写园中景点的诗 800余首，写来园或离园途中园外景物的诗 130首。[7]

玉泉水质轻味甘，是清朝指定的宫廷用水。《养吉斋丛录》载：“玉泉山之水最轻清，向来尚膳、尚茶，日取水于此。”[8]汇合了西山泉水的玉泉水对明清北京的农田灌溉和园林建设乃至整个城市建设和市民的生活都非常重要。乾隆不

6 于敏中等编：《日下旧闻考》，卷八十五，北京古籍出版社，1985年版，1414页。

7 张宝章：《静明园述往》，中央文献出版社，2012年版，98页。

8 吴振棫：《养吉斋丛录》，卷二十四，中华书局，2005年版，302页。

仅将玉泉水作为饮用和观赏的对象，还非常重视水的灌溉功能，不忘兴修水利。乾隆二十年（1755）以后，清廷修建了香山引水石槽，在静明园外南部和东南部挖掘了高水湖和养水湖，灌溉稻田后，汇入昆明湖。经过开发和疏浚，使玉泉水形成了一个完整的水系，既有利于在园内营造景观，又利于向京西各园和稻田灌溉以及京城供水。乾隆在静明园不仅游山赏景，而且关注农业生产，问农观稼穑。他不仅在静明园西南部稻田旁设置静明园十六景之一的“溪田课耕”，而且命内务府在玉泉山设立“稻田厂”，常在玉泉山上眺望园外的庄稼长势，还在赴园途中观察玉河两岸的水稻生长情况，并且每年要到龙王庙祈雨。

随着国势日衰，静明园也逐渐败落。嘉庆沿袭了其父乾隆的先例，常年居住在圆明园，不时来静明园游览。第一次鸦片战争失败，清朝国势愈加衰弱，道光曾一度停止了游赏三山行宫。静明园的管理官员和服役人员也大量削减。咸丰即位后，仍循例游览玉泉山。直到咸丰十年（1860）三月，咸丰还在静明园游山玩水。咸丰十年（1860）八月二十二日，英法联军劫掠、焚毁了圆明园。八月二十四日，英法联军又抢劫、焚毁了玉泉山静明园。主管圆明园事务的大臣宝鋆在咸丰十年九月初三的奏折中写道：“（八月）二十四日，夷人陆续闯入静明园宫门，将各殿陈设抢掠，大件伤损，小件多经抢去。”[9] 步军统领瑞常在咸丰十年九月十三日的奏折中写道：“八月二十二日之后，该队日日前往海淀一带驻扎。自九月初五日夷人复以大队窜扰园庭，将圆明园、清漪园、静明园、静宜园等各处焚烧。”[10]

同治年间，慈禧太后全力重修圆明园，但因为经费短缺、群臣反对而半途停工，但她并未放弃重修西郊园林。同治六年（1867），慈禧开始修缮静明园遗址内外的水利工程。光绪年间，慈禧命人修复静明园部分景观，虽仍是断壁残垣，但她也曾来此游园，还于光绪十三年（1887）增加了玉泉山的管理官员。光绪二十六

9 中国第一历史档案馆编：《圆明园》，上册，上海古籍出版社，1991年版，558页。

10 中国第一历史档案馆编：《圆明园》，上册，上海古籍出版社，1991年版，567页。

年（1900）五月，八国联军侵入北京，颐和园和毗邻的玉泉山静明园再一次遭到破坏。1911年辛亥革命，推翻了清朝统治。末代皇帝溥仪于 1912年宣布退位。根据《清室优待条件》，颐和园、圆明园、静宜园、静明园、紫竹院等皇家园林，仍然归清室所有，成为溥仪私产。但进入民国之后，社会上要求将皇家园林对公众开放的呼声日高。时任内务部总长的朱启钤建议，开放京畿名胜，将北海、颐和园、静明园等辟为公园，以求达到“与民同乐”。民国二年（1913），万寿山颐和园和玉泉山静明园首先对外开放。开始只允许部分中外著名人士和团体有限制地参观。后应社会各界群众要求，颐和园和静明园买入门券即可进园参观。民国十三年（1924），逊帝溥仪派他的老师英国人庄士敦管理颐和园、静明园事务。这年十一月，冯玉祥发动“北京政变”，将溥仪驱逐出紫禁城，修改《清室优待条件》，不再有清帝移居颐和园的内容。国民军进驻颐和园，园内依旧售票开放。民国十五年（1926），京畿卫戍司令王怀庆将颐和园归还清室。清室内务府派贝勒润祺再次接管颐和园，并成立管理机构“清室办事处颐和园事务所”。颐和园和静明园照常售票开放。民国十七年（1928）7月 1日，颐和园被南京国民政府内务部接收，8月15日，交给北平特别市管理。北平市政府成立了“管理颐和园事务所”。此时颐和园和静明园作为国家公园正式向公众开放。民国年间，静明园没有得到适当的维修和妥善的保护，此地曾开办过汽水厂，部分房屋被出租，遗址仍然是颓垣断壁。中华人民共和国成立后，玉泉山被中央机关占用，得到了保护。

静明园依玉泉山而建，山中多奇洞，元明时就多有帝王或名人勒石题刻。《日下旧闻考》载：“华严寺左有洞曰翠华，中有石林可憩息，题咏颇多，苔渍不可读。……上华严寺、下华严寺俱正统间建，其额英庙敕赐。寺有二洞，一在山腰，

一在殿后，曰七真洞，或云即翠华洞。洞中石壁镌元耶律丞相一词，夏相国言和之，亦刻于壁。”[11] 清朝时玉泉山成为清帝常来游赏的重要皇家园林。这里山秀水清，景色优美，很能引发诗情。乾隆关于玉泉山静明园的诗，共写了 1100余首。时间从为皇子时的雍正七年（1729），时年十九岁，至禅位成为太上皇的嘉庆三年（1798），时年 84岁。这些诗句中的一部分，乾隆命人刻于玉泉山的山岩或山洞石壁之上。根据《清朝通志》和《光绪顺天府志》记载，静明园有石刻五十一种。玉泉山静明园虽屡遭破坏，但砖石建筑、摩崖、碑刻大部分保存下来。20世纪 30年代，隐居西山的田树藩先生曾专门研究静明园，并多次游览，“自国都南迁，即遁居西山，以宽闲之岁月，博考群记，遍访古迹，非亲眼目睹者，不敢笔之于书”。他撰写的《西山名胜记》中记载静明园存乾隆御题各种摩崖、额联、碑刻等十二处。目前静明园仍为中央机关所在地，因此未能实地考察。静明园石刻根据《日下旧闻考》《清朝通志》《光绪顺天府志》《清高宗御制诗文全集》等史料及今人张宝章所著《静明园述往》等书整理。其中乾隆题刻数量最多。石刻种类包括：摩崖、石牌坊题额、石联等刻石和御制碑刻。

乾隆御题静明园十六景

廓然大公　芙蓉晴照
玉泉趵突　竹炉山房
圣因综绘　绣壁诗态
溪田课耕　清凉禅窟
采香云径　峡雪琴音
玉峰塔影　风篁清听
镜影涵虚　裂帛湖光
云处钟声　翠云嘉荫[12]

乾隆御题三字静明园十六景

清音斋　华滋馆
冠峰亭　观音洞
赏遇楼　飞云嵔
试墨泉　分鉴曲
写琴廊　延绿厅
犁云亭　罗汉洞
如如室　层明宇
迸珠泉　心远阁[13]

11 于敏中等编：《日下旧闻考》，卷八十五，北京古籍出版社，1985年版，1432页。

12 于敏中等编：《日下旧闻考》，卷八十五，北京古籍出版社，1985年版，1412—1436页。

13 于敏中等编：《日下旧闻考》，卷八十五，北京古籍出版社，1985年版，1412—1436页。

1

乾隆御书“吕祖洞”及乾隆御制“吕祖洞”诗刻

传说八仙之一的吕洞宾曾在此洞居住。洞口刻乾隆御题“鸾鹤悠然”。洞内石龛供吕祖像，壁间嵌三方石匾，一方刻乾隆御书“吕祖洞”三字，另外两方刻乾隆诗。《光绪顺天府志》记载：“御书‘吕祖洞’三字，行书，乾隆十八年，在静明园。”两方乾隆诗刻，一为乾隆十九年作《吕祖洞》诗：“红尘称进士，紫府驻仙真，示异常留迹，征灵每济人。烟霞九天近，芝术四时新，奠简星飞昴，依稀谒玉宸。”另一为乾隆二十年《吕祖洞》诗：“墨贻古洞阅时年，应祷修诚致意虔。云鹤仙仪为重整，只求岁美不求仙。”[14]

2

乾隆御书“竹炉山房”题刻群

竹炉山房为静明园十六景之一，仿惠山茗室修

14 于敏中等编：《日下旧闻考》，卷八十五，北京古籍出版社，1985年版，1416页。

建。乾隆十五年（1750），乾隆南巡，在无锡惠山茶室品茗，喜爱烹茶竹炉的精雅，便命人在玉泉山和盘山放置。静明园竹炉山房于次年建成，朴素幽雅，是弘历品茶休憩的地方。竹炉山房位于玉湖的西南岸，建在“泉旁”，为了用“天下第一泉”的泉水烹茶。乾隆每至泉旁山房饮茶，必有题写新诗。到乾隆五十八年（1793）仲春再来此地时，他已经写了五十多首以竹炉山房为题的诗。再写新诗，已是壁间无处可容了。他写道：“楣檐题遍浑无罅，不竭用之泐壁阿。”诗注“向日山房题咏俱揭之楣间，年久已遍，无隙可容。因于山房外石壁间摹泐，嗣后可以用之不竭矣。”他要用室外“选壁泐石”的方法，继续将竹炉山房的诗写下去。此后又写了九首山房诗，直到去世前半年还写了两首诗。《光绪顺天府志》记载：“御制《竹炉山房》诗，行书，乾隆四十四年，七言绝各二首；四十六年，七言绝三首；四十七年、四十八年、五十年，七言绝各二首。在静明园。”此外竹炉山房还有乾隆十七年御书题刻两方分别为“粲华”和“沁诗”的摩崖刻石。《光绪顺天府志》记载：“御书‘粲华’二字，行书，乾隆十七年，在静明园竹炉山房。御书‘沁诗’二字，行书，乾隆十七年，在静明园竹炉山房。”

3

乾隆御书 “华严洞” 题刻群

《日下旧闻考》载：“由心远阁折而北为罗汉洞，又上为水月洞，又西山麓为古华严寺，后为云外钟声，东为伏魔洞。”[15] 华严洞即上华严洞，位于华严寺的东上坡。洞深三丈，宽二丈，高丈余。洞内正中有精美的汉白玉石佛龛，供奉石观音一尊。石洞四壁及洞顶均雕刻佛像，约千余尊。洞口摩崖石刻为弘历在乾隆五年（1740）所题《华严洞勒壁》

15 于敏中等编：《日下旧闻考》，卷八十五，北京古籍出版社，1985年版，1425页。

诗："别院驻銮舆，瞻礼招提境。清晓趁风凉，扪萝登绝顶。嵌石老松苍，滴乳寒湫净。初上若无路，渐入多佳景。豁然云木开，古寺横山岭。石龛月相间，檐铃风声静。朱栏俯帝畿，烟火富闾井。旋憩华严洞，飒然衣袂冷。深窥潜窦黑，微听幽泉洞。何须一指参，自觉万虑屏。"《光绪顺天府志》记载："御书'华严洞'三字，行书，乾隆五年，在静明园。御制《华严洞》诗，行书，乾隆五年，五言古一首，在静明园。"

4

乾隆御书“罗汉洞”题刻群

罗汉洞是明代下华严寺的华严洞。洞外摩崖石额刻"华严洞"三字，为明英宗朱祁镇御题。佛洞石壁上还镌刻着元代耶律楚材《鹧鸪天》词和明代夏言的词。"上华严寺下华严寺俱正统间建，其额英庙敕赐。寺有二洞，一在山腰，一在后殿，曰七真洞，或云即翠华洞。洞中石壁镌元耶律丞相一词，夏相国言和之，亦刻于壁。"[16] 石洞的入口内外各有一副乾隆御题额联：外额为"瓶水云天"，联为"香龛俯瞰千层树，古像重开一面山"；内额为"罗汉洞"，联为"天光云影俱诗料，鸟语花香长道芽"。山洞内有一座石龛，供奉三世佛。《光绪顺天府志》记载："御书'瓶水云天'四字，行书，乾隆十七年，在静明园罗汉洞。……御书'罗汉洞'三字，行书，乾隆十八年，在静明园。"此外罗汉洞内还镌刻有乾隆御制诗和御书《妙法莲华经》："御制《罗汉洞》诗。行书，乾隆六年，五言律四首。十四年，五言古一首，十六年，五言古一首，在静明园。……御制《池上居》诗，行书，乾隆十六年，五言律一

16 于敏中等编：《日下旧闻考》，卷八十五，北京古籍出版社，1985年版，1432页。

首，在静明园罗汉洞。……御书《妙法莲华经》，正书，乾隆十八年，在静明园罗汉洞，石一百枚。”

5

乾隆御书“水月洞”题刻群

水月洞外有乾隆御书题额“得大自在”，联为“春到百花间国是众香开意蕊，月明诸岭外界归普照朗心灯”。内额为“水月洞”。《光绪顺天府志》记载：“御书‘水月洞’三字，行书，乾隆十八年，在静明园。”洞壁嵌石匾，镌刻乾隆御书《心经》，末署“乾隆癸酉暮春御笔”。《光绪顺天府志》记载：“御书《心经》二，行书，乾隆十九年，在静明园。一刻资生洞，一刻水月洞。”山洞内石龛上供奉石雕观音像。

6

乾隆御书“观音洞”题刻群

观音洞深宽均为两丈，洞口有乾隆御书“观音洞”，洞中供观音石像。像顶刻乾隆御书“观自在菩萨”。像身刻“念彼观音力能救世间苦”。观音像旁刻“乾隆辛酉夏御题”（乾隆六年）《观音洞》诗：“象胁林园遍大千，偶然趺坐在山巅。壶中弱水三千尺，若个能撑无底船。”观音洞北刻乾隆御书《心经》。《光绪顺天府志》记载：“御制《观音洞》诗，行书，乾隆六年，七言绝一首，在静明园。……御书‘观音洞’三字，行书，乾隆十八年，在静明园。……御书‘观自在菩萨’五字，行书，乾隆十八年，在静明园观音洞菩萨顶。御书‘念彼观音力能救世间苦’十字，行书，乾隆十八年，在静明园观音洞菩萨身。御书《心经》，行书，乾隆十八年，在静明园观音洞北。”

7

乾隆御书“资生洞”题刻群

资生洞内供佛一尊，洞口有乾隆十八年御书“资生洞”三字，行书。洞内壁间嵌石，镌刻乾隆御书《心经》。《光绪顺天府志》记载：“御书‘资生洞’三字，行书，乾隆十八年，在静明园。……御书《心经》二，行书，乾隆十九年，在静明园。一刻资生洞，一刻水月洞。”

8

乾隆御书“楞伽洞”“小飞来”题刻群

楞伽洞位于北峰妙高寺下方东南山腰间，洞口向东。《光绪顺天府志》记载：“御书‘楞伽洞’三字，行书，乾隆三十六年，在静明园。”洞外左边峭壁上，雕刻神像。山石上刻有“小飞来”三字。旁边刻有乾隆楞伽洞和小飞来的御制诗。《光绪顺天府志》记载：“御书‘小飞来’三字，行书，乾隆三十六年，在静明园。御制《小飞来》诗，行书，乾隆三十六年，在静明园。”

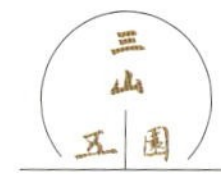

9

乾隆御书

“伏魔洞”

伏魔洞内供奉关公石像，关公曾被封为“伏魔大帝”，故名。洞口镌刻乾隆十八年御笔“伏魔洞”三字，行书。《光绪顺天府志》记载：“御书‘伏魔洞’三字，行书，乾隆十八年，在静明园。”

10

乾隆御书

“地藏洞”

地藏洞内供奉地藏菩萨，又称“土地洞”。洞口石壁刻乾隆十八年御书“地藏洞”三字，行书。《光绪顺天府志》记载：“御书‘地藏洞’三字，行书，乾隆十八年，在静明园。”

1

乾隆御笔
“宝　珠”“涌　玉”

在玉泉山北峰东麓的山脚原有两眼清泉，由于沙石堵塞，水少流细，乾隆修建静明园时经过挖掘，两泉变得喷射飞涌，在山前形成了一座小湖。两股清泉被乾隆命名为宝珠泉和涌玉泉，他于乾隆三十三年（1768）在泉旁题刻“涌玉”和“宝珠”，行书。《日下旧闻考》载：“书画舫前有泉出于岩畔，汇为池，御题曰涌玉、曰宝珠。”[17]《光绪顺天府志》记载：“御书‘宝珠’二字，行书，乾隆三十三年，在静明园新开河。御笔‘涌玉’二字，行书，乾隆三十三年，在静明园新开河。”

2

乾隆御笔
“裂帛湖”

裂帛湖光为静明园十六景之一。裂帛泉位于玉泉山东麓，泉水从山麓喷出，汇成一座小湖，名裂帛湖。裂帛湖是静明园第二大湖，湖西岸有龙王亭，亭旁石上镌刻乾隆御题“裂帛湖”三字。

3

妙高寺乾隆御笔
“灵鹫支峰”
石坊额

乾隆三十六年（1771），清廷在玉泉山北峰顶仿无锡金山妙高峰之制修建妙高寺。寺内建有金刚宝座式塔——“妙高塔”，是园内的另一个制高点，也是玉峰塔的配景。寺前建一座汉白玉石牌坊。坊

17 于敏中等编：《日下旧闻考》，卷八十五，北京古籍出版社，1985年版，1423页。

额为乾隆御笔“灵鹫支峰”。《日下旧闻考》载：“北峰上为妙高寺，殿后为妙高塔，又后为该妙斋。……妙高寺前石坊额曰灵鹫支峰，殿内额曰江天如是，皆御题。”[18]

4

乾隆御笔
“云霞舒卷”“湖山罨画”
石坊额石联

乾隆十五年（1750），清廷挖深拓展昆明湖之后，为了更好地调节水量和灌溉稻田，在玉泉山和昆明湖之间开挖了高水湖和养水湖。此二湖可以说是昆明湖的补充和配套工程，是它的附属水库。高水湖是乾隆二十四年（1759）建成，主要是承纳玉泉水。高水湖中央修建一座影湖楼。高水湖有四个出水口，分别流入玉河、金河和东南的养水湖，还有一部分用来灌溉稻田。养水湖北口建一座界湖楼。楼旁玉河石桥上建两座石牌坊。乾隆不仅将玉泉山水作为造园的资源，还非常重视兴修水利，发挥其灌溉功能。

《日下旧闻考》载：“静明园南宫门西南为影湖楼。……影湖楼在高水湖中，东南为养水湖，俱蓄水以溉稻田。……小东门外长堤石桥上建石坊二，迤东为界湖楼。……石桥东坊额曰湖山罨画，曰云霞舒卷，西坊额曰烟柳春佳，曰兰渚蘋香。”[19]乾隆御笔“云霞舒卷”“湖山罨画”石坊位于静明园小东门外长堤石桥上，今仅存三柱两间。火焰宝珠、望天吼等石构件，现存圆明园管理处。石额、石联均为乾隆御笔，行书。

18 于敏中等编：《日下旧闻考》，卷八十五，北京古籍出版社，1985年版，1422页。

19 于敏中等编：《日下旧闻考》，卷八十五，北京古籍出版社，1985年版，1427页。

录 文

东额：云霞舒卷

西额：湖山罨画

东联：层楼延阁镜光里，绿柳红桃烟霭中。

西联：风月清华嬴四季，水天朗澈绕三洲。

5

乾隆御笔

“兰渚蘋香”
“烟柳春佳”

石坊额石联

位于静明园小东门外长堤石桥上，主体尚存，顶部火焰宝珠、望天吼等石构件，现存圆明园管理处。石额、石联均为乾隆御笔，行书。

录 文

东额：兰渚蘋香

西额：烟柳春佳

东联：何处仙家觅蓬阁，
　　　此间逸兴寄潇湘。

西联：天光水态披襟袖，
　　　岸芷汀兰入画图。

「烟柳春佳」「兰渚蘋香」石坊

乾隆御笔「湖山罨画」「云霞舒卷」石坊

石坊旧影

1

乾隆御笔“天下第一泉”碑

玉泉位于玉泉山的东南山麓，质轻味甘，清澈如玉，夏凉冬暖，终年不冻，水量丰沛，对农田灌溉和园林建设非常重要。乾隆年间，内务府制银斗，较量天下各处著名泉水，唯玉泉山水质最好，遂特定为宫廷用水，并以此水为原料制成宫廷用酒——玉泉酒。玉泉蓄水成池，称玉泉池、玉泉湖。玉泉湖西岸的“玉泉趵突”是泉眼所在地，泉旁立石碑两方，左碑刻乾隆御书“天下第一泉”，右碑刻乾隆御制《玉泉山天下第一泉记》。《日下旧闻考》载：“玉泉趵突为十六景之一，亦为燕山八景之一。旧称玉泉垂虹。第垂虹以拟瀑泉则可，若玉泉则从山根仰出，喷薄如珠，实与趵突之意允合。……泉上碑二，左刊‘天下第一泉’五字，右刊御制《玉泉山天下第一泉记》，臣汪由敦敬书。”[20]

乾隆御笔“天下第一泉”碑，乾隆十六年（1751）立于泉眼旁，碑阳为乾隆御笔“天下第一泉”，正书。《光绪顺天府志》记载：“御书‘天下第一泉’五字，正书，乾隆十六年，在静明园。”

2

乾隆御制“玉泉山天下第一泉记”碑

该碑立于玉泉泉眼旁，碑阳刻乾隆御制、汪由敦书《玉泉山天下第一泉记》，正书，记述第一泉命名的缘由。《光绪顺天府志》记载：“御制《玉泉山天下第一泉记》，汪由敦奉敕正书，乾隆十六年，在静明园。”

20 于敏中等编：《日下旧闻考》，卷八十五，北京古籍出版社，1985年版，1413页。

碑文

水之德在养人，其味贵甘，其质贵轻。然三者正相资，质轻者味必甘，饮之而蠲疴益寿。故辨水者恒于其质之轻重分泉之高下焉。尝制银斗较之，京师玉泉之水斗重一两，塞上伊逊之水亦斗重一两，济南珍珠泉斗重一两二厘，扬子金山泉斗重一两三厘，则较玉泉重二厘或三厘矣。至惠山、虎跑则各重玉泉四厘，平山重六厘，清凉山、白沙、虎丘及西山之碧云寺各重玉泉一分。是皆巡跸所至，命内侍精量而得者。然则无轻于玉泉之水者乎？曰有。为何泉？曰非泉，乃雪水也。常收积素而烹之，较玉泉斗轻三厘。雪水不可恒得，则凡出山下而有洌者，诚无过京师之玉泉。昔陆羽、刘伯刍之论，或以庐山谷帘为第一，或以扬子为第一，惠山为第二，虽南人享帚之论也，然以轻重较之，惠山固应让扬子。具见古人非臆说，而惜其不但未至塞上伊逊，并且未至燕京。若至此，则定以玉泉为天下第一矣。近岁疏西海为昆明湖，万寿山一带率有名泉，溯源会极，则玉泉实灵脉之发皇，德水之枢纽。且质轻而味甘，庐山虽未到，信有过于扬子之金山者。故定名为天下第一泉，命将作崇焕神祠以资惠济，而为记以勒石。夫玉泉固趵突山根荡漾而成一湖者，诗人乃比之飞瀑之垂虹，即予向日题燕山八景，亦何尝不随声云云？足见公论在世间，诬辞亦在世间。籍甚既成，雌黄难易。泉之于人，有德而无怨，犹不能免讹议焉，则挟德怨以应天下者，可以知惧，抑亦可以不必惧矣。

3

乾隆御笔
“玉泉趵突”
碑和乾隆御笔上谕碑

“玉泉趵突”是静明园十六景之一，位于玉湖西岸玉泉山麓。原称“玉泉垂虹”，是金代明昌年间燕山八景之一，历代诗人屡屡歌咏。康熙二十四年（1685）的《宛平县志》称之为“玉泉流虹”。乾隆在做皇子的时候作诗也称此为“玉泉垂虹”。但在修建静明园时，他改变了原来的看法，“西山泉皆流，至玉泉山势中豁，泉喷跃而出，雪涌涛翻，

乾隆御笔『玉泉趵突』碑

济南趵突不是过也。向之题八景者目以垂虹，失其实矣，爰正其名”。遂将景名改为“玉泉趵突”。

《日下旧闻考》载：“玉泉趵突为十六景之一，亦为燕山八景之一。旧称玉泉垂虹。第垂虹以拟瀑泉则可，若玉泉则从山根仰出，喷薄如珠，实与趵突之意允合。……泉上碑二，左刊‘天下第一泉’五字，右刊御制《玉泉山天下第一泉记》，臣汪由敦敬书。石台上复立碣二，左刊‘玉泉趵突’四字，右勒上谕一通。”[21]《光绪顺天府志》记载：“御书‘玉泉趵突’四字，行书，乾隆十六年，在静明园。……御制《玉泉山祈雨》诗，行书，乾隆二十八年，五言律一首，在圆明园玉泉趵突石。”

乾隆御笔上谕碑上勒乾隆十六年闰五月二十九日上谕。

碑　文

京师玉泉，灵源浚发，为德水之枢纽。畿甸众流环汇，皆从此潆注。朕历品名泉，实为天下第一。其泽流润广，惠济者博而远矣。泉上有龙神祠，已命所司鸠工崇饰，宜列之祀典。其品式一视黑龙潭，该部具仪以闻。[22]

4

乾隆御制“玉泉山东岳庙”碑

东岳庙又称天齐庙，位于玉泉山西麓西宫门内，建于乾隆二十一年（1756）。东岳庙的正殿为仁育宫，殿前建有宽敞的月台，左右各立石碑一通，左勒乾隆御制《玉泉山东岳庙碑文》，右勒乾隆御笔《仁育宫颂》，叙述乾隆在玉泉山修建东岳庙的缘由和意义。《日下旧闻考》载：“仁育宫门

21 于敏中等编：《日下旧闻考》，卷八十五，北京古籍出版社，1985年版，1413页。

22 于敏中等编：《日下旧闻考》，卷八十五，北京古籍出版社，1985年版，1414页。

壹 现存石刻

外建三面坊楔，中曰瞻乔门，二层曰岳宗门，宫内奉东岳天齐大生仁圣帝像，御题额曰苍灵赐禧。碑二，左勒御制《东岳庙碑文》，右勒御制《仁育宫颂》。”[23]乾隆御制“玉泉山东岳庙”碑，碑阳镌刻乾隆二十一年（1756）御笔《玉泉山东岳庙碑文》。《光绪顺天府志》记载：“御制《玉泉山东岳庙碑文》，国书，正书，乾隆二十一年，在静明园。”

23 于敏中等编：《日下旧闻考》，卷八十五，北京古籍出版社，1985年版，1418页。

碑文

东岳为五岳宗，德发扬，诩万物，出云雨以蕃殖嘉谷，阜成兆民，伊古以来，秩视三公，载在祀典尚已。顾天门日观去京师千里而远，岁时莅事，职在有司，方望之祀，非遇国家大庆及巡狩所至未尝辄举。是以郡邑都会往往崇庙貌以奉苾馨，夫亦以东方春生之气贯于四时，明灵肸蠁，无往勿格，祝釐祈祷，诚应响捷，如生气之于物，肖翘跂喙，洪纤美恶，无不毕达。固非特岩岩具瞻，表望齐鲁而已。京师之西，玉泉山峰峦窈深，林木清瑟，为玉泉所自出。滋液渗漉，泽润神皋。与泰山之出云雨，功用广大正同。爰即其地建东岳庙，凡殿宇若干楹，规制崇丽，以乾隆二十有一年工竣。有司以立碑，请稽古制，四望无庙祀。然《周官》小宗伯所职，四望有兆，典祀掌外祀之兆，皆有域，又山虞祭山林则为主。曰兆，曰域，曰主，皆欲神有所凭依而致其昭格也。近代既有象设，则立庙以祀，尤洋洋显赫，其致精诚以交于神明不益著欤！夫七十二君封禅之说荒邈无稽，而金泥玉检，登封岱宗，汉唐令辟尚不免侈为盛仪，动色矜耀，谓合于经所云因名山以升中于天。夫名山所在多有，均为造化灵粹所钟，英爽若接。东岳之为泰岱，人皆知之。而不知山岳之灵，不崇朝而雨天下，其精神布濩，固无不之。譬夫山下出泉，随地喷涌，导之即达，固不可谓水专在是，则东岳之祀于兹山也固宜。是为记。[24]

乾隆御制『玉泉山东岳庙』碑旧影

24 于敏中等编：《日下旧闻考》，卷八十五，北京古籍出版社，1985年版，1418页。

5

乾隆御笔“仁育宫颂”碑

此碑位于东岳庙的正殿仁育宫前月台之上。碑阳刻乾隆御制《仁育宫颂》，正书。从老照片看，此碑为螭首，趺座，碑侧浮雕云龙纹。

碑文

玉泉山西择爽垲地建东岳天齐庙，而名之曰仁育宫。天齐之称见于《史记》，东岳岱宗则虞帝之所柴望也。今祠宇遍天下，明灵扬诩，理大物博，岂非以仁育万汇，不崇朝而雨天下？语曰：“泰山不让土壤，固无往而弗格也。”既为碑记以落庙成，兹经过展礼，辄依旧作岱庙韵以成颂言：“出震尊为五岳宗，配藜布濩岂拘封。一拳即是扶桑石，五鬣宁殊汉代松？瑞气氤氲笼玉殿，苍灵肃穆仰金容。云行雨施崇朝遍，常愿休征佑九农。巡狩宁当岁屡行，崇祠择近致斋精。天门东望一诚格，阳德中齐万物亨。秩长群神孰可匹，功先六子独称兄。锡禧虽每叨鸿贶，惟励钦承凛旦明。”[25]

25 于敏中等编：《日下旧闻考》，卷八十五，北京古籍出版社，1985年版，1419页。

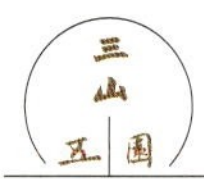

乾隆御笔『仁育宫颂』碑旧影

贰 尚未发现的石刻

根据《日下旧闻考》《清朝通志》和《光绪顺天府志》的记载，昔日静明园中还有一些石刻。

1	御制《玉泉山晚秋揽景》诗，行书，乾隆十五年，七言律一首，在静明园。
2	御制《静明园记》，国书，乾隆十六年，在静明园。
3	御书“蔚翠涵清”四字，行书，乾隆十七年，在静明园。
4	御制《玉泉山天下第一泉龙神祠落成》诗，行书，乾隆十七年。五言排律，在静明园。
5	御制《重修静明园龙王庙碑文》，国书，汪由敦奉敕正书，乾隆十六年，在静明园。
6	御书“朗秀”二字，行书，乾隆十七年，在静明园清禊楼石壁。
7	御制《裂帛湖》诗，行书，乾隆十八年，五言律一首，二十九年，七言绝三首，在静明园。
8	御制《冠峰亭》诗，行书，乾隆十八年，七言绝一首，三十九年、四十年，七言古各一首，四十年、四十六年，七言绝各一首，在静明园。
9	御制《写琴廊》诗，行书，乾隆十八年，七言绝一首，三十三年，五言律一首、七言绝一首，三十六年、三十八年、四十六年，七言绝各一首，在静明园。
10	御制《香林室》诗，行书，乾隆二十一年，五言律一首，在静明园。
11	御制《犁云亭》诗，行书，乾隆二十八年，五言古一首，三十三年、五十年，七言绝各一首，在静明园。
12	御制《弄珠室》诗，行书，乾隆二十九年、三十三年、三十七年，五言古各一首，在静明园。
13	御书“承盖”二字，行书，乾隆三十四年，在静明园崇霭轩。
14	御书“曜林”二字，行书，乾隆三十四年，在静明园崇霭轩。

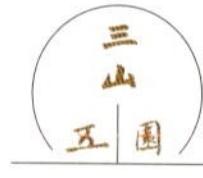

15	御制《玉泉山东岳庙瞻礼》诗。行书，乾隆二十三年，七言律一首，在静明园。
16	御制《仁育宫瞻礼》诗，行书，乾隆三十九年，七言律一首，在静明园。
17	御制《登玉泉山妙高峰》歌，行书，乾隆三十七年，七言古一首，在静明园。
18	御制《山阳》诗，行书，乾隆四十八年，七言律一首，在静明园裂帛湖北山。
19	御制《玉泉趵突》诗，行书，乾隆十六年，七言律一首，在静明园。

暢春園

畅春园

圆明园

五 万寿山清漪园

第四章

畅春园

第一节　畅春园概况

畅春园是“三山五园”中第一座清帝经常驻跸的大型皇家园林。开辟了清帝园居理政的新模式，也成为清廷在紫禁城外的另一个政治中心。畅春园的地理位置距京城较近，又具有得天独厚的造园条件，周围众多泉水涌出，形成湖泊，逶迤连绵的西山及西山余脉玉泉山和瓮山成为最适宜的背景和借景。这里不仅自然条件优越，而且历史人文底蕴深厚。“畅春园本前明戚畹武清侯李伟别墅，圣祖仁皇帝因故址改建，爰赐嘉名。皇上祗奉慈宁，问安承豫，每于此停憩”。[1] 明朝武清侯李伟在海淀西北修建的私家园林清华园又被称为“李园”。园主人第一代武清侯李伟（1510—1583），是明神宗生母李太

1 于敏中等编：《日下旧闻考》，卷七十六，北京古籍出版社，1985年版，1268页。

后的父亲，身份显赫，家资豪富，因此清华园富丽堂皇，时人有“李园壮丽”之说。《日下旧闻考》引明人《燕都游览志》记载清华园盛景：“原武清侯别业，额曰清华园，广十里，园中牡丹多异种，以绿蝴蝶为最，开时足称花海。西北水中起高楼五楹。楼上复起一台，俯瞰玉泉诸山。”[2]明朝《帝京景物略》对清华园的记载为：“方十里，正中，挹海堂。堂北亭，署‘清雅’二字，明肃太后手书也。亭一望牡丹，石间之，芍药间之，濒于水则已。飞桥而汀，桥下金鲫，长者五尺，锦片片花影中，惊则火流，饵则霞起。汀而北，一望又荷蕖，望尽而山，剑铓螺矗，巧诡于山。假山也。维假山，则又自然真山也。山水之际，高楼斯起，楼之上斯台，平看香山，俯看玉泉，两高斯亲，峙若承睫。园中水程十数里，舟莫或不达，屿石百座，槛莫或不周。灵壁、太湖、锦川百计，乔木千计，竹万计，花亿万计，阴莫或不接。”[3]崇祯年间，明朝内忧外患，武清侯李伟的后世子孙家道败落，将清华园出售，这座名园也随之荒废了。清军入关后，清华园归肃亲王所有。康熙初年，园主是肃亲王之孙，显亲王丹臻，后他将此园献给了康熙皇帝。

康熙十九年（1680），康熙帝在明代清华园的基础上兴建皇家园林，最迟在康熙二十六年（1687）建成，并赐名“畅春园”（关于建园年代诸家说法不一，我们采取康熙二十六年的说法）。康熙亲撰的《畅春园记》中说明了他在清华园旧址上兴建御苑的原因：“日夕万几，罔自暇逸，久积辛劬，渐以滋疾。偶缘暇时，于兹游憩。”康熙八岁登上了皇位，十四岁亲政，日理万机，由于过于劳累曾生过一场重病，病愈后他外出巡游时偶然来到清华园旧址，被那里的美景吸引，以致“清风徐引，烦疴乍除”，于是产生了在此兴建园林的想法。此时，国家统一，政治稳定，经济恢复，清廷有能力开始修建大型园囿。此时的清华园布局大体完整，尚有遗存，“爰稽前朝戚畹武清侯李伟因兹形胜，构为别墅。当时韦曲

2 于敏中等编：《日下旧闻考》，卷七十九，北京古籍出版社，1985年版，1316页。

3 刘侗于、奕正：《帝京景物略》，卷五，上海古籍出版社，2001年版，320页。

之壮丽，历历可考，圯废之余，遗址周环十里。虽岁远零落，故迹堪寻”。崇尚节俭的康熙没有大兴土木，而是因地制宜地利用清华园旧址加以改建，“爰诏内司，少加规度，依高为阜，即卑成池。相体势之自然，取石甓夫固有。计庸畀值，不役一夫。宫馆苑籞，足为宁神怡性之所。……其轩墀爽垲以听政事，曲房邃宇以贮简编，茅屋涂茨，略无藻饰。于焉架以桥梁，济以舟楫，间以篱落，周以缭垣，如是焉而已矣”。康熙在《畅春园记》中反复强调了节俭的建园原则。在当时曾进入过畅春园的法国传教士白晋看法也相同：“这座离宫布置得确实整洁而朴素。（康熙）让人在这座离宫内挖了两个大池塘和两三条水沟。除此以外，在这里再也看不到像康熙皇帝这样拥有强大国家的君主所应有的豪华迹象。无论是从建筑、花园，还是从占地面积来看，它远远比不上巴黎近郊的几个王公休闲别墅。”[4] 但作为皇家园林，康熙仍命当时的能工巧匠精心营造畅春园。江南著名的园林叠山匠师，被后世称为“山石张”的张涟、张然父子以及著名山水画家兼造园艺术家叶洮，先后主持并参与了畅春园的设计。负责畅春园具体装修设计的是“样式雷”家族第二代传人雷金玉。[5] 畅春园设计因地制宜，山水格局得体，形成了山环水抱的水景园，并在其中配置花木，由工艺高超的工匠精心设计和施工，使其既具地方特色，又显示出皇家的气派。康熙时期畅春园的景色据大臣张玉书在《赐游畅春园玉泉山记》中记载：“从澹宁居右边入至渊鉴斋前，沿河堤上列坐，赐饭毕。诸臣纵观岩壑。花光水色互相映带，园外诸山，历历环拱如屏障。上御船绕渊鉴斋而下，命诸臣从岸上随船行。诸臣过桥向西北行，一路目不给赏。至花深处，是时丁香盛开，数千树远近烂漫。”[6]

畅春园开阔的环境，美丽的景色，成为康熙避喧听政、奉母颐养、教养皇子、学习科学、纂修图书、怡情养性、绍农观稼的重要场所。据《清圣祖实录》《康

4 白晋著，赵晨译：《康熙皇帝》，黑龙江人民出版社，1981年版，19页。

5 样式房是专门负责皇家宫殿、园林、衙署、陵寝建筑的设计和监督施工机构，头目称『掌案』，清代的样式房掌案大多由几代雷氏家族传人充任，称为『样式雷』。

6 吴振棫：《养吉斋丛录》，卷十八，中华书局，2005年版，238页。

熙起居注》等文献中所记，自康熙二十六年（1687）二月二十二日康熙首次驻跸开始，直到六十一年（1722）十一月十三日逝于园内寝宫为止，他每年都到畅春园居住理政，其年均园居达一百余天。康熙一生多次南巡、西征，他在畅春园的时间要远超过宫中居住的时间。清人吴振棫在《养吉斋丛录》中记载："计一岁之中（康熙）幸热河半，驻畅春者又三之二。"[7]畅春园因康熙的久居而成为避喧听政之所。"其轩墀爽垲以听政事，曲房邃宇以贮简编"。康熙在这里处理政务、接见朝臣、任命官吏、策试选士、阅试武举、赐宴外藩王公、接见外国使臣和举办庆寿活动及千叟宴等。康熙皇帝是一位博学多才、勤奋好学的皇帝，从小酷爱中国传统文化。他不仅在儒学、史学方面造诣很深，对中国古代科学也有浓厚的兴趣，而且对西方先进科技虚心求教、刻苦钻研，还亲自组织编纂大量书籍。畅春园也就成为康熙重要的学习和收藏、组织编撰书籍的场所。"渊鉴斋"和"佩文斋"中收藏大量书籍字画，同时在此康熙还令徐乾学编注《御选古文渊鉴》，又组织张英、王士祯等人纂修大型类书《渊鉴类函》。康熙五十三年（1714），康熙在蒙养斋设算学馆，纂修律吕算法诸书，赐名《律吕渊源》。除研究传统典籍外，康熙还向外国传教士白晋、张诚等，学习西方算学、几何等知识。畅春园还是皇室成员在此乐享天伦的处所。这里在康熙、乾隆两朝是皇太后颐养之地，皇帝在此亲奉慈颜，承欢膝下。同时康熙朝皇子、皇孙在园内读书，学习骑射，皇帝在此教导晚辈，尽享天伦。康熙推崇孝道，尊嫡母博尔济吉特氏为皇太后，尽管皇太后并非其生母，但母子感情融洽，仍将其奉养于畅春园的寿萱春永殿，直到她去世。乾隆年间皇太后居住在园内，乾隆常来请安。皇太后去世后，乾隆将畅春园定为专供后世的皇太后居住。当康熙驻跸畅春园时，朝廷大员和皇子们也往往随行。为了给他们提供随侍的居处，清廷在畅春园附近或修复明代遗园，

7 吴振棫：《养吉斋丛录》，卷十八，中华书局，2005年版，200页。

或造新邸，由此带来了清代京西园林建设的第一个高潮。

畅春园多元的功能令园林景观更为丰富。根据文献记载和考古发掘信息，畅春园呈长方形，“缭垣一千六十丈有奇”，[8]南北长约1000米，东西宽约600米，占地 900亩。又据《日下旧闻考》载，畅春园包括园区主体和西花园两部分。园区主体建筑以南部宫殿区为主，北部园林区为辅，有居住、理政、游憩等不同功能的建筑。主体建筑分为中、东、西三路。对着大宫门的是中路，沿中轴线向北依次为大宫门、九经三事殿、二宫门、春晖堂、寿萱春永殿、后罩殿、云涯馆、瑞景轩、延爽楼、鱼鸢飞跃亭。亭北有丁香堤、芝兰堤、桃花堤、前湖和后湖。大宫门、九经三事殿和二宫门，构成外朝部分，其中“九经三事殿”是畅春园举行重大活动的正殿。春晖堂、寿萱春永殿与后罩殿构成内廷部分，前朝后寝，秩序分明。东路自南向北依次为澹宁居、龙王庙、剑山、渊鉴斋、藏拙斋、兰藻斋、太朴轩、清溪书屋、小东门、恩佑寺、恩慕寺。东路的主体建筑“澹宁居”前殿是康熙处理日常政务、接见大臣之所。后殿是康熙读书之处，他曾在这里向耶稣会士白晋、张诚学习西方算术和几何。东北角的清溪书屋为康熙休憩之地。西路自南向北依次为玩芳斋、买卖街、无逸斋、菜园、关帝庙、娘娘庙、凝春堂、蕊珠院、观澜榭、集凤轩等景点。西路的无逸斋，是皇子、皇孙的读书之所。三路建筑各成体系，但又彼此相连。大西门外西花园之马厂是进行骑射，阅视武举的地方。

以帝王为权力中心的王朝，其政治核心随皇帝的变换而变化。雍正帝继位后扩建了康熙赏赐给他的圆明园作为驻跸之所，畅春园在西郊园林中的核心地位被圆明园所取代。由于雍正生母孝恭仁皇后在他即位五个月后便去世，畅春园“奉养东朝”的功能此时也被闲置。为了给康熙荐福，雍正仿寿皇殿之例，在前朝皇

8 于敏中等编：《日下旧闻考》，卷七十六，北京古籍出版社，1985年版，1268页。

帝生前“平日居处燕息之地奉安御容”，在其驾崩的“清溪书屋”附近兴建恩佑寺，供奉康熙御容。该寺于雍正三年（1725）四月十八日告成，当天雍正便亲诣行礼。此后十年间，雍正常到此行礼祭拜。乾隆初期亦沿袭此制。雍正去世后，乾隆在圆明园建安佑宫以供奉世宗御容。乾隆八年（1743），乾隆将原供奉于畅春园恩佑寺的圣祖御容移至圆明园安佑宫，与世宗御容一并供奉。

经过雍正朝十三年的扩建，圆明园已经彻底取代了畅春园的地位和功能。乾隆仍在圆明园避喧听政，而畅春园奉养东朝的功能再次被起用，并成为定制。乾隆二年（1737），乾隆对畅春园进行修缮，将太后寝宫设在春晖堂和寿萱春永殿。崇庆皇太后于乾隆三年（1738）住进畅春园，此后除节庆暂住圆明园长春仙宫外，均住在畅春园中。乾隆经常亲往畅春园问安，悉心奉养。乾隆四十二年（1777）正月二十三日，崇庆皇太后去世，因畅春园为太后久居之所，正月二十九日移太后梓宫于畅春园九经三事殿安奉。为此，九经三事殿易黄瓦。乾隆居畅春园无逸斋守灵，直到四月十四日，太后的梓宫奉安东陵地宫。乾隆四十二年（1777）二月，乾隆循祖父康熙为孝庄太后建永慕寺之例，为其母在恩佑寺之右建恩慕寺。同时，乾隆对畅春园、圆明园的功能定位做了制度化的规定：“若畅春园，则距圆明园甚近，事奉东朝，问安视膳，莫便于此，我子孙亦当世守勿改。”从此，畅春园作为奉养东朝之地被制度化。

然而，从乾隆四十二年（1777）到嘉庆二十五年（1820），清廷一直没有皇太后。嘉庆继位之时，其母孝仪皇后早已去世多年。畅春园也始终闲置，守备力量被削弱，管理人员的规模亦逐年萎缩，以至殿宇破败不堪，管理松懈。园内的守备力量在乾隆朝崇庆皇太后去世后已经开始被逐步削减。嘉庆七年（1802），负责园内守卫的护军营官兵被裁撤，交由步军统领衙门巡捕中营畅春园汛守卫。

嘉庆十二年（1807），园内已有多座殿宇被拆。嘉庆二十五年（1820）七月，新继位的道光帝尊封皇后钮祜禄氏为恭慈皇太后。皇太后按祖制应移养畅春园。但道光元年（1821）五月十九日，谕旨变更了畅春园作为奉养东朝之地的祖制："惟是畅春园自丁酉年扃护以后，迄今又阅数十年，殿宇墙垣多就倾攲，池沼亦皆湮塞。此时重加修葺，地界恢阔，断非一二年所能竣工。明年释服后，圣母皇太后临幸御园，不可无养志颐和之所。朕再四酌度，绮春园在圆明园之左，相距咫尺，视膳问安，较之畅春园更为密迩。著管理圆明园大臣即将绮春园相度修整，敬奉慈愉。"从道光圣谕来看，畅春园此时已相当残破，短时间内难以修复。随着畅春园的损毁和衰落，负责管理的官员和服务人员进一步削减。道光二十三年（1843），畅春园官员及所有地租钱粮均拨归圆明园，畅春园降为附属园林。畅春园管理级别降低，官员裁减，管理松弛，园内建筑被拆，周边社会治安恶化，加速了畅春园的衰落。道光二十四年（1844），发生了太监私自挖掘畅春园山土六丈有余的事情。道光二十五年（1845），皇帝为皇六女寿恩固伦公主修建春颐园，侵占了畅春园西北大片土地。道光二十九年（1849），正阳门的箭楼发生火灾，为重建箭楼将畅春园九经三事殿的大梁拆下抵用。咸丰六年（1856），咸丰帝命人拆青溪书屋和导和堂木料，给他的七弟奕譞修建蔚秀园使用。皇帝到恩慕寺、恩佑寺的行礼活动也逐渐减少。道光三年（1823）至十九年（1839），道光前往恩慕寺、恩佑寺行礼共计 17次。道光二十年（1840）后行礼中止，也没有遣官代祭。道光之后的咸丰帝也只是在咸丰七年（1857）之前4次前往恩佑寺、恩慕寺行礼，咸丰八年（1858）后彻底中止。此时，畅春园已基本成为废园。咸丰十年（1860）已衰落的畅春园与圆明园、清漪园等同时被英法联军劫掠、焚毁。遗存的恩慕寺、恩佑寺、青溪书屋等建筑被彻底焚毁。咸丰十年（1860）十月初四日，总管内务府大臣明善在《奏查得圆明园内外被抢被焚情形折》中，把圆明园和畅春园及其他园林被焚烧的情况作了记载："大宫门、大东门及大宫门外东西朝房、六部朝房、内果房、銮仪卫值房、内务府值班房、恩慕寺、恩佑寺、清溪书屋、阅武楼、木厂征租房、澄怀园内近光楼六间、值房八间、上驷院、武备院值房等处，均被焚烧。"[9]可见，当时畅春园内的恩慕寺、恩佑寺、清溪书屋等被英法联军焚毁。自此畅春园走向了彻底的败落。管理和守备进一步被裁减。同治朝，圆明园、清漪园、静明园、静宜园相关管理人员的任命还在继续，圆明园惠济祠与河神庙、

9 中国第一历史档案馆编：《圆明园》，上册，上海古籍出版社，1991年版，574页。

清漪园龙神祠、静明园龙神祠等处的祭祀与拈香活动也仍在进行，而畅春园的管理和守备则已完全停废。园内残存建筑在同治和光绪年间被拆，用于圆明园与颐和园复建工程。除清廷挪用畅春园中残存建筑材料外，周围仕宦乃至民众也常从园中掠取可用之物。光绪二十六年（1900），八国联军占领北京时，畅春园再次遭到附近居民及八旗驻军的洗劫，园内树木山石均被私分殆尽。宣统年间，畅春园部分旧址成为军队的营房和操场。至民国时期，畅春园遗址已成荒野，仅存恩佑寺及恩慕寺两座琉璃山门。

畅春园旧址的大致范围东至今颐和园路、南至四环路、西至万泉河路西侧、东北至恩佑寺遗址。帝王理政居住功能、皇太后颐养天年功能和皇帝游憩功能的丧失，随之而来的是管理松弛，大量建筑物无人维修、破败不堪，甚至被拆除。畅春园虽是“三山五园”中最早衰落的，遗址和石刻文物都遗存最少，但它是康熙在西郊为“避喧听政”而建的第一座大型皇家园林，康熙在此创设的“园居理政”模式，对此后清朝政治产生了深远的影响。

圣祖仁皇帝御制畅春园记

都城西直门外十二里曰海淀，淀有南有北。自万泉庄平地涌泉，奔流灖灖，汇于丹陵沜。沜之大，以百顷，沃野平畴，澄波远岫，绮合绣错，盖神皋之胜区也。朕临御以来，日夕万几，罔自暇逸，久积辛劬，渐以滋疾。偶缘暇时，于兹游憩，酌泉水而甘，顾而赏焉。清风徐引，烦疴乍除。爰稽前朝戚畹武清侯李伟因兹形胜，构为别墅。当时韦曲之壮丽，历历可考，圮废之余，遗址周环十里。虽岁远零落，故迹堪寻。瞰飞楼之郁律，循水槛之逶迤。古树苍藤，往往而在。爰诏内司，少加规度，依高为阜，即卑成池。相体势之自然，取石甓夫固有。计庸畀值，不役一夫。宫馆苑籞，足为宁神怡性之所。永惟俭德，捐泰去雕。视昔亭台邱壑林木泉石之胜，絜其广袤，十仅存夫六七。惟弥望涟漪，水势加胜耳。当夫重峦极浦，朝烟夕霏，芳萼发于四序，珍禽喧于百族。禾稼丰稔，满野铺芬。寓景无方，会心斯远。其或穑稌未实，旸雨非时。临陌以悯胼胝，开轩而察沟浍。占离毕则殷然望，咏云汉则悄然忧。宛若禹甸周原，在我户牖也。每以春秋佳日，天宇澄鲜之时，或盛夏郁蒸，炎景烁金之候，几务少暇，则祗奉颐养，游息于兹。足以迓清和而涤烦暑，寄远瞩而康慈颜。扶舆后先，承欢爱日，有天伦之乐焉。其轩墀爽垲以听政事，曲房邃宇以贮简编，茅屋涂茨，略无藻饰。于焉架以桥梁，济以舟楫，间以篱落，周以缭垣，如是焉而已矣。既成，而以畅春为名，非必其特宜于春日也。夫三统之迭建，以子为天之春，丑为地之春，寅为人之春，而《易》文言称乾元统天，则四德皆元，四时皆春也。先王体之以对时育物，使圆顶方趾之众各得其所，跂行喙息之属咸若其生。光天之下，熙熙焉，皞皞焉。八风罔或弗宣，六气罔或弗达，此其所以为畅春者也。若乃秦有阿房，汉有上林，唐有绣岭，宋有艮岳，金釭璧带之饰，包山跨谷之广，朕固不能为，亦意所弗取。朕匪敢希踪古人，媲美曩轨，安土阶之陋，惜露台之费，亦惟是顺时宣滞，承颜致养，期万类之乂和，思大化之周浃。一民一物，念兹在兹，朕之心岂有已哉？于是为之记而系以诗。诗曰：

昔在夏姒，克俭卑宫。亦越姬文，勿亟庶攻。若稽古训，是钦是崇。箴铭户牖，凤夜朕躬。栋宇之兴，因基前代。岩宿丹霞，檐栖翠霭。营之度之，以治芜废。有沸泉源，汪濊斯在。驾言西郊，聊驻彩斿。甘彼挹酌，工筑斯谋。莹澈明镜，萦带芳流。川上徘徊，以泳以游。因山成峻，就谷斯卑。咨彼将作，毋曰改为。松轩茅殿，实惟予宜。亦有朴斫，予尚念兹。撰辰经始，不日落成。岂曰游豫，燕喜是营。展事慈闱，那居高明。遐瞩俯瞰，聊用娱情。粤有图史，藏之延阁。惟此大庑，会彼朱襮。郁郁沟塍，依然耕凿。无假人工，渺弥云壑。有鹢其舟，有虹其梁。可帆可涉，于焉徜徉。文武之道，一弛一张。退省庶政，其罔弗臧。尝闻君德，莫大于仁。体元出治，于时为春。愿言物阜，还使俗醇。畅春之义，以告臣邻。[10]

10 于敏中等编：《日下旧闻考》，卷七十六，北京古籍出版社，1985年版，1268页。

第二节 畅春园石刻

畅春园是“三山五园”中最早衰落的，其中的石刻早已被毁或散落。目前仅存位于恩佑寺山门上的雍正御笔“敬建恩佑寺”匾和恩慕寺山门上的乾隆御笔“敬建恩慕寺”匾。

根据《光绪顺天府志》记载，畅春园石刻共三种：“御书《畅春园记》，御制并行书，康熙二十七年，在大内”。这件石刻的位置是“大内”，当时应在紫禁城中，但今下落不明。“御制《畅春园较射诗用齐召南韵》，行书，乾隆十三年，七言律四首，在畅春园”。“御制《恩慕寺瞻礼》诗，行书，乾隆四十二年，七言排律，在畅春园”。今均已不在原址，尚未发现。《日下旧闻考》记载恩慕寺正殿左右各立一石幢，一刻《药师经》；一刻乾隆四十二年御制《恩慕寺瞻礼》诗一首。今亦已不在原址，尚未发现。

1
雍正御笔
“敬建恩佑寺”
匾

雍正元年（1723），雍正为其父荐福，在畅春园东北隅建恩佑寺，供奉康熙御容。关于恩佑寺的兴建过程及规制，目前所见最为完备的描述，出自《日下旧闻考》：“恩佑寺建于苑之东垣内，山门东向，外临通衢，门内跨石桥，三殿五楹，南北配殿各三楹。……恩佑寺，世宗宪皇帝为圣祖仁皇帝荐福，建于畅春园之东垣，正殿内奉三世佛。左奉药师佛，右奉无量寿佛。山门额曰‘敬建恩佑寺 ’，二层山门额曰‘龙象庄严 ’，正殿额曰‘心源统贯 ’。皆世宗御书。殿内龛额曰‘宝地昙霏 ’，联曰‘万有拥祥轮，净因资福；三乘参慧镜，香界超尘 ’。皆皇上御书。”[11] 恩佑寺匾额、楹联，多为雍正帝御笔，只有殿内龛额和楹联为乾隆御笔。据《造办处活计档》载：“雍正四年二月二十五日，副总管太监苏培盛交来，御笔‘敬建恩佑寺’匾文一张，‘音容俨在’匾文一张，‘心源统贯’匾文一张，‘龙象庄严’匾文一张。传旨着做九龙边铜镀金匾三面，石匾一面。”[12] 恩佑寺山门为歇山顶，覆黄琉璃瓦。石券门上刻有缠枝牡丹纹。雍正御笔“敬建恩佑寺”匾今仍存原址恩佑寺山门正中。石匾题刻于雍正元年（1723），青石质，正书，四周装饰莲瓣纹。

11 于敏中等编：《日下旧闻考》，卷七十六，北京古籍出版社，1985年版，1277页。

12 中国第一历史档案馆、香港中文大学文物馆编：《清宫内务府造办处档案总汇》，卷一，人民出版社，2005年版，721页。

恩佑寺山门

雍正御笔「敬建恩佑寺」匾

2 乾隆御笔“敬建恩慕寺”匾

乾隆四十二年（1777）二月二十日，崇庆皇太后去世一个月后，乾隆令将原畅春园紧邻恩佑寺的悟正庵改建为恩慕寺，作为崇庆皇太后荐福之所。乾隆帝对此解释说：“南苑永慕寺，皇祖为太皇太后祝釐所建，畅春园恩佑寺，皇考为圣祖荐福所建，今为圣母敬启梵宫，即于恩佑寺侧，名兼恩慕，亦志绍承家法之意云。”[13] 五月十六日恩慕寺完工。次日，乾隆帝即前往恩慕寺行礼。此后，乾隆在畅春园的活动便主要是前往恩慕寺和恩佑寺行礼。《日下旧闻考》载：“恩佑寺之右为恩慕寺，殿宇规制与恩佑寺同。……圣祖仁皇帝为太皇太后祝釐，建永慕寺于南苑。世宗宪皇帝为圣祖仁皇帝荐福，建恩佑寺于畅春园。乾隆四十二年，皇上圣孝哀思，绍承家法，于恩佑寺之侧敬构是寺，名曰恩慕寺，为圣母皇太后广资慈福。正殿奉药师佛一尊，左右奉药师佛一百八尊，南配殿奉弥勒像，北配殿奉观音像，左右立石幢，一刻全部《药师经》，一勒御制《恩慕寺瞻礼》诗。山门额曰‘敬建恩慕寺’，二层山门额曰‘慈云广荫’，大殿额曰‘福应天人’，殿内额曰‘慧雨仁风’，联曰‘慈福遍人天，祥开佛日；圣恩留法宝，妙现心灯’。皆御书。”[14] 恩慕寺匾、联均是乾隆御题。乾隆御笔“敬建恩慕寺”匾，题于乾隆四十二年（1777），青石质，正书，四周装饰莲瓣纹，今存原址恩慕寺山门上。

13 于敏中等编：《日下旧闻考》，卷七十六，北京古籍出版社，1985年版，1278页。

14 于敏中等编：《日下旧闻考》，卷七十六，北京古籍出版社，1985年版，1278页。

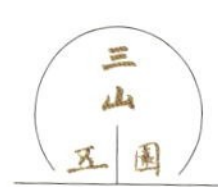

恩慕寺山门

乾隆御笔『敬建恩慕寺』匾

3

“畅春园东北界”

石桩

在今北京大学蔚秀园南墙外东端，原竖有石桩一件，其上镌刻“畅春园东北界”六字，后因修路被移走。

1
乾隆御笔“畅春园较射诗用齐召南韵”诗刻

乾隆十三年（1748）乾隆在大西门演练骑射，发二十，中十九，齐召南吟诗《畅春园西楼前伏观御射恭纪》七律四首。乾隆依韵和诗四首，命勒于集凤轩壁间。《光绪顺天府志》记载：“御制《畅春园较射诗用齐召南韵》，行书，乾隆十三年，七言律四首，在畅春园。”

以下诗文根据《日下旧闻考》整理。

乾隆十四年御制集凤轩诗

孟夏下浣之七日，皇太后赐膳于畅春园之集凤轩，是地近大西门，去岁习射，于此发矢二十中十九，因用齐召南韵成诗四首勒于壁间。兹以侍膳视事之暇，陈马技以娱慈颜，亲发十矢，复中九，且破其的者三焉。圣母豫悦，仙苑增春，辄叠旧韵以志岁月。

萱龄长此祝如山，镜面轩斋图画间。
乐对清阴蒲节近，欣陪色笑凤楼间。
劝餐敬进仙厨膳，视事旋催朝士班。
马技更陈新雨后，遥峰澄景黛蛾弯。

封事筹裁惧弗当，无私兢业奉元黄。
搜材常冀空群骏，较武均期中叶杨。
每切祈年咨穑务，岂惟问景赏烟光？
贤臣集事穷番服，烽息今休戍白狼。
（去岁金川用兵，故有“金川况未靖天狼”之句。今大学士忠勇公傅恒平定金川，奏凯还朝，复值时雨常沾，稍解朕忧矣。）

心般爱日奉维嵩，凉室温闺地不同。
（集凤轩亦新修饰以奉夏清之所。）
喜向座前亲捧爵，更看楼外竞弯弓。
高冈萋菶将仪凤，闲馆蝴蜎陋射熊。
家法仪型巍荡近，此勤民政亮天工。

窣地杨丝拂玉鞭，兰舟遥待苇洲前。
试调驯马云中锦，便泛澄波镜里天。
叠赋新诗酬胜会，喜缘甘雨遍公田。
惕乾未敢忘初志，多故犹然忆去年。[15]

2

乾隆御笔“恩慕寺瞻礼”诗刻

《光绪顺天府志》记载：“御制《恩慕寺瞻礼》诗，行书，乾隆四十二年，七言排律，在畅春园。”根据《日下旧闻考》的记载，（恩慕寺正殿）左右立石幢，一刻全部《药师经》；一勒御制《恩慕寺瞻礼》诗。[16] 由此可知诗刻的位置。

乾隆四十二年御制恩慕寺瞻礼六韵
尊养畅春历卌冬，欲求温清更何从？
天惟高矣地惟厚，慕述祖兮恩述宗。
（南苑永慕寺，皇祖为太皇太后祝釐所建，畅春园恩佑寺，皇考为圣祖荐福所建，今为圣母敬启梵宫，即于恩佑寺侧，名兼恩慕，亦志绍承家法之意云。）
圣德宁资冥福报，永思因启梵筵重。
阶临忍草韶光寂，庭列祥枝慧荫浓。
忾若闻犹僾若见，耳中音与目中容。
大慈本悟无生指，渺息长怀罔极恭。[17]

15 于敏中等编：《日下旧闻考》，卷七十六，北京古籍出版社，1985年版，1284页。

16 于敏中等编：《日下旧闻考》，卷七十六，北京古籍出版社，1985年版，1278页。

17 于敏中等编：《日下旧闻考》，卷七十六，北京古籍出版社，1985年版，1278页。

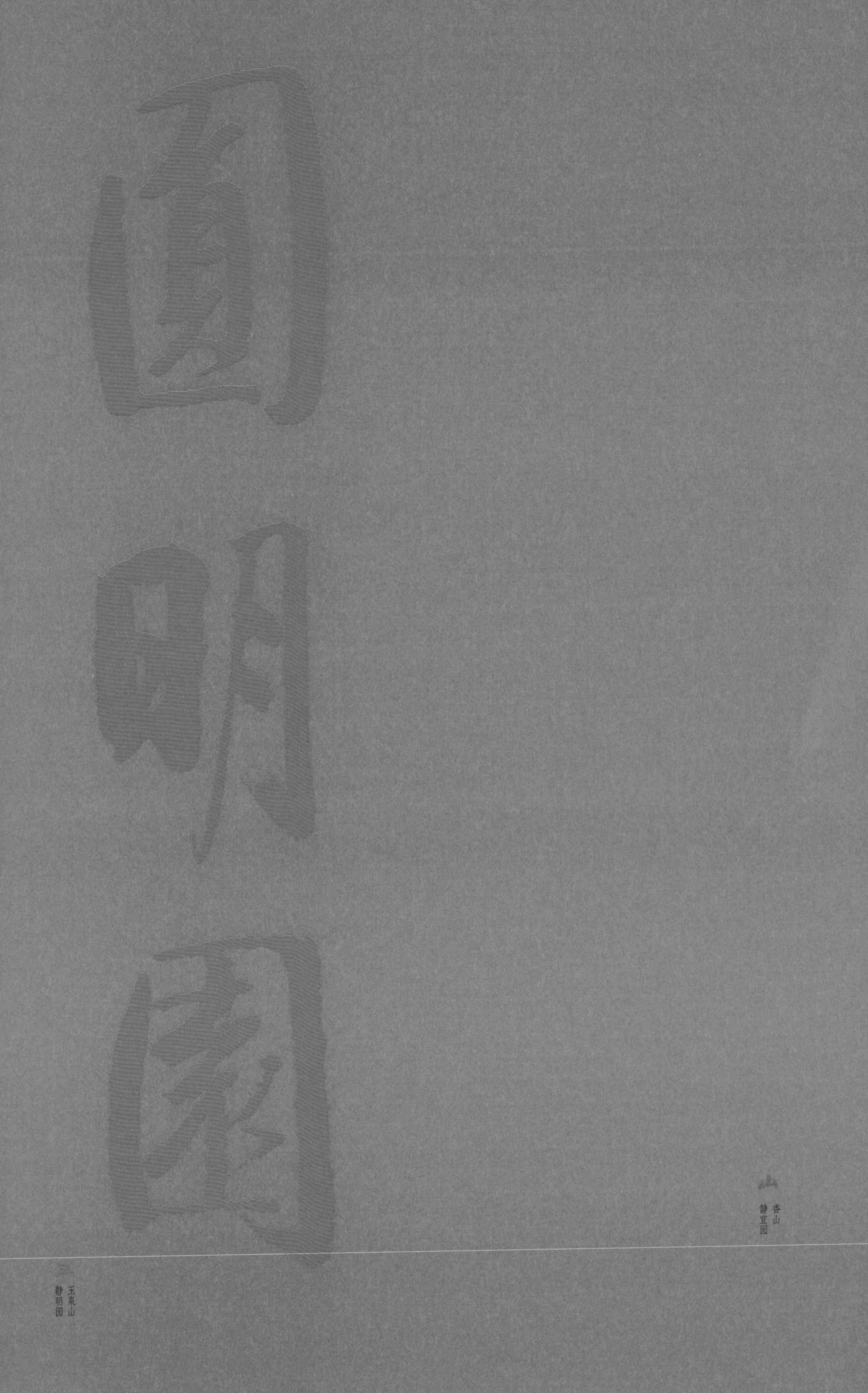
圆明园
香山
静宜园
玉泉山
静明园

明

园

第五章

天宝地灵之区，帝王豫游之地

——圆明园

第一节 圆明园概况

被誉为“万园之园”的圆明园是一处集理政、游赏功能于一体的大型皇家宫苑。清雍正、乾隆、嘉庆、道光、咸丰五朝皇帝，每年大部分时间在这里“避喧听政”。圆明园与紫禁城共同构成了当时的统治中心，位居“三山五园”之首，被称为“御园”。

圆明园始建于康熙四十六年（1707），原是康熙赐予皇四子胤禛（即后来的雍正皇帝）的花园。初建时园中以自然景观为主，建筑不多，主要集中在后湖周围。雍正即位后，圆明园成为帝王御园，在原有亭台丘壑的基础上加以扩建。园南端增建了处理政务的衙署，同时扩展园林范围，形成了二十八景。初步完成了从皇子私园向帝王御园的华丽转变。但此时的圆明园仍是“不尚其华尚

其朴，不称其富称其幽”。雍正十三年（1735），雍正帝崩于园内九洲清晏，乾隆帝弘历即位。乾隆凭借清朝稳定的政治局势和富足的财力，在园内进行大规模的扩建和改建，至乾隆九年（1744）形成了著名的“圆明园四十景”，并于乾隆十年至十六年（1745—1751）在圆明园的东邻为自己兴建归政娱老之处长春园。长春园包括澹怀堂、含经堂等中式建筑和一组西式建筑群西洋楼。乾隆三十五年（1770），乾隆合并了几处私家园林，在圆明园东南兴建了绮春园，基本形成了圆明三园的格局。造园的风格也由康熙、雍正时期的崇尚简洁、朴素转为繁复、奢华，极力渲染盛世的恢宏和皇家的富丽。嘉庆帝将圆明三园进一步完善，重点建设了绮春园，至嘉庆十九年（1814）三园的规模达到全盛。盛时的圆明园由紧相毗连的圆明、长春、绮春三园组成，占地 350公顷。道光、咸丰两朝仅对园内部分景点进行修缮和改建。

自康熙朝起，园居成为清代皇家重要的生活方式。雍正至咸丰五帝，通常每年正月灯节之前就由紫禁城来到圆明园，入冬之后迁回紫禁城。居京城时，除祭祀、典礼等活动暂时回宫外，春、夏、秋大部分时间在此居住，届时后妃等皇室成员随同前往。《养吉斋丛录》载：“曩制，正月上辛，郊礼告成，即移跸御园。……至冬还宫。……宫眷皆从，俗称之大搬家。”[1] 圆明园不仅是皇帝的行乐之地，也是理政之所，是紫禁城之外最重要的国家统治中心。雍正三年（1725）八月，雍正驻跸圆明园之初，即发上谕“朕在圆明园与在宫中无异，凡应办之事照常办理”。[2] 这既是晓谕各部大臣也是告诫后辈儿孙，在圆明园中不能沉湎游赏玩乐。“冬居紫禁夏居园，祖考长贻旧典存。御园法宫同莅政，爱民省岁守先言。”[3] 在这首《养心殿初冬》中乾隆皇帝说明了“冬居紫禁夏居园”是祖先的旧制，并且他将宫中和御园相提并论，说明圆明园和紫禁城都是理政的场所。清帝在这里临朝听政，召对臣工，批阅奏章，接见少数民族首领和外国使臣，在游赏、休憩的同时也进行各种政治活动。

1 吴振棫：《养吉斋丛录》，卷十三，中华书局，2005年版，178页。

2 中国第一历史档案馆编：《圆明园》，上册，上海古籍出版社，1991年版，17页。

3 《清高宗御制诗文全集》，中国人民大学出版社，1993年版。

清代是中国数千年封建文化的集大成者，康、雍、乾盛世更是其中的鼎盛阶段。圆明园正是在这样的时期，前后经五朝帝王建设而成的，标榜天子至上，符合皇权威仪的宫廷御园。它曾以宏大的规模、杰出的造园艺术、精美的建丰富的文化收藏和突出的政治地位闻名于世。明园为“天宝地灵之区，帝王豫游之地，无以逾此”。法国大文豪雨果把圆明园和雅典的帕特农神庙分别称为东西方艺术的代表，盛赞圆明园“不但是一个绝无仅有、举世无双的杰作，而且堪称梦幻艺术的崇高典范”。

然而这座举世名园，于清咸丰十年（1860）十月被英法联军洗劫、焚毁。园林建筑化为灰烬，收藏其中的历代古物和众多精美绝伦的陈设亦遭浩劫。当时英法联军主要是掠夺珍宝和焚毁建筑，对园内各种石质文物的损毁并不严重。通过历史照片可见，主体结构为石质的长春园西洋楼，此时大部分建筑还相当完整。面对这段历史，我们不得不承认圆明园的石质文物多毁于国人之手。

黄花阵花园门残迹

圆明园惨遭焚毁后，清廷除追缴御园禁物外，还设有管园机构对园内残存建筑进行管理。同治年间，同治帝试图重修圆明园，但终因国势衰微，半途而废。庚子年（1900）八国联军侵占北京，使圆明园少数劫余建筑和同光二朝修葺的建筑也不复存在。宣统三年（1911）清王朝虽然终结，但圆明园仍属清皇室私产，由隶属内务府管辖的圆明园档房管理。但此时军阀混战，时局动荡，从清末开始，无论是洋人、官僚、军阀、盗匪还是附近的农民，在建学校、别墅、教堂、民房时，或堂而皇之或鸡鸣狗盗，都从圆明园窃取石料，不但数量庞大，而且持续时间近30年之久。由于清皇室衰微，对这些行为无力管理。“民国以来，各自为政，命令不行。强有力者之武人，日取其湖石，以为私第之点缀。旗人又以穷迫，侵占其败屋以为庐”，[4]“圆明园毁后，周垣半圮，乡人窃入，盗砖石，伐薪木，无过问者”。[5]

江朝宗致函溥仪内务府

（1915年）

现在中央社稷坛开拓公园缺少假山。查圆明园内存有早年经火山石甚多，大半委诸草莽。拟运至公园叠作假山，即可化无用为有用。又查有园内断圮石柱数根，刻有《兰亭序》，堪供公园点缀，再经日久，若不保存，字迹必至剥落殆尽，亦拟运至公园。[6]

王和喜奏文

（1919年4月）

中营树村汛守备吴廷辅于三月十五日击获贼犯秦二、于德海、宋二等三名，共偷去城砖一百三十二块，方砖十七块，黄、绿琉璃砖瓦一百四十块，汉白玉石墩三十二个，沙板砖八百二十一块，汉白玉石六块，花板石十八块。[7]

圆明园司房总管处禀文

（1921年10月3日）

今有十六师军人数百人，大车数十辆，拆毁北大墙饽饽门大墙、舍卫城墙，首领等婉言拦阻，军人口出不逊。[8]

征收前圆明园房地租办事处禀文

（1922年9月26日）

据圆明园总管王和喜呈报，由七月二十八日至八月初四日，京兆尹派人拉运本园太湖石二百零一车，青云片石一百零四车，现已停止拉运。[9]

征收前圆明园房地租办事处禀文

（1922年10月15日）

据圆明园总管王和喜呈报，京兆尹由八月十六日至二十三日共拉运太湖石四百二十二车，现已停止拉运。[10]

溥仪内务府致步军统领衙门函稿

（1923年5月）

总管王和喜声称，四月初十晚间，有西山太平沟教堂派人拆毁西大墙砖块，用大车拉运。[11]

中央公园董事会致溥仪内务府函

（1925年）

公园经京外官绅资助提倡将届十年，风景之点缀岁有进步，惟山石太少，似形缺陷。查已毁之圆明园倾圮石块埋没于芜沼颓垣颇多，陆续被人盗卖，殊属可惜。现拟运取残石百余块，并将残弃之云片石酌运到公园，点缀土山风景，俾得日进完美。[12]

溥仪内务府致十一师执法处函稿

（1925年）

据本园档房呈报，今有燕京大学之人拉运园内安佑宫石柱等件。本园向伊问及，该大学云此是公共之物，不能拦阻。本园已给警察分署公函，亦未能拦阻。[13]

6 中国第一历史档案馆编：《圆明园》，上册，上海古籍出版社，1991年版，769页。

7 中国第一历史档案馆编：《圆明园》，上册，上海古籍出版社，1991年版，771页。

8 中国第一历史档案馆编：《圆明园》，上册，上海古籍出版社，1991年版，779页。

9 中国第一历史档案馆编：《圆明园》，上册，上海古籍出版社，1991年版，787页。

10 中国第一历史档案馆编：《圆明园》，上册，上海古籍出版社，1991年版，792页。

11 中国第一历史档案馆编：《圆明园》，上册，上海古籍出版社，1991年版，801页。

12 中国第一历史档案馆编：《圆明园》，上册，上海古籍出版社，1991年版，810页。

13 中国第一历史档案馆编：《圆明园》，上册，上海古籍出版社，1991年版，809页。

步军统领衙门致溥仪内务府函

三海办事处朱委员克庚呈明大总统，以新华门添安石狮下短石座。查圆明园存有废石座一方，尺寸、样式、石色相同，拟请商明内务，传知该管官，以便挪移。[14]

吉堃等致中营协镇鲍维翰函稿

本园总管太监王和喜等报称，时有陆军第十六师兵士，屡用大车拉运本园北大墙砖块，无法拦阻，呈请鉴核等情。[15]

征收前圆明园房地租办事处禀文

（十一月初四日）

据园中值班官员等报称，本月初一日，照料涛贝勒爷拉运石块时，据朗润园德章京声称，西洋楼西有石柱四根，贴有朗润园存记字样，不知被何人偷去。据称十月二十八日夜内鲍统带拉去，运至海甸（海淀）黄庄。再查鲍副将给王将军花园拉运砖石，业于十月二十八日停止。[16]

征收前圆明园房地租办事处禀文

（十月初二日）

查由九月十一日至二十九日，中营副将鲍维翰遣人与聂统领运去长春园太湖石三百五十二车，现已停止。[17]

民国八年（1919），军阀王怀庆在圆明园扇面湖东及其北岸慧福寺和善缘庵一带，修建私人花园—达园。他曾派人拉运圆明园中大量的精美石雕和湖石，拆掉舍卫城、安佑宫大墙修建达园。今达园宾馆内的昆仑石和十余根形态玲珑瘦俏的石笋就是圆明园旧物。

民国十年（1921）九月，时任巡阅使的曹锟为修他在保定的“巡阅使署”花园，派兵带领大车十余辆，连续数日强行从文源阁拉走大批太湖石，运至西直门火车站装车运走。

民国十三年（1924），溥仪被逐出宫之后，贝勒载涛管理圆明园事务。此时载涛将西洋楼观水法石屏等大批圆明园石雕、碑刻、太湖石运往自己的朗润园。

14 中国第一历史档案馆编：《圆明园》，上册，上海古籍出版社，1991年版，817页。

15 中国第一历史档案馆编：《圆明园》，上册，上海古籍出版社，1991年版，815页。

16 中国第一历史档案馆编：《圆明园》，上册，上海古籍出版社，1991年版，812页。

17 中国第一历史档案馆编：《圆明园》，上册，上海古籍出版社，1991年版，812页。

后来朗润园由燕京大学购得，今北京大学内仍存有不少圆明园石雕碑刻。

中山公园是明清社稷坛旧址改建的新式公园。中华民国肇建之初，由内务总长朱启钤主持将社稷坛改建为公园，民国三年（1914）十月十日开放，当时名为中央公园。民国十七年（1928）改名为中山公园。当时曾运圆明园遗存的“兰亭八柱刻石和石屏”及青云片、青莲朵、搴芝、绘月等湖石，用以点缀园内风景。今大部分文物仍存于中山公园。

民国二十年（1931）六月，北平图书馆在北海西侧建成新馆，从圆明园移去石狮、华表、文源阁碑、蓬岛瑶台昆仑石及太湖石等，今仍存此地。

……

年复一年，在重重劫难之下，昔日的御园宫殿，只剩下埋在荒草中的废墟。

圆明园的石刻是“三山五园”中损毁和流散最多的，目前园内仅存乾隆、嘉庆、道光御笔各类刻石50余件；碑1件；清刻帖石12件。与《日下旧闻考》《皇朝通志》《圆明园匾额略节》等资料对照，不及盛时的百分之一。还有众多的圆明园石刻流散在世界各地，数量无法计数。石质文物也是目前圆明园遗存的各类文物中数量最多的，种类有刻石、石碑、帖石和石建筑构件。它们都曾是园林建筑的重要组成部分，对景观起着画龙点睛的作用。其中有的石刻内容也是“金石补史”的宝贵资料，对研究圆明园已毁的园林建筑和兴衰历史起到重要的作用。圆明园现存的石刻上也保留了大量清代皇帝的书迹。其上大多刻有乾隆、嘉庆、道光御笔亲题的诗文、楹联、景名。目前圆明园石刻上留存最多的是乾隆皇帝的题刻。内容多以简明扼要的文字点出景物的精华。园中的石刻或衬托宫殿的雄伟，或增加园林的野趣，与园林环境交相辉映。圆明园中所用的石料以汉白玉为主，也包括一些青石、花岗岩和太湖石。园中的太湖石有南太湖石和北太湖石两种。南太湖石多是皇帝从江南各地搜罗的历代名石。北太湖石产自北京西南房山大灰厂一带，多洞孔且大小相间，纹理层次丰富，适合堆叠园林假山。

由于圆明园罹难后，石刻留存散佚情况复杂，现将盛时圆明三园中的刻石、石碑和帖石分为现存园内、现存他处和尚未发现三类加以整理。每类再以碑石原所在位置分为圆明园、长春园、绮春园三部分。每个园中的石刻以朝代和时间排序，刻石时间不明确的放在最后。

园中尚未发现的石刻也许埋于地下，也许流散在他处，也许已经被毁，本书主要从以下六种材料中辑出。编于乾隆三十九年（1774）的《日下旧闻考》；成书于乾隆五十二年（1787）的《清朝通志》卷一百十七《金石略》；[18] 收录《顺天府志》中石刻内容的《北京市志稿 · 金石志》；[19] 北京农业大学张仲葛教授所藏清道光、咸丰年间《圆明园匾额略节》；[20] 刊于《中国营造学社汇刊》第二卷第一册的《圆明园匾额清单》；[21] 金勋编《圆明园四园详细地名表》。[22] 北京农业大学张仲葛教授所藏《圆明园匾额略节》，为其父生于清光绪年间的篁溪先生旧藏，原由一位满族子弟手中购得，共著录道光年间圆明园、长春园、绮春园的匾名 1041个，每个条目还注明了匾额所在位置以及匾额所用的砖、石、木等不同的材质。金勋（1883—1976），出生于海淀的一个满族营造世家，其先辈曾承担圆明园、长春园的建筑工程。他熟悉西郊园林建筑，曾在北平图书馆工作，绘制、整理、编辑了很多有关圆明园及样式雷的文献资料。他编的《圆明园四园详细地名表》中收录了圆明园、长春园、万春园及圆明园附属花园的景名匾额和刻石。

18 《清朝通志》，卷一百十七，载于《圆明园资料集》，书目文献出版社，1984年版。

19 《北京市志稿 · 金石志》，卷五，北京燕山出版社，1998年版，332—335页。

20 《圆明园》丛刊第二集，中国建筑工业出版社，1984年版，47页。

21 中国营造学社编：《中国营造学社汇刊》，知识产权出版社，2006年版，第二卷一册。

22 金勋编：《圆明园四园详细地名表》，载于舒牧等编《圆明园资料集》，书目文献出版社，1984年版，196页。

世宗宪皇帝御制圆明园记

圆明园在畅春园之北，朕藩邸所居赐园也。在昔皇考圣祖仁皇帝听政余暇，游憩于丹陵沜之涘，饮泉水而甘。爰就明戚废墅，节缩其址，筑畅春园。熙春盛暑，时临幸焉。朕以扈跸，拜赐一区。林皋清淑，陂淀渟泓，因高就深，傍山依水，相度地宜，构结亭榭，取天然之趣，省工役之烦。槛花堤树，不灌溉而滋荣；巢鸟池鱼，乐飞潜而自集。盖以其地形爽垲，土壤丰嘉，百汇易以蕃昌，宅居于兹安吉也。园既成，仰荷慈恩，锡以园额曰圆明。朕尝恭迓銮舆，欣承色笑。庆天伦之乐，申爱日之诚。花木林泉，咸增荣宠。及朕缵承大统，夙夜孜孜。斋居治事，虽炎景郁蒸不为避暑迎凉之计。时逾三载，佥谓大礼告成，百务具举，宜宁神受福，少屏烦喧。而风土清佳，惟园居为胜。始命所司酌量修葺，亭台邱壑，悉仍旧观，惟建设轩墀，分列朝署，俾侍值诸臣有视事之所。构殿于园之南，御以听政。晨曦初丽，夏晷方长，召对咨询，频移昼漏，与诸臣相接见之时为多。园之中或辟田庐，或营蔬圃，平原膴膴，嘉颖穰穰。偶一眺览，则遐思区夏，普祝有秋。至若凭栏观稼，临陌占云，望好雨之知时，冀良苗之应候。则农夫勤瘁，穑事艰难，其景象又恍然在苑囿间也。若乃林光晴霁，池影澄清，净练不波，遥峰入镜，朝晖夕月，映碧涵虚，道妙自生，天怀顿朗。乘几务之少暇，研经史以陶情，拈韵挥毫，用资典学。凡兹起居之有节，悉由圣范之昭垂。随地恪遵，罔敢越轶。其采椽栝柱，素甓版扉，不斫不枅，不施丹雘，则法皇考之节俭也。昼接臣僚，宵披章奏，校文于墀，观射于圃，燕闲斋肃，动作有恒，则法皇考之勤劳也。春秋佳日，景物芳鲜，禽奏和声，花凝湛露，偶召诸王大臣从容游赏，济以舟楫，饷以果蔬，一体宣情，抒写畅洽，仰观俯察，游泳适宜，万象毕呈，心神怡旷，此则法皇考之亲贤礼下，对时育物也。至若嘉名之锡以圆明，意旨深远，殊未易窥。尝稽古籍之言，体认圆明之德。夫圆而入神，君子之时中也；明而普照，达人之睿智也。若举斯义以铭户牖，以勖身心，虔体天意，永怀圣诲，含煦品汇，长养元和，不求自安而期万方之宁谧，不图自逸而冀百族之恬熙。庶几世跻春台，人游乐国，廓鸿基于孔固，绥福履于方来，以上答皇考垂佑之深恩。而朕之心至是或可以少慰也。夫爰宣示予怀而为之记。[23]

高宗纯皇帝御制圆明园后记

昔我皇考因皇祖之赐园修而葺之，略具朝署之规，以乘时行令，布政亲贤。而轩墀亭榭、凸山凹池之纷列于后者，不尚其华尚其朴，不称其富称其幽。乐蕃植则有灌木丛花，怒生笑迎也；验农桑则有田庐蔬圃，量雨较晴也；松风水月，入襟怀而妙道自生也；细旃广厦，时接儒臣，研经史以淑情也。或怡悦于斯，或歌咏于斯，或惕息于斯，我皇考之先忧后乐，一皇祖之先忧后乐，周宇物而圆明也。圆明之义，盖君子之时中也。皇祖以是名赐皇考，皇考敬受之而身心以勖，户牖以铭也。不求自安而期万方之宁谧，不图自逸而冀百族之恬熙，则又我皇考绥履垂裕于无穷也。予小子敬奉先帝宫室苑囿，常恐贻羞，敢有所增益？是以践阼后所司以建园请，却之。既释服，爰仍皇考之旧园而居焉。夫帝王临朝视政之暇，必有游观旷览之地，然得其宜适以养性而陶情，失其宜适以玩物而丧志。宫室服御奇技玩好之念切，则亲贤纳谏勤政爱民之念疏矣。其害可胜言哉！我皇考未就畅春园而居者，以有此圆明园也，而不斫不雕，一皇祖淳朴之心。然规模之宏敞，邱壑之幽深，风土草木之清佳，高楼邃室之具备，亦可称观止。实天宝地灵之区，帝王豫游之地，

23 于敏中等编：《日下旧闻考》，卷八十，北京古籍出版社，1985年版，1321—1323页。

无以逾此。后世子孙必不舍此而重费民力以创建苑囿，斯则深契朕法皇考勤俭之心以为心矣。藉曰祖考所居不忍居也，则宫禁又当何如？晋张老之善颂，甚可味也。若夫建园之始末，圣人对时育物，修文崇武，煦万汇保太和，期跻斯世于春台，游斯人于乐国之意，则已具皇考之前记，予小子何能赘一辞焉！[24]

圆明园四十景

正大光明　勤政亲贤
九洲清晏　镂月开云
天然图画　碧桐书院
慈云普护　上下天光
杏花春馆　坦坦荡荡
茹古涵今　长春仙馆
万方安和　武陵春色
山高水长　月地云居
鸿慈永祜　汇芳书院
日天琳宇　澹泊宁静
映水兰香　水木明瑟
濂溪乐处　多稼如云
鱼跃鸢飞　北远山村
西峰秀色　四宜书屋
方壶胜境　澡身浴德
平湖秋月　蓬岛瑶台
接秀山房　别有洞天
夹镜鸣琴　涵虚朗鉴
廓然大公　坐石临流
曲院风荷　洞天深处[25]

24 于敏中等编：《日下旧闻考》，卷八十，北京古籍出版社，1985年版，1323—1324页。

25 于敏中等编：《日下旧闻考》，卷八十、八十一，北京古籍出版社，1985年版，1324—1390页。

西洋楼位于圆明三园之一的长春园最北部，东西长约 860米，西部南北宽 300米，其余仅宽 65米，成带状展开，占地总面积 7万平方米。西洋楼始建于乾隆十二年（1747），完工于乾隆四十八年(1783)。由供奉清廷的意大利传教士郎世宁、法国传教士蒋友仁等设计，中国工匠建造 ,是 18世纪东西方园林建筑艺术合璧的杰作 ,标志着西式建筑与造园艺术首次进入中国皇家。西洋楼内现遗存有大量西洋风格的石质建筑构件，因圆明园的中式园林建筑已毁之殆尽，西洋楼大水法和远瀛观残柱已成为人们心中圆明园的象征。

郎世宁（Giuseppe Castiglione，1688—1766），生于意大利米兰。康熙四十六年（1707）加入天主教耶稣会。康熙五十三年（1714）由耶稣会派遣来华，于次年八月抵达澳门。康熙五十四年（1715）十一月，他到达北京，进入内廷，成为宫廷画师。乾隆十三年（1748），他被擢升为奉宸苑卿 ,并赏俸禄。乾隆三十一年（1766）六月十日 ,病逝于北京，享年 78岁，葬于京西滕公栅栏外国传教士墓地内（今车公庄大街6号院内）。乾隆下旨，嘉其功，哀其死，给予侍郎衔，并赐银三百两以治丧事。墓地几经变迁，今墓碑仍存此处。

郎世宁墓碑螭首，碑阳碑文正书，刊刻汉文和拉丁文墓志。汉文 6行 94字。碑阴无字。

郎世宁墓碑

郎世宁墓碑拓片

录 文

耶稣会士郎公之墓

乾隆三十一年六月初十日奉」旨：西洋人郎世宁，自康熙年间入值内廷，颇著勤慎，曾赏给三」品顶带。今患病溘逝，念其行走年久，齿近八旬，着照戴进贤」之例加恩，给予侍郎衔并赏内府银叁百两料理丧事，以示」优恤，钦此。

蒋友仁墓碑

蒋友仁（Michel Benoist，1715—1774），号德翊，法国耶稣会士。1744年来华，不久，皇帝召其进京在钦天监供职，协助修历。后奉皇帝旨意，调往“造办处行走”，设计建造长春园西洋楼水法。1774年 10月 23日，在北京病逝。

墓碑螭首，碑额镌刻十字架及莲花图案，碑首身一体。碑阳正书汉文、拉丁文碑文，汉文存 6行 82字。碑阴汉文 2行 13字。

碑阳录文

耶稣会士蒋公之墓

耶稣会士蒋先生，讳友仁，号德翊，泰西拂郎济」亚国人。缘慕精修，弃家遗世，在会三十七」年，于乾隆十年乙丑东来中华，传」天主圣教。至乾隆三十九年甲午九月十九日，」卒于都城。年五十九岁。

蒋友仁墓碑拓片

碑阴录文

奉」上谕：赐帑银壹百两安葬，钦此。

第二节 圆明园石刻

一 刻石

盛时圆明园中刻石数量众多，种类丰富，多为清帝御笔，其中以乾隆御书最多。内容有的为题写景名，如“小匡庐”“长青洲”“狮子林”“虹桥”“碧澜桥”等；有的为咏怀景物，抒情即兴之诗作，如御题《规月桥》诗、御题《狮子林》诗、御题《水门》诗等；有的为叙述事件，如《青云片歌》、御制《重摹梅石碑置青莲朵侧》诗、《题文源阁作》等。镌刻位置有的刻于汉白玉或青石匾额之上，有的刻于桥拱券石之上，更多的则是刻于假山叠石丛中的随形自然石、涧石之上或单体的赏石之上。

清帝承继唐宋赏石的传统，以精深的文化和高雅的情趣来欣赏品评奇石，圆明园中堆叠的假山奇石之上多镌刻清帝题写的景名和清帝及大臣的题咏诗。乾隆六次南巡，览尽江南胜景，将江南园林中的精华移植到圆明园内，以供随时观览玩赏。对江南园林中堆叠的假山也加以仿效，甚至一些奇花异石也被不远千里送进御园。《养吉斋余录》载：“扬州九峰园，奇石最高者九。遂以名园。高宗南巡，选二石入御苑，仅存七峰。”[26] 杭州宋德寿宫故

26 吴振棫：《养吉斋丛录》，余录卷六，中华书局，2005年版，400页。

址的“青莲朵”运至长春园茜园。米万钟置于房山的奇石“青云片”，乾隆将其运到圆明园别有洞天。圆明园中现存假山叠石较多的景点有廓然大公、西峰秀色、文源阁、泽兰堂、狮子林等。这些景点的假山叠石中多有清帝御题的刻石。

有“万园之园”美誉的圆明园，虽在乾隆九年（1744）由乾隆亲题圆明园四十景，而实际园中有园，景中有景，佳景岂止四十。据乾隆中后叶编纂的《日下旧闻考》记载，当时圆明园、长春园中，有命名的景群、景点及建筑，已有四百二十余处。而此时绮春园初建，其中的建筑还尚未编入。嘉庆之后随着圆明三园的扩建和改建，嘉庆至咸丰诸帝也都曾为园内建筑御题匾额、楹联。从匾联的材质看，有木、漆、石、铜、铜镀金，甚至还有玻璃的。这些曾让清帝和造办处工匠煞费苦心的匾额、楹联大都与圆明园的建筑一起灰飞烟灭。现留存下来的，不及当年的万分之一。除1860年被英法联军掠走的其他质地的匾联外，仅存很少部分的石质匾额、楹联。这些石匾、联，当时大多安设在城关、水关、牌坊和寺庙的山门之上，文字精炼凝重，内涵雅致深邃，与建筑的用途紧密相连，托景抒情，为园林生辉。如现存园内的圆明园藻园乾隆御笔“翠照”“绮交”石匾，绮春园生冬室嘉庆御笔“清澄秋爽”石匾。又如法慧寺的乾隆御书石联“花雨散诸天，爱此清凉窟”，引用佛教经典，禅意深远，渲染寺庙园林的庄严神圣。

圆明三园以水景为特色，水路纵横，桥梁起着重要的交通枢纽作用。盛时园中有大小桥梁一百多座。从《圆明园四十景图》中可以看到木桥十七种，石桥七种。圆明园中的桥梁除实用功能外，还起到点景的作用。为避免单调，创造出多种多样的造型。根据材质可分木桥、石桥、石墩木梁桥、砖桥等。建筑形式可分为多孔桥、单孔桥、板桥、亭桥，还有可将桥板翻起供游船通过的翻板桥。石桥和石质拱券桥的拱券上多题刻清帝御题的桥名和御制诗。

圆明园遗址

1

文源阁“玲 峰”刻石

文源阁是圆明园中以藏书楼为主的建筑群。乾隆按唐朝体例分经、史、子、集四部，开馆纂修《四库全书》，并于全国筹建藏书之阁。正如乾隆在四十八年（1783）《题文源阁》诗注中所说：“自唐列经史子集四库，兹全书即用其例，而册面各分色装潢，经史子集四部各依春夏秋冬四色。荟要亦如之，以法四序，且便检阅。四库全书自癸巳春开馆，至辛丑岁第一分书成贮文渊阁。后馆臣等请勒限三年赶办全竣。随于壬寅年第二分书成送盛京文溯阁。癸卯年第三分书成弆此御园之文源阁。至第四分书应送热河文津阁者亦于昨甲辰岁内办理完竣。”[27] 乾隆四十年（1775）在圆明园内建文源阁。建成之初就收贮康熙、雍正朝编《古今图书集成》一部。乾隆四十八年（1783），钦定《四库全书》第三部誊竣，贮于文源阁。此阁与紫禁城文渊阁、避暑山庄文津阁，及沈阳故宫文溯阁，同为皇家收贮《四库全书》之所，合称“内廷四阁”。如乾隆所说：“四库全书分弆四阁，皆冠以文，而渊源津溯皆从水以立义者取范氏天一阁之为。”[28] 四库全书的藏书楼总体布局和建筑造型皆仿明代范钦所建的著名藏书楼宁波天一阁。为了嘉惠艺林，彰显“一代收藏”之重责，乾隆修建了北方内廷四阁之后，又下令在人文渊薮聚集的江浙地区建立文汇阁、文宗阁、文澜阁。

圆明园文源阁建筑群包括藏书楼、宫门、碑亭、趣亭、月台等。藏书楼坐落于长方形庭院的北侧，外观为两层楼，前后出廊，覆黑色琉璃瓦绿剪边。楼前凿长方形水池，围以白石栏杆，不仅美观，更有防火的实际用途。池南有一座太湖石叠堆的

27《清高宗御制诗文全集》，五集，卷十，中国人民大学出版社，1993年版。

28《清高宗御制诗文全集》，五集，卷二十八，中国人民大学出版社，1993年版。

1923年前文源阁『玲峰』石

早期的文源阁『玲峰』石

大假山。池中央矗立有一巨型湖石，乾隆颇为欣赏，赐名“玲峰”。金勋《圆明园文源阁记实》记载：“阁前掘一巨池方形，沿池以云片石叠成河岸。最奇者为池之正中有巨大太湖石，高出水面三丈余，玲珑透体，环孔众多，正体为黑灰色，如墨云翻卷上冲，以手叩之，其音如铜，石宽盈大，四周俱镌石。石面刻有名臣赋诗，此石命名为玲峰。”[29]玲峰石产自京西房山，体大器博而又玲珑，孔穴甚多，比昔日米芾的八十一穴奇石“犹过远”。乾隆四十年作《玲峰歌》：“一峰峙我文源阁，育秀通虚映万卷。”[30]乾隆四十一年作《再作玲峰歌》：“青芝岫及此玲峰，二物均西山神产。……体大器博复玲珑，八十一穴过犹远。”[31]该石上刻乾隆及其词臣的诗词。《清朝通志》和《光绪顺天府志》上所记乾隆四十年御书行书“玲峰”二字，

29 金勋编：《圆明园文源阁记实》，载于舒牧等编《圆明园资料集》，书目文献出版社，1984年版，195页。

30 《清高宗御制诗文全集》，五集，卷三十，中国人民大学出版社，1993年版。

31 《清高宗御制诗文全集》，五集，卷三十三，中国人民大学出版社，1993年版。

壹 现存园内的刻石

[一] 圆明园

文源阁『玲峰』石现状

今已不存。现残石上分别刻有乾隆所作“乙未（乾隆四十年）仲夏中浣御笔”《题文源阁作》和“丙申（乾隆四十一年）新正中浣御笔”《再作玲峰歌》，及词臣彭元瑞、曹文埴敬题诗赋。诗刻外围均刻有一周边饰，使中间的诗刻文字更加突出。彭元瑞和曹文埴均为乾隆朝著名词臣，曾参与多项文化典籍的编纂。彭元瑞（1731—1803），字芸楣，江西南昌人。乾隆二十二年（1757）进士，官至工部尚书。嘉庆四年（1799）任协办大学士。他精通古代书画、器物鉴定，曾参与编辑《石渠宝笈》《西清古鉴》《宁寿鉴古》等书。曹文埴（1735—1798）为乾隆、嘉庆朝大臣，曾参与《四库全书》的编纂。

现存圆明园文源阁遗址

乾隆御笔《题文源阁作》刻石拓片

四庫蒐羅書浩緐構成層閣待諸園倣言凡事豫則立謝賦沿波討以源泉窮細渠並流沼諸林依曲徑護庫迴門寧圖美景增遊賞覓道因文以圖東襄存

題文源閣作

乙未仲夏中澣御筆

周遭物生村亭可拜體大器博
復璇璣十二穴還擢遠取自
崇圖歷平野原無不壓實車轉
豈其出於溪側淵岩毀橋梁聳
城閣所存在發愧左髮作歌箴
還將頌善每作珍峯致
丙申新正月 瀚海筆

乾隆御笔『再作玲峰歌』刻石拓片

1911年夏，谭延闿在《圆明付记》中载：“玲峰一石，挺然孤秀，犹矗榛莽中。”[32] 可见此时文源阁地面建筑已不存，玲峰石仍立于原址。据1926年陈文波发表于《清华周刊》十五周年纪念增刊上的《圆明园残毁考》载：“文源阁前石为玲峰，今已仆地，上有乾隆诗。”[33] 由此可知玲峰石应毁于 1911至 1926年之间。今玲峰石部分残石仍存原址，文源阁遗址尚存夯土台基和部分叠石。

《题文源阁作》录文

四库搜罗书浩繁，构成层阁待」诸园。仅言凡事豫则立，谢赋沿波」讨以源。泉写细渠落沼渚，林依曲」径护庭门。宁图美景增游赏，见」道因文个里存。题文源阁作」乙未仲夏中浣御笔

《再作玲峰歌》录文

青芝岫及此玲峰，二物均西山神产，前后以徐胥致之，束牲告讵劳书简。芝岫乐寿树塞门，玲峰文源峙溪堧。岫横峰竖各适用，造物生材宁可舛。体大器博」复玲珑，八十一穴过犹远。取自」崇冈历平野，原匪不胫实车转。」岂其出于不测渊，岂毁桥梁凿」城闉。所幸在兹愧在兹，作歌箴」过非颂善。再作玲峰歌」丙申新正中浣御笔

32 谭延闿：《圆明付记》，载于舒牧等编《圆明园资料集》，书目文献出版社，1984年版，296页。

33 陈文波：《圆明园残毁考》，载于舒牧等编《圆明园资料集》，书目文献出版社，1984年版，179页。

偃通高櫺景敞穿曦魄孤鐙幻照朣朧光痕
痕綠火色分青緣趾蒼文上被崖草帶春撐空斗
今得氣億千載寶晉李雖洒平泉陋醉醒
外名新翰藻儲境首
蜜傳鳥迹多奇秘瑯嬛有典型畫疑成卦象落欲傷
奎星積卷層巖疊盡堂識水冷筆峯同峭壑豈匠鐫
瓏玲
睿詠詢徵實
天題義勒銘
聖言舉仰止源出達滄溟

臣彭元瑞敬題

彭元瑞敬题诗刻石拓片

曹文埴敬题诗刻石及拓片

2

西峰秀色乾隆御笔

“长青洲”

刻石

乾隆御笔“长青洲”刻石位于圆明园四十景之一的西峰秀色。西峰秀色雍正时已建成，四周环水，堆叠假山。此景是清皇室七夕日乞巧之处。《养吉斋丛录》载：“西峰秀色，为御园四十景之一，七夕巧筵曩时常设于此，有彩棚珠盒之胜。乾隆御制诗云：‘西峰秀色霭宵烟，又试新秋乞巧筵。’盖纪实也。”[34] 清廷《穿戴档》记载：“乾隆二十一年七月初七清晨，乾隆从九洲清晏后码头乘船来西峰秀色供前拈香。”[35] 清宫廷画师绘有《雍正十二月行乐图七月乞巧》，以圆明园景色为背景，表现了后妃七夕乞巧的场景。

西峰秀色北侧池中有一乔松翠盖、叠石嶙峋的小岛，名“长青洲”。据《清朝通志》记载：“御书‘长青洲’三字，乾隆三年，行书，勒西峰秀色石上。”《光绪顺天府志》载：“御书‘长青洲’三字，行书，乾隆三年。在圆明园西峰秀色石上。”此刻石今仍在长青洲岛东部。刻石高约两米，形为长条状自然石，其上竖刻乾隆御笔“长青洲”三字，行书，上方有“乾隆御笔”方形玺。

西峰秀色遗址

34 吴振棫：《养吉斋丛录》，卷十四，中华书局，2005年版，188页。

35 中国第一历史档案馆编：《圆明园》，下册，上海古籍出版社，1991年版，885页。

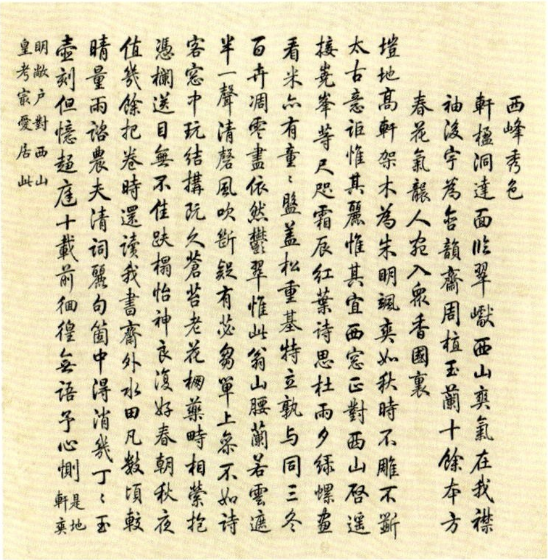

西峰秀色
軒楹洞達面臨翠巘西山爽氣在我襟
袖後宇為含韻齋周植玉蘭十餘本方
春花氣襲人宛入衆香國裏
塏地高軒架木為朱明颯爽如秋時不雕不斲
太古意詎惟其麗惟其宜西窓正對西山啓遥
接嵬峰等尺咫霜辰紅葉詩思杜雨夕綠螺畫
看米亦有童〻盤蓋松重基特立孰与同三冬
百卉凋零畫依然欝翠惟此翁山腰蘭若雲遮
半一聲清磬風吹斷綴有苾芻單上糸不如詩
客窓中玩结搆阮久蒼苔老花栖藥時相縈抱
憑欄送目無不佳趺榻怡神良復好春朝秋夜
值幾餘把卷時還讀我書齋外水田凡數頃較
晴量雨諮農夫清詞麗句箇中得消幾丁〻玉
壺刻但憶趨庭十載前徊徨無語予心惻是地軒爽
明敞户對西山
皇考最愛居此

圆明园四十景图咏之《西峰秀色》，现藏法国国家图书馆

乾隆御笔「长青洲」刻石

清人绘《雍正十二月行乐图》之七月乞巧，现藏北京故宫博物院

3

乾隆御笔

“汇万总春之庙”

石匾

汇万总春之庙又称花神庙，位于圆明园四十景之濂溪乐处南岸，是一处主祭花神的寺庙式园林，仿杭州西湖花神庙而建，乾隆三十四年(1769)建成：“花神庙正殿一座五间，配殿二座六间，山门五间，后楼三座九间……用松木胎骨垛塑增胎彩画青绿水色青苔做成花树地景，殿内添安神牌。”[36] 乾隆三十五年（1770）二月十二日花朝日，花神庙开光献供。据《圆明园匾额略节》记载，汇万总春之庙五间山门之上嵌乾隆御笔“汇万总春之庙”石刻匾额。此石匾出土时已断为两段，但可完整拼合。正面横刻乾隆御笔“汇万总春之庙”，行书，上部正中有“乾隆御笔”方形玺，字体四周装饰有单层莲瓣纹。

36 中国第一历史档案馆编：《圆明园》，上册，上海古籍出版社，1991年版，134—135页。

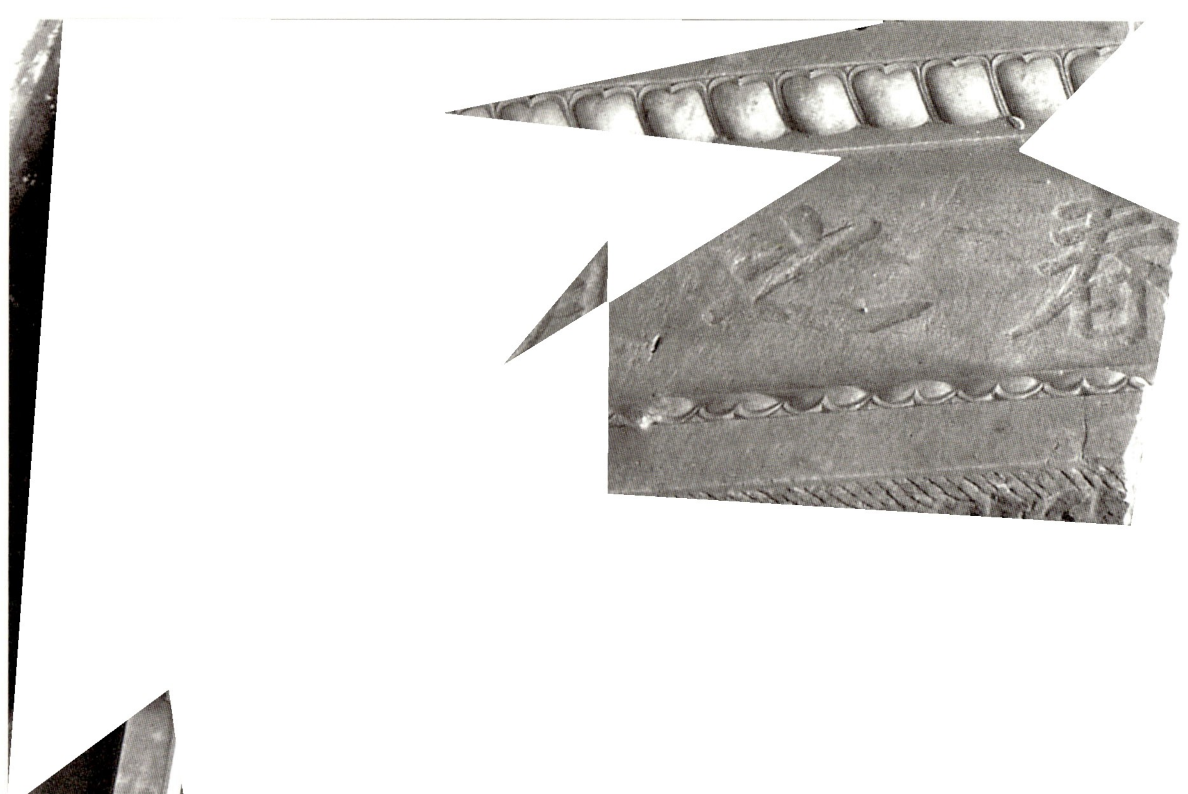

春之廟

乾隆御笔『汇万总春之庙』石匾

乾隆御笔『汇万总春之庙』石匾拓片

4

乾隆御笔

“翠　照”“绮　交”

石匾

乾隆御笔“翠照”“绮交”石匾，原在圆明园藻园遗址北侧。藻园位于圆明园西南，是一处仿江南园林意境的园中之园。乾隆二十三年（1758)藻园东部基本建成。乾隆三十年（1765)又添建了藻园西部各景。藻园夕佳书屋北侧有一座屏门。据《圆明园匾额略节》记载，“翠照”“绮交”石匾是此屏门门楣上的石刻匾额。此石匾为椭圆形，造型与传统长方形石匾相比，尤显清秀活泼，与藻园仿建江南园林的风格相称。石匾为双面刻，一面刻乾隆御笔“翠照”，另一面刻乾隆御笔“绮交”，行书，两字上方正中均刻有“乾隆御笔”方形印玺。

乾隆御笔『翠照』石匾

乾隆御笔『绮交』石匾

『翠照』石匾拓片

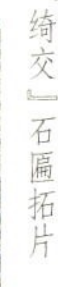

『绮交』石匾拓片

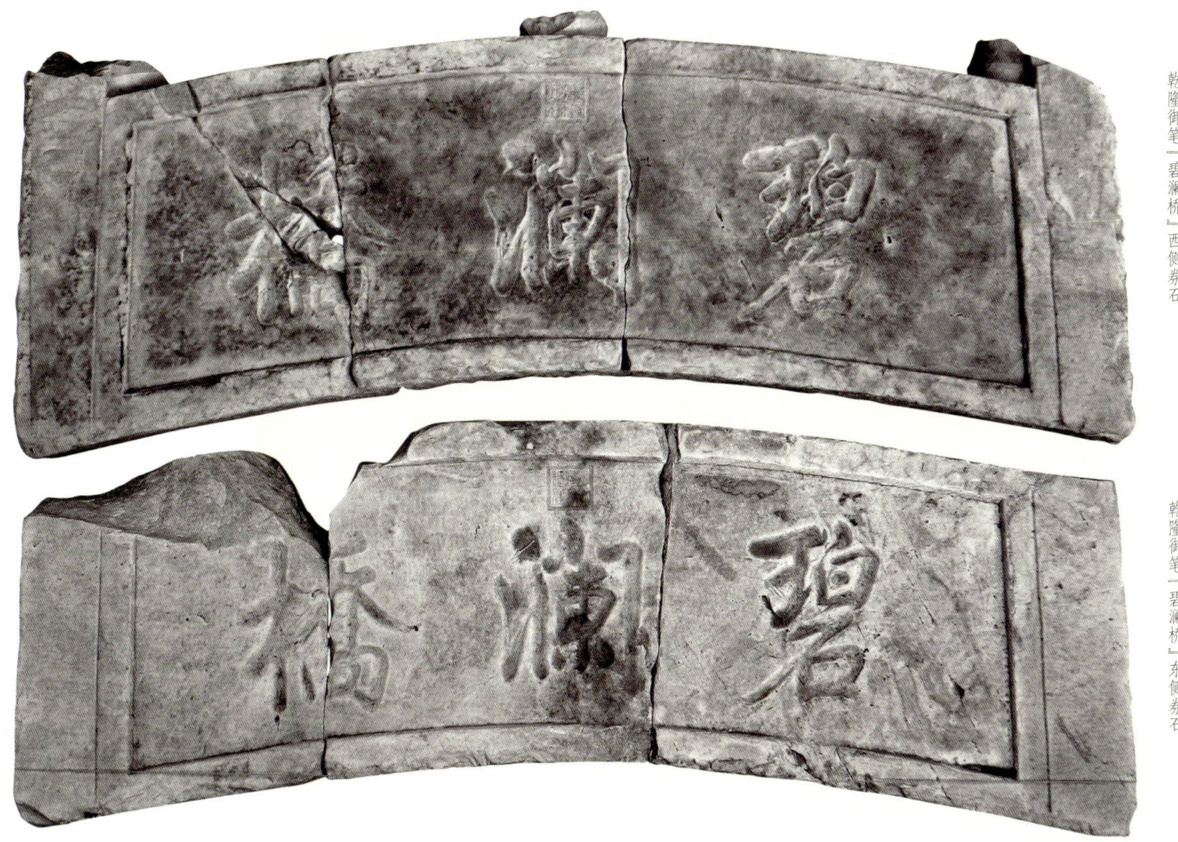

乾隆御笔“碧澜桥”西侧券石

乾隆御笔“碧澜桥”东侧券石

5

坦坦荡荡乾隆御笔

“碧澜桥”

券石

西侧券石拓片

东侧券石拓片

2015年原址上修复的碧澜桥

碧澜桥位于圆明园四十景之一坦坦荡荡北侧，是连接杏花春馆和坦坦荡荡两个景区的一座汉白玉单孔石拱桥。圆明园罹难后碧澜桥坍塌，石构件被埋。2004年出土了两件刻有乾隆御笔“碧澜桥”三字的券石及多件云鹤纹望柱和栏板等汉白玉石构件。从出土情况看碧澜桥为单孔石拱，青石桥面，汉白玉雕石栏杆。乾隆御笔“碧澜桥”券石，当时应分别位于桥的两侧正中。乾隆御笔“碧澜桥”券石边缘有一定弧度，正面为乾隆御笔“碧澜桥”三字，行书，三字上部正中钤有“乾隆御笔”刻印。2015年碧澜桥在原址修复。

6

廓然大公乾隆御笔

“规月桥”

诗券石

规月桥位于圆明园四十景之廓然大公，为乾隆御题“廓然大公八景”之一。在廓然大公殿西，是一座桥上带游廊的单孔石拱桥，颇有秦汉“飞阁”“扶道”意味。乾隆《规月桥》诗注曰：“循双鹤斋而西，跨湖为桥，圆如半璧，映水则为满月，缭以长廊，悠然濠濮间想。”[37] 由此可知规月桥的位置、建筑形制和名字的由来。从摄于 1860年至1900年的老照片可见桥拱券石上有“规月桥”三字。1860年圆明园罹难时，双鹤斋一景幸免于难。同治十年（1871）四月十日，徐树钧在道光初年入侍园中的董监的带领下游圆明园，“西北至双鹤斋，又西过规月桥，登绮吟堂，经采芝径折而东，仍出双鹤斋。园中残毁几遍，独存此为劫灰之余”。[38] 可见此时规月桥及双鹤斋中的一些建筑尚存。同治十三年 (1874)重修圆明园时，清廷曾令全面修缮双鹤斋。光绪朝查勘廓然大公时，留存的建筑中尚有规月桥廊。1900年八国联军入侵北京，双鹤斋残存的建筑全部被毁。据先辈曾供职于圆明园的笑然记：“庚子 (1900)春，双鹤斋亦尚宛然在，仅窗残壁裂而已。庚子以后不具屋形矣。至民国即其基已无。”[39] 1926年陈文波发表于《清华周刊》十五周年纪念增刊上的《圆明园残毁考》载：“双鹤斋西北为规月桥，桥今存其环洞，规月桥三字仍在其上。”[40]

2012年在廓然大公遗址环境整治中出土规月桥多件石构件。其中一件桥的拱券石上竖刻甲戌乾隆御题诗八行，行书，末尾刻有“乾隆宸翰”方形印玺。诗中描述了规月桥宛如玉带、上置游廊的建筑

37《清高宗御制诗文全集》，二集，卷五十七，中国人民大学出版社，1993年版。

38 徐树钧：《圆明园词序》，载于舒牧等编《圆明园资料集》，书目文献出版社，1984年版，325页。

39 笑然：《圆明园遗闻》，载于舒牧等编《圆明园资料集》，书目文献出版社，1984年版，284页。

40 陈文波：《圆明园残毁考》，载于舒牧等编《圆明园资料集》，书目文献出版社，1984年版，179页。

规月桥旧影

规月桥石构件

形制，并将这里比喻为月中广寒宫。乾隆曾为规月桥作多首御制诗，如“枕岸如看上下弦，影波原见一轮圆。是为规月是真月，照彻三千与大千。”[41]“规成圆圆莫如月，月自先天规后天。试看卧波分上下，却因半故体常全。”[42]由狮子林虹桥多方拱券石上刻乾隆御制诗的形制推测，规月桥上刻有乾隆御制诗的券石也应不止这一件，惜今已不存。

41《清高宗御制诗文全集》，三集，卷十三，中国人民大学出版社，1993年版。

42《清高宗御制诗文全集》，三集，卷三十五，中国人民大学出版社，1993年版。

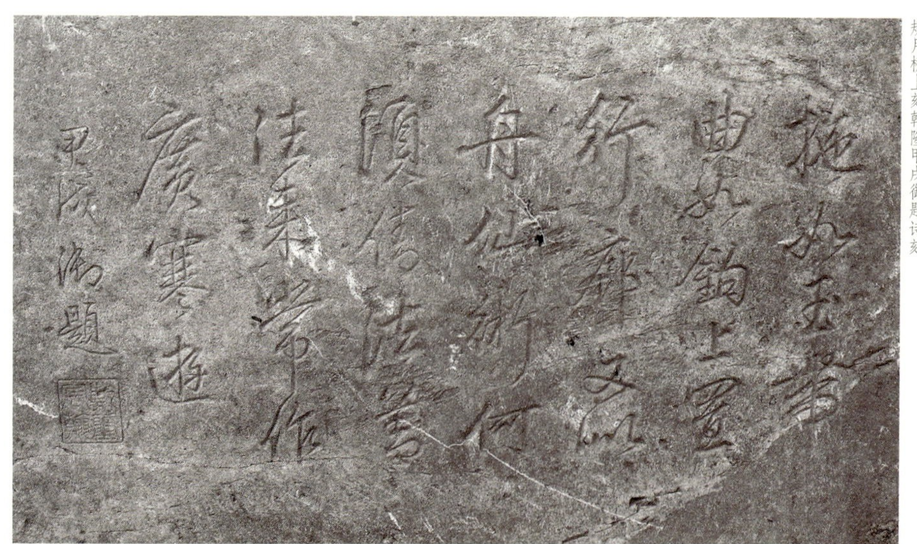

规月桥上刻乾隆甲戌御题诗刻

规月桥上刻乾隆甲戌御题诗刻拓片

规月桥券石

规月桥遗址现状

录文

拖如玉带｜曲如钩，上置｜行廊又似｜舟。仙术何｜须倩法善，｜往来常作｜广寒游。｜甲戌御题

7

方壶胜境乾隆御笔“涌金桥”券石

涌金桥位于圆明园四十景之方壶胜境西南。从圆明园四十景图咏《方壶胜境》局部看，涌金桥为一造型独特的单孔石拱桥。涌金桥西侧曲廊西为乾隆仿杭州西湖三潭映月而建的同名景点。杭州旧有涌金门和涌金池，乾隆在园中建涌金桥，是他“西湖情结”的反映。涌金桥早年已毁，乾隆御笔“涌金桥”券石被埋于地下。1998年对方壶胜境遗址进行清理时，此券石和部分石构件出土。此券石正中为乾隆御笔“涌金桥”三字，行书，字的上下均饰有单层莲瓣纹。

圆明园四十景图咏之《方壶胜境》局部，涌金桥

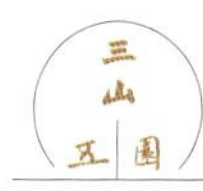

乾隆御笔「涌金桥」券石

涌金桥石构件

涌金桥遗址现状

8

乾隆御笔“柳浪闻莺”石坊额

圆明园“柳浪闻莺”石牌坊原立于文源阁西北。在《圆明园匾额略节》《清朝通志》和《光绪顺天府志》中都有记载。此汉白玉坊额阳面横刻有乾隆御笔“柳浪闻莺”，行书，四字上部正中为“乾隆御笔”方形印玺。阴面竖刻有乾隆癸未和月（乾隆二十八年）御笔《柳浪闻莺》诗十三行，行书。御题诗字体纯熟流畅。坊额阳面、阴面还各雕刻有两幅花卉图案，分别为代表四季花卉的牡丹、梅花、荷花、菊花。此诗原文见于《清高宗御制诗》三集卷二十，乾隆二十八年《柳浪闻莺》诗。诗文中提到的“清波门”即杭州西湖柳浪闻莺一景所在地的旧称。此石坊额在1924年前后被清贝勒载涛运到朗润园，后曾流散于北京大学内，1977年运回圆明园。

柳浪闻莺石坊额阳面

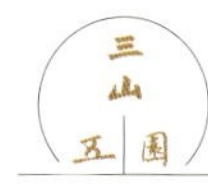

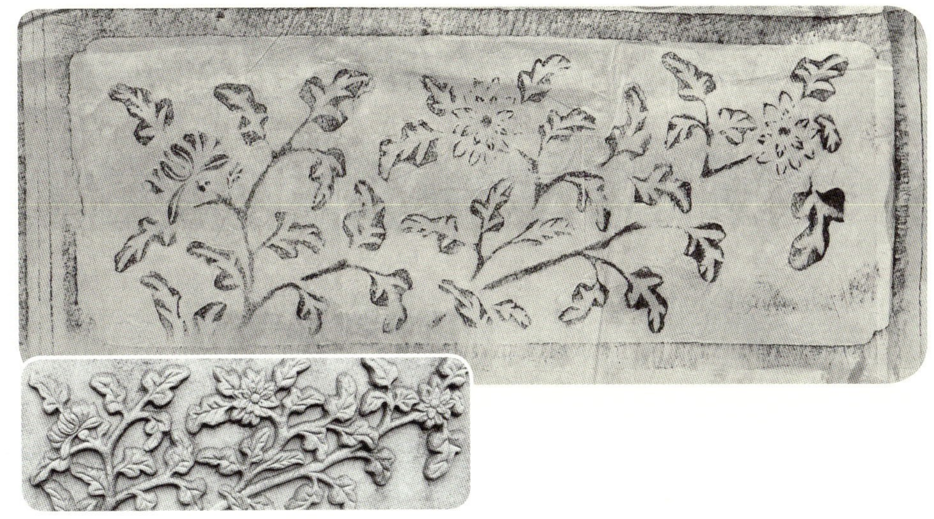

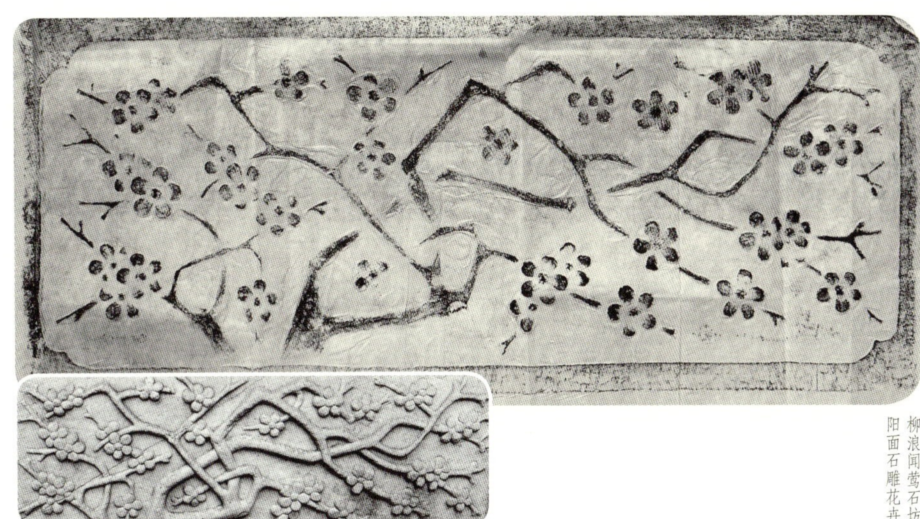

柳浪闻莺石坊额
阳面石雕花卉及拓片

乾隆御笔「柳浪闻莺」拓片

柳浪闻莺石坊额阴面

石坊额阴面乾隆癸未和月御诗刻

壹 现存园内的刻石

录文

十景西｜湖名早｜传，御园｜柳浪亦｜称旃。栗｜留几啭｜无端听｜，讶似清｜波门那｜边｜。癸未｜清和月｜御题

末尾刻“乾隆宸翰”方形印玺。

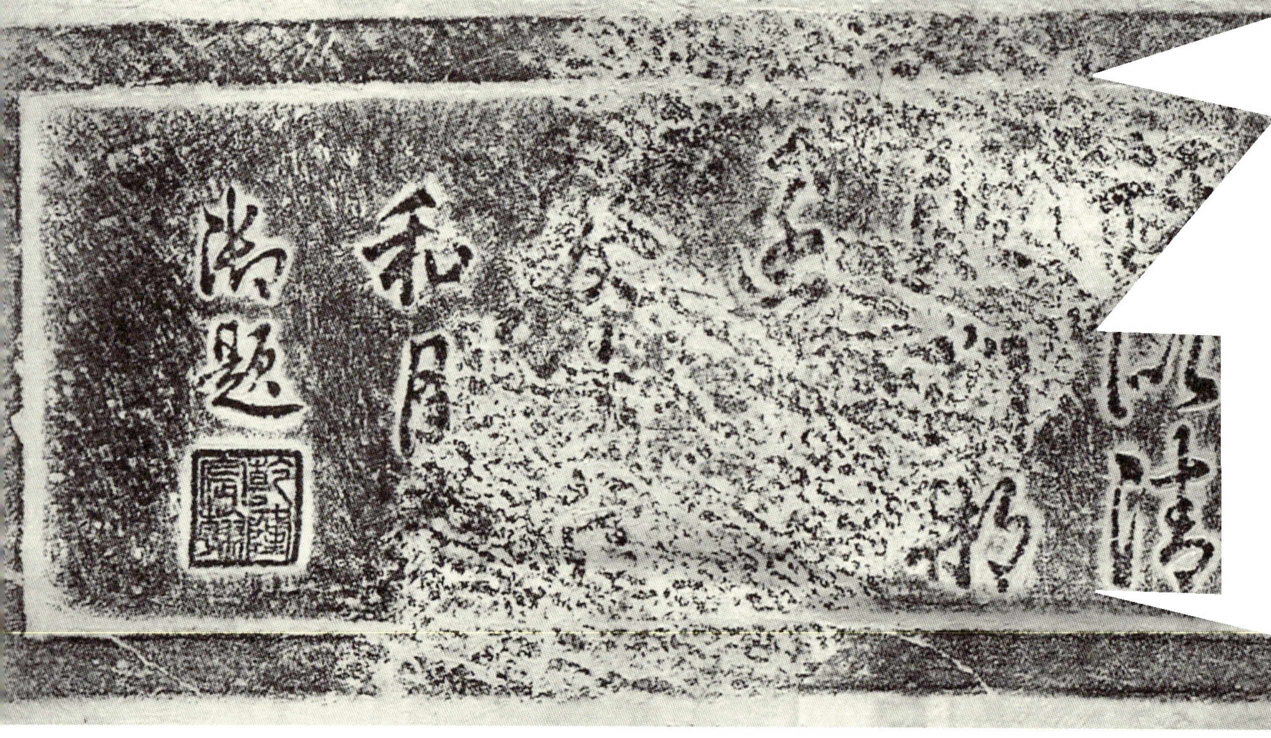

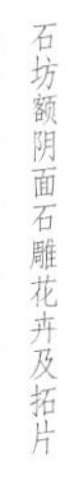

石坊额阴面石雕花卉及拓片

石坊额阴面御题诗刻拓片

狮子林

狮子林位于长春园东北，是一处仿苏州名园狮子林而建的园中之园。元至正元年（1341），高僧天如禅师维则到苏州讲经。次年，弟子们在苏州“买地结屋”，为他建禅林。天如禅师因其师父中峰禅师师承于天目山狮子岩禅寺，为表明其师承之源，又因园中多形如狮子的怪石，遂将禅林命名为“狮子林”。此时的狮子林为僧人谈禅静修之所。康熙四十二年(1703)，玄烨南巡游狮子林，题额“狮林寺”。后寺园分离，园被衡州知府黄兴祖买下，名“涉园”。狮子林中湖石假山众多，峰峦叠嶂，奇石林立，各具姿态，素有“假山王国”之誉。明朝画家徐贲（幼文）曾为“狮子林”住持如海作《狮子林十二景》图。明洪武六年(1373)，元四家之一的倪瓒(云林)游狮子林，也应如海之请，绘《狮子林图》，后此图进入清内府。乾隆在珍爱此图的同时，对狮子林这处江南名园也心生向往，并曾以为苏州狮子林是倪瓒私园。乾隆二十二年（1757），乾隆第二次南巡，游览了苏州狮子林。乾隆二十七年（1762），乾隆第三次南巡再访狮子林。乾隆三十年（1765），他第四次南巡又曾先后两次游狮子林。乾隆三十八年（1773），乾隆第五次南巡，此时长春园狮子林已落成。直到乾隆四十九年（1784）第六次南巡他又游狮子林，才弄清苏州狮子林建造原委。乾隆在御题《狮子林十六景》诗中常提到“涉园黄氏、维则、中峰、如海、幼文、倪迂”等语，可见他对苏州狮子林的兴建始末和徐贲、倪瓒为此园作画之事非常熟悉。“初谓狮林始自倪，谁知维则早拈题”也解释了他曾以为苏州狮子林是倪瓒私园的误会。乾隆一生六游苏州狮子林，题写匾额三次，留诗十首，摹倪云林《狮子林图》三幅，足见他对狮子林的偏爱。不仅如此，乾隆还希望能随时游览狮子林，因此他于乾隆三十七年（1772）于长春园中建狮子

林，又于乾隆四十三年 (1778)在承德避暑山庄修建了文园狮子林，一时京城、塞北、江南“三狮竞秀”。一景而三仿，证明“独爱”之切。

长春园狮子林是一座景观丰富的建筑群。由东西两部分组成。西部“丛芳谢”“琴清斋”“集虚亭”和“漾月亭”于乾隆十二年 (1747)基本建成。东部“狮子林”“横碧轩”“清淑斋”“纳景堂”“延景楼”“云林石室”“小香幢”“清闷阁”“探真书屋”“占峰亭”“凝岚亭”“吐秀亭”“枕烟亭”等，是乾隆三十七年（1772）仿苏州狮子林添建的。为了仿建更为相似，他不仅于乾隆三十六年（1771）四月命苏州织造舒文送来苏州狮子林房间、亭座、山石、河池全图按五分一尺做成烫样送京，[43] 而且还特召苏州叠石高手为这里堆塑假山。

长春园狮子林建成后，乾隆先后题写《狮子林十六景》诗，之后又陆续题咏十次之多。“狮子林十六景”分别为狮子林、虹桥、假山、纳景堂、清闭阁、藤架、磴道、占峰亭、清淑斋、小香幢、探真书屋、延景楼、画舫、云林石室、横碧轩、水门。圆明园罹难后，狮子林地面建筑被毁，湖石和石刻也多已散佚。1994年清理狮子林河道时，水关、虹桥及水门三座单孔石拱在原址修复。经与《乾隆御制诗文全集》对照，三座石拱券石上的诗刻正是乾隆十次题咏《狮子林十六景》诗中的“狮子林”“虹桥”和“水门”的分景诗。这些诗作的时间跨度很大，最早为狮子林建成的乾隆三十七年（1772），最晚至嘉庆元年（1796）。题诗的季节有新正、暮春、季春、孟夏、仲夏。由此可见乾隆在狮子林建成后直至禅位成为太上皇的每个人生阶段，一年中的不同季节都曾来此游赏。

43 中国第一历史档案馆编：《圆明园》，下册，上海古籍出版社，1991年版，1504页。

1

乾隆御笔“狮子林”刻石

狮子林景群东南有一水关，水关南岸有匾形乾隆御笔“狮子林”刻石。此石《清朝通志》记：“御书‘狮子林’三字，乾隆三十七年，行书。”汉白玉质地，正面横刻乾隆御笔“狮子林”三字，行书，上部正中钤“乾隆御笔”方形印玺。

清乾隆御笔『狮子林』刻石

乾隆御笔『狮子林』刻石拓片

2

乾隆御笔
“壬辰暮春月御题”
狮子林诗刻石

此方刻石为汉白玉质地，现位于乾隆御笔“狮子林”刻石旁。正面刻有“乾隆壬辰暮春月”御题《狮子林》诗，竖刻十二行，行书。壬辰即乾隆三十七年（1772），为长春园狮子林建成之时。此诗叙述了乾隆为了便于游览在御苑仿苏州狮子林建园的经过，并自豪地认为这里与苏州狮子林“峰姿池影都无二”，“不可移来惟古树”。

乾隆御笔壬辰暮春月狮子林诗刻石

录文

最忆倪家狮子|林，涉园黄氏幻|为今。因教规写|阊城趣，为便寻|常御苑临。不可|移来惟古树，谣|由飞去是遐心。|峰姿池影都|无二，呼出艰逢|懒瓒吟。|壬辰暮春月|御题

末尾刻有“所宝惟贤”“乾隆御笔”方形印玺各一方。

乾隆御笔壬辰暮春月狮子林诗刻石拓片

3

狮子林水关券石

在水关券石东、西两面共刻有乾隆三十八年至嘉庆元年 (1773—1796)乾隆御笔“狮子林”诗刻石9方。水关东面从北第 3方券石起至第 9方券石，分别刻有戊申（乾隆五十三年）、丙午（乾隆五十一年）、丁酉（乾隆四十二年）、新正、己亥（乾隆四十四年）、癸卯（乾隆四十八年）、壬子（乾隆五十七年）乾隆御题《狮子林》诗。其中一方因部分残缺，年代不清。水关西面从北第 5方券石至第 6方券石，分别刻有丙辰（嘉庆元年）、癸巳（乾隆三十八年)乾隆御题《右狮子林》和《狮子林》诗。诗的内容多写苏州狮子林建园的由来和乾隆原认为狮子林为倪瓒园，后知其原委，“维则狮林始创宗，不忘授受本中峰”“初谓狮林始自倪，谁知维则早拈题”，以及倪瓒、徐贲作《狮子林图》和乾隆于圆明园和避暑山庄各仿建一处的经过，“数典由来自天目，为图瓒贲各夸长”“狮子林今凡有三，此中塞北彼江南”。《光绪顺天府志》载：“御制《狮子林》诗，行书，乾隆三十七年、三十八年、四十年，七言律各一首，四十二年、四十四年、四十八年，七言绝各一首，在长春园。”与现存石刻对照，所记不全。

承德狮子林水关

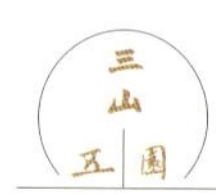

3-1
水关东面北 3券石
乾隆御笔
“戊申新正御题”

乾隆五十三年戊申新正御题诗，竖刻文字八行，行书。

录 文

数典由来自｜天目，为图瓒｜贲各夸长。中｜峰如海逮五｜世，广孝参承｜愧弗遑。｜戊申新正｜御题

诗刻下钤“古稀天子之宝”“犹日孜孜”方形玺印各一方。

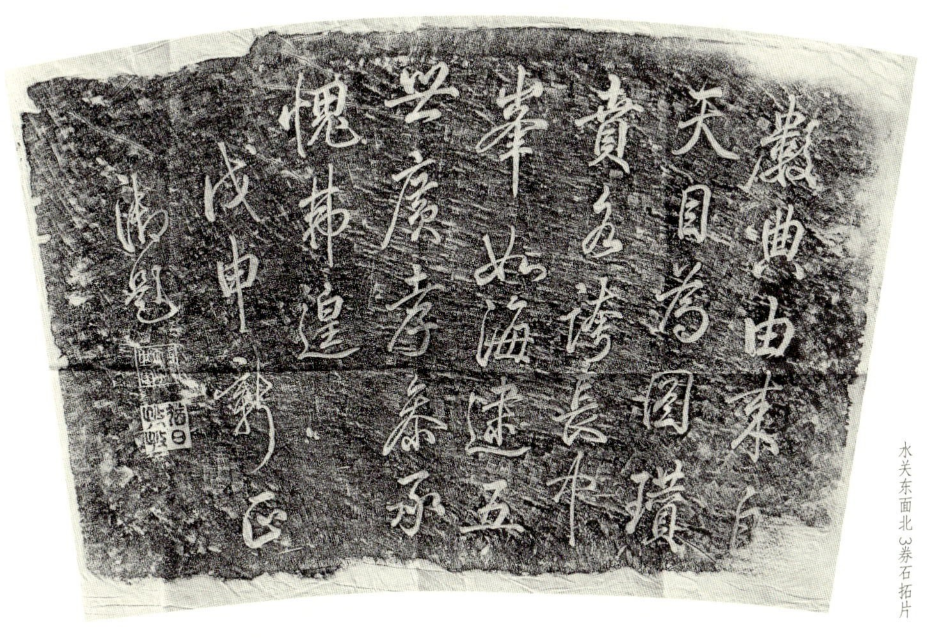

水关东面北 3券石拓片

狮子林水关东面

水关东面北 3券石

3-2
水关东面北 4券石
乾隆御笔
“丙午新正月御题”

乾隆五十一年丙午新正月御题诗，竖刻文字八行，行书。

录 文

初谓狮林始」自倪，谁知维」则早拈题。怜」他不忘本师」处，者个犹存」方寸兮。」丙午新正月」御题

诗刻下钤“古稀天子之宝”“犹日孜孜”方形玺印各一方。

3-3
水关东面北 5券石
乾隆御笔
“丁酉新正中浣御题”

乾隆四十二年丁酉新正中浣御题诗，竖刻文字八行，行书。

录 文

狮子林今凡」有三，此中塞」北彼江南。分」明前后悟文」喜，那更重询」弥勒龛。」丁酉新正中浣」御题

诗刻下钤“所宝惟贤”“乾隆御笔”方形玺印各一方。

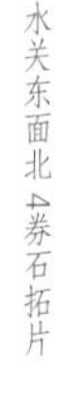

水关东面北4券石拓片

水关东面北4券石

水关东面北5券石拓片

水关东面北5券石

3-4
水关东面北6券石
乾隆御笔
“……新正中……”

因部分残缺，年代不清。竖刻文字十行，行书。

录　文

上元前后有余闲，｜况复园中咫尺｜间。未可泛舟沿冻｜浦，已欣入画对春｜山。盆梅几朵吐芳｜意，檐雀一声叩｜静关。雅是云林习｜禅处，却予缱念｜在民艰。｜……新正中……

诗刻后印玺已漫漶。

水关东面北6券石拓片

水关东面北6券石

3-5
水关东面北7券石
乾隆御笔
“己亥仲夏中浣御题”

乾隆四十四年己亥仲夏中浣御题诗，竖刻文字八行，行书。

录　文

狮林数典自｜倪迂，一再肖｜之景不殊。明｜岁金阊问真｜者，是同是异｜答能乎。｜己亥仲夏中浣｜御题

诗刻下钤“乾隆宸翰”“惟精惟一”方形玺印各一方。

水关东面北7券石拓片

水关东面北7券石

3-6
水关东面北 8券石
乾隆御笔
“癸卯新正中浣御题”

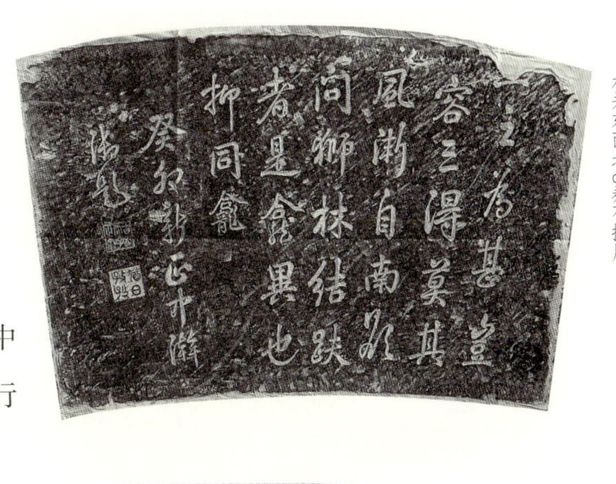
水关东面北 8券石拓片

水关东面北 8券石

乾隆四十八年癸卯新正中浣御题诗，竖刻文字八行，行书。

录 文

一之为甚岂」容三，得莫其」风渐自南。欲」问狮林结趺」者，是龛异也」抑同龛。」癸卯新正中浣」御题

诗刻下钤“古稀天子之宝”“犹日孜孜”方形玺印各一方。

3-7
水关东面北 9券石
乾隆御笔
“壬子新正月御题”

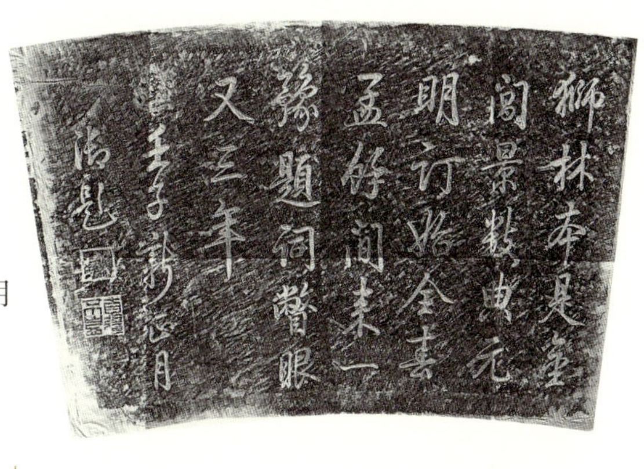
水关东面北 9券石拓片

水关东面北 9券石

乾隆五十七年壬子新正月诗，竖刻文字八行，行书。

录 文

狮林本是全」阊景，数典元」明订始全。春」孟余闲来一」豫，题词瞥眼」又三年。」壬子新正月」御题

诗刻下钤“八徵耄念之宝”“自强不息”方形玺印各一方。

狮子林水关西面

3-8
水关西面南5券石
乾隆御笔
“丙辰季春御题”

水关西面南5券石拓片

嘉庆元年丙辰季春御题诗，竖刻文字八行，行书。

录 文

维则狮林始｜创宗，不忘授｜受本中峰。即｜今御苑塞庄｜里，笑我无端｜又仿重。｜丙辰季春｜御题

诗刻下钤“太上皇帝”“十全老人”方形玺印各一方。

水关西面南5券石

3-9
水关西面南6券石
乾隆御笔
“癸巳新正中浣御题”

乾隆三十八年癸巳新正中浣御题诗，竖刻文字十一行，行书。

录　文

狮林图迹创云｜林，一卷精神直注｜今。却以墨绳为｜肖筑，宛如粉本此｜重临。烟容水态｜万古调，楚尾吴头｜千里心。瞻就尔时｜民意切，不忘方寸｜托清吟。癸巳新正中浣｜御题

诗刻下钤“≡”圆形玺印、“隆”方形玺印各一方。

水门在苏州狮子林中是没有的，由于圆明园水面众多又彼此相通，所以在狮子林北侧与西洋楼交界处的围墙上设水门。水门的券石上刻乾隆御题诗9方，还有一方乾隆御题“水门”诗刻石原镶嵌在水门旁的围墙上。清朝时皇帝乘船或冰床穿过水门就可达西洋楼，见一派西洋风光。围墙现已不存，“水门”诗刻石和水门石拱现存原址。

水关西面南6券石拓片

水关西面南6券石

狮子林水门残迹旧影

4

乾隆御笔
“壬辰暮春御题”
诗刻石

此方刻石原镶嵌在水门旁的围墙上，质地为汉白玉，正面竖刻乾隆壬辰暮春御题诗一首，竖刻文字九行，行书。壬辰即乾隆三十七年（1772），为长春园狮子林建成之时。此诗叙述了水门的位置和乾隆泛舟游览时见到的这里如世外桃源般的景色。

录 文

墙界林园」水作门，泛」舟雅似武」陵源。赢他」只有渊明」记，不及迂翁」画卷存。」壬辰暮春」御题

诗刻下钤“惟精惟一”“乾隆宸翰”方形玺印各一方。

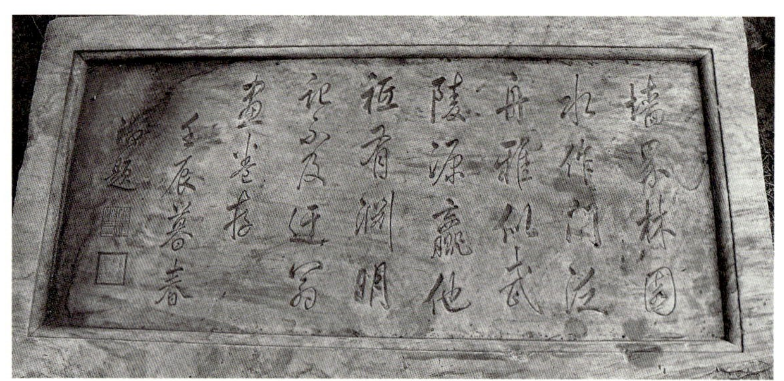

乾隆壬辰暮春御题诗刻石

乾隆壬辰暮春御题诗刻石拓片

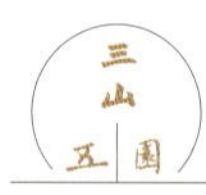

5

狮子林水门券石

在水门拱券石南、北两面共刻有乾隆三十八年 (1773)至嘉庆元年 (1796)乾隆御题“水门”诗刻石 9方。《光绪顺天府志》载：“御制《水门》诗，行书，乾隆三十七年，七言绝一首，三十九年，六言绝一首，四十年、四十二年、四十四年、四十八年，七言绝各一首，在长春园过河亭北。”与现存石刻对照，所记不全。水门南面从东第 3方券石起至第 9方券石，分别刻有丙午（乾隆五十一年）、己亥（乾隆四十四年）、乙未（乾隆四十年）、癸巳（乾隆三十八年）、丁酉（乾隆四十二年）、癸卯（乾隆四十八年）、戊申（乾隆五十三年）乾隆御题《水门》或《右水门》诗。水门北面从西第 5方券石至第 6方券石，分别刻有丙辰（嘉庆元年）、壬子（乾隆五十七年）乾隆御题《右水门》诗。乾隆在诗中不仅描述了水门的建筑形制，还记述了自己夏天乘舟、冬天乘冰床渡水门的不同游园方式，并为自己设立水门而深感自豪。

狮子林水门南面

水门南面东3券石局部

5-1
水门南面东3券石“丙午新正月御题”

乾隆五十一年丙午新正月御题诗，竖刻文字八行，行书。

录　文

甃壁跨溪当｜圃藩，舟行达｜尾复通源。一｜筹欲胜吴中｜彼，陆地何曾｜有水门。｜丙午新正月｜御题

诗刻下钤“古稀天子之宝”“犹日孜孜”方形玺印各一方。

水门南面东4券石局部

5-2
水门南面东4券石“己亥仲夏御题”

乾隆四十四年己亥仲夏御题诗，竖刻文字八行，行书。

录　文

跨波月样辟｜为门，一棹因｜之与探源。指｜日山庄问津｜处，文园重与｜细评论。｜己亥仲夏｜御题

诗刻下钤“乾隆宸翰”“惟精惟一”方形玺印各一方。

水门南面东3券石拓片

水门南面东4券石拓片

水门南面东5券石局部

5-3
水门南面东5券石“乙未新正御题”

乾隆四十年乙未新正御题诗，竖刻文字八行，行书。

录 文

跨波门径上｜骑墙，历历人｜行来往航。设｜使桃源拟洞｜口，不教迷路｜误渔郎。｜乙未新正｜御题

诗刻下钤“契理在寸心”“乾隆御笔”方形玺印各一方。

水门南面东6券石局部

5-4
水门南面东6券石“癸巳新正御题”

乾隆三十八年癸巳新正御题诗，竖刻文字八行，行书。

录 文

跨水为墙下｜置门，此由溯｜委此探源。艺｜林夫岂外道｜义，我亦因之｜成性存。｜癸巳新正｜御题

诗刻下钤“乾隆宸翰”“惟精惟一”方形玺印各一方。

水门南面东5券石拓片

水门南面东6券石拓片

水门南面东7券石局部

5-5
水门南面东7券石 “丁酉新正月御题”

乾隆四十二年丁酉新正月御题诗，竖刻文字八行，行书。

录 文

跨水为墙瓮︱门置，谁何本︱自异重阖。踏︱冰都可步而︱入，何必扁舟︱学问津。︱丁酉新正月︱御题

诗刻下钤“乾隆宸翰”“惟精惟一”方形玺印各一方。

水门南面东8券石局部

5-6
水门南面东8券石 “癸卯新正御题”

乾隆四十八年癸卯新正御题诗，竖刻文字八行，行书。

录 文

无过跨水□︱门户，岂比严︱城及绮阖。更︱弗鸣榔藉通︱舫，步冰入者︱即知津。︱癸卯新正︱御题

诗刻下钤“古稀天子之宝”“犹日孜孜”方形玺印各一方。

水门南面东7券石拓片

水门南面东8券石拓片

水门南面东9券石局部

5-7
水门南面东9券石“戊申新正御题”

乾隆五十三年戊申新正御题诗，竖刻文字八行，行书。

录 文

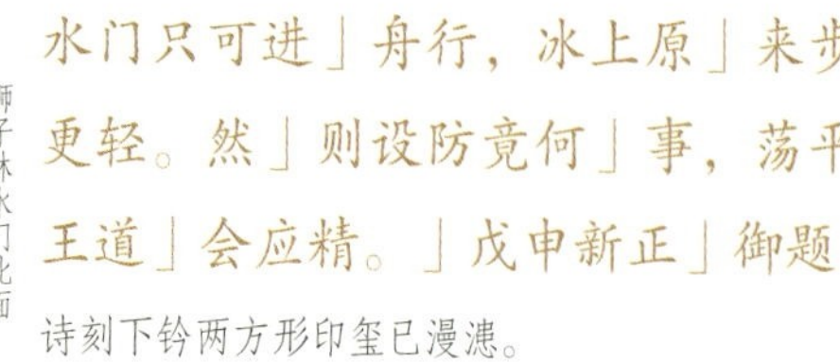

水门只可进」舟行，冰上原」来步更轻。然」则设防竟何」事，荡平王道」会应精。」戊申新正」御题

狮子林水门北面

诗刻下钤两方形印玺已漫漶。

水门北面西5券石局部

5-8
水门北面西5券石“丙辰季春御题”

嘉庆元年丙辰季春御题诗，竖刻文字八行，行书。

录 文

渡门向每用」冰床，春暮欣」兹可泛航。盼」捷无聊吟七」字，百篇聊藉」补为长。」丙辰季春」御题

诗刻下钤“太上皇帝”“十全老人”方形玺印各一方。

水门南面东9券石拓片

水门北面西5券石拓片

水门北面西6券石局部

5-9

水门北面西6券石“壬子新正御题”

乾隆五十七年壬子新正御题诗，竖刻文字八行，行书。

录文

瓮墙隔水可｜称门，来往冰｜床此溯源。今日｜却因生别解，｜合其颠倒郑｜家言。｜壬子新正｜御题

诗刻下钤“八徵耄念之宝”“自强不息”方形玺印各一方。

水门北面西6券石拓片

6

狮子林虹桥券石

狮子林横碧轩东有一座单孔石桥，乾隆题名“虹桥”，为“狮子林”十六景之一。从现存虹桥遗址和残存石构件可见，虹桥小巧玲珑，虽体量不大，却雕饰精美。承德避暑山庄狮子林也建有虹桥，形制基本相同，只是券石上未刻乾隆御题诗。横碧轩遗址今已不存，虹桥仍存原址。虹桥券石上刻有乾隆三十七年至嘉庆元年（1772—1796）御题诗刻10幅及御笔“虹桥”名。此诗刻为《清朝通志》所载横碧轩前御制《虹桥》诗。虹桥南面东 7石，也就是虹桥南面桥拱正中为乾隆御笔题名“虹桥”二字。据《清朝通志》可知，御书“虹桥”二字为乾隆三十九年题写。《光绪顺天府志》载：“御制《虹桥》诗，行书，乾隆三十七年、三十八年，五言绝各一首，三十九年，五言古一首。四十年，五言绝一首。四十二年、四十四年、四十八年，七言绝各一首，在长春园横碧轩前。……御书‘虹桥’二字，行书，乾隆三十九年、在长春园。”与现存刻石对照，所记不全。桥拱券石南面东 5石和南面东 6石分别刻戊申（乾隆五十三年）和癸巳（乾隆三十八年）御题《虹桥》和《右虹桥》诗。虹桥南面东 8石和东 9石分别刻己亥（乾隆四十四年）和丙午（乾隆五十一年）御题《虹桥》和《右虹桥》诗。虹桥北面从西第 4方至第 9方券石分别刻有丙辰（嘉庆元年）、癸卯（乾隆四十八年）、丁酉（乾隆四十二年）、壬辰（乾隆三十七年）、乙未（乾隆四十年）、壬子（乾隆五十七年）乾隆御题《虹桥》或《右虹桥》诗。诗中描述了虹桥因其形而得名的由来。

壹 现存园内的刻石

〔二〕 长春园

承德狮子林虹桥

狮子林虹桥南面

虹桥北面

6-1
乾隆御笔
“虹桥”券石

乾隆三十九年御题“虹桥”，横刻，行书。两字上方正中刻有“乾隆御笔”方形印玺。

乾隆御笔「虹桥」券石

乾隆御笔「虹桥」券石拓片

6-2
虹桥南面东5券石“戊申新正御题”

乾隆五十三年戊申新正御题诗，竖刻文字八行，行书。

录 文

虹桥即是小｜飞虹，徐贲为｜图岂异同。春｜月希逢是过｜雨，饶斯想像｜望云空。｜戊申新正｜御题

诗刻下钤“古稀天子之宝”“犹日孜孜”方形玺印各一方。

虹桥南面东5券石

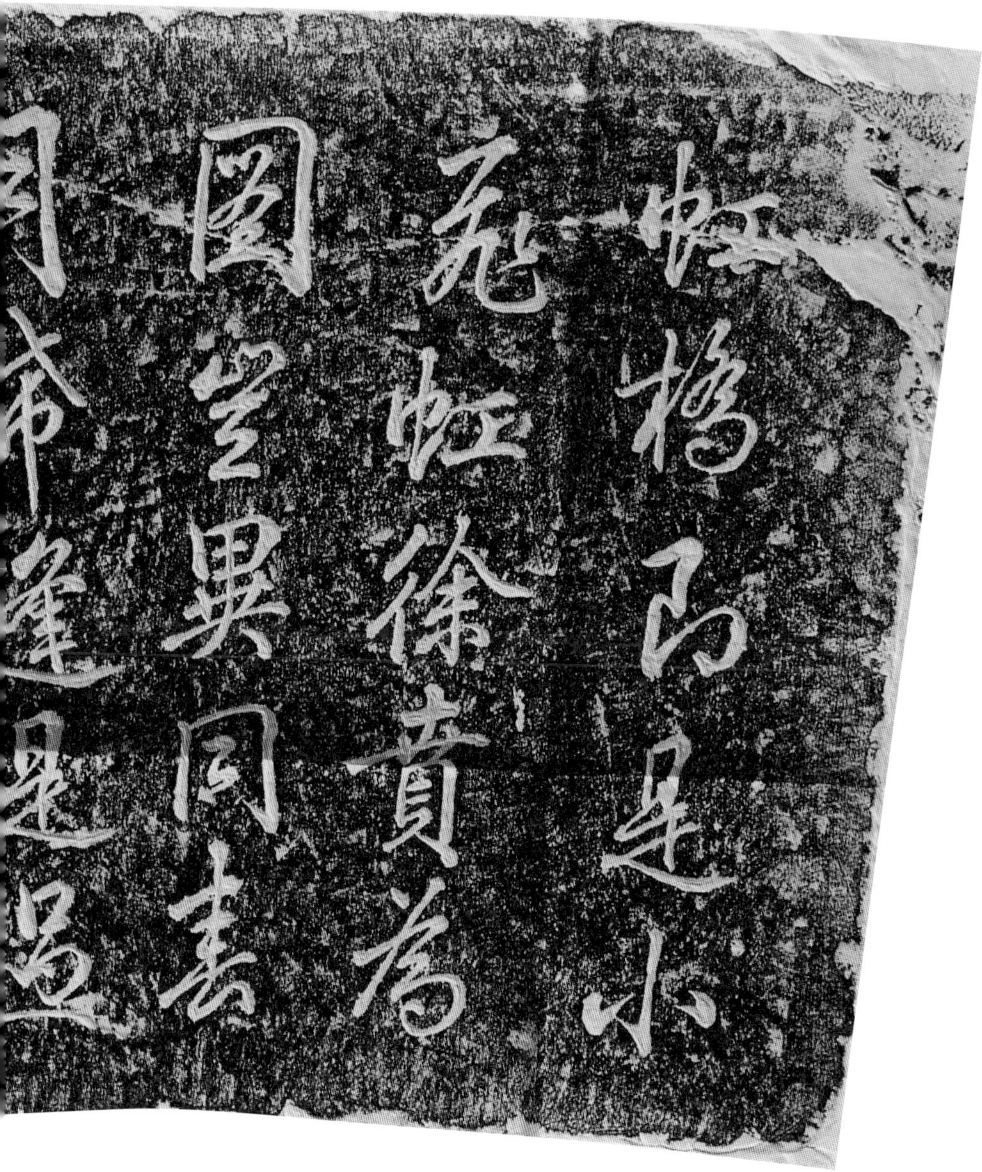

虹桥南面东5券石拓片

6-3
虹桥南面东6券石
“癸巳新正御题”

乾隆三十八年癸巳新正御题诗，竖刻文字八行，行书。

录　文

跨水饮垂｜虹，浮空路可｜通。只疑缥｜缈处，吹断｜虚罡风。｜癸巳新正｜御题

诗刻下钤“乾隆宸翰”“惟精惟一”方形玺印各一方。

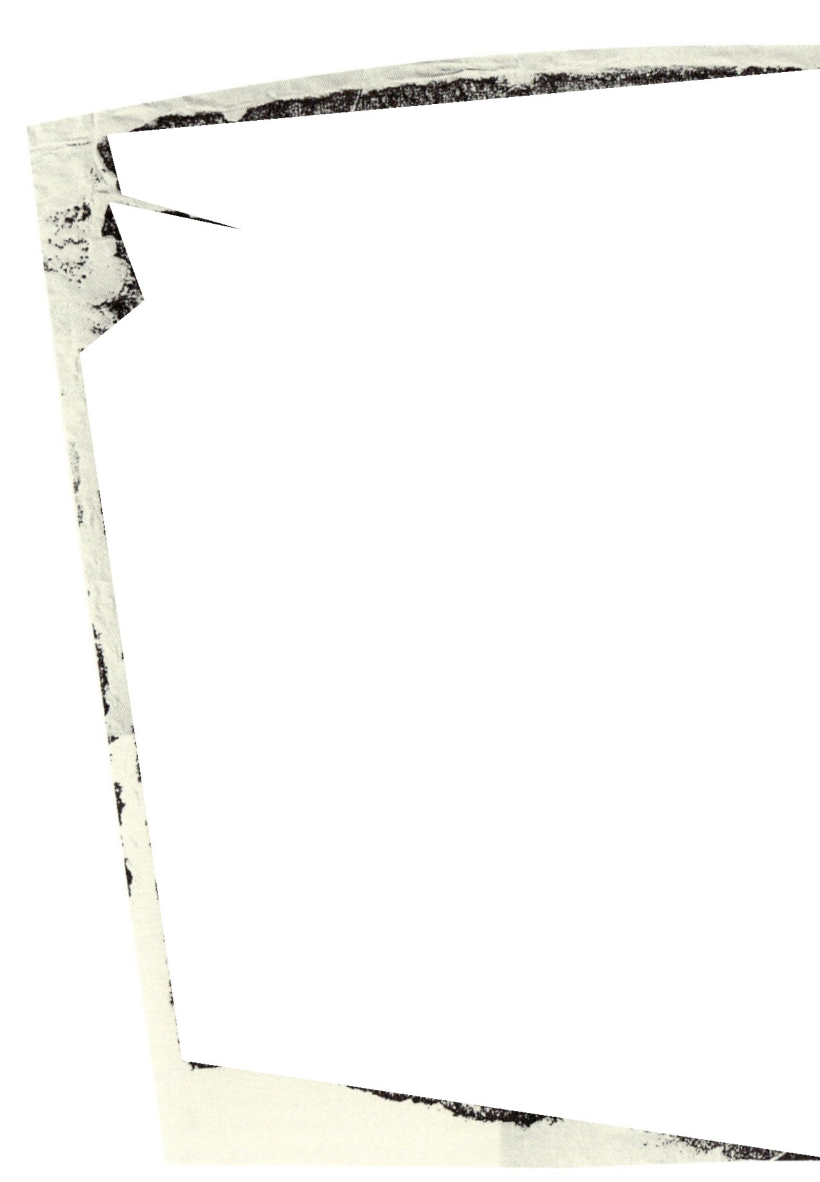

虹桥南面东6券石

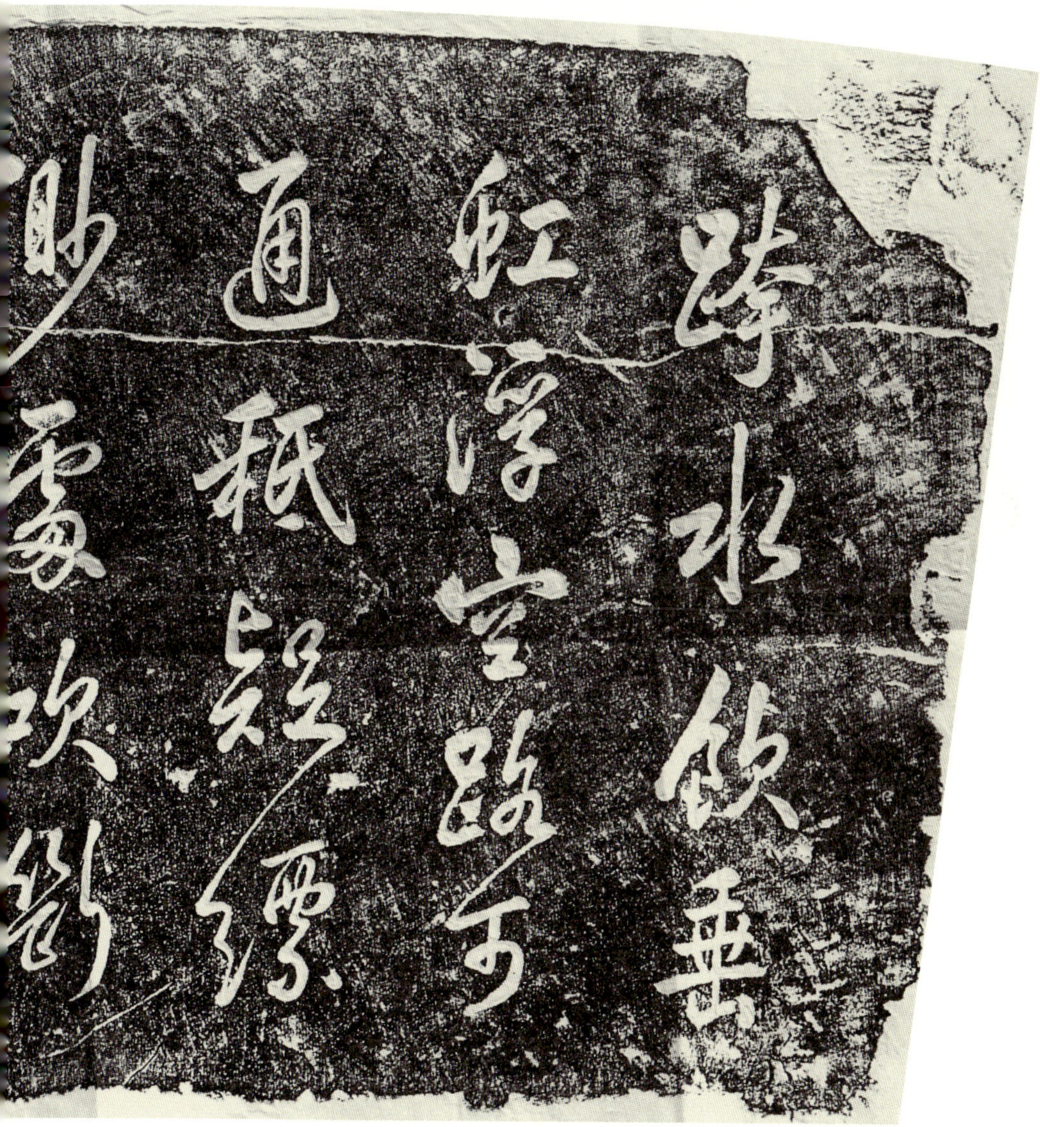

虹桥南面东6券石拓片

虹桥南面东8券石局部

6-4

虹桥南面东8券石“己亥孟夏月御题”

乾隆四十四年己亥孟夏御题诗，竖刻文字八行，行书。

录 文

卧波上者□｜如半，印水观｜来体忽圆。名｜曰虹桥真副｜实，试看雨后｜影拖天。｜己亥孟夏月｜御题

诗刻下钤“乾隆宸翰”“惟精惟一”方形玺印各一方。

虹桥南面东9券石局部

6-5

虹桥南面东9券石“丙午新□御题”

乾隆五十一年丙午新□御题诗，竖刻文字八行，行书。

录 文

幼文画有□｜飞虹，一例横｜陈玉镜中。春｜月江南夏塞｜北，今朝齐阅｜画图同。｜丙午新□｜御题

诗刻下钤“古稀天子之宝”“犹日孜孜”方形玺印各一方。

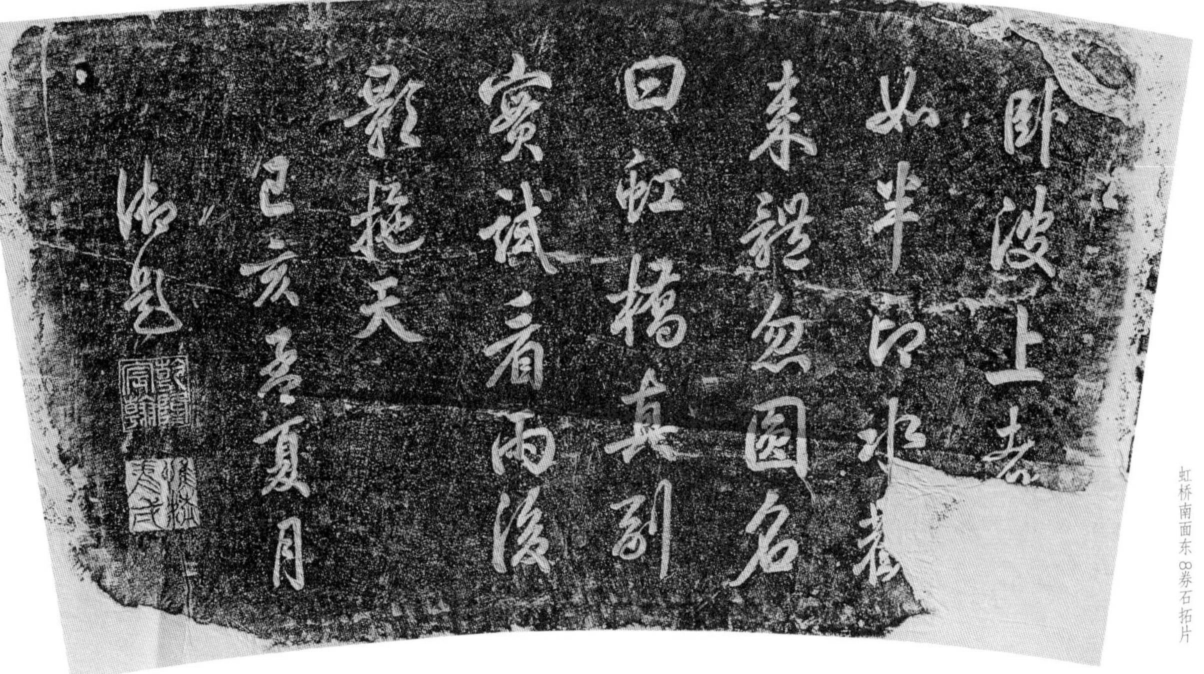

虹桥南面东 8券石拓片

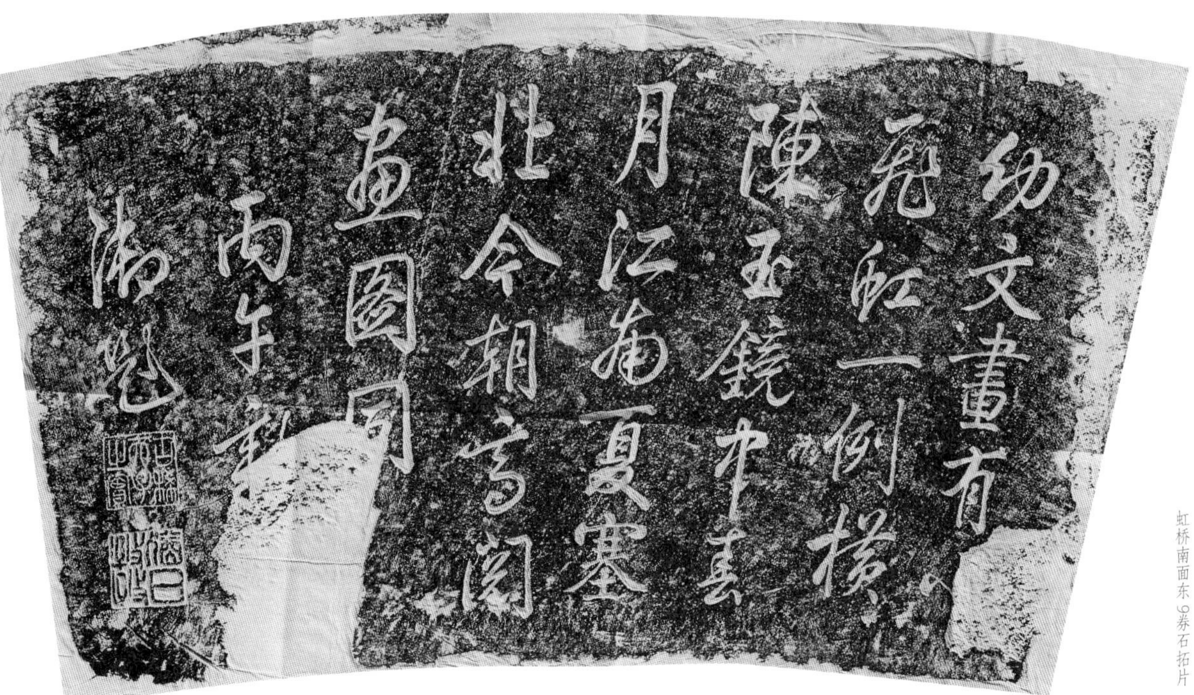

虹桥南面东 9券石拓片

虹桥北面西4券石局部

6-6 虹桥北面西4券石“丙辰季春御题”

嘉庆元年丙辰季春御题诗，竖刻文字八行，行书。

录 文

徐为方册倪｜长卷，俱有浮｜桥渡浦中。□｜像遥因忆吴｜下，不孤一例｜幻称虹。｜丙辰季春｜御题

诗刻下钤“太上皇帝”“十全老人”方形玺印各一方。

虹桥北面西5券石局部

6-7 虹桥北面西5券石“癸卯新正御题”

乾隆四十八年癸卯新正御题诗，竖刻文字八行，行书。

录 文

波中虹影照｜如双，团月之｜中渡舫窗。此｜是玉泉分得｜镜，慢疑列水｜及胥江。｜癸卯新正｜御题

诗刻下钤“古稀天子之宝”“犹日孜孜”方形玺印各一方。

虹桥北面西4券石拓片

虹桥北面西5券石拓片

虹桥北面西6券石局部

6-8
虹桥北面西6券石“丁酉新正月御题”

乾隆四十二年丁酉新正月御题诗，竖刻文字八行，行书。

录 文

弯弯上下影｜成双，半似虹｜桥半月窗。铜｜笛一声随处｜是，新亭何必｜忆吴江。｜丁酉新正月｜御题

诗刻下钤“乾隆宸翰”“惟精惟一”方形玺印各一方。

虹桥北面西7券石局部

6-9
虹桥北面西7券石“壬辰暮春御题”

乾隆三十七年壬辰暮春御题诗，竖刻文字七行，行书。

录 文

驾溪宛若｜虹，其下可舟｜通。设使幔｜亭张，吾当｜问顺风。｜壬辰暮春｜御题

诗刻下钤“乾隆宸翰”“惟精惟一”方形玺印各一方。

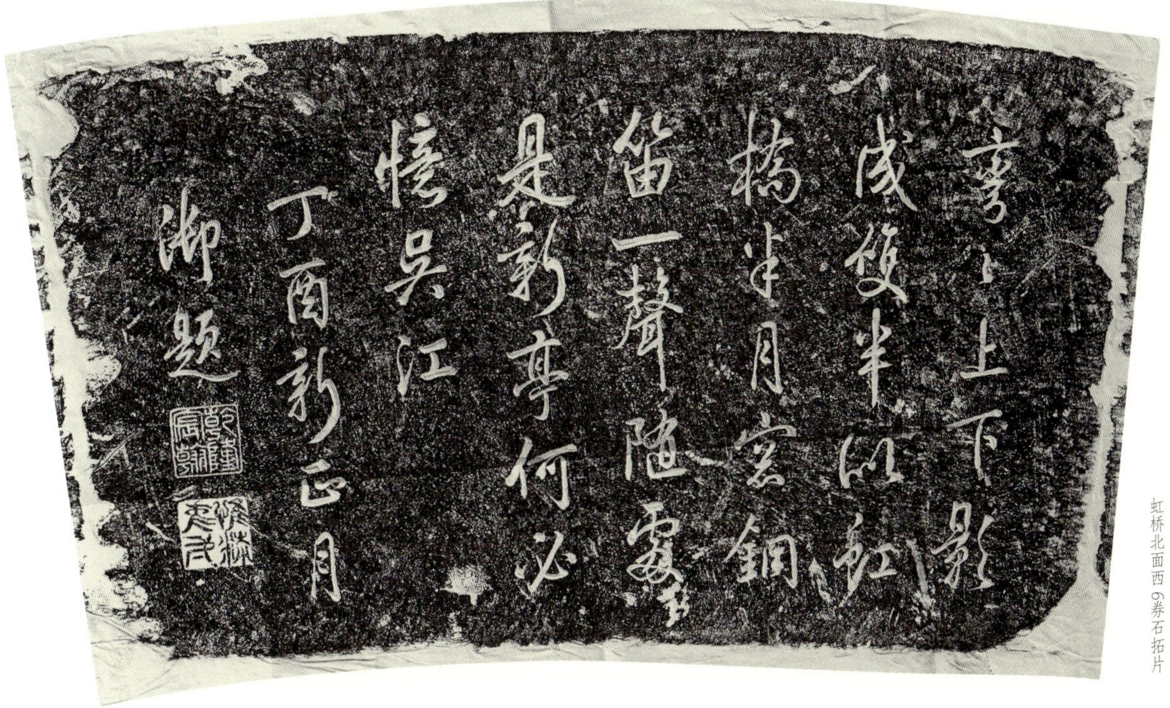

虹桥北面西6券石拓片

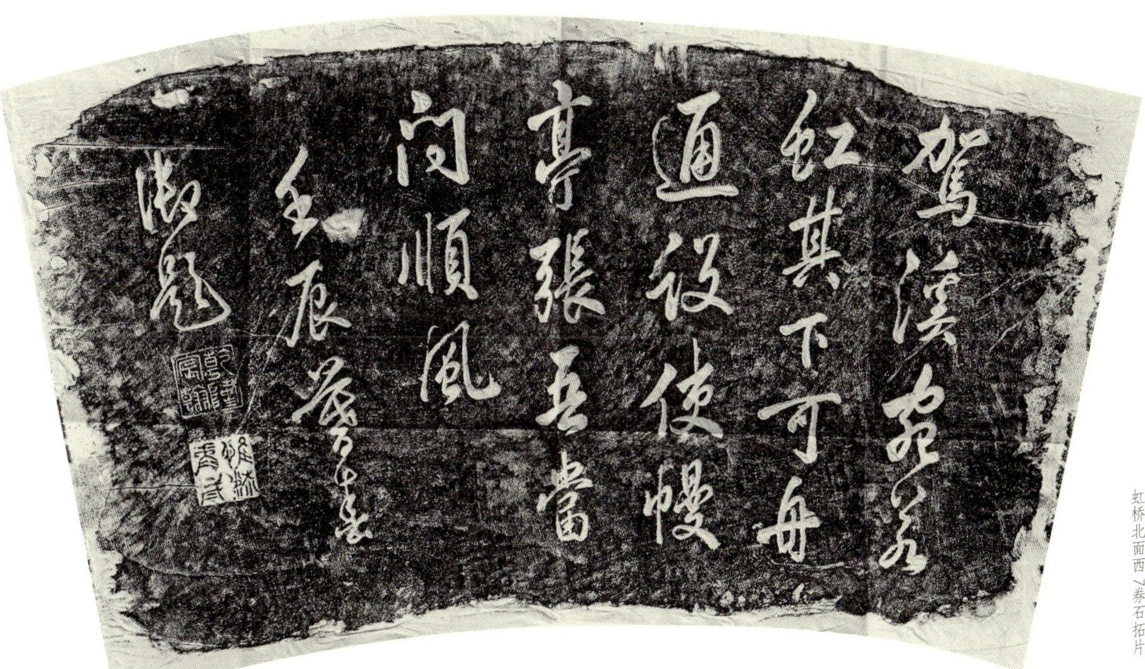

虹桥北面西7券石拓片

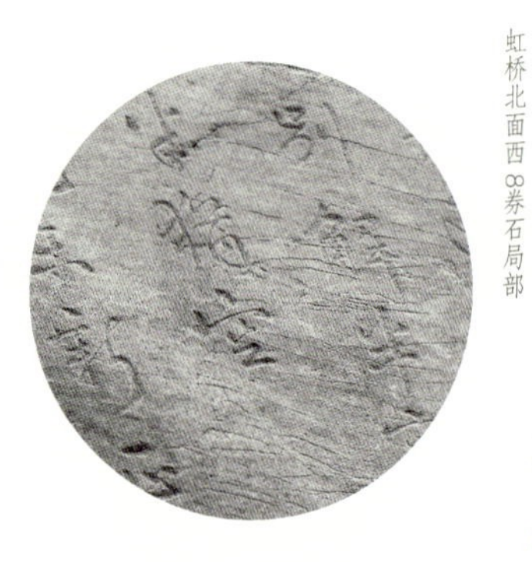
虹桥北面西8券石局部

6-10 虹桥北面西8券石“乙未新正御题”

乾隆四十年乙未新正御题诗，竖刻文字七行，行书。

录 文

饮虹跨两｜岸，冰渚步｜堪通。因之生｜别解，半实｜半犹空。｜乙未新正｜御题

诗刻下钤方形玺印两方，其一为“乾隆宸翰”，另一方已漫漶。

虹桥北面西9券石局部

6-11 虹桥北面西9券石“壬子新正御题”

乾隆五十七年壬子新正御题诗，竖刻文字八行，行书。

录 文

月样横桥截｜水中，喻形或｜又谓之虹。一｜从名象世间｜起，似此｜筵言｜那可穷。｜壬子新正｜御题

诗刻下钤“八徵耄念之宝”“自强不息”方形玺印各一方。

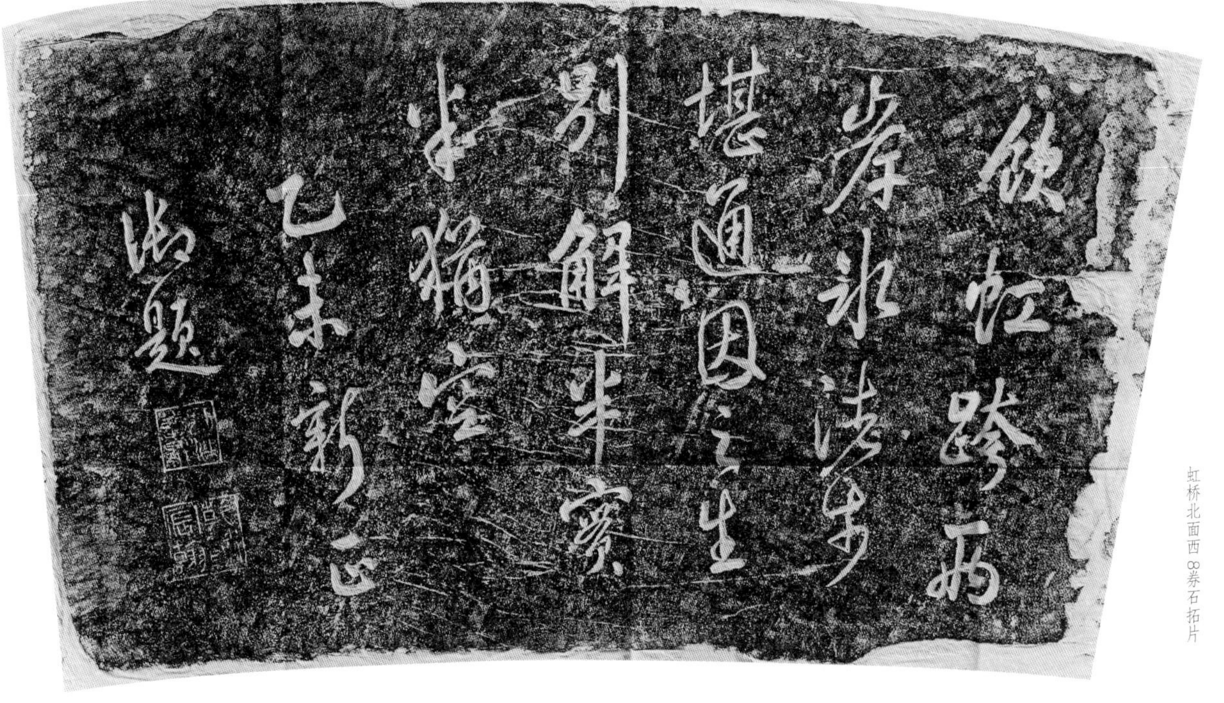

虹桥北面西8券石拓片

虹桥北面西9券石拓片

7

嘉庆御笔“披青磴”刻石

如园于乾隆三十二年（1767）仿江宁明代中山王徐达的瞻园而建，嘉庆十六年（1811）重修，嘉庆御制《重修如园记》，并于嘉庆十七年（1812）御制《如园十景》诗，披青磴为其中一景。嘉庆御笔“披青磴”诗刻石是2017年4月在如园考古发掘中出土的，已残缺，现存圆明园。竖刻文字七行，行书。

根据《清仁宗御制诗文全集》补齐《披青磴》录文。44

录 文

碧萝青藓｜午阴凝，沿｜磴寻幽缓｜步登。小憩方｜亭欣造极，｜披襟挹爽｜早秋澄。

嘉庆御笔「披青磴」刻石

44 《清仁宗御制诗文全集》，三集，卷七，海南出版社，2000年版。

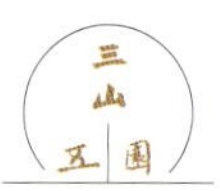

8

如园嘉庆御笔“镜香池”刻石

嘉庆御笔“镜香池”诗刻石是2017年在如园考古发掘中出土的，现存圆明园如园原址。镜香池为嘉庆御制“如园十景”之一。刻石竖刻文字十一行，行书。

录文

朱华翠」盖满池塘，」实结初秋」夏绚芳，晤」对静参」色空谛，花」中君子镜」中香。」壬申孟秋」月之上浣」御题

诗刻下钤“嘉庆御笔之宝”“夙闻诗礼凛心传”方形玺印各一方。

9

如园嘉庆御笔
“称松岩”
诗刻石

如园于乾隆三十二年（1767）仿江宁明代中山王徐达的瞻园而建，嘉庆十六年（1811）年重修。嘉庆御制《重修如园记》，并于嘉庆十七年（1812）御制《如园十景》诗，“称松岩”为其中一景。嘉庆御笔“称松岩”诗刻石已残缺，质地为自然山石，竖刻残存文字四行，行书。此刻石曾流散于北京东城区翠花胡同民盟中央办公厅院内，2018年4月19日回归圆明园。

根据《清仁宗御制诗文全集》补齐《称松岩》录文。[45]

录　文

数仞苍岩百尺松，清贞｜不改后凋容。天涛谡谡延虚｜籁，摇漾檐前盖影重。｜……御题

末尾刻“嘉庆御笔之宝”“执两用中”方形玺印各一方。

如园嘉庆御笔『称松岩』诗刻石

45《清仁宗御制诗文全集》，三集，卷七，海南出版社，2000年版。

嘉庆御笔『称松岩』诗刻石拓片

10

道光御笔 “烟 岚” 诗刻石

道光八年（1828），道光帝对狮子林进行了全面修缮，并对西部丛芳榭一带作了增建和改建。同年御题《狮子林十六景》诗，十六景分别为层楼、曲榭、花坞、竹亭、萝洞、水门、苔阶、莎径、崖磴、溪桥、云窦、烟岚、叠石、流泉、长松、古柳。其中第十二景为“烟岚”。此刻石是道光戊子季夏，即道光八年（1828）御题《狮子林十六景》诗之《烟岚》，竖刻文字七行，行书。诗的内容描绘了狮子林雨后初晴，犹如世外桃源般的美景。此刻石在1981年被工人翟春来发现于狮子林遗址曲形方池东岸的乱石中。

录 文

烟霞无尽妙，雨霁｜添岚翠。漠漠复濛濛，｜崎岖多秀异。地｜僻问樵苏，是否秦｜人避。烟岚｜道光戊子季夏｜御笔

末尾有两方刻印，其一为“寓□于物”，另一方已漫漶不可辨识。

道光御笔『烟岚』诗刻石局部

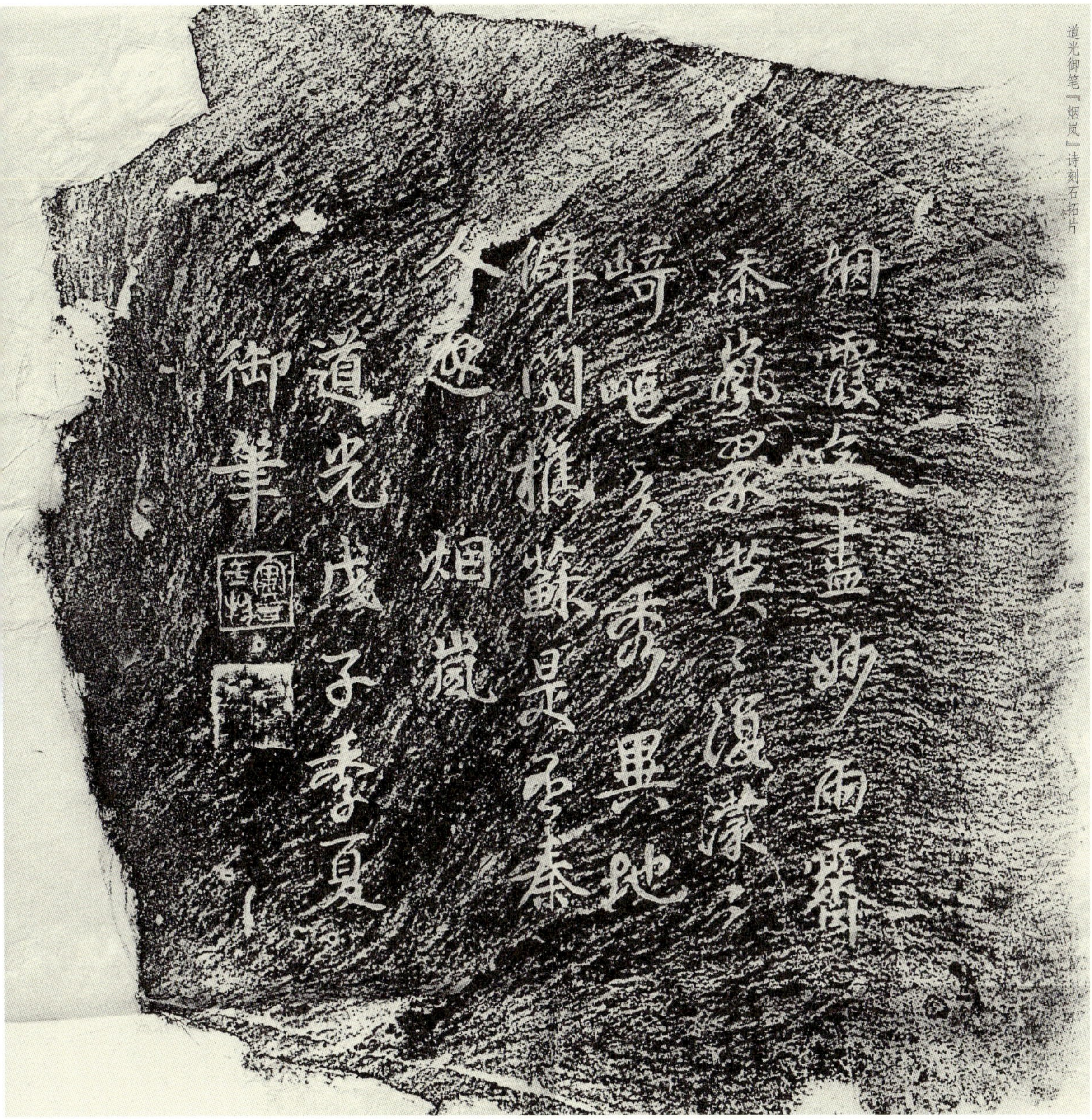

道光御笔『烟岚』诗刻石拓片

道光御笔『烟岚』诗刻石

11

乾隆御笔“阐□□门”诗刻石

法慧寺位于长春园海岳开襟东，西洋楼南，是一座背山面水的寺庙园林。乾隆十二年（1747）基本建成。嘉庆帝在《法慧寺》诗中说“寺仿天竺式”。[46]乾隆时寺内曾设太监充当僧人上殿念经，至道光十九年（1839）裁撤。法慧寺中路是三座五开间殿宇。南面山门匾额为“福佑大千”，正殿为法慧寺，其间有“四面延楼”相连，后殿为“光明性海”殿，其西院有琉璃方塔。[47]西院八面七层多宝琉璃塔现仅存方形汉白玉须弥座。

法慧寺设东、西山门，据《圆明园匾额略节》载，东、西山门匾额分别为“证三摩地”和“阐二谛门”。法慧寺西山门石刻匾额是“阐二谛门”四字。法慧寺遗址西南出土刻有“阐”“门”二字的石匾残件各一件，应是法慧寺西山门的匾额，横刻，行书，字周围刻有边框。“谛”指真理。“二谛”是佛教最基本的理论，指“真谛”与“俗谛”。真、俗二谛是事物所具有的两种真理。大乘、小乘佛教各宗派都盛谈“二谛”。“阐二谛门”可理解为阐述二谛的门，也许乾隆认为由此门进入法慧寺就能参透“二谛”的精髓。

46《清仁宗御制诗文全集》，三集，卷二十三，海南出版社，2000年版。

47 于敏中等编：《日下旧闻考》，卷八十三，北京古籍出版社，1985年版，1385页。

残石匾局部

法慧寺琉璃塔遗址

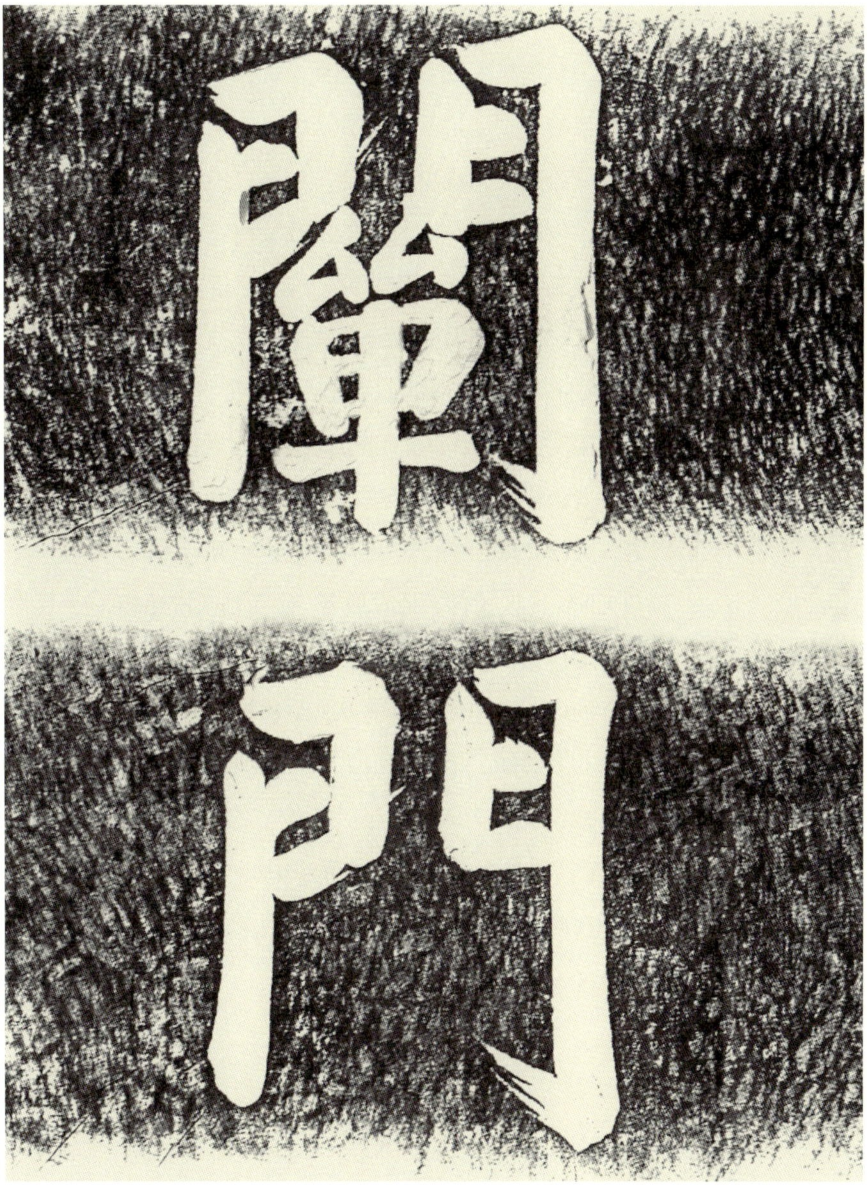

闡

門

乾隆御笔『阐□□门』残石匾拓片

12

乾隆御笔

“爱此清凉窟”
“花雨散诸天”

石联

法慧寺遗址东南出土乾隆御笔“爱此清凉窟”和“花雨散诸天”残石联。两石联均竖刻，行书，尺寸、规格相同，且字迹一致，均为乾隆御笔，由此推测两联为一副楹联。乾隆题写的法慧寺匾额、对联均引用了佛经中的典故，显示了他对佛学的精通。按照佛教“四谛说”，第一谛是“苦谛”，宣扬世间一切都是变迁不息的无常，是苦集之场，把人间世界喻为“火宅”。芸芸众生，囚陷于火宅之中，备受煎熬。与现世“火宅”相对，佛教的理想境界是“清凉世界”。著名的佛教圣地五台山又名清凉山，五台山上还有清凉寺，这里“清凉”的意义代表了一种清净无扰的彻悟境界。

“天香花雨”境界的原型是：须菩提岩中宴坐，帝释天雨花赞叹，须菩提问其缘由，帝释天说：“我推崇尊者善说般若波罗密多。”须菩提说：“我对般若，并没有说一字。”帝释天说：“尊者无说，我乃无闻。无说无闻，是真般若。”于是天旋地转，花雨飘落得更多。这是一种类似“释迦拈花，迦叶微笑”的以心证禅的灵妙境界，须菩提无语宴坐，帝释天心会而闻，诸天花雨，缤纷满地。“天香花雨”也被诠释成“文殊”与“维摩”之间的妙悟境界。乾隆将法慧寺比喻为佛教理想中的“清凉窟”，并希望在此可达到“花雨散诸天”的灵妙境界。

乾隆御笔「爱此清凉窟」「花雨散诸天」石联

石联拓片

13

泽兰堂乾隆御笔“熙春洞”石匾

泽兰堂位于长春园西洋楼远瀛观、大水法南的山坡上，清帝在这里可观览西洋楼景观。这里假山叠石颇佳，至今泽兰堂南部遗址残存的叠石仍很壮观。泽兰堂翠交轩前石室洞门上有乾隆御笔“熙春洞”石匾额，行书，三字上部正中刻有方形印玺一方，已漫漶。此匾曾流散于北京东城翠花胡同民盟中央办公厅院内，2018年 4月 19日回归圆明园。

乾隆御笔『熙春洞』石匾

『熙春洞』石匾额拓片

1

乾隆御笔“正觉寺”石匾

正觉寺建于乾隆三十八年（1773），是载于《理藩院则例》的满族皇家藏传佛教寺庙。位于绮春园宫门西，既有后门与绮春园相通，又设有独立的南门。正是由于偏僻的位置和独立的格局，这里成为圆明三园至今唯一保存下来的古建筑。20世纪70年代寺内残存山门、文殊亭、四座配殿及若干古树。2012年寺内建筑经全面修复已对外开放。

乾隆不仅自己信奉藏传佛教，还试图将其在满族中推行。他在京师、承德、盛京建有多座满族喇嘛寺庙。并设立“清字经馆”，由三世章嘉国师主持，译刊《满文大藏经》。这些满族喇嘛寺庙载于《理藩院则例》的有六处：东陵隆福寺、西陵永福

寺、香山宝谛寺、圆明园正觉寺、功德寺和承德的殊像寺。[48] 寺中喇嘛从内务府包衣人和满洲兵丁子弟中选取，全部是满族人，并用满语诵经。正觉寺于乾隆三十八年（1773）由满族喇嘛寺庙香山宝谛寺拨来喇嘛四十余名在此梵修，生活待遇依照太监的标准。并于每月初一、初八、十三、十五、三十到含经堂梵香楼念经。正觉寺中既有满族喇嘛梵修，又于每月初一、初八、十三、十五、三十日由中正殿派喇嘛 10人在此放“时轮金刚焰口”。

正觉寺山门石券券脸石雕刻缠枝宝相花图案，券门上部正中嵌，乾隆御书，满、汉、藏、蒙四种文字书写的“正觉寺”石匾，横刻，其中汉文正书。石匾正中上方有“乾隆御笔”刻印，四周装饰有单层莲瓣纹。蒙、藏两族笃信藏传佛教，御园寺庙的名字用满、汉、藏、蒙四种文字书写，不仅有维护民族团结的作用，更多的体现乾隆试图将藏传佛教在多民族中推广的意图。

正觉寺山门

家鹏：《乾隆与满喇嘛寺院》，载于《故宫博物院院刊》，1995期，紫禁城出版社。

壹 现存园内的刻石

［三］ 绮春园

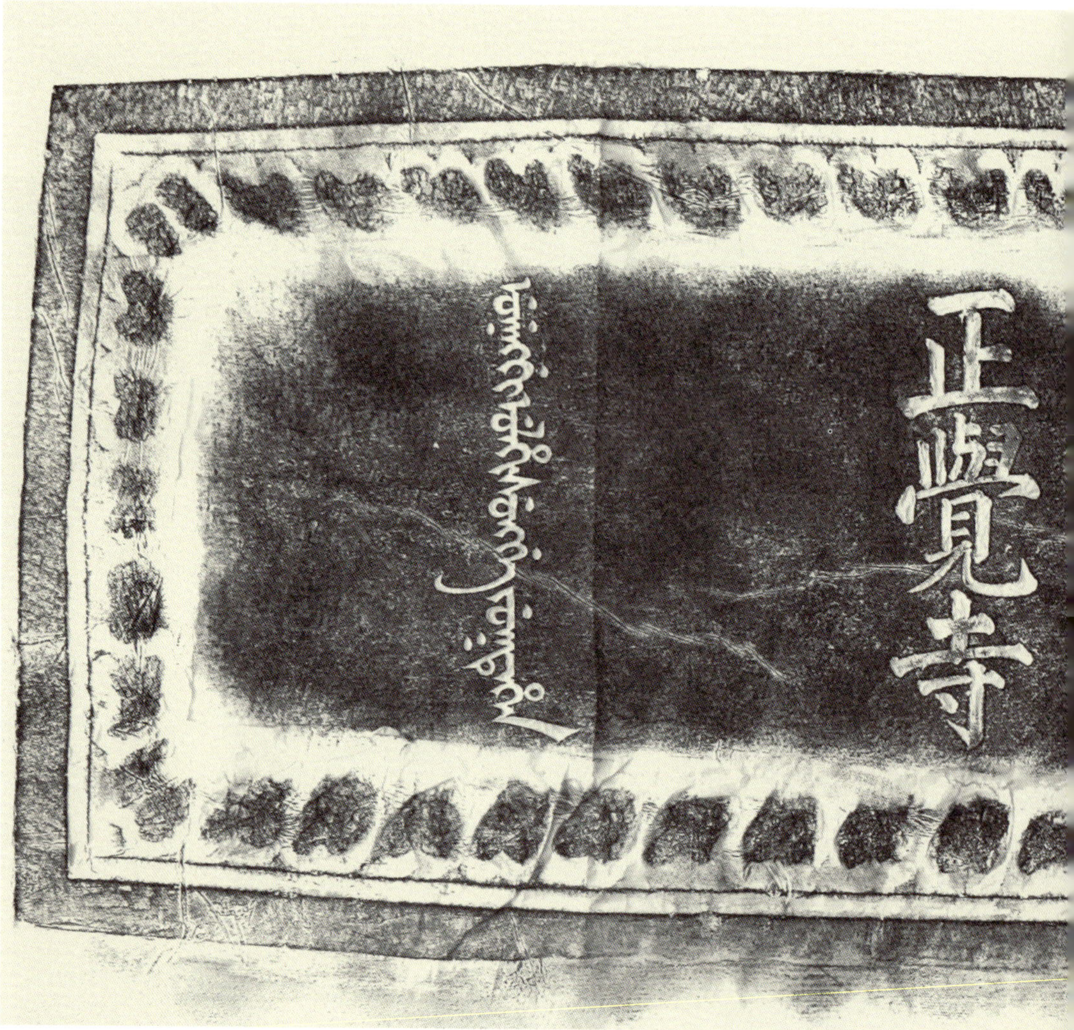

乾隆御笔「正觉寺」石匾

乾隆御笔「正觉寺」石匾拓片

2

嘉庆御笔
“清澄秋爽”
石匾

此石匾质地为汉白玉，正面横刻有嘉庆御笔“清澄秋爽”四字，正书，四字上部正中刻有“嘉庆御笔”方形印玺。此石是 1986年从绮春园春泽斋西侧长河进入后湖的水关处出土。据内务府《活计档》记载：“嘉庆十八年五月二十一日，生冬室水云关钩刻石匾，笔帖式普舒带领匠役二名进绮春园西宫门。”[49] 根据出土位置可知此件文物应为绮春园生冬室石匾。

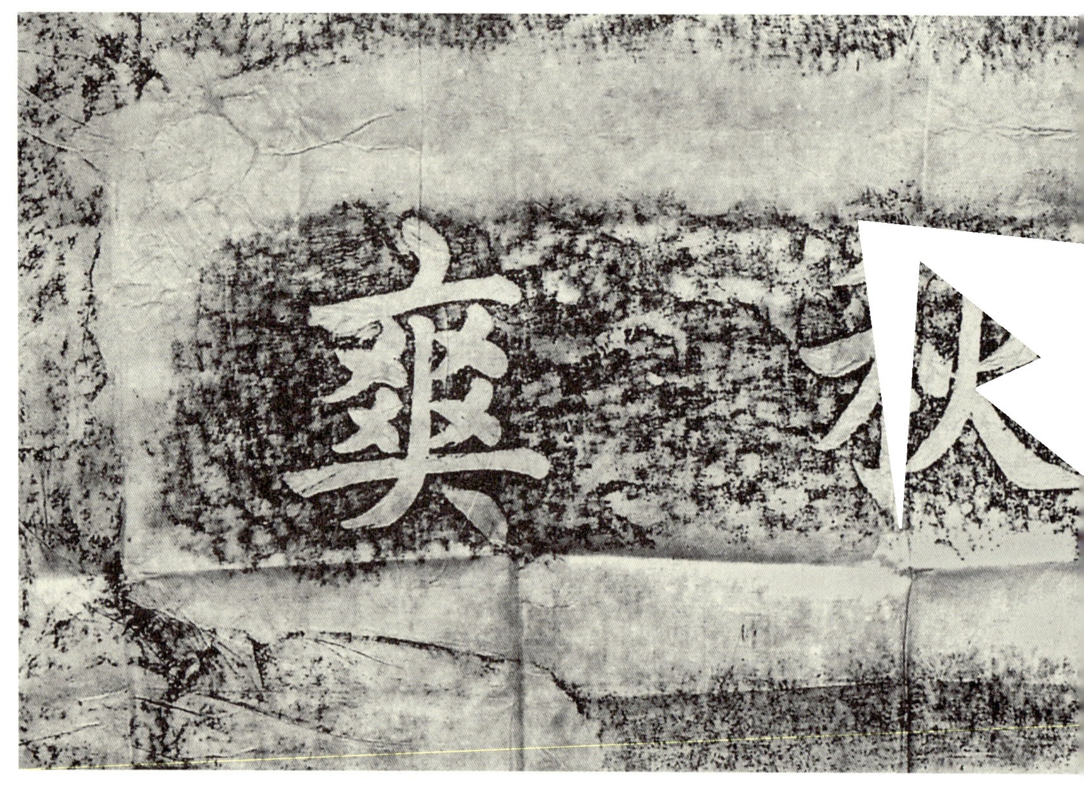

49 中国第一历史档案馆编：《圆明园》，上册，上海古籍出版社，1991年版，427页。

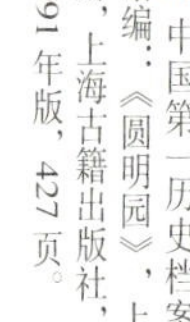

嘉庆御笔「清澄秋爽」石匾

「清澄秋爽」石匾上的「嘉庆御笔」刻印

嘉庆御笔「清澄秋爽」石匾拓片

贰 现存于他处的刻石

（一）圆明园

1 “青云片”石

“青云片”石

乾隆御书“青云片”刻石

乾隆御书“青云片”拓片

乾隆御笔『青云片歌』刻石拓片

乾隆御笔『新月』诗刻石拓片

乾隆御笔『青云片歌』刻石局部

乾隆御笔『新月』诗刻石局部

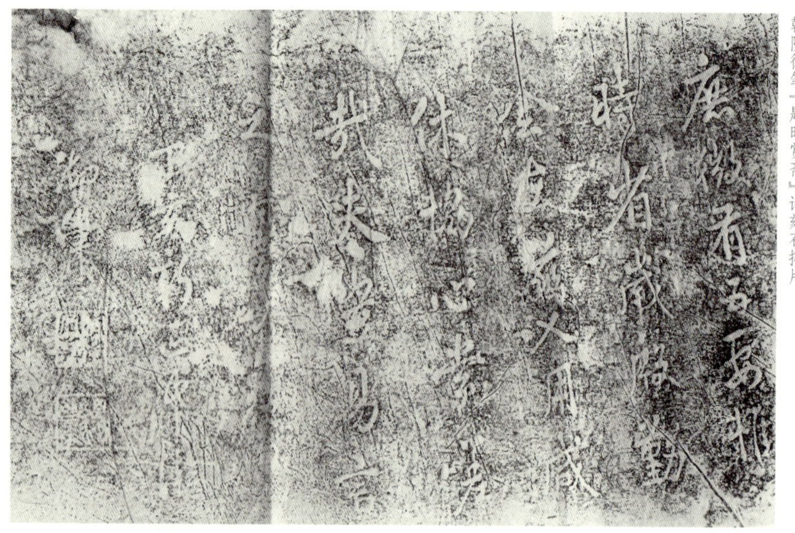

乾隆御笔『题时赏斋』诗刻石拓片

乾隆御笔『题时赏斋』诗刻石局部

“青云片”石原置于圆明园四十景之别有洞天北岸的时赏斋前，现存于中山公园内。石色灰白、光润，质地纯净、坚密，体量虽庞大，但遍体的孔洞和纵横的沟壑使之颇显空灵。石体横卧于乾隆年间原配的青石底座上。“青云片”石背面阴刻七处御题，分别为：乾隆三十一年（1766）御笔题名“青云片”；乾隆三十一年（1766）“丙戌季夏御题”《青云片》歌；乾隆三十一年（1766）“丙戌新秋上浣御笔”《新月》诗；乾隆三十二年（1767）“丁亥新正中浣御笔”《题时赏斋》诗；乾隆三十二年（1767）“丁亥仲春御题”《再题青云片石》；乾隆三十二年（1767）“丁亥仲夏月上浣御笔”《时赏斋》及乾隆三十五年（1770）“庚寅仲夏中浣御笔”《时赏斋》诗。与《清朝通志》的记载对照，仅缺一首乾隆三十一年（1766）御制《时赏斋》诗。现“青云片”石背面有一首诗不知何时被人凿毁，字迹已模糊，此诗是否为乾隆三十一年御制《时赏斋》诗已很难确定。《光绪顺天府志》载：“御制《青云片石》诗，行书，乾隆三十一年，七言古一首，三十三年，七言绝一首，在圆明园。御书‘青云片’三字，行书，乾隆三十一年，在圆明园。御制《新月》诗，行书，乾隆三十一年，五言律一首，在圆明园青云片石。”

乾隆御笔「再题青云片石」诗刻石拓片

乾隆御笔「再题青云片石」诗刻石局部

贰 现存于他处的刻石

[一] 圆明园

乾隆丁亥仲夏御笔『时赏斋』诗刻石拓片

乾隆丁亥仲夏御笔『时赏斋』诗刻石局部

乾隆庚寅仲夏御笔『时赏斋』诗刻石

乾隆庚寅仲夏御笔『时赏斋』诗刻石拓片

青云片石与清漪园的青芝岫石同为明代米万钟从房山采得的奇石，俗称“大青”“小青”。明代米万钟是爱石成癖的米芾后裔，字仲诏，顺天府人，明万历年间进士。他的诗、书、画俱佳，同时还以造园和多蓄奇石著名。他在京城所造成三座园墅“湛园”“勺园”“漫园”，均以园中放置的奇峰怪石取胜。米万钟得此二石后，“欲置勺园力未就”，弃之良乡。乾隆三十一年（1766）御制《青云片》歌云：“万钟大石青芝岫，欲置勺园力未就。已达广阳却弗前，土墙缭之葭屋覆。适百里半九十里，不然奇物靳轻售。向曾辇运万寿山，别遗一峰此其副。云龙气求经所云，可使一卷独孤留。伯氏吹埙仲氏篪，彼以雄称此通透。移来更觉易于前，一例为屏列园囿。沥题三字青云片，兼作长歌识所由。有时为根戛𪡏生，有时为峰芳润漱。虚处入风籁吹声，窍中过雨瀑垂溜。大青小青近相望，突兀玲珑欣邂逅。造物何处不钟灵，岂必莫厘乃称秀。事半功倍萃佳赏，宣和之纲诚大谬。”[50] 此诗叙述了青芝岫和青云片石的由来，并称其一以雄称奇，另一以通透著称，难分伯仲，以及将其置之御园并题名“青云片”的经过和对青云片石形态的赞美。

圆明园被毁后，“青云片”石仍在原处。1917年北洋政府政务总长朱启钤修建中央公园（后改称中山公园），从圆明园各处移去六方太湖石，青云片为其中之一。

『青云片』石上字迹模糊的御制诗

50《清高宗御制诗文全集》，三集，卷五十八，中国人民大学出版社，1993年版。

2

杏花春馆城关乾隆御笔“屏 岩”石匾

圆明园四十景之一杏花春馆东北的山顶上有一座城关，从乾隆九年（1744）绘制的《圆明园四十景图》中可见此城关。城关南北两面的石刻匾额分别为乾隆御笔“屏岩”“渊镜”。“屏岩”石匾，今存北京西交民巷87号院内。青石质地，横刻乾隆御笔“屏岩”，行书，两字上部正中刻有“乾隆御笔”方形印玺。

乾隆御笔“屏岩”石匾

圆明园四十景图咏之《杏花春馆》局部，现藏法国国家图书馆

3

别有洞天乾隆御笔
“芳纂怡春”
石匾

“芳纂怡春”为乾隆御笔石刻匾额，原位于别有洞天。1931年北平图书馆和中国营造学社在中山公园举办的“圆明园遗物文献展览”的展览名录中有此匾，当时定名为“清高宗题芳纂怡春石额”。可知此匾在 1931年已在中山公园。因未见实物，此匾现存何处，有待考察。

牌坊起源于建筑的院门。中国古代把功臣的姓名和事迹刻于石上，置于门以表彰他们的功德。现在的牌坊仍有记载地名，表彰功德的作用。盛时圆明园中有木牌坊、琉璃牌坊和石牌坊多座，现仅存“断桥残雪”和“柳浪闻莺”两座残石牌坊。石牌坊的外观多仿木牌坊的形式。由柱子组成开间，柱子立在地面上，柱上加横向石枋，枋上有斗拱承托屋顶。下面用抱鼓石前后夹住立柱。两柱上刻楹联，不仅以其形象为建筑园林增添了美感，还为造园者抒发意境提供了场所。现存的“断桥残雪”和“柳浪闻莺”两座残石牌坊都与乾隆在园中仿建的“西湖十景”有关。

那些自白山黑水间乘着萧萧铁骑而来的清代帝王，频频组织规模浩荡的南巡，对江南的杏花烟雨、草木山石，充满着无尽的向往。康熙和乾隆都曾先后六次南巡，览尽江南胜景。“山水与我有宿缘，每遇佳境辄欢畅”，[51] 反映了乾隆亲近自然的生活情趣。乾隆南巡行幸所经他钟情的名园胜景，便命随行画师描摹成图。“携图以归”，回京后加以完善修改，在皇家园林中进行仿建，以供自己随时御临游赏。

为了追求“移天缩地在君怀”的皇家气魄，乾

51《御制乐善堂全集定本》，卷一七，《题唐岱重溪烟霭》，吉林出版集团，2005年版。

隆在圆明园中大量仿建各地的山水胜景。尤其是江南的美景佳园，在园中仿建达数十处。在圆明园中仿浙江海宁陈氏安澜园建安澜园。在长春园中仿南京瞻园建如园，仿杭州小有天园建思永斋，仿苏州狮子林建狮子林。乾隆南巡其间，多次造访“人间天堂”杭州，对西湖风光流连忘返，曾多次写下吟咏“西湖十景”的诗作，在圆明园中首先仿建的也是西湖十景。由于园中地形、山水条件都与西湖不同，仿建并非简单的模仿，在乾隆反复强调的“略仿其意，就天然之势，不舍己之所长”的理念指导下，造园时借题发挥，重于意境的再创造。

圆明园中仿建的“西湖十景”大小不一，形式不同，而且并非同时建造。其中既有完整的建筑群如“平湖秋月”“曲院风荷”，也有的是其他景群中的一座建筑如“苏堤春晓”“雷峰夕照”“花港观鱼”“南屏晚钟”“三潭印月”。还有的只是一处景物的题名或是一座石牌坊如“双峰插云”“柳浪闻莺”“断桥残雪”。这里的“西湖十景”完全是一种符号化的处理，借用“西湖十景”之名取和西湖风光相近的立意，园林建筑并无多少相似之处。

4

乾隆御笔
“断桥残雪”
石坊额及石联

“断桥残雪”汉白玉石坊建于乾隆二十八年（1763），原在圆明园汇芳书院东，现残存的坊额和石联在北京大学内。坊额阳面横刻有“断桥残雪”四字，行书，四字上方正中刻有“乾隆御笔”方形印玺。阴面刻有乾隆癸未孟冬月 (乾隆二十八年)御题《断桥残雪》诗，竖刻文字十三行，行书。此诗原文见于《清高宗御制诗》三集卷三四。诗文内容为乾隆写景抒情之作，表达了他在此设立石坊“举头见额忆西湖”的目的。坊额阳面、阴面各雕刻有两幅花卉，分别为代表四季花卉的牡丹、荷花、梅花、菊花。《光绪顺天府志》载：“御书‘断桥残雪’四字，行书，乾隆二十八年，在圆明园。御制《断桥残雪》诗，行书，乾隆二十八年，在圆明园。”

石牌坊的阳面和阴面两柱上都刻有楹联。阳面是“杨柳似含烟羃䍥，楼台仍积玉嵯峨”。石牌坊阳面右侧联引首章为一枚椭圆形刻印“画禅室”，左侧联压脚章为两枚方刻印，因风化严重，已不能辨识。阴面是“连村画景张横幅，著树梅花丛野□”。石牌坊阴面右侧联引首章为一枚椭圆形刻印，印文为“奉三无私”。左侧联压脚章为两枚天圆地方式。上方为圆形印，八卦中的“☰”代表“乾”字，边框为变形的龙纹。下方为方形印，边框为“卍”字形，内为“隆”字，颇具艺术气息。

『断桥残雪』石坊阳面

『断桥残雪』石坊阴面

“断桥残雪”石坊额阴面乾隆御题诗录文

在昔桥｜头密雪｜铺，举头｜见额忆｜西湖。

春｜巡几度｜曾来往｜，乃识西｜湖此不｜殊。｜

癸未孟｜冬月｜御题

末尾刻“乾隆宸翰”方形印玺。

石坊额阳面乾隆御笔「断桥残雪」

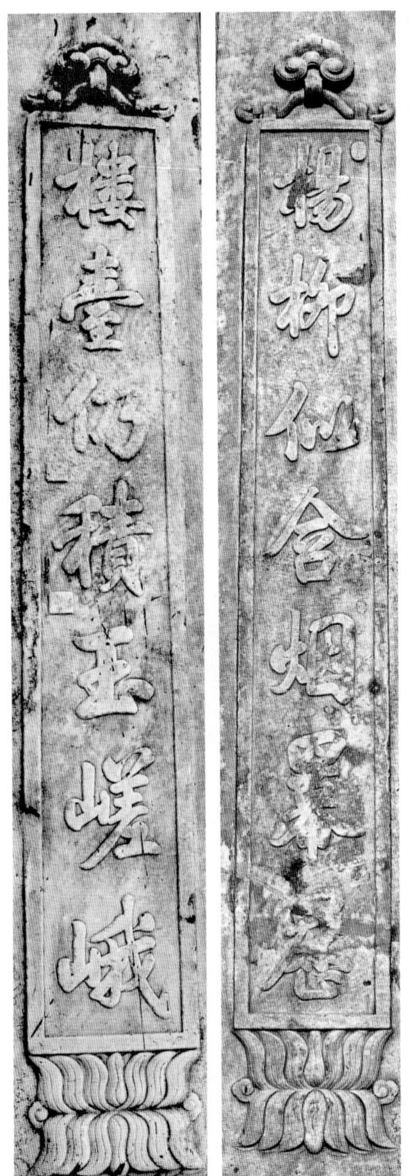

『断桥残雪』石坊阳面石联

『断桥残雪』石坊阴面石联

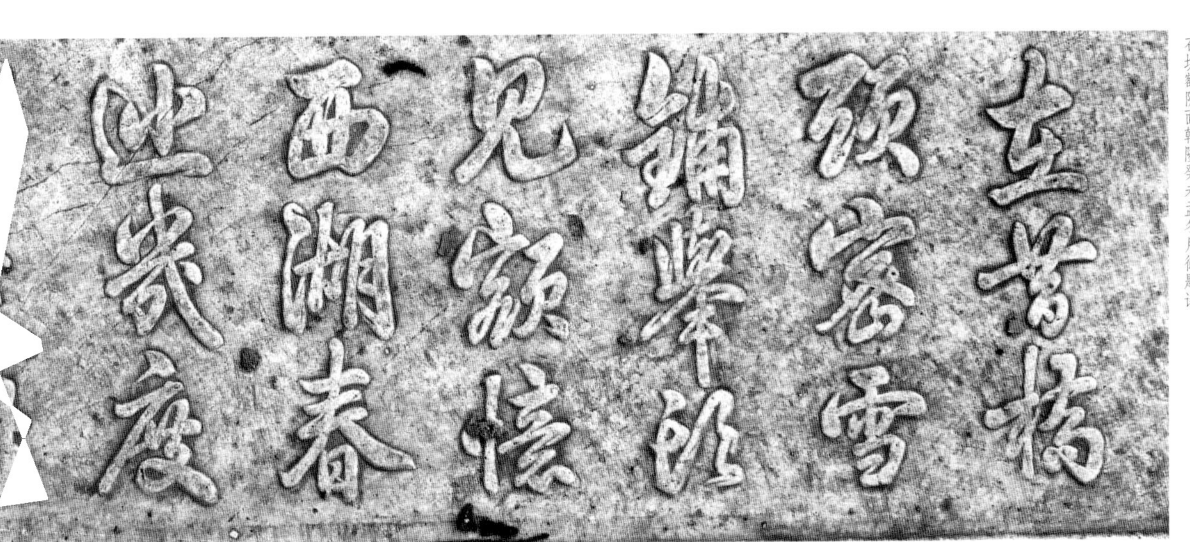

石坊额阴面乾隆癸未孟冬月御题诗

5

乾隆御笔

“柳浪闻莺”

石坊额及石联

『柳浪闻莺』石坊两面

石坊两面石联

今北京大学内还存一与“断桥残雪”石坊形制相同的石牌坊。因与坊额分离，不能辨别石牌坊的阳面和阴面，在此用一面和另一面表示。石牌坊一面的对联是“能言春鸟呼名字，罨画云林自往回”。右侧联引首章为一枚椭圆形刻印“画禅室”，左侧联压脚章为两枚方形刻印，印文风化严重，已不能辨识。石牌坊另一面对联是“几缕画情遮过客，一行烟意□新题”。右侧联引首章为一枚椭圆形刻印，印文风化严重，已不能辨识。左侧联压脚章仅残存一枚圆形刻印，印文也已不能辨识。根据两面柱子上对联的内容，初步判断为乾隆二十八年（1763）立于圆明园文源阁西北“柳浪闻莺”石牌坊的一部分。此石坊额也曾流散于北京大学内，1977年运回园中。《光绪顺天府志》载：“御制《柳浪闻莺》诗，行书，乾隆二十八年，七言绝一首，在圆明园。”

石联形制完全仿制木制楹联，上端仿刻成铜如意形钩环，下端刻出莲花装饰。内容均是对牌坊原所在地周围美景的描绘。牌楼不仅以其形象为园林增添了魅力，起到点景的作用，而且还为园林主人提供了抒发情感的场所。

颐和园谐趣园知鱼桥石牌坊

圆明园“断桥残雪”和“柳浪闻莺”原石牌坊均残缺，今存同为乾隆朝所建，建筑形制近似的石牌坊可参见颐和园谐趣园知鱼桥的石牌坊。

无论是《断桥残雪》诗中的“举头见额忆西湖”，还是《柳浪闻莺》诗中的“讶似清波门那边”，两座石牌坊都显示了乾隆帝的“江南情结”，也是“移天缩地在君怀”的帝王欲望的展现。他所追求的是在御园中建造一处处具有象征意义的巡游纪念地，是能唤起他对这些景点追忆的游赏空间。

1

“青莲朵”石

“青莲朵”石原位于长春园茜园内。此石原是杭州南宋御苑德寿宫遗存“芙蓉石”。颜色灰白，朴实无华，体形敦厚而通透，温润有玉质感，且四面可观，是太湖石中臻于极致之品。其下雕刻精美的台座为乾隆时期原配。“青莲朵”石在圆明园劫难后仍存于茜园遗址。1927年移至中山公园。2013年又移至中国园林博物馆。青莲朵是流传有序的名石，其不凡的经历纪录了两个王朝的兴衰。

乾隆六次南巡，既察吏问民，阅视河工，也遍览名胜，留连题咏。他尚风雅，喜游历，巡幸所至，对名胜古迹留意考察，每多题咏。宋绍兴三十二年（1162），高宗赵构传位于孝宗，自己做太上皇，兴建德寿宫，并常在此筵宴饮酒，赏花赋诗，后德寿宫荒废。明末，蓝瑛、孙杕合绘梅石图并刻碑，世称梅石碑。梅石碑描绘了德寿宫的两件遗物——古苔梅和芙蓉石。乾隆十六年 (1751)，乾隆南巡到杭州德寿宫故址寻访梅石旧迹。此时古梅已枯槁，唯有芙蓉石岿然犹存。他甚惜此石，抚摩良久。地方官吏见状，立即将此石“辇送京师”。乾隆对此石珍爱有加，半推半就，既表示“既悔曩时未颁却贡之旨”，又恐遗人以口实，“念事已成，留置御园”，颇有不得不接受之意。于是他称心如愿地将此石置于长春园茜园内，并赐名“青莲朵”，亲笔题写刻于石上，成为茜园八景之一。今藏北京故宫博物院的清高宗御笔《青莲朵》图卷为乾隆亲笔绘制，把他对此石的珍爱表露无遗。

茜园位于长春园，乾隆十七年 (1752)基本建成。乾隆钦定“蒨园八景”为朗润斋、湛景楼、菱香沜、青莲朵、别有天、韵天琴、标胜亭、委宛藏，并御制《蒨园八景》诗。《日下旧闻考》记载：“门西向内为朗润斋三楹，其东为湛景楼，又东为菱香沜。

朗润斋西有石立于园门内，为青莲朵。”[52]《养吉斋丛录》载：“杭州宗阳宫，即南宋德寿宫旧址。旧有穹石曰芙蓉石，具玲珑刻削之致。石旁有苔梅一株，久萎，断碑尚存，上刻梅石。梅为孙杕作，石为蓝瑛作。高宗辛未南巡，尝拂拭是石，大吏遂辇送京师，命置之茜园太虚室，赐名青莲朵，并纪以诗。”[53]《清朝通志》《光绪顺天府志》《北京市志稿》记载青莲朵石上原刻有乾隆十七年御笔行书《青莲朵》诗五首，及乾隆三十一年行书“青莲朵”三字。现此石上“青莲朵”三字依稀可见，诗刻已漫漶。乾隆题咏青莲朵、梅石碑的诗作共有十余首，为茜园诸景之冠。其中最能反映石和碑缘由始末的是作于乾隆十七年（1752）《青莲朵》诗。

『青莲朵』石，现存中国园林博物馆

录 文

客岁驻辇杭城，偶于宋德寿宫故址寻所谓蓝瑛梅石碑迹。碑尚杰竖，梅已槁仆。而其侧犹有摧娄玲珑硉兀刻削者一峰存焉。抚摩良久。回銮后地方大吏竟以舟便致贡。念事已成，留置御园。既悔曩时未颁却贡之旨，转思此石之来将毋惜江树之颓怀硕果之叹耶。名之曰青莲朵，而系以诗。

化石玲珑佛钵花，雅宜旁置绿蕉芽。
皇山峭透房山壮，兼美端堪傲米家。
傍峰不见旧梅英，石道无情亦怆情。
此日荒凉德寿月，只余碑版照蓝瑛。
梅亡石在石谁怜，碑迹长从梅石传。
石过江来碑独在，江梅春到总依然。
烟霞饱领西湖秀，风月新参七字吟。
一晌闲庭凭峭蒨，吴山重为寄遐心。
刻削英英陆地莲，一拳提示色空禅。
飞来鹫岭分明在，幽赏翻因意慊然。[54]

乾隆御笔『青莲朵』

52 于敏中等编：《日下旧闻考》，卷八十三，北京古籍出版社，1985年版，1382页。

53 吴振棫：《养吉斋丛录》卷二十六，中华书局，2005年版，332页。

54 《清高宗御制诗文全集》，二集，卷三十一，中国人民大学出版社，1993年版。

2

含经堂“搴芝”“绘月”石

“搴芝”和“绘月”两座太湖石原在长春园含经堂，园毁后分别于1914年和1919年被移往中山公园，现仍存此处。“搴芝”色灰质坚，均匀纯净，造型动中有静，其上阴刻“搴芝”二字。“绘月”丰满温润，孔洞排列疏朗，其上阴刻“绘月”二字。1912年姚华所写《圆明园游记》载：“绕至东大殿，于绘月、搴芝二石下，徘徊久之。”[55] 可知此时“搴芝”“绘月”二石仍在含经堂。

含经堂「搴芝」石，现存中山公园

55 姚华：《圆明园游记一》，载于舒牧等编《圆明园资料集》，书目文献出版社，1984年版，297页。

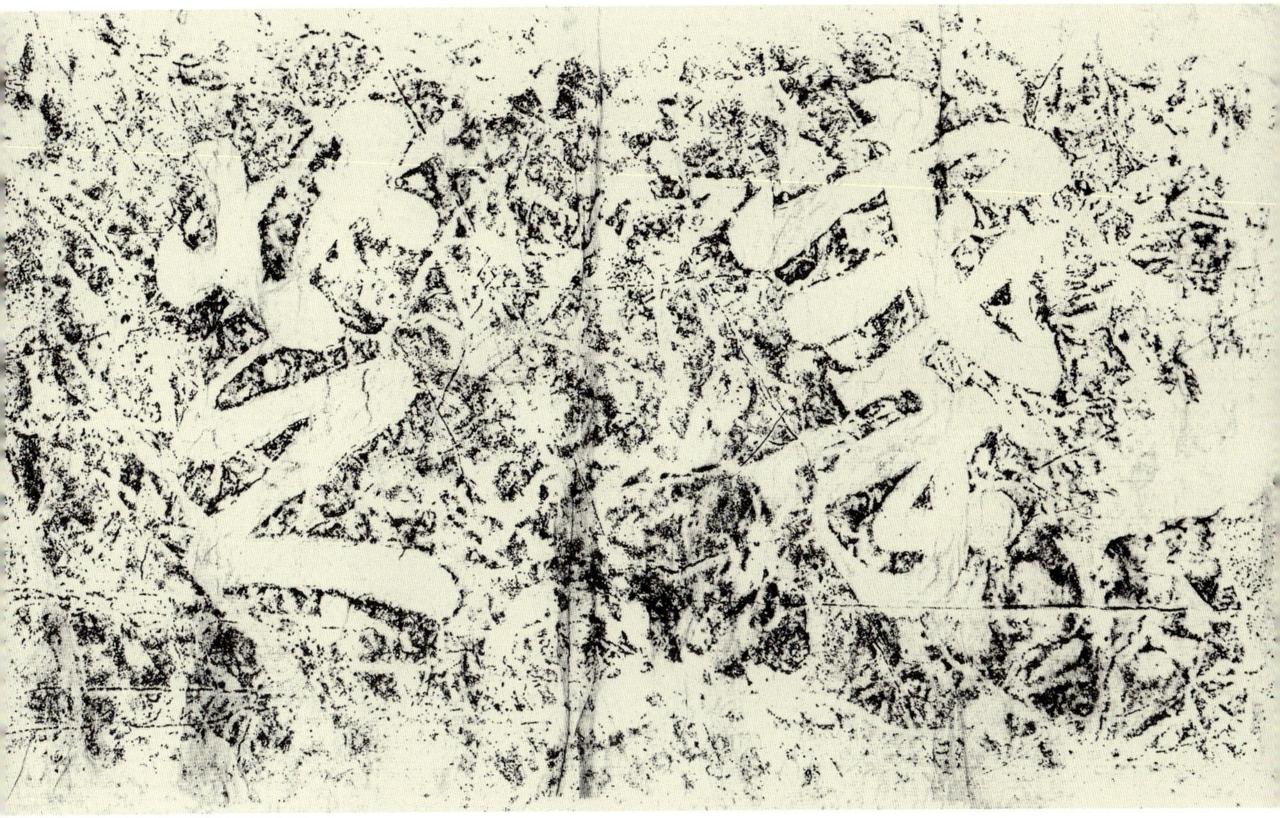

『搴芝』石拓片

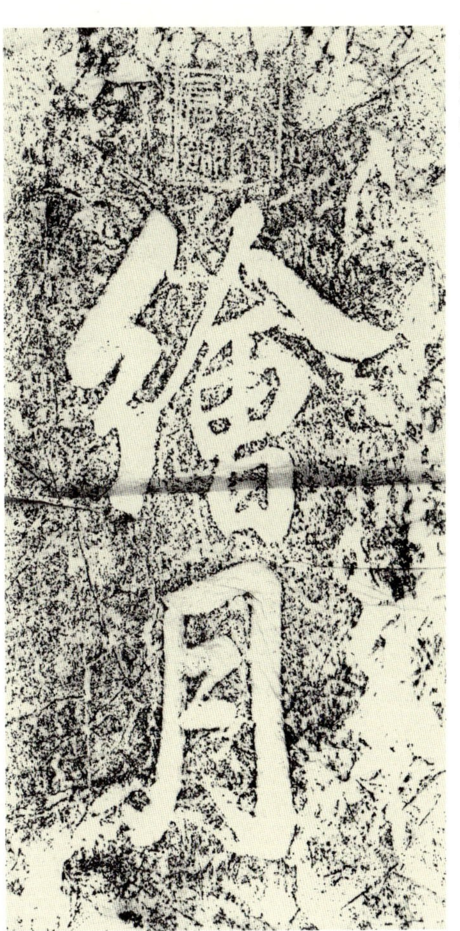

『绘月』石拓片

含经堂『绘月』石，现存中山公园

3

狮子林乾隆御制“癸卯新正御题”云林石室诗刻石

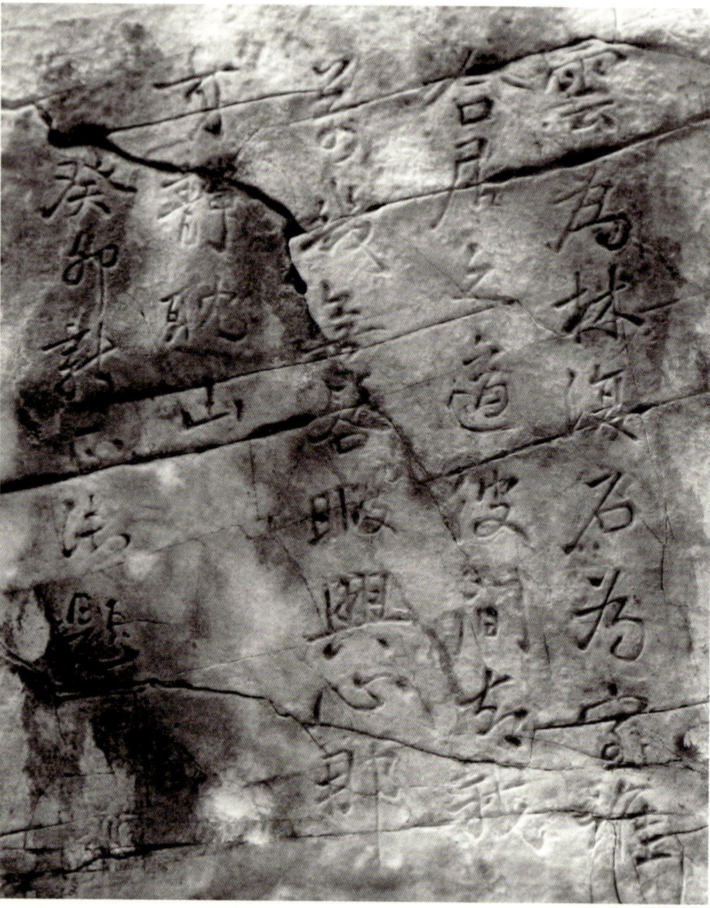

乾隆御制癸卯新正云林石室诗刻石，现存北京西交民巷87号院内

乾隆御制丙辰季春右云林石室诗刻石，现存北京西交民巷87号院内

4

狮子林乾隆御制

“丙辰季春御题”

右云林石室诗刻石

云林石室位于长春园狮子林，为乾隆御题“狮子林十六景”之一，仿盘山云林石室而建。乾隆御制《云林石室》诗云：“盘山精舍名，置此实相称。”[56]室外有“云林石室”御制诗刻石多方。据《清朝通志》记载：“御制《云林石室》诗，乾隆四十年，五言古一首。四十二年、四十四年、四十八年，七言绝各一首。俱行书。”“癸卯新正御题”诗刻石，对照《清高宗御制诗全集》为四集卷九十四，乾隆四十八年（1783）作《云林石室》诗，竖刻文字五行，行书。“丙辰季春御题”诗刻石，对照《清高宗御制诗全集》为余集卷四，嘉庆元年（1796）作《右云林石室》诗，竖刻文字八行，行书。此两件刻石今存北京西交民巷87号院内。

“云林石室”诗刻石录文

云为林复石为室，谁｜合居之适彼闲。却我｜万几无晷暇，兴心那｜可静耽山。｜癸卯新正御题

末尾刻有两方形印玺，已漫漶。

“右云林石室”诗刻石录文

云那为｜林石非室，幽人假｜藉正无妨。笑｜予劳者奚堪｜拟，一再安名｜盘与阊。｜丙辰季春｜御题

诗刻下刻“太上皇帝”“十全老人”方形玺印各一方。

56《清高宗御制诗文全集》，四集，卷二十六，中国人民大学出版社，1993年版。

5

法慧寺城关乾隆御笔“普香界”石匾

长春园法慧寺西有一座城关，通过城关向东行可进入法慧寺。城关上匾额为乾隆御笔“普香界”三字，行书，三字四周装饰有单层莲瓣纹。此石匾今存于北京西交民巷87号院内。

乾隆御笔『普香界』石匾，现存北京西交民巷87号院

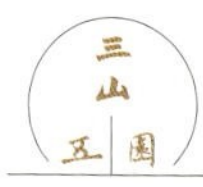

1

含辉楼城关嘉庆御笔
“排青幌”“护松扉”
石匾

含辉楼位于绮春园西，是清帝练习骑射并观阅皇子、侍卫等骑射之处。含辉楼四周皆建墙垣，南门城关上为嘉庆御书石刻匾额。南面为“护松扉”，北面为“排青幌”。“排青幌”“护松扉”两方石匾额，均横刻，行书，三字上方有方形印玺，已漫漶。今存北京西交民巷87号院内。

含辉楼城关嘉庆御笔『护松扉』石匾，现存北京西交民巷87号院

含辉楼城关嘉庆御笔『排青幌』石匾，现存北京西交民巷87号院

2

湛清轩水关嘉庆御笔

“翠　潋”

石匾

绮春园湛清轩建于嘉庆十九年（1814）。湛清轩西北长河出口处有一水关，东为嘉庆御笔石刻匾额“翠潋”，横刻，行书，两字上方正中有方形印玺，已漫漶。今存北京西交民巷87号院内。

嘉庆御笔『翠潋』石匾，现存北京西交民巷87号院

1

乾隆御笔“小匡庐”刻石

小匡庐位于圆明园四十景之西峰秀色的河西岸偏北。此地松峦峻峙，雍正时已建有高水瀑布。正如乾隆御制《小匡庐》诗中所说：“怪石苍龙似，飞泉玉练如。”[57] 乾隆三年（1738）御题“小匡庐”三字，勒于此地的涧石之上。乾隆四年（1739）御制《小匡庐》诗六首，也勒于涧石。《光绪顺天府志》载：“御书‘小匡庐’三字，正书，乾隆三年。在圆明园。……御制《小匡庐》诗，行书，乾隆四年，五言绝六首。在圆明园。”今小匡庐山形水系仍存，部分叠石在原址，以上刻石尚未发现。

2

乾隆御制“泊舟乘凉”诗刻石

瀛海仙山亭位于圆明园四十景之蓬岛瑶台东岛，是一座六方亭，周围设假山叠石。乾隆十五年（1750）御书《泊舟乘凉》诗一首，刻于瀛海仙山石上。《光绪顺天府志》：“御制《泊舟乘凉》诗，行书，乾隆十五年，七言绝一首。在圆明园瀛海仙山石。”

3

乾隆御笔“窈而深”刻石

怡性轩位于圆明园同乐园工字楼东侧，为三开间殿，东西皆有叠石。怡性轩西抱厦与工字穿堂楼之间的叠石中，有乾隆十七年（1752)御题“窈而深”三字刻石。《光绪顺天府志》载：“御书‘窈而深’三字，行书，乾隆十七年。在圆明园同乐园。”

57《清高宗御制诗文全集》，初集，卷一，中国人民大学出版社，1993年版。

圆明园四十景图咏之《西峰秀色》，现藏法国国家图书馆

西峰秀色

軒楹洞達面臨翠巘西山爽氣在我襟袖後宇爲含韻齋周植玉蘭十餘本方春花氣襲人犹入衆香國裏

塏地高軒架木爲朱明颯爽如秋時不雕不斵太古意詎惟其麗惟其宜西窓正對西山啓遥接堯峰等尺咫霜辰紅葉詩思杜雨夕綠螺畫看米点有童〻盤蓋松重基特立孰与同三冬百卉凋零畫依然鬱翠惟此翁山腰蘭若雲遮半一聲清磬風吹斷綴有苾芻單上參不如詩客窓中玩結搆既久蒼苔老花欄藥時相縈抱憑欄送目無不佳趺榻怡神良復好春朝秋夜值幾餘把卷時還讀我書齋外水田凡數頃較晴量雨諮農夫清詞麗句箇中得消幾丁〻玉壺刻但憶趨庭十載前徊徨無語予心惻

是地軒爽明敞户對西山皇考最愛居此

4

乾隆御制“披云径”诗刻石

《清朝通志》载：“御制《披云径》诗，乾隆二十八年、三十四年、三十九年、四十一年，七言绝各一首，俱行书。”

披云径位于圆明园四十景之廓然大公峭茜居西北，是廓然大公八景之一。峭茜居与盘山云林石室相似，周围遍布假山叠石。乾隆诗云：“西山怪石如湖石，堆做假山峭茜深。”[58]峭茜居西北的石上刻有乾隆御制《披云径》七言绝句诗四首。

5

乾隆御制“韵石淙”诗刻石

《清朝通志》载：“御制《韵石淙》诗，乾隆二十八年、三十四年、三十九年、四十一年，七言绝各一首，俱行书。”

韵石淙位于圆明园四十景之廓然大公的启秀亭西南，是廓然大公八景之一。启秀亭西南有暗窦疏通引外湖，曲涧奔泉，琤琮作金石声，石上刻有乾隆御制《韵石淙》七言绝句四首。

6

乾隆御制“存　素”刻石

位于廓然大公的存素斋，乾隆二十年御题。

58《清高宗御制诗文全集》，五集，卷八十六，中国人民大学出版社，1993年版。

圆明园四十景图咏之《廓然大公》，现藏法国国家图书馆

廓然大公

平岡迴合山禽渚鳥遠近相呼後鑿曲池有蒲菡萏長夏高啟北窗水香拂拂真足開豁襟顔

有山不讓土故得高峩峩有河不擇流故得寬瀰瀰是之謂大公而我以名此偶值清晏間憑眺誠樂只識得聖人心聞諸程夫子

7

竹林清响“檀栾径”“削　玉”刻石

勤政亲贤圆明园四十景之一，是清帝在园内处理日常政务之所。富春楼与保合太和殿有穿堂殿相连，是园内皇帝的寝宫之一。竹林清响位于富春楼东院，正殿五间，竹林清响殿北石磴丛叠，有石刻“檀栾径”和“峭玉”。

勤政親賢

正大光明之東為勤政殿日於此披省章奏召對臣工亭午始退座後屏風書無逸以自勗又東為保合太和秀石名葩庭軒明敞觀閣相交林徑四達

庭訓昭雲日欽承切式刑勑幾宵豈暇籲俊刻靡寧一念徵蒙聖羣言辨渭涇乾乾終始志無逸近書屏

圆明园四十景图咏之《勤政亲贤》，现藏法国国家图书馆

8

坦坦荡荡

“清　浮”“红　润”

刻石

圆明园四十景之一的坦坦荡荡，在鱼池内外堆有大量假山叠石。在叠石上题刻有“坦坦荡荡”景名及“青浮”和“红润”字样。

9

廓然大公

“天然图画”

刻石

廓然大公四面云山亭后的高岗，是福海西北的制高点。这里有“天然图画”四字石刻。据1926年陈文波发表于《清华周刊》十五周年纪念增刊上的《圆明园残毁考》载，楼已毁，石刻“天然图画”字尚存。[59]

10

广育宫

“松泉清听”“漱玉籁”

刻石

“松泉清听”和“漱玉籁”二刻石位于广育宫附近。

59 陈文波：《圆明园残毁考》，载于《圆明园资料集》，书目文献出版社，1984年版，180页。

圆明园四十景图咏之《坦坦荡荡》，现藏法国国家图书馆

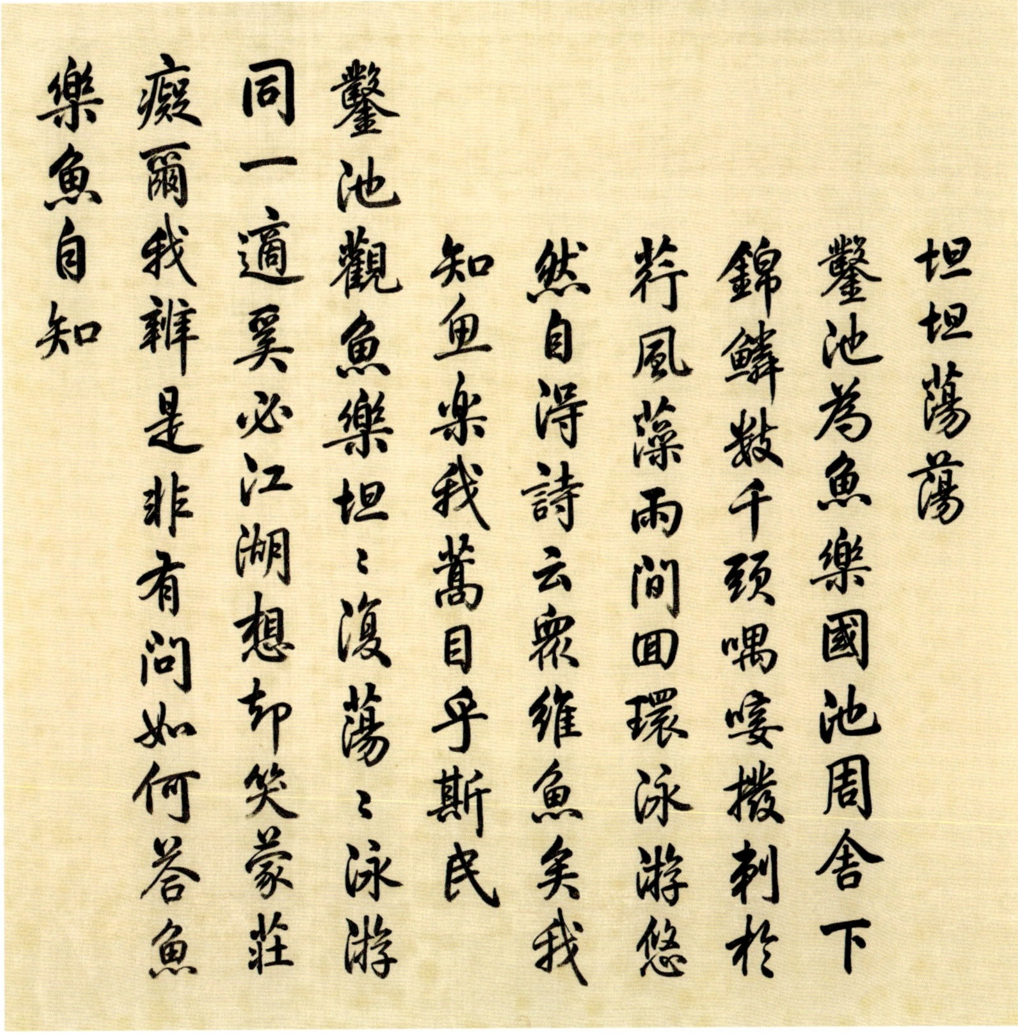

坦坦蕩蕩

鑿池為魚樂國池周舍下
錦鱗數千頭喁唼撥剌於
荇風藻雨間回環泳游悠
然自得詩云衆維魚矣我
知魚樂我蒿目乎斯民

鑿池觀魚樂坦坦復蕩蕩泳游
同一適奚必江湖想却笑蒙莊
癡爾我辨是非有問如何答魚
樂魚自知

11

武陵春色雍正御笔

“壶中天”

石匾

12

武陵春色壶中天

“真　如”

石匾

壶中天位于武陵春色东南，叠石成洞，石洞内有雍正御书“壶中天”石匾额，今尚未发现。康熙五十八年（1719）胤禛作《壶中天》诗云：“洞里春长驻，壶中月更辉。”[60] 壶中天石洞的东侧洞口为“真如”石匾额，今尚未发现。

13

杏花春馆雍正御笔

“杏花村”

石匾

杏花春馆是圆明园四十景之一。在杏花春馆春雨轩西南的院门上，有雍正御笔“杏花村”三字石刻匾额，今尚未发现。

60《清世宗御制文集》，二集，卷二十六，海南出版社，2000年版。

14

雍正御笔

“舍卫城”

石匾

15

舍卫城北城门

“慈润门”

石匾

舍卫城是一座城池式的寺庙建筑，东西北三面为护城河。《日下旧闻考》记：“南北长街……街北度双桥为舍卫城，前树坊楔三，城南面为多宝阁，内为山门，正殿为寿国寿民，后为仁慈殿，又后为普福宫，城北为最胜阁。”[61] 雍正五年（1727)十月，圆明园郎中呈览城门石匾和四张城中庙宇匾额样式。奉旨：城门上面匾字“俟朕亲拟”，其余准奏。[62] 由此可知南城门上“舍卫城”三字石刻匾额为雍正御书。1926年陈文波发表于《清华周刊》十五周年纪念增刊上的《圆明园残毁考》载：“（舍卫城）南门外舍卫城三字石刻，仆地但存其半。”[63] 可见此时舍卫城匾尚存原址，但已被毁仅存一半，今尚未发现。慈润门是舍卫城北最胜阁下北城门的石刻匾额，今尚未发现。

61 于敏中等编：《日下旧闻考》，卷八十二，北京古籍出版社，1985年版，1377页。

62 中国第一历史档案馆编：《圆明园》，下册，上海古籍出版社，1991年版，1191—1192页。

63 陈文波：《圆明园残迹考》，载于舒牧等编《圆明园资料集》，书目文献出版社，1984年版，179页。

三
山
五
园

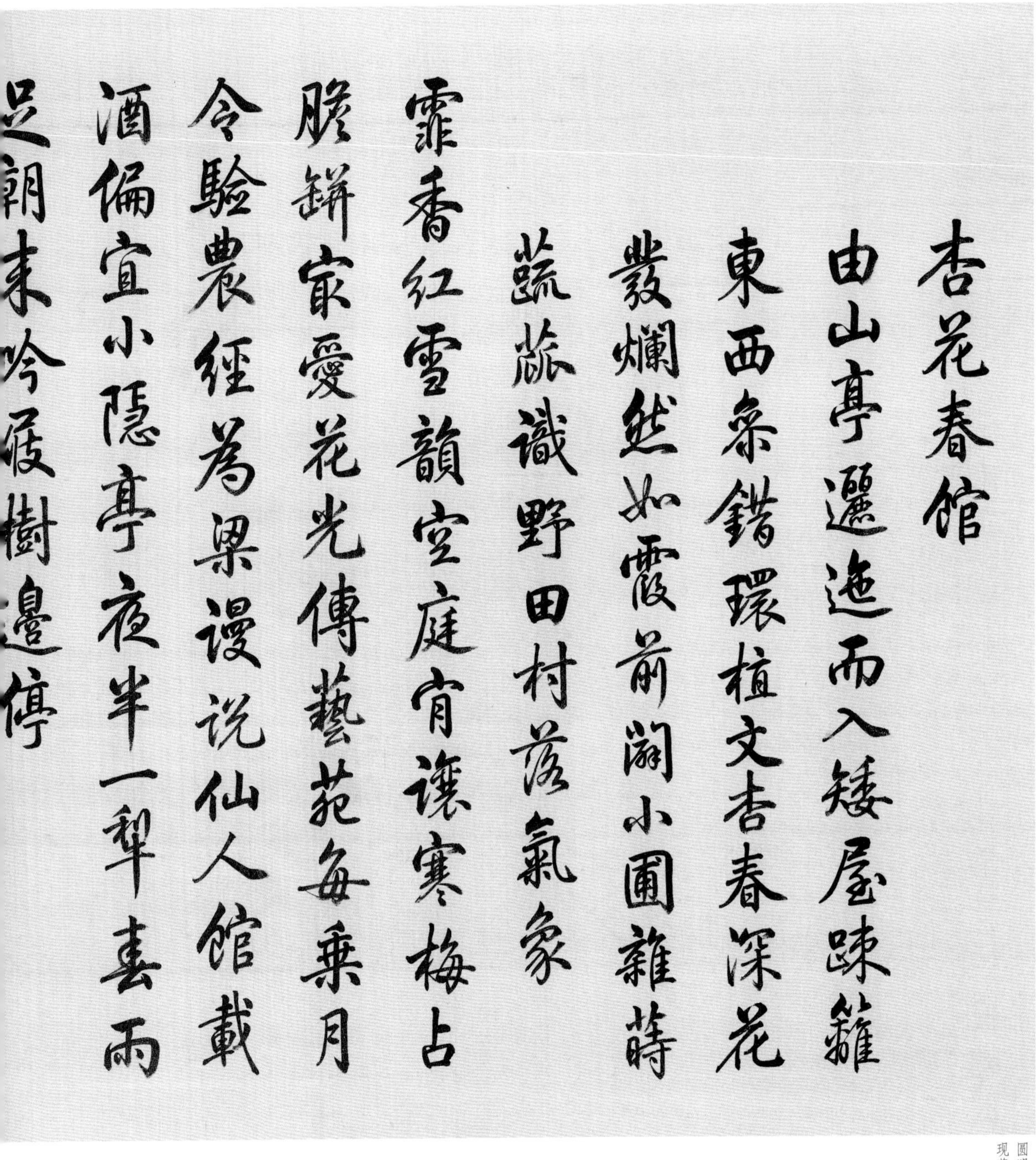

杏花春館

由山亭邐迤而入矮屋疏籬
東西參錯環植文杏春深花
發爛然如霞前闢小圃雜蒔
蔬蓏識野田村落氣象

霏香紅雪韻空庭肯讓寒梅占
勝評最愛花光傳藝苑每乘月
令驗農經為梁漫說仙人館載
酒偏宜小隱亭夜半一犁春雨
足朝來吟屐樹邊停

圆明园四十景图咏之《杏花春馆》，现藏法国国家图书馆

16

别有洞天西城关乾隆御笔“秀清村”石匾

别有洞天也称秀清村，是圆明园四十景之一。位于福海东南，是一处崖秀溪清、环境幽雅的园中之园。秀清村西城关石刻匾额为乾隆御书“秀清村”三字，今尚未发现。

17

乾隆御笔“广育宫”石匾

广育宫位于福海南岸的山上，供奉碧霞元君。山门上有乾隆御笔“广育宫”三字的石刻匾额，今尚未发现。

18

杏花春馆东北城关乾隆御笔“渊　镜”石匾

“渊镜”为杏花春馆东北山顶城关上的石匾额。城关南北两面的石刻匾额分别为乾隆御笔“屏岩”和“渊镜”。“屏岩”石匾今存北京西交民巷87号院内。“渊镜”尚未发现。

19

北远山村水关乾隆御笔“北远山村”石匾

北远山村是圆明园四十景之一，仿乡村农居景象，也是圆明园中植桑养蚕之处。自雍正七年（1729）起有蚕户在内当差，并设首领太监、太监各一人管理。养蚕抽得蚕丝交清廷织染局应用。北远山村南水关上为乾隆御书“北远山村”四字石刻匾额。

圆明园四十景图咏之《别有洞天》，现藏法国国家图书馆

别有洞天

苑墻東出水閣曰秀清村長薄踈林映帶莊墅自有塵外致正不必傾岑峻硐阻绝恒蹊罕得津逮也

几席绝塵嚣草木清且淑即此淩霞標何須三十六

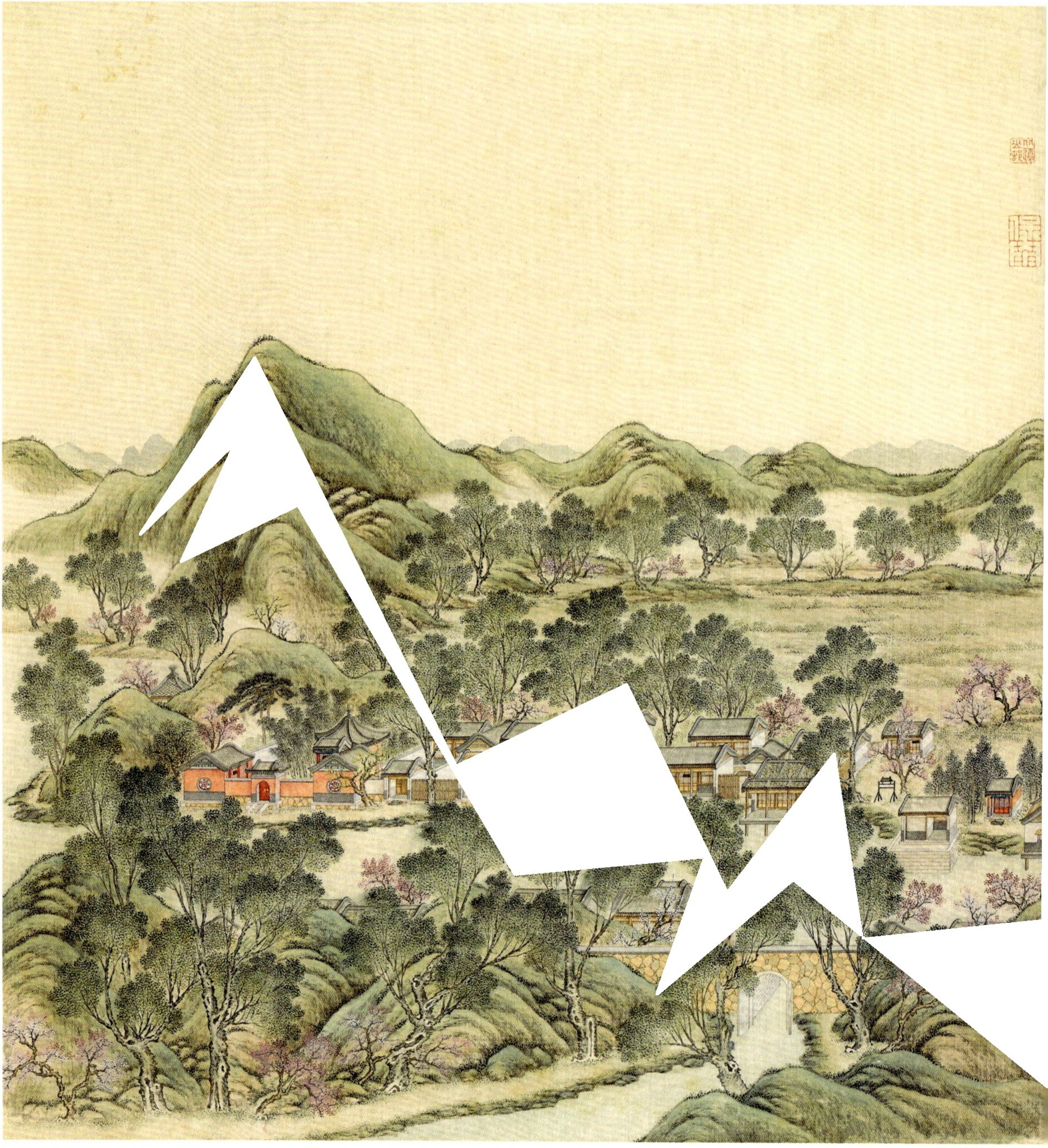

三
山
五
园

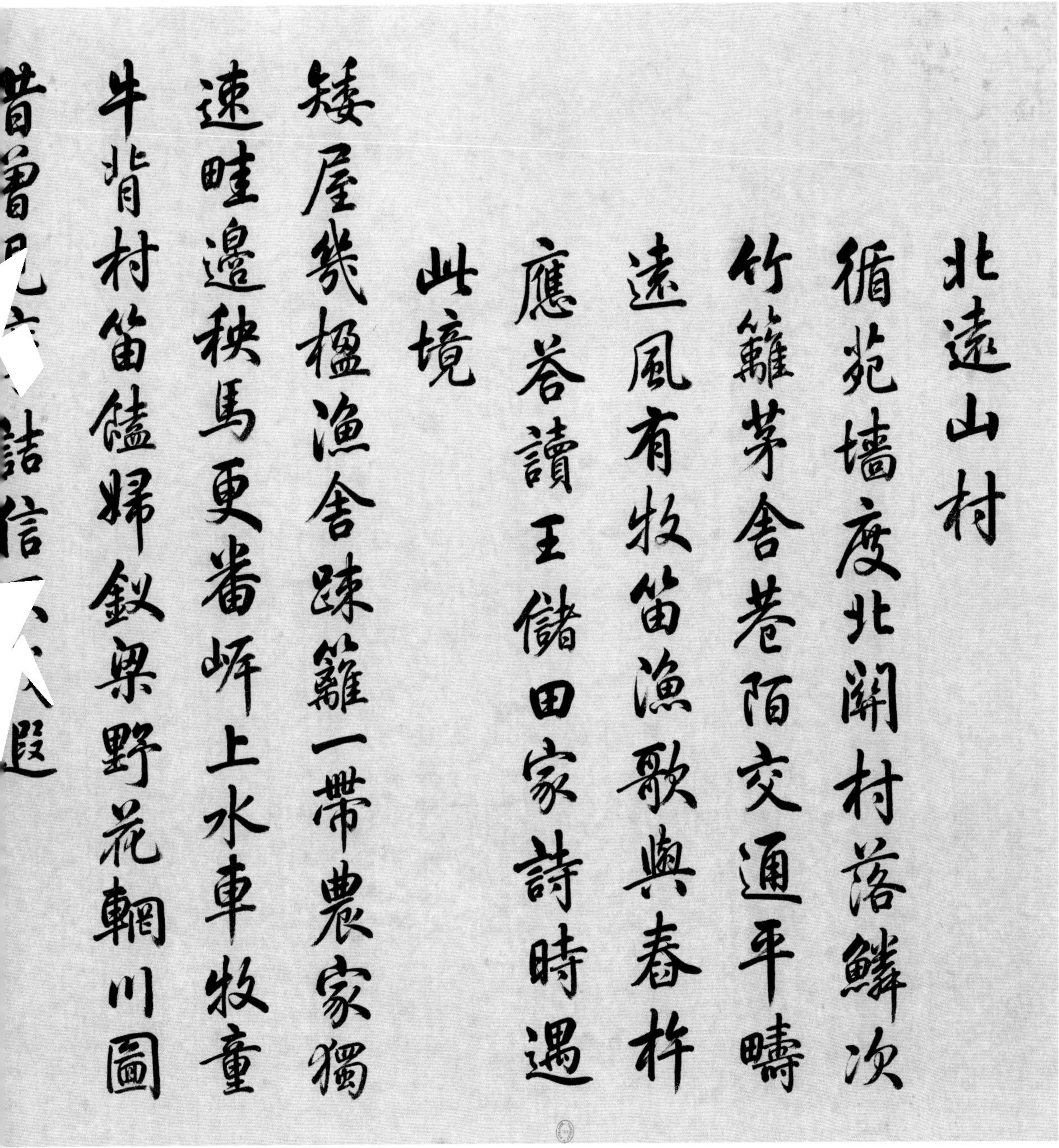

北遠山村

循苑墻度北閘村落鱗次竹籬茅舍巷陌交通平疇遠風有牧笛漁歌與舂杵應荅讀王儲田家詩時遇此境

矮屋幾楹漁舍踈籬一帶農家獨速畦邊秧馬更番岸上水車牧童牛背村笛饁婦釵梁野花輞川圖昔曾見[illegible]詰信[illegible]遐

圆明园四十景图咏之《北远山村》，现藏法国国家图书馆

20

廓然大公乾隆御笔

“延青洞”

石匾

廓然大公启秀亭北有太湖石堆叠的假山，亭西的山石洞口上嵌乾隆御笔“延青洞”三字石刻匾额，今尚未发现。据清内务府造办处《活计档》记载，乾隆二十年二月御书“延青洞”松花石做匾，紫石做字，九月嵌讫双鹤斋后石洞上。[64] 可知此匾的用材十分讲究。

21

月地云居山门乾隆御笔

“清净地”

石匾

月地云居是圆明园四十景之一，也称清净地。月地云居曾是供奉雍正神御之处。乾隆五年（1740）至八年（1743）清廷另建皇家祖祠安佑宫之后，清净地添建成佛寺。在清净地三间山门的门楣上有乾隆御书“清净地”石刻匾额。

64 中国第一历史档案馆编：《圆明园》，下册，上海古籍出版社，1991年版，1355—1356页。

圆明园四十景图咏之《月地云居》，现藏法国国家图书馆

月地雲居　調寄清平樂

琳宮一區背山臨流松色翠密與紅墻相映結構嚴壇大悲壇其中魚鯨齊唱風旙交動繞遍補特迦山又入室羅筏城永明壽所謂宴坐水月道場大作夢中佛事也

大千乾闥指上無真月覺海漚中頭出沒是即那羅延窟何分西土東天倩他裝點名園借使瞿曇重現未肯參伊死禪

22

福海西南城关 “春和镇” 石匾

春和镇是一座位于福海西南的城关。初名宁和镇，道光时期为避道光帝名讳，改称春和镇。嘉庆八年（1803），清廷疏浚宁和镇至秀清村河渠，清帝由秀清村乘舟出水关向西可达宁和镇。嘉庆九年（1804），嘉庆作《自宁和镇泛舟至秀清村》诗句云：“新浚清渠达水村，拿舟东泛入关门。”[65]城关上有“春和镇”三字石刻匾额，今尚未发现。

23

武陵春色 “桃花洞” 石匾

圆明园四十景之一的武陵春色，建于康熙朝后期，雍正四年（1726），弘历被赐居于此。此地仿陶渊明《桃花源记》意境而建，种植有山桃万株，四面环山，可乘舟沿溪而上，穿过桃花溪上叠石而成的桃花洞，犹如进入“世外桃源”。此洞原有“桃花洞”三字石刻匾额，今尚未发现。

24

“延真院” 山门石匾

延真院位于澡身浴德西侧，是存放升平署演戏用的切末和十番乐器的库房。南山门外有“延真院”三字石刻匾额，今尚未发现。

25

“观音庵” 山门石匾

观音庵位于北远山村西北，建于雍正十一年（1733）。原为龙王庙，后换供观音菩萨。山门上为“观音庵”三字石刻匾额，今尚未发现。

65《清仁宗御制诗集》二集，卷三，海南出版社，2000年版。

圆明园四十景图咏之《武陵春色》，现藏法国国家图书馆

武陵春色

循溪流而北複谷環抱山桃萬株參錯林麓间落英繽纷浮出水面或朝曦夕陽光炫綺樹酣雪烘霞莫可名狀

複岫迴環一水通春深片片貼波紅鈔鑼溪不離塵境只在輕烟澹靄中

26

“武圣祠”

山门石匾

武圣祠位于若帆之阁东侧，由三座院落组成，院落呈东西分布，西院山门上为“武圣祠”三字石刻匾额，今尚未发现。

27

乾隆御制

“月地云居”

词刻石

《光绪顺天府志》载：“御制《月地云居》词，行书，乾隆九年，调寄清平乐，在圆明园。”

28

乾隆御制

“月地云居”

刻石

《光绪顺天府志》载：“御书‘月地云居’四字，行书，乾隆十年，在圆明园。”

圆明园四十景图咏之《月地云居》

叁 今尚未发现的刻石

[二] 长春园

1

乾隆御笔

“蹬 道”

刻石

《清朝通志》载：“御书‘蹬道’二字，乾隆三十九年，行书。”

2

乾隆御笔

“蹬 道”

诗刻石

《清朝通志》载：“御制《蹬道》诗，乾隆三十七年、三十八年、三十九年，六言绝各一首。四十二年、四十四年、四十八年，七言绝各一首。俱行书，淑清斋后。”

蹬道位于长春园狮子林，为乾隆御题“狮子林十六景”之一。“蹬道”字刻石和“蹬道”诗刻石，今尚未发现。

3

乾隆御笔

“假 山”

刻石

《清朝通志》载：“御书‘假山’二字，乾隆三十九年，行书。”

4

乾隆御笔

“假 山”

诗刻石

《清朝通志》载：“御制《假山》诗，乾隆三十七年，七言绝一首。三十九年、四十年，五言古各一首。四十四年、四十八年，七言绝各一首。俱行书，凝岚亭西。”

假山位于长春园狮子林，为乾隆御题“狮子林十六景”之一。“假山”字刻石和“假山”诗刻石，今尚未发现。

5

乾隆御笔
“藤　架”
刻石

《清朝通志》载：“御书‘藤架’二字，乾隆三十九年，行书。”

6

乾隆御笔
“藤　架”
诗刻石

《清朝通志》载：“御制《藤架》诗，乾隆三十七年、三十八年、三十九年，五言古各一首。四十年、四十二年、四十四年、四十八年，七言绝各一首。俱行书，狮子林。”

藤架位于长春园狮子林，为乾隆御题“狮子林十六景”之一。狮子林小香幢前的方池上有五曲石桥，桥上有紫藤引架，为“藤架”一景。“藤架”字刻石和“藤架”诗刻石，今尚未发现。

7

乾隆御笔
“水　门”
刻石

《清朝通志》载：“御书‘水门’二字，乾隆三十九年，行书。”

水门位于长春园狮子林，为乾隆御题“狮子林十六景”之一。水门拱券现存原址，“水门”二字刻石今尚未发现。

8

乾隆御制
“云林石室”
诗刻石

云林石室位于长春园狮子林，为乾隆御题“狮子林十六景”之一。《清朝通志》记载：“御制《云林石室》诗，乾隆四十年，五言古一首。四十二年、四十四年、四十八年，七言绝各一首。俱行书。”“丙辰季春御题”诗刻石和嘉庆元年（1796）“右云林石室”诗刻石今存北京西交民巷87号院内，其他刻石今尚未发现。

9

宝相寺澄光阁乾隆御笔

“神明镜”

石匾

10

宝相寺东城关

“天　关”

石匾

宝相寺是一处寺庙园林，于乾隆十二年（1747）基本建成。寺内的澄光阁是一座坐南朝北的五间倒座楼，外檐悬挂乾隆御笔“澄光阁”匾，楼下为“神明镜”石刻匾额。宝相寺东侧的城关上有“天关”二字的石刻匾额。两件刻石今尚未发现。

11

如园嘉庆御笔

“眉珠泋”

刻石

12

如园嘉庆御笔

“待　月”

刻石

13

如园嘉庆御笔“贮云窝”刻石

如园于乾隆三十二年（1767）仿江宁明代中山王徐达的瞻园而建，是长春园中一处江南园林风格的园中园。嘉庆十六年（1811）重修，嘉庆御制《重修如园记》，并于嘉庆十七年（1812）御制《如园十景》诗。如园内曾有嘉庆御笔“转翠桥”和“平安径”石碑及“称松岩”“屑珠沜”“镜香池”“待月”“披青磴”“贮云窝”刻石。其中嘉庆御笔“披青磴”和“镜香池”刻石于2017年如园考古发掘中出土，现存圆明园。嘉庆御笔“称松岩”诗刻石曾流散于北京东城区翠花胡同翠园，2018年4月19日回归圆明园。其他石碑和刻石今尚未发现。

14

泽兰堂“春云片”刻石

泽兰堂是长春园一处以叠石为胜的园林风景群。泽兰堂翠交轩附近有一峰石上刻“春云片”三字，今尚未发现。

15

法慧寺东山门“证三摩地”石匾

据《圆明园匾额略节》载，法慧寺东、西山门匾额分别为“证三摩地”和“阐二谛门”。西山门石刻匾额“阐二谛门”，今存圆明园。“证三摩地”是法慧寺东山门石刻匾额，今尚未发现。

叁 今尚未发现的刻石

【三】绮春园

1

延寿寺后山门

“竹林院”

石匾

绮春园延寿寺也称竹林院，是一处寺庙园林。嘉庆帝作于嘉庆十年（1805）和二十四年（1819）的《竹林院》诗云：“南海普陀紫竹林，妙观察智敷寰宇”，“竹林深处现经坛，大士如如具妙观”。[66] 由此可知这里是仿南海普陀山紫竹林意境而建，供奉观音菩萨。延寿寺后山门外有“竹林院”三字石刻匾额，今尚未发现。

2

绮春园龙王庙山门

石匾

龙王庙位于绮春园延英论道西北的河池之中，四外环水。院内有坐西朝东的殿宇三间。山门上有“龙王庙”三字石刻匾额，今尚未发现。

3

澄心堂水关东面

“别有洞天”

石匾

4

澄心堂水关西面

“武陵佳境”

石匾

绮春园澄心堂北为水关，水关东、西分别有“别有洞天”和“武陵佳境”石刻匾额，今尚未发现。

5

春泽斋水关

“暖汛春和”

石匾

绮春园春泽斋附近有一处水关，水关上有石刻匾额“暖汛春和”，今尚未发现。

66《清仁宗御制诗集》，二集、三集，卷一三、卷六〇，海南出版社，2000年版。

肆 原位置不详的刻石

根据《光绪顺天府志》记载，昔日圆明园中还有一些石刻，但原位置已不详。

1	御制《圆明园记》，行书，雍正三年，在圆明园。
2	御制《暮春圆明园即景杂赋》，行书，乾隆七年，五言古二首，五言排律一首，七言律一首，七言绝一首。十二年，五言律四首。十三年，七言律五首。在圆明园。

二 碑

现已知的圆明园石碑造型丰富，多为清帝御书碑文，具有很高的史料、书法和文物价值，但历经损毁散佚，有的不知下落，有的流落他处。今仅存一通海淀区蓝旗营出土的咸丰朝圆明园技勇八品首领任亮的墓碑。

任亮墓碑

1

圆明园技勇八品首领任亮墓碑

此碑是咸丰朝圆明园技勇八品首领任亮的墓碑。1983年出土于海淀区蓝旗营，清朝时此地为圆明园“包衣三旗”营院外太监义地。据碑文所记，墓碑的主人任亮，字明亭，直隶河间人，自幼进宫为内监，后被选入圆明园技勇，任八品首领。他为人正直，当差谨慎。圆明园技勇是清宫中的特殊太监，可以学习武术军械，负责圆明园帝后寝宫区的巡逻和保卫，也只有他们才被特许在园中佩戴长枪、腰刀等武器。圆明园技勇太监的设置始于雍正朝，此后一直延续下来。

碑首雕刻灵芝形祥云纹，中央的篆额天宫部分为“万古流芳”四字，碑身正面竖刻碑文九行，正书，记述了任亮的官职、名讳、生平和撰书人及立碑人的情况，尤其对任亮在咸丰十年（1860）八月二十二日在圆明园出入贤良门内英勇抵抗侵略军并以身殉职的事迹予以颂扬。此碑体量不大，雕刻简单，既不是在圆明园出土的，也与圆明园这座曾经金碧辉煌的皇家御园并不相称，但它却真实地记述了一段可歌可泣的悲壮历史。

第二次鸦片战争期间，英法联合侵华。咸丰十年（1860），英法联军由天津大沽口长驱直入。八月初七日清军在八里桥失利后，统兵大臣亲王僧格林沁和大学士瑞麟节节败退。第二天凌晨，懦弱的咸丰帝从圆明园仓皇逃亡承德。此时的北京已是百官皆散，军卒溃逃。八月二十二日，英法联军经安定门、德胜门外，未遇清军抵抗。法军在这天午后到达海淀，黄昏时闯进圆明园大宫门。此时僧格林沁、瑞麟的残兵已经逃往西直门以南或清河以北，圆明园数千护军也都先敌而逃。昔日戒备森严的御园宫门，已是门户大开。出入贤良门是圆明园的第二道宫门，在这里法军遇到了圆明园技勇八品首领

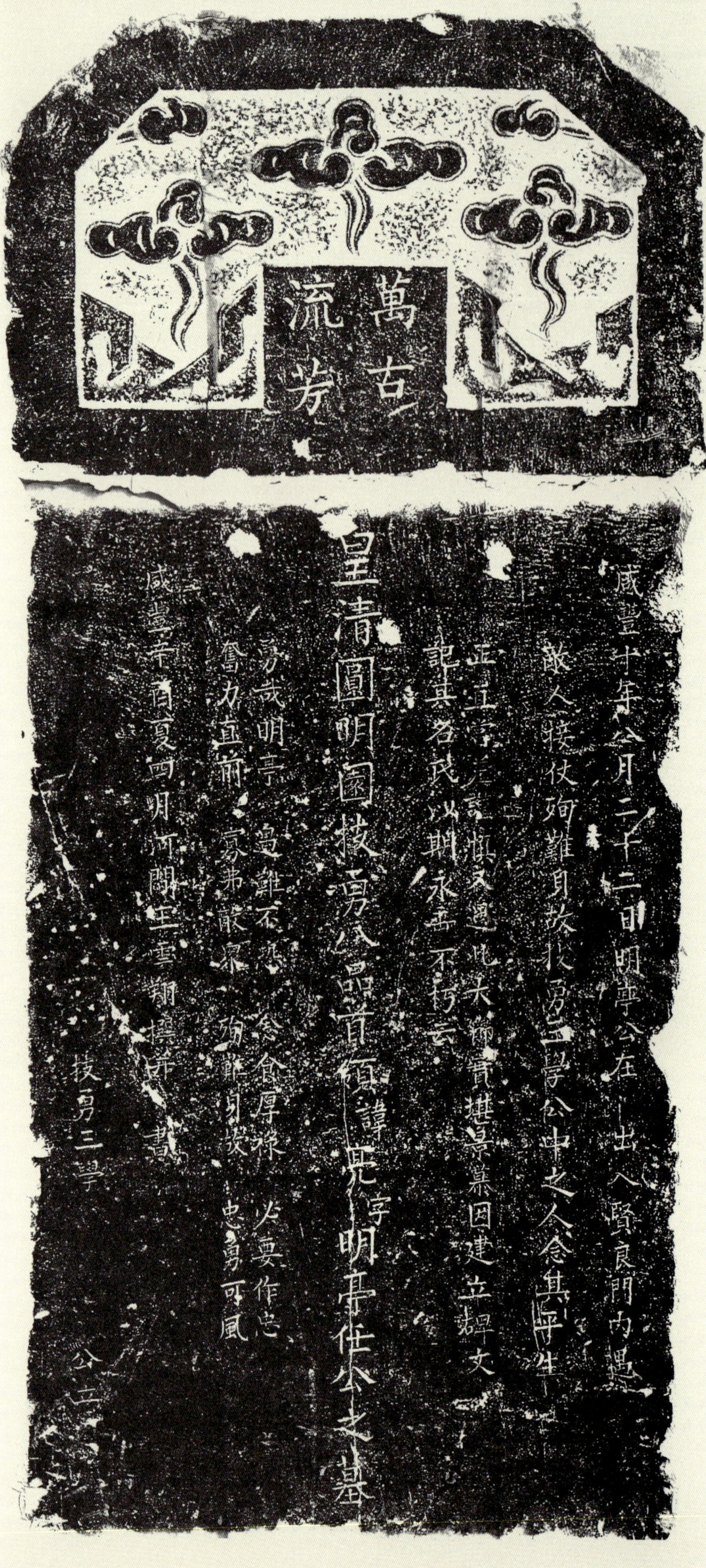
萬古流芳
咸豐十年八月二十二日明亭公在出入賢良門內遇
敵人猝伏殉難身故於勇三學公中之人念其平生
正直守己素性謙和又遇此大節實堪景慕因建立碑文
記其名氏以期永垂不朽云
皇清圓明園技勇公品首領諱亮字明亭任公之墓
勇哉明亭 遇難不恐 念食厚祿 必要作忠
奮力直前 寡弗敵眾 殉節身歿 忠勇可風
咸豐辛酉夏四月河間王雲翔撰并書
技勇三學 公立

任亮墓碑拓片

任亮率领的技勇太监的抵抗。法海军上尉帕吕记述：“虽然大清皇帝早已逃离行宫，但一些忠心耿耿的太监却极力阻止联军入园。战斗中，皮纳上尉手被砍中，见习军官维韦农肋下中弹。短暂的抵抗之后，太监撤退了，大理石地面上留下了三具尸体。”[67]虽然因寡不敌众，任亮等人牺牲，最终这些技勇太监也没能阻止法军入园，但此战使法军也遭受伤亡，给了侵略军当头棒喝。法军司令蒙托邦在次日给上司的报告中称“法军数人受伤，其中包括两名军官，先头部队的军曹长胸部受剑伤很深，左手中箭，另一名军官中弹”。法军于晚七时攻占圆明园，第二天英军也到达圆明园，开始了对“万园之园”的掠夺和焚毁。以任亮为首的多名技勇太监手持破旧的武器，敢于抵抗人数众多、武器精良的法军，让侵略者付出了血的代价，虽死犹荣。在国家危亡之时，比起出逃的咸丰帝、溃散的清军、投福海自尽的管园大臣文丰，他们用生命捍卫了中华民族的尊严，永垂青史，万古流芳！

任亮牺牲后，技勇三学的同僚仰慕他的英雄事迹，在次年四月为他修墓立碑，“记其名氏，以期永垂不朽”。墓碑青石质地，竖刻文字九行，正书。这块墓碑历百年沧桑保存下来，使任亮等技勇太监舍身御敌以身殉职的英雄壮举，得以永存于世，昭示后人。

录 文

咸丰十年八月二十二日，明亭公在出入贤良门内遇」敌人接仗，殉难身故。技勇三学公中之人，念其平生」正直，当差谨慎，又遇此大节，实堪景慕。因建立碑文，」记其名氏，以期永垂不朽云。」勇哉明亭，遇难不恐。念食厚禄，必要作忠。」奋力直前，寡弗敌众。殉难身故，忠勇可风。」咸丰辛酉夏四月河间王云翔撰并书」技勇三学公立

67 帕吕：《远征中国纪行》，中西书局，2010年版，126页。

1

乾隆御笔“前　湖”诗昆仑石

此碑原在圆明园大宫门外前湖西岸，今存达园宾馆内。据《清朝通志》记载：“御制《圆明园前湖》诗，乾隆二十八年，七言古一首，行书。”圆明园宫门外有一条东南走向辇道。乾隆二十八年（1763），辇道两旁相继疏浚成湖，称前湖。因形似扇面，又称扇面湖。同年，乾隆御制《前湖》诗，记此事原委，并刻于昆仑石上，立于扇面湖岸边。圆明园毁后，军阀王怀庆于民国八年（1919）在扇面湖东部及其北岸慧福寺、善缘庵一带，修建了自己的私家花园——达园，并将前湖诗碑移至达园。从20世纪20年代拍摄的老照片来看，碑体两侧底座顶面左右两端的方孔内各有一棵松树。碑上竖刻文字九行，行书。

『前湖』诗昆仑石碑旧照

录　文

御园之前本无湖，而今疏浚胡称乎？石衢｜之右地下隰，迩年遭潦水占诸。衢左亦不｜大高衍，往来车马愁泥涂。因卑为泽事惟｜半，取右益左功倍俱。歉岁受雇兼代赈，三冬｜畚锸集众徒。役成春水有所受，路东泞去诚｜坦途。一举三得惠不费，对扬来者咸欢娱。盖｜闻王者无私事，有事皆应史笔书。此非缀｜景漫修剔，什用播告贤与愚。前湖作｜乾隆癸未仲春月御笔[68]

诗刻下钤刻二方形玺印，其一为“所宝惟贤”，另一方已漫漶。

『前湖』诗昆仑石碑，现存于北京达园宾馆

68 于敏中等编：《日下旧闻考》，卷八十，北京古籍出版社，1985年版，1324页。

『前湖』诗昆仑石碑局部

御園之前本無湖而今疏濬胡稱乎一曰衛
之宮地下隍通乎漕津水由清漪去以示
大有衍佳來車牛馬益涯灌園畢蒿澤中權
半不石蓋之功無與與歲更確翼代驅三宗
番鏑集宋浩浩成春水青面漫路東寧古滅
想建一舉三得兼之矣當辦來去成歡娛盡
聞王者無私事有事皆應出己書此非誤
畢竟情則什用擴其肯與乎其 前湖作
乾隆癸未中春月御筆

2

乾隆御笔“望瀛洲亭子”诗昆仑石

望瀛洲亭位于圆明园四十景之澡身浴德北，是一座临湖四方亭。这里是乾隆端午率王公大臣观看龙舟竞渡之处。五月初一乾隆独自在此观看龙舟竞渡，初四、初五则率王公大臣同观。望瀛洲亭旁立有汉白玉昆仑石碑。碑的两面各刻有乾隆御题诗一首，一面为乾隆癸酉（1753）长夏《望瀛洲亭子》诗，竖刻文字七行，行书。另一面为乾隆甲申（1764）季夏《望瀛洲亭子戏成三绝句》，竖刻文字七行，行书。《清朝通志》记载：“御制《望瀛洲亭子戏成三绝句》诗，乾隆二十九年，七言绝，行书。”此昆仑石1926年尚在原址，1931年被运至当时的国立北平图书馆（今国家图书馆文津街古籍馆）院内，现仍存于此处。

《望瀛洲亭子》录文

骤雨过河源，碧天爽气来。落景照｜东宇，赤城艳崔嵬。非烟亦非云，如｜楼复如台。虹桥若可蹑，佺羡相｜追陪。亭子琳池西，望瀛名久哉。今｜朝乃领要，俨然见蓬莱。可望不可｜即，劳者非仙才。｜乾隆癸酉长夏御题

诗刻下钤二方形印玺，其一为“所宝惟贤”，另一方已漫漶。

《望瀛洲亭子戏成三绝句》录文

湖心构舍规三岛，湖岸开亭号望瀛。标｜榜莫猜出想像，便真壶峤也虚名。　早觉｜真痴鄙汉帝，那更幻乐羡唐臣。可知名｜利场中客，不是神仙队里人。　东海金波一｜缕丝，须臾玉镜大千披。仙家日月迅如此，望｜彼瀛洲亦底为。｜甲申仲夏中浣御题

诗刻下钤二方形印玺，其一为“所宝惟贤”，另一方已漫漶。

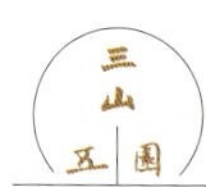

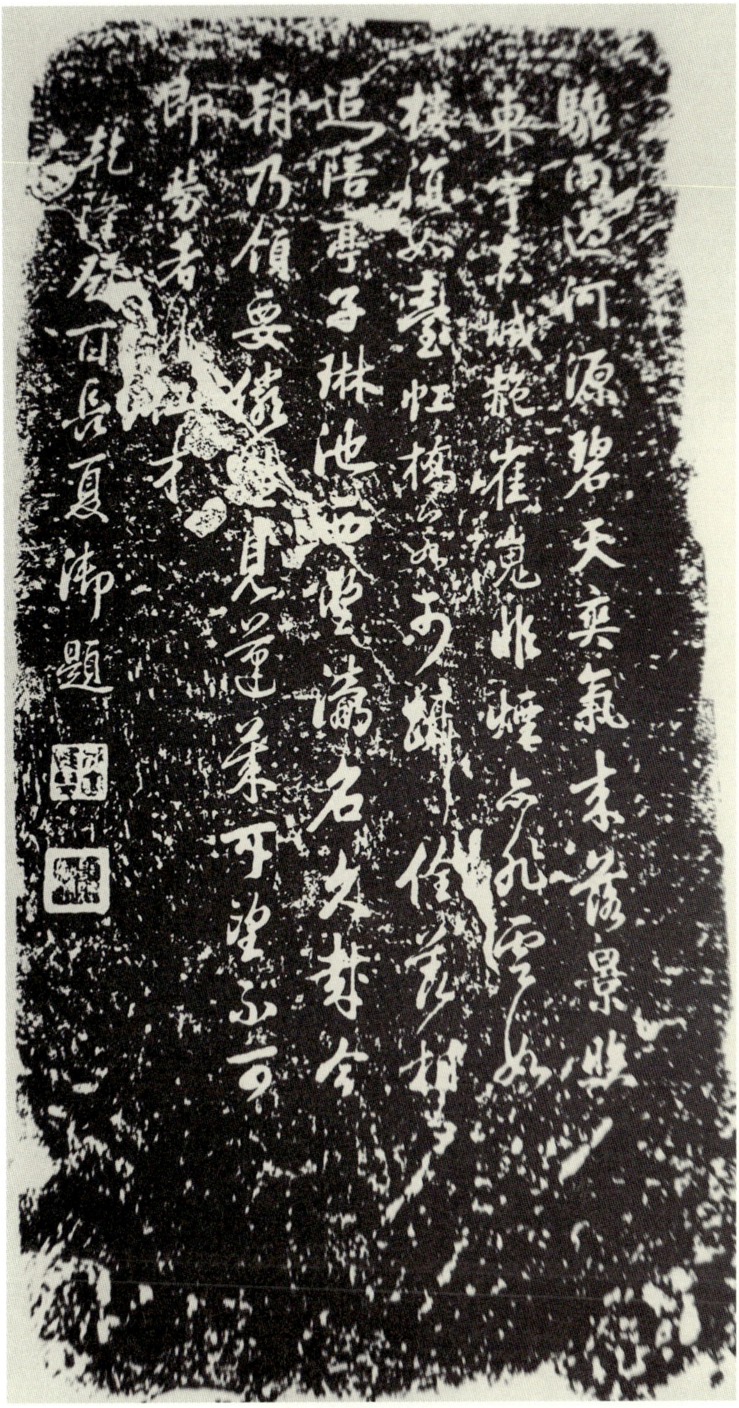

「望瀛洲亭子」碑刻拓片

乾隆御笔「望瀛洲亭子」诗昆仑石，现存于国家图书馆文津街古籍馆

前湖诗碑和望瀛洲碑的形制都是昆仑石。昆仑石是一种特殊规制的石碑，仿传说中神仙居住的昆仑山而得名。形制类似宋代的“笏头碣”。据《营造法式》载：“造笏头碣之制，上为笏首，下为方坐。碑广厚……宜雕镌华纹。”[69] 昆仑石碑为汉白玉质地，轮廓作长方形，不设碑首，碑身顶部呈半圆形，仿照山的自然形态稍加雕凿。碑身上刻有御书文字或御制诗。长方形底座上雕刻波浪纹。底座顶面左右两端各有一个方孔。清乾隆时期京城御园中多置有这种汉白玉昆仑石，其上均雕刻有乾隆御书碑名或御书的诗词。现存七件，即北海琼华岛昆仑石、中南海瀛台昆仑石、圆明园“前湖”诗昆仑石和“望瀛洲”昆仑石、颐和园绣漪桥昆仑石和耕织图昆仑石、南苑双柳树昆仑石。

『望瀛洲亭子戏成三绝句』碑刻拓片

69 李诫：《营造法式》，中国书店，1989年版。

澡身浴德

福海西壖平瀨鏡淨黛蓄膏停竹嶼蘆汀極望淼淼浴鳧飛鷺游泳翔集王司州云非惟使人情開滌亦覺日月清朗

苓香含石髓秋水長天色不竭亦不盈是惟君子德我來俯空明鏡已默相識魚躍与鳶飛如如安樂國

圆明园四十景图咏之《澡身浴德》，现藏法国国家图书馆

3

乾隆御笔“文源阁记”碑

此碑原位于圆明园文源阁东侧的碑亭中，现存国家图书馆文津街古籍馆院内。《清朝通志》记载：“御制《文源阁记》，乾隆三十九年，国书、正书。”《光绪顺天府志》载：“御制《文源阁记》，国书、正书，乾隆三十九年，在圆明园。”经过对比，此记载与现存实物相符。碑文为乾隆甲午（1774）孟冬御笔《文源阁记》，满汉文。汉文碑刻竖刻八行，正书。1926年陈文波发表于《清华周刊》十五周年纪念增刊上的《圆明园残毁考》载：“阁东亭为石碣，为乾隆制《文源阁记》，今之矗立者是。石刻之文字尚存其半。”[70] 1931年在中山公园举办的圆明园遗物展览中，此碑列于展览之目，之后被置于国家图书馆文津街古籍馆院内。

录文（残缺部分据《日下旧闻考》补齐）

文源阁记｜藏书之家颇多，而必以浙之范氏天一阁为巨擘。因辑《四库全书》，命取其阁式以构度贮之所。既图以来，乃知其阁｜建自明嘉靖末，至于今二百一十余年，虽时修葺而未曾改移。阁之间数及梁柱宽长尺寸皆有精义，盖取天一生｜水，地六成之之意，于是就御园中隙地，一仿其制为之，名之曰文源阁，而为之记曰：文之时义大矣哉，以经世，以载｜道，以立言，以牖民。自开辟以至于今，所谓天之未丧斯文也。以水喻之，则经者文之源也，史者文之流也，子者文之｜支也，集者文之派也，派也，支也，流也，皆自源而分；集也，子也，史也，皆自经而出。故吾于贮四库之书首重者经，而以｜水喻文，愿溯其源，且数典天一之阁，亦庶几不大相径庭也夫！｜乾隆三十九年岁在甲午孟冬月吉御笔[71]

汉文碑刻末尾刻有“所宝惟贤”和“乾隆御笔”两方形印玺。

70 陈文波：《圆明园残毁考》，载于舒牧等编《圆明园资料集》，书目文献出版社，1984年版，179页。

71 于敏中等编：《日下旧闻考》，卷八十一，北京古籍出版社，1985年版，1360页。

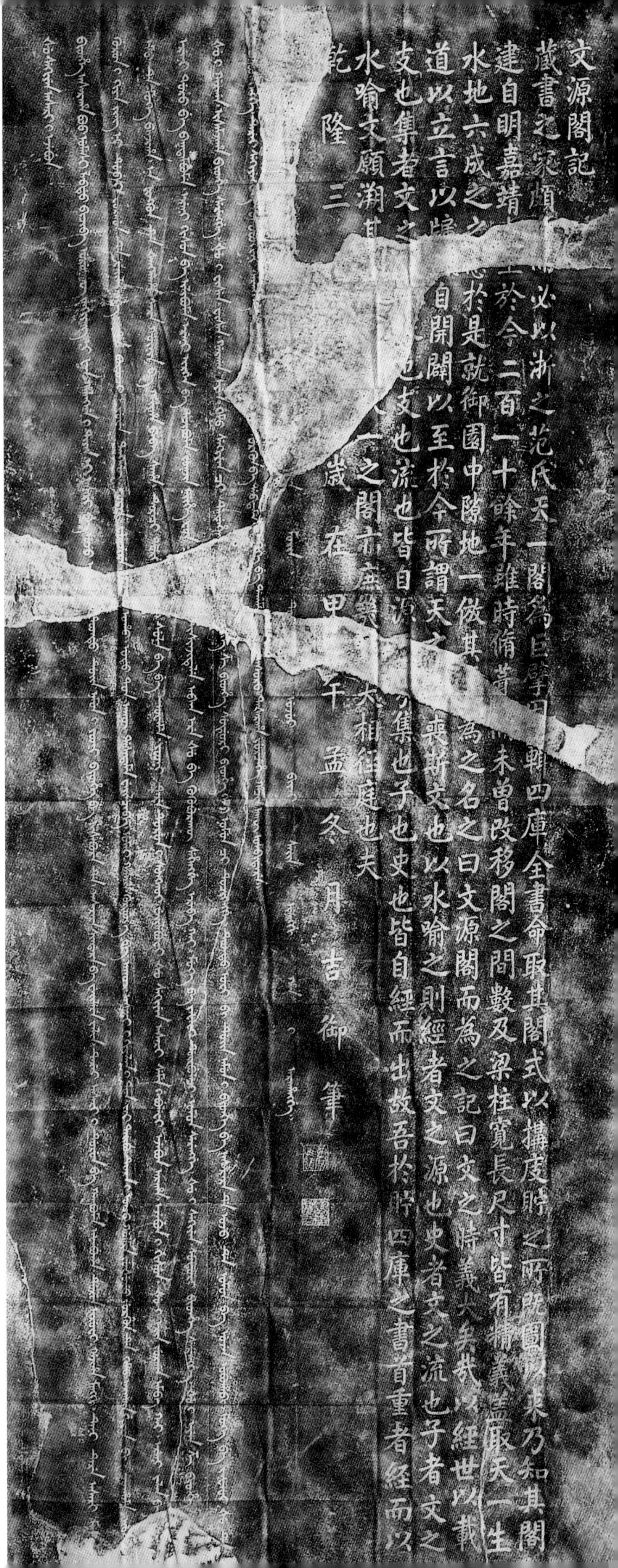

文源閣記

藏書之家頗[illegible]必以浙之范氏天一閣為巨擘因輯四庫全書命取其閣式以構庋貯之所既圖以來乃知其閣建自明嘉靖[illegible]至於今二百一十餘年雖時脩葺未曾改移閣之間數及梁柱寬長尺寸皆有精義蓋取天一生水地六成之之[illegible]於是就御園中隙地一倣其[illegible]為之名之曰文源閣而為之記曰文之時義大矣哉以經世以載道以立言以[illegible]自開闢以至於今所謂天之[illegible]喪斯文也以水喻之則經者文之源也史者文之流也子者文之支也集者文之[illegible]也支也流也皆自[illegible]集也子也史也皆自經而出故吾於時四庫之書首重者經而以水喻文願溯其[illegible]一之閣亦無[illegible]大相徑庭也夫

乾隆三[illegible]歲在甲午孟冬月吉御筆

『文源阁记』碑拓片

乾隆御笔『文源阁记』碑，现存国家图书馆文津街古籍馆

4

坐石临流亭乾隆“兰亭修禊图”碑

坐石临流是圆明园四十景之一。流杯亭位于此景的西北部，雍正时已建成一间小型重檐木柱亭。雍正仿建浙江兰亭风景，着意营造雅逸的秀丽景致，乾隆则以书法、诗文在这里将兰亭文化发挥到了极致。乾隆四十四年（1779），弘历下旨将流杯亭改建成重檐八方亭，外檐悬御书“坐石临流”匾，并易以石柱。集内府珍藏历代名家的兰亭墨迹和有关兰亭的帖本八种，命工于八根石柱上每柱刻一帖，即“兰亭八柱帖”。乾隆在坐石临流亭中竖立一座高 136厘米，宽 188厘米的石屏。阳面镌刻王羲之等文人雅士曲水流觞的“兰亭修禊图”。图以山水为主，人物点缀其中，精心营造出兰亭宁静幽雅的环境，文人名士置身其中，神态淡定恬静，悠然自得，生动地再现了兰亭文人雅集的情景，使观者如临其境。图上方刻有“乾隆己亥暮春题兰亭八柱册并序”。阴面竖刻文字 24行（其中诗注小字两行算一行），行书，内容为乾隆御笔诗四首，乾隆九年御制《坐石临流》诗及己亥（1779）、壬寅（1782）、乙巳（1785）《题兰亭八柱册》诗，“令工图曲水流觞景于石屏，题诗其上，念此诗为斯亭数典之祖，并命刻于屏阴，此后或有所咏，将以次书之”。圆明园被毁后，坐石临流亭仅存兰亭碑石屏和八根刻帖石柱。今立于中山公园“景自天成”重檐八角亭内。

乾隆“兰亭修禊图”碑阴面录文

白石清泉带碧萝，曲流贴贴泛金荷。年年上巳寻欢｜处，便是当时晋永和。｜右甲子夏所题圆明园四十景之一也。己亥春，辑｜兰亭八柱之册，因就此亭，易以石柱而各刻一册｜于柱，以永其传。令工图曲水流觞景于石屏，题诗｜其上，念此诗为斯亭数典之祖，并命刻于屏阴，此｜后或有所咏，将以次书之。｜己亥季秋月御识

诗刻末尾刻有“所宝惟贤”和“乾隆御笔”两方形印玺。

碑现藏北京中山公园『景自天成』亭内

钩摹传八柱，盖欲永其龄。即此千秋宝，因他一序馨。香」光开别体，笔谏著芳型（向因董其昌戏鸿堂刻有柳公权书兰亭诗本，字句多阙，因命于敏中补成全字本，初阅《戏鸿」堂帖》时，意谓柳迹久无存矣。嗣于《石渠宝笈》中得柳书兰亭诗墨迹，复得董其昌」临柳卷乃并董刻原本及余所临董卷，钩摹泐石，然究非永和九年原序，则复检」内府所藏虞世南、褚遂良、冯承素摹本兰亭，」因并为钩刻合成八册，名曰兰亭八柱云）。等上唐家帖，都排水际亭。山承天峙峻，卦画易流形。摹本原存匣，补书忆在庭（命于」敏中补书柳公权兰亭诗帖版阙画者有"镌刻戏鸿惜」漫漶，补填卧虎付丝纶"之句。而今敏中又为古人矣）。真乎犹虑伪，菀矣」那辞零。吟罢翻成笑，诸人讵此听（谓帖中诸人）。」壬寅暮春之初再题兰亭八柱叠旧作韵御笔

诗刻末尾刻有"古稀天子之宝"和"犹日孜孜"两方形印玺。

逸少兰亭帖，学摹自幼龄。至今迷径路，徒尔难芳馨。」似玉犹含璞，如金始下型。六家莘伎伎（是帖以董其昌戏鸿堂所刻柳公权书兰」亭诗为权舆。因命照原刻双钩廓填为一本，又于《石渠宝笈》中得柳书兰亭诗真迹为一本，又得董其昌临柳卷为一本，又检内府所藏虞世南、褚遂良、冯承」素三家摹本兰亭凡三本，荟萃为六家），八柱峙亭亭（以前六家益以余所临柳本，及命于敏中补柳书漫漶之新本，共成八卷。刻石」题曰兰亭八柱帖云）。庶藉步兵貌，得观御史形。临流坐奇石，抚竹」步闲庭。历揽心神惬，秘珍星斗零（于敏中又已成古人，与诸家真迹均似晨星矣）。宁」非玩物类，太保训应听。题兰亭八柱再叠旧作韵」乾隆乙巳孟夏月上浣御笔

诗刻末尾刻有"古稀天子之宝"和"犹日孜孜"两方形印玺。

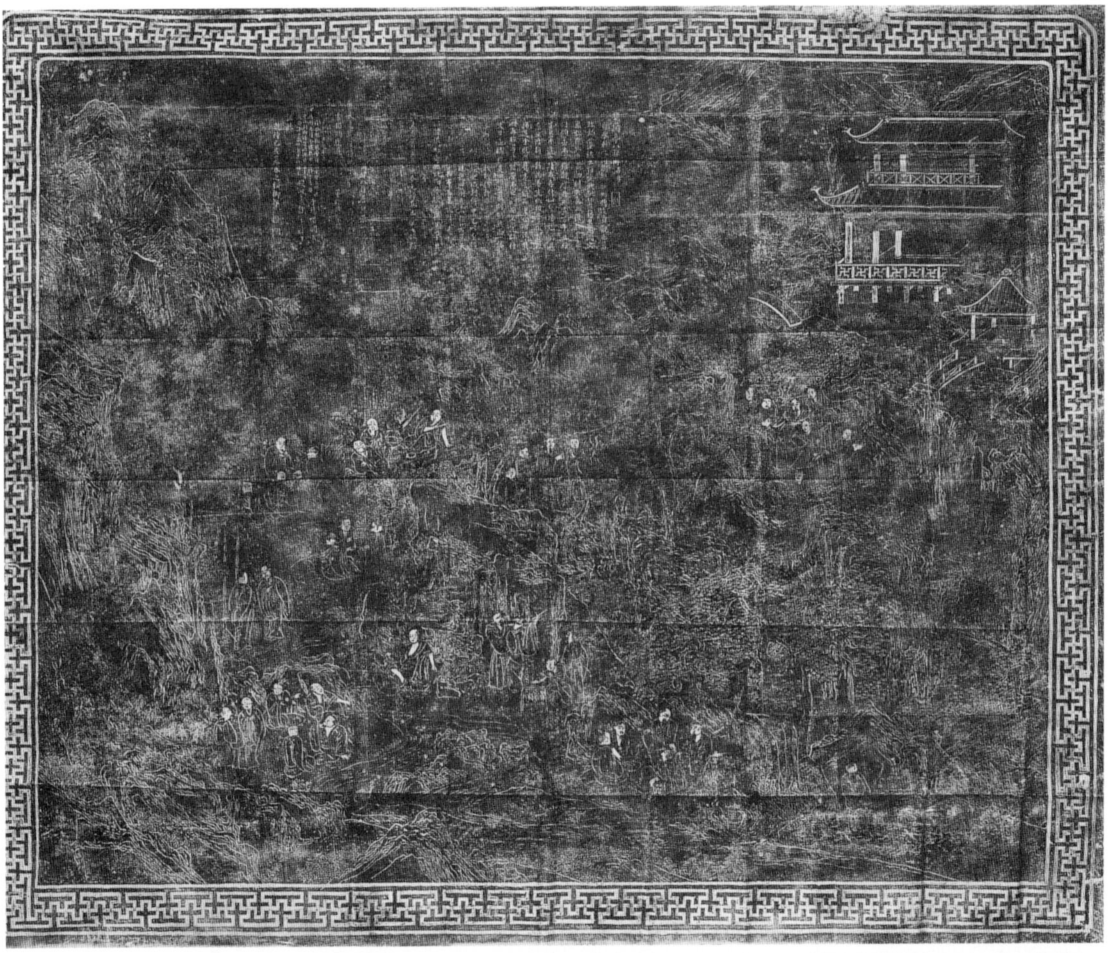

碑阳面拓片

右甲子夏所題圓明園四十景之一也己亥春輯
後或有所詠將以次書之
己亥季秋月御識
八柱峙亭亭
非玩物類太保訓應聽
題蘭亭八柱再疊舊作韻
乾隆乙巳孟夏月上澣御筆

碑阴面拓片

1

乾隆御笔“半月台”诗碑

乾隆御笔“半月台”诗碑原位于长春园海岳开襟，现存北京大学。海岳开襟居圆形石砌台基之上，四周环水，东西南北各设码头。半月台也称露台，位于海岳开襟东岸，是清帝登台望月之处。此处竖有汉白玉碑一通，勒乾隆“丙戌新秋”御笔《半月台》诗一首。该诗全文为：“台形规半月，白玉以为栏。即是广寒界，雅宜秋夕看。会当银魄满，不碍碧虚宽。太白镜湖句，常思欲和难。”《光绪顺天府志》载：“御制《半月台》诗，行书，乾隆三十一年，五言律一首，在圆明园。”1860年圆明园罹劫时，海岳开襟岛上建筑幸免于难。1900年八国联军入侵北京，海岳开襟建筑彻底毁于战乱。

乾隆御笔『半月台』诗碑

2

乾隆重摹梅石碑

乾隆重摹梅石碑原位于长春园茜园内，20世纪20年代燕京大学（今北京大学）将梅石碑移到校内，今仍存此处。据史料记载，宋御苑德寿宫里有一株香闻百里的苔梅和一块玲珑剔透的芙蓉石。明代孙杕在石碑上刻画了一株梅花，将石碑立于芙蓉石旁。后蓝瑛又将芙蓉石刻画于此碑上，这就是著名的梅石碑。乾隆根据《浙江通志》的记载，以为梅石碑上的梅花与怪石都是蓝瑛所画，便题诗一首，以寄感慨。乾隆三十年（1765），他第四次南巡时，发现了梅石碑上的梅花不是蓝瑛所画，于是又题诗一首，纠正先前的错误。又念原梅石碑风化严重，命人重摹此碑，并把他所作的诗文镌刻于重摹的碑上，立于德寿宫遗址与旧碑相伴。乾隆三十二年（1767），乾隆命人再次重摹梅石碑一通，置于青莲朵石旁茜园门左侧的碑亭内。乾隆对此碑很珍爱，曾命人把重摹的梅石碑拓成墨本，装裱成挂屏，悬挂于归政后临憩之所紫禁城景祺阁内。据《清朝通志》记载，梅石碑上刻有乾隆三十年（1765）行书七绝《摹德寿宫梅石碑》诗及三十二年（1767）行书五言古诗《重摹梅石碑置青莲朵侧》。《光绪顺天府志》载："御制旧园重摹梅石碑，行书，乾隆三十年，在长春园。"

乾隆重摹梅石碑，现存北京大学

乾隆重摹梅石碑拓片

《摹德寿宫梅石碑》录文

春仲携来梅石碑，橅经」冬孟始成之。不宁十日一水」就，惟以万几余暇为。孙杕」梅堪作石友，蓝瑛石亦」肖梅姿。为怜漫漶临新」本，笑有人看漫漶时。」《浙江通志》称，南关工」部分司本宋德寿宫」址，有梅花厅、芙蓉石，」傍竖断碑，刻蓝瑛画」古梅一本，此蓝瑛梅石，」所以羶芗鼻祖也。即」予辛未南巡观民之」暇，亦有蓝瑛梅石之」咏。今春再至浙省，就」而视之，则梅乃孙杕，」而石实蓝瑛，盖二人」合作勒于碑者也。于」是憬然失愕尔吁曰：」千秋纪载之失实，其」不若是者盖鲜矣。既」已目击，不可不为正其」讹。且碑版剥落漫漶，」几不可辨，爰为之重」橅泐石，旧者仍并存，」聊志数典。」乾隆乙酉小春上浣」御笔

末尾刻有三方形印玺，已漫漶。

《重摹梅石碑置青莲朵侧》录文

昔年德寿石，名曰青莲朵。梅枯石北来，惟余碑尚妥。德寿岂复」存，久矣毁兵火。不禁兴废感，碑亦漫漶颇。因之为模迹，驿致江」之左。新碑邻旧碑，那见梅石我。重摹置石侧，为结无缘果。谁」云假冰玉，犹是真嵘峨。如因忆中郎，武贲何不可。」乙酉冬，曾摹德寿宫梅石碑，驿致杭州以存旧迹。因思梅既」久枯，石又北来，则新碑与旧碑不过留其名于依稀仿」佛间耳。既又思梅之槁于南者，虽不可复生，而石之存于北者」固在也。因命重摹一通，置之石侧。青莲朵者，盖壬申初到」时所命名，亦并有诗纪事云。」丁亥仲春月中浣御题并识[72]

末尾刻有两方形印玺，已漫漶。

72《清高宗御制诗文全集》，三集，卷六十三，中国人民大学出版社，1993年版。

1

嘉庆御制“喜雨山房记”碑

喜雨山房为绮春园三十景之一。乾隆朝旧称“乐水山房”，嘉庆朝此景经修缮并改称“喜雨山房”。喜雨山房旁竖有一通卧碑，刻嘉庆十八年（1813）嘉庆帝御制《喜雨山房记》，碑文由清朝大书法家，礼部尚书铁保书丹。竖刻文字六十二行，正书。此碑今存中国国家博物馆。

录文

御制喜雨山房记｜喜为七情之首，发而中节，斯能｜致中和之极焉。人君承｜天立统。爱育蒸黎。诚能岁美人｜安，阴阳和风雨时。可喜在是，而｜必以兢兢业业，为主勤政不息。｜为先也，雨泽庶物，化洽生成，五｜谷含滋，百昌蕃庑，万民衣食之｜源，六气絪缊之始。诚授时念，征｜之要也。我｜皇考最重祈雨，创举｜常雩祀典，万代遵行。｜躬展｜大雩，甘霖立沛。祈谢诗文，见于｜圣制集中者，不可数计也。予小｜子钦承｜庭训，念切闾阎，殚思雨为和众｜之端倪，生物之根本。｜上天资始乾元，｜后土资生坤德，皆时雨之所敷｜溉，万汇发育，诚可喜也。命名山｜房，久未作记。今岁自仲春至仲｜夏，十旬未沐甘膏，又兼畿南五｜府、河南四郡、山东兖曹一带，均｜欠霑被，旱象已深，忧莫大焉。敬｜举｜三坛，虔祀｜社稷。靡神不举，有求周应。予自｜知愆咎日深，抱忧日甚。敬遣守｜土之臣，虔诣｜岱宗，代予申祝，感荷触石而生。｜不崇朝而青齐被泽，禾黍播种，｜运河通顺矣。序临夏至，敬求｜方泽。次日即沛渥膏。夜以继昼。｜酣足深浓，京畿三辅，皆同浃洽，」大田可植，久旱逢甘，诚可喜也。」而畿南豫省，尚未普霑。是喜在」近京，忧在远郡。近京之万姓，同」喜甘膏；远郡之群黎，仍忧亢旱。」而予之忧，实不能解也。奉」天治世，皆吾赤子。一夫不获，一」人之责。若耽目前之小喜，必贻」日后之大忧。在臣民或有可喜」之时，人君终鲜忘忧之日也。遇」灾而惧灾，可为祥。念及蒸黎，实」难膜视。近畿农功，有望实可喜」也。自正定至开封，赤地千里，贫」民嗷嗷待哺。虽蠲缓截漕，多方」拯救，恐未能遍及。转于沟壑者，」不知凡几矣。予奉」考命，抚有函夏。惟期雨旸时若，」海宇乂安，一隅荒歉，心抱忧惭。」是先天下之忧而忧，终无已时。」而后天下之乐而乐，未知何日」也。敬俟天」恩普锡，大有农庆三登，泽敷」九寓，福被苍生，喜同臣庶。喜雨」山房之额，名副其实矣。岂同苏」轼《喜雨亭》，一郡之喜，遂欣然自」作记乎？」嘉庆□□六月中□授□□□□国子监臣铁保」敬书

文末两方刻印，已漫漶。

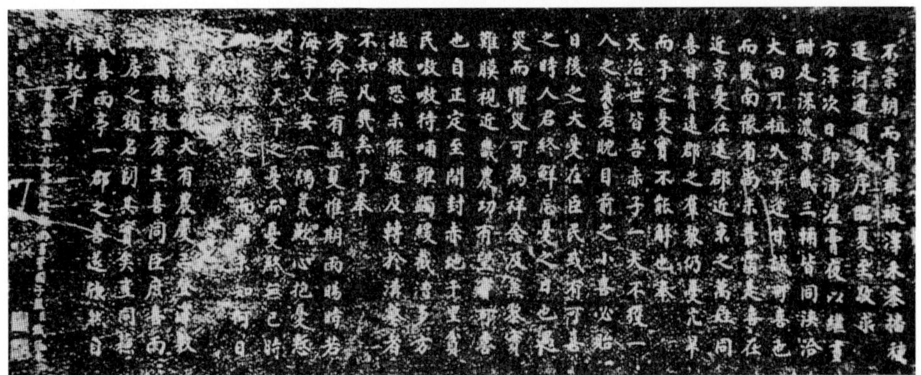

嘉庆御制『喜雨山房记』碑，现存中国国家博物馆

叁 今尚未发现的碑

【一】圆明园

1

乾隆御笔“圆明园记”碑

《光绪顺天府志》载：“御制《圆明园记》，行书，乾隆七年，在圆明园安佑宫更衣殿。”

2

乾隆御笔“圆明园后记”碑

《光绪顺天府志》载：“御制《圆明园后记》，行书，乾隆七年，在圆明园安佑宫更衣殿。”

3

乾隆御笔“安佑宫记”碑

《清朝通志》载：“御制安佑宫碑文，乾隆八年，国书、正书，致孚殿。”

4

乾隆御笔 “清　明” 诗碑

《光绪顺天府志》载：“御制《清明》诗，行书，乾隆五十年，七言古一首，在圆明园安佑宫，碑阴国书。”

安佑宫又名鸿慈永祜，是圆明园四十景之一，为清帝在圆明园中所建的规制仿太庙的皇家祖祠。安佑宫致孚殿是清帝祭祖时更衣之处，位于鸿慈永祜牌楼北，月河桥南，是一座西向小院，内有三间殿宇。致孚殿院内有，镌刻乾隆七年（1742）乾隆御笔敬录世宗《圆明园记》并御制《圆明园后记》的石碑。安佑宫殿前东西各有重檐八方碑亭一座，碑亭内立乾隆八年（1743）刻御笔满汉文《安佑宫记》的石碑。造办处《活计档》载：“乾隆七年四月十四日，奏事太监王常贵等交出安佑宫汉字碑文一张，随篆字碑额一张；清字碑文一张，随清字碑额一张。传，上曰：‘着交海望，令造办处人员敬谨镌刻。’于四月十五日懋勤殿首领夏安传，上曰：‘要安佑宫碑文着交夏安镌刻。’”[73]《日下旧闻考》卷八十一记录了此碑的碑文。1926年陈文波发表于《清华周刊》十五周年纪念增刊上的《圆明园残毁考》载：“（鸿慈永祜）正殿之东，为满文碑亭，西为汉文碑亭。今之矗立者即石碑也。但石刻剥落不堪，几成石柱矣。”[74]此时“安佑宫记”碑还在原址。安佑宫内还藏有乾隆五十年（1785）御制“清明”诗碑，碑阴刻满文。

73 中国第一历史档案馆、香港中文大学文物馆编：《清宫内务府造办处档案总汇》，卷十一，人民出版社，2005年版，194页

74 陈文波：《圆明园残毁考》，载于舒牧等编《圆明园资料集》，书目文献出版社，1984年版，178页

御制安佑宫碑文

序昭穆以祀其先，祖有功而宗有德，建报本之义，为万古之经者，宗庙之制，三代以上即有之。继人之志、述人之事者，所当谨也。设裳衣以如其生，朔有酌而望有献，尽事亲之礼，抒不匮之思者，原庙之制，西汉以来始有之。继人之志、述人之事者，弗敢废也。后世神御殿亦犹汉原庙之义耶！然汉之原庙不过月出衣冠一游耳。至宋之时乃有神御之名，盖奉安列朝御容所也。上元结灯楼，寒食设秋千，其视汉为已备矣。而崇建遍郡国，奉祀或禅院，识者多议其非礼焉。我皇祖圣祖仁皇帝在位六十余年，恩泽旁覃，僻邑穷谷，圆顶方趾之众，饮其德而不知，子孙臣庶，躬被教育者，宜其讴歌慨慕而无已思也。是以雍正元年我皇考世宗宪皇帝谨就大内寿皇殿奉安御容，朔望瞻礼，牲新时荐，而于皇祖所幸畅春园亦陈荐如礼，非轻为此创举也。我皇祖有非常之泽及天下，是以皇考合天下之情亦以非常之礼报之。有汉宋备物备礼之诚，而无宋代遍及郡国祀繁致亵之讥也。予小子嬛嬛在疚，顾禔皇考之陟降敕明，旦凛绍庭，良法美政，布在方册者，谨守而弗敢失。既就寿皇殿东室虔奉皇考御容以配皇祖，念兹圆明园我皇考向日游观在囿在沼之地也，其何忍恝视？爰择爽垲之地，具殿庑之规，为室九，敬奉皇祖御容于中，奉皇考配东一室，匪惟予小子罔极之思，羹墙之慕，藉以稍抒，亦欲使后世子孙凛觐扬之志，勤堂构之基，所谓礼以义起，有其举之莫敢废也。鸠工于乾隆庚申，而蒇事于癸亥，所司以碑文请，乃序其事如左而系之以诗。懿兹苑囿，皇考所作。土阶茅茨，遵尧之约。匪夸丹雘，有窅谽壑。匪沸管弦，有唳云鹤。讵美之求，惟圣所乐。我龙受之，中心惕若。宅是广居，九有是度。祖武斯绳，宏规敢略。爰相其地，载斟载酌。爰创其模，载经载落。庙貌岩岩，堂皇绰绰。有闲旅楹，有梃松桷。周之以郛，其郛岳岳。环之以池，其池瀌瀌。其水何有？鸢飞鱼跃。其宇何有？网轩珠箔。神御孔安，心乎莫莫。来觐来斋，曰望曰朔。于万斯年，予诚永托。[75]

75 于敏中等编：《日下旧闻考》，卷八十一，北京古籍出版社，1985年版，1353页。

三山五园

5

乾隆御笔“乐安和”碑

《光绪顺天府志》载：“御书‘乐安和’三字，行书，乾隆十五年，在圆明园寝殿。”

6

乾隆御笔“咏 松”诗碑

乐安和位于九洲清晏奉三无私殿西侧，为南向五间大殿，前后有廊。乐安和是乾隆、嘉庆时期皇帝“夏日每以居”的寝殿，道光时改建为慎德堂。乾隆十五年（1750）刻御书“乐安和”三字，存于乐安和殿。乾隆四年（1739），御制《咏松》诗三首，存于乐安和东廊内。《光绪顺天府志》载：“御制《咏松》诗，行书，乾隆四年，七言绝三首，在圆明园。”

7

乾隆御笔“月 台”碑

《清朝通志》载：“御书‘月台’二字，乾隆四十一年，行书。”

8

乾隆御笔“月 台”诗碑

月台位于圆明园收藏《四库全书》的藏书楼文源阁对面假山叠石东南。在叠石之巅筑有小平台，竖碑刻乾隆御书“月台”二字。月台碑上还刻有乾隆四十一年（1776）、四十七年（1782）、四十八年（1783）御制《月台》诗三首。金勋《圆明园文源阁记实》记载：“东南角以太湖石砌成平台，上立石碣，碣之正面刻乾隆书‘月台’二字，其余三面，俱有草书御诗。”[76] 据1926年陈文波发表于《清华周刊》十五周年纪念增刊上的《圆明园残毁考》载：“忆十三年游其地，有‘月台’二字石刻，今已不见，不知为何人所取。”[77] 由此可知民国十三年（1924）此碑已不存。

76 金勋编：《圆明园文源阁记实》，载于《圆明园资料集》，书目文献出版社，1984年版，196页。

77 陈文波：《圆明园残毁考》，载于《圆明园资料集》，书目文献出版社，1984年版，179页。

9

乾隆御笔“青松”诗碑

《清朝通志》载：“御制《青松》诗，乾隆四十六年，五言古一首，行书。保合太和院壁。”

保合太和位于圆明园四十景之勤政亲贤，是清帝在园内听政和处理日常政务之所，类似于紫禁城养心殿。保合太和面阔九间，殿前为一回廊院，廊壁间刻乾隆四十六年（1781）御题《青松》诗一首。

10

乾隆御笔“万顷波光”碑

《光绪顺天府志》载：“御书‘万顷波光’四字，行书，乾隆四年，在圆明园。”

11

乾隆御笔“武陵深处”碑

《光绪顺天府志》载：“御书‘武陵深处’四字，行书，乾隆五年，在圆明园安佑宫水关。”

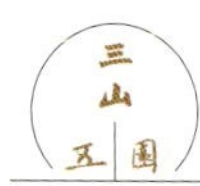

12

乾隆上谕碑

《日下旧闻考》记载，圆明园四十景之山高水长左楹横碣上刊刻乾隆十七年上谕，碑阴刊刻乾隆四十三年上谕。因未见实物，两段上谕均摘自《日下旧闻考》。

乾隆十七年三月二十日上谕

朕恭阅太宗文皇帝《实录》，内载崇德元年十一月癸丑日，上御翔凤楼，集诸亲王、郡王、贝勒、固山额真、都察院官，命弘文院大臣读大金世宗《本纪》。上谕众曰："尔等审听之！世宗者，蒙古汉人诸国声名显著之贤君也。故当时后世咸称小尧舜。朕披览此书，悉其梗概，殊觉心往神驰，耳目倍加明快，不胜叹赏。朕思金太祖、太宗法度详明，可垂久远。至熙宗合喇及完颜亮之世，尽废之，耽于酒色，盘乐无度，效汉人之陋习。世宗即位，奋图法祖，勤求治理，惟恐子孙仍效汉俗，预为禁约，屡以无忘祖宗为训。衣服言语，悉遵旧制，时时习练骑射，以备武功。虽垂训如此，后世之君渐至懈废，忘其骑射。至于哀宗，社稷倾危，国随灭亡。乃知凡为君者，耽于酒色，未有不亡者也。先世儒臣巴克什达海库尔禅屡劝朕改满洲衣冠，效汉人服饰制度，朕不从，辄以为朕不纳谏。朕设为比喻，如我等于此聚集，宽衣大袖，左佩矢，右挟弓，忽遇硕翁科罗巴图鲁劳萨挺身突入，我等能御之乎？若废骑射，宽衣大袖，待他人割肉而后食，与尚左手之人何以异耶？朕发此言，实为子孙万世之计也。在朕身岂有更变之理？恐日后子孙忘旧制，废骑射以效汉俗，故常切此虑耳。我国士卒初有几何？因娴于骑射，所以野战则克，攻城则取。

天下人称我兵曰立则不动摇，进则不回顾，威名震慑，莫与争锋。此番往征燕京出边，我之兵威竟为尔八大臣所累矣。故谕尔等，其谨识朕言。钦此。”朕每谨读圣谟，不胜钦凛感慕。深惟国家开创之时，我祖宗躬亲劳瘁，勤求治理，矩矱相传，罔敢渝越，以立万世之丕基。至于今咸受无疆之福者，皆仰遵明训所致也。我朝满洲先正遗风，自当永远遵循，守而勿替。是以朕常躬率八旗臣仆，行围较猎，时时以学习国语，熟练骑射，操演技勇，谆切训诲。无非率由旧章，期以传之奕祀，永绵福祚。惟是我皇祖太宗圣训所垂，载在《实录》。若非刊刻宣示，则累朝相传之家法，外庭臣仆何由共悉？且自古显谟令典，多泐之金石，晓谕群工。我皇祖太宗之睿圣，特申诰诫，昭示来兹，益当敬勤贞珉，永垂法守。著于紫禁箭亭、御园引见楼及侍卫教场、八旗教场，各立碑刊刻，以昭朕绍述推广至意，俾我后世子孙臣庶，咸知旧制，敬谨遵循，学习骑射，娴熟国语，敦崇淳朴，屏去浮华，毋或稍有怠惰，式克钦承彝训，冀亿万世子孙共享无疆之庥焉。特谕。钦此。[78]

乾隆四十三年五月二十八日上谕

朕恭阅太宗文皇帝《实录》，天聪四年二月，上谕群臣曰：“昨攻取永平城，大臣阿山叶臣与猛士廿四人冒火奋力登城，乃我国第一等骁勇人也。其廿四人蒙上天眷佑，幸俱无恙。次日召伊等进见，朕心怆然，几不能忍。此等猛士与巴图鲁萨木哈图及他处先登骁勇出众之人，前已有旨，后遇攻城，勿令再登。及攻昌黎县，萨木哈图又复与焉。以后此等捐躯建功之人，勿得再令攻城，但当在诸贝勒、固山额真左右，遇众对敌之时与之同进。若彼欲自攻

78 于敏中等编：《日下旧闻考》，卷十三，北京古籍出版社，1985年版，171页。

城，亦当止之。即或厮卒中有一二次率先登城立功者，亦不可再令攻城，以示朕爱惜材勇之意。”仰见我祖宗开创艰难，于战胜攻取时仁恩恤下，无微不至。是以人思感励，敌忾效忠，所向克捷。开疆定业，肇造鸿图，贻谋垂裕之道实在于是。朕临御以来，平定准部、回部及荡平两金川，我旗营劲旅中鼓勇先登攻坚拔栅者固不乏人。即绿营中亦间有出众奋勉者，一经将军等具奏，即赏以巴图鲁号，用示奖励。而伊等倍加感奋，凡遇攻夺碉寨，仍复超众争先，以图报效。其间屡建功绩者固多，而因冒险伤殒者亦复不少。朕每为矜悯，蠹然于怀。兹紬绎祖训，骁勇立功之人毋令再登，益敬服大圣人之用心，非孙臣所能见及也。今武功告蒇，函夏谧宁，继此不愿复有用兵之事。但兵可百年不用，不可一日不备。而谟训昭垂法良意美亦不可一日或忘。用是敬录圣谕，明白宣示我君臣，当共恪守以垂久远。且使我世世子孙懋继前规，勉思善述，以巩亿万载丕丕基。其钦承毋忽！[79]

79 于敏中等编：《日下旧闻考》，卷八十一，北京古籍出版社，1985年版，1349—1350页。

1

如园嘉庆御笔“转翠桥”碑

2

如园嘉庆御笔“平安径”碑

如园于乾隆三十二年（1767）仿江宁明代中山王徐达的瞻园而建，是长春园中一处江南园林风格的园中园。嘉庆十六年（1811）重修，嘉庆御制《重修如园记》，并于嘉庆十七年（1812）御制《如园十景》诗。如园内曾有嘉庆御笔“转翠桥”和“平安径”石碑，20世纪20年代尚在原址，今尚未发现。

20世纪20年代如园『转翠桥』碑旧影

3

思永斋乾隆“试马图”碑

思永斋于乾隆十二年（1747）基本建成，乾隆二十三年（1758），清廷仿杭州西湖汪氏园，在思永斋东侧建小有天园。叠石成峰，范锡为宇，潋水作瀑，俨然窗中小有天园。乾隆五十四年（1789），乾隆命人在思永斋添安了一座汉白玉试马图石碑。据内务府造办处档案记载：“乾隆五十四年五月二十三日，苑丞文琳等称遵。上曰：‘将思永斋添安试马图碑碣，照保合太和殿前碑碣尺寸、花纹、样式画样五张，交太监常宁转奏。’奉上曰：‘赑头南面做王母庆寿图花纹，碑座南面做福禄图花纹，北面赑头碑座俱做流云花纹，其石座上所安栏杆着交铸炉处做烧古铜栏杆。’”[80] 由此可知思永斋汉白玉试马图碑纹饰繁复、精美，石座上还安有烧古铜栏杆。在圆明园保合太和殿前也曾有与此碑尺寸、花纹、样式相同的碑碣。今思永斋遗址上还残存有汉白玉试马图碑基座。

思永斋汉白玉试马图碑基座

80 中国第一历史档案馆、香港中文大学文物馆编：《清宫内务府造办处档案总汇》，卷五十一，人民出版社，2005年版，322页。

三

帖石

清帝将历代名帖刻于石上，置于圆明园或廊或亭的建筑中，不仅利于帖石的保存、展示，使它们传之久远，也对建筑园林起到最佳的陪衬作用。乾隆题《快雪时晴帖》云：“赚得《兰亭》萧翼能，无过玉匣伴昭陵。剩留《快雪》公天下，一脉而今见古朋。”他对萧翼赚《兰亭》和唐太宗殉葬《兰亭》的行为颇不以为然，而对《快雪帖》传至后世，公布天下而欣慰。无论是以宋“赐毕士安本”《淳化阁帖》为基础重编、刊刻《钦定重刻淳化阁帖》，还是集内府珍藏历代名家的兰亭墨迹和有关兰亭的帖本刻《兰亭八柱帖》，乾隆的这种“欲永其龄”的行为都是令人钦佩的。这与将名帖带入陵墓的行为相比，可谓睿智与平庸，博大与狭隘的天壤之别。

1

乾隆
“钦定重刻淳化阁帖”
帖石

宋太宗赵光义于北宋淳化年间刊刻的《淳化阁帖》是我国现存年代最早的一部丛帖，被誉为“法帖之祖”。宋太宗崇尚文治，嗜好书画。他不惜赏赐金帛或授以官位，广罗天下法书名迹，收藏于专门建置的秘阁中，并命翰林学士王著等从中甄选历代帝王、名臣、书家一百零二人的墨迹作品，计四百二十帖，于淳化三年（992）摹勒上版，以李廷珪墨拓出。《淳化阁帖》共十卷，一百八十四版，主要收录了唐代以前的名家墨迹。虽然其中如仓颉、夏禹、仲尼等人的书迹被认为是伪造，但《淳化阁帖》为后人保存了众多已经绝迹的名家法书，促进了中国书法艺术的传播，正如赵孟頫所言，“书法之不丧，此帖之泽也”。《宋史·太宗纪二》记载：“（淳化三年）辛亥，置理检司。甲寅，诏作秘阁。……八月戊辰，以秘阁成，赐近臣宴。”[81]《淳化阁帖》刊刻完成后，宋太宗非常高兴，马上就赏赐宗室大臣。从此凡大臣来中书省和枢密院“二府”的，就赏赐一本墨本。因岁久版毁，宋朝时《阁帖》的原拓就已十分珍贵了，历代重刻、翻刻不断，各派拓本纷纭不计其数，早已失去其本来面目。故历代收藏家不惜代价，千方百计寻求所谓《淳化阁帖》祖本。

清宫入藏的《淳化阁帖》多达十余部，经皇帝和诸臣考证认为“赐毕士安本”最精好。《石渠宝笈续编》著录为“宋拓《淳化阁帖》赐毕士安本”。毕士安，字文简，在宋淳化二年（991）自考功郎拜学士，淳化四年（993）五月出知升州。据帖中第八卷、第十卷之毕士安自题云：“淳化四年四月二十八日，当直中使就院，赐御札八分《千字文》一卷、《法帖》一十卷。”此本明代经晋王府藏，后归孙承泽，并有李洪题跋，王铎、薛所蕴观款。清初时此本进入内府，康熙曾亲跋此本，写下自己读帖的感受：“此本乃赐翰林学士毕士安者，神采焕发、波磔明润。汉晋以来，翰墨风规，宛然犹在者，尚赖此贴之存也，朕几政余闲，咨帙披卷，如晤往昔，心意融洽，洵可宝而藏之也。”[82]

此本无疑也受到有嗜古情怀的乾隆皇帝的珍视，乾隆御题为“其毕士安识语为兹帖权舆，与苏颂、李洪、王铎、孙承泽诸题跋亦源流可溯”。他于乾隆三十四年（1769）命于敏中、王际华等以“赐毕士安本”为基础重编《淳化阁帖》并勒石重刻。重刻是因原碑损坏或亡佚而将原碑善本重新摹勒上石，往往还附刻题记说明原委。后人摹写前人书往往是形具神失，重刻的价值在于“昔时无影照法，非重刻无以传形。欲使孤本流布，舍重刻无他术，虽明知其不易肖而不能已也。”[83]

乾隆在《重刻〈淳化阁帖〉谕》中叙述了重刻

81 《宋史》，中华书局，1985年版。

82 孙岳颁等：《佩文斋书画谱》，上海古籍出版社，1991年版。

83 施安昌：《鉴碑略谈》，《美术观察》1997年5期。

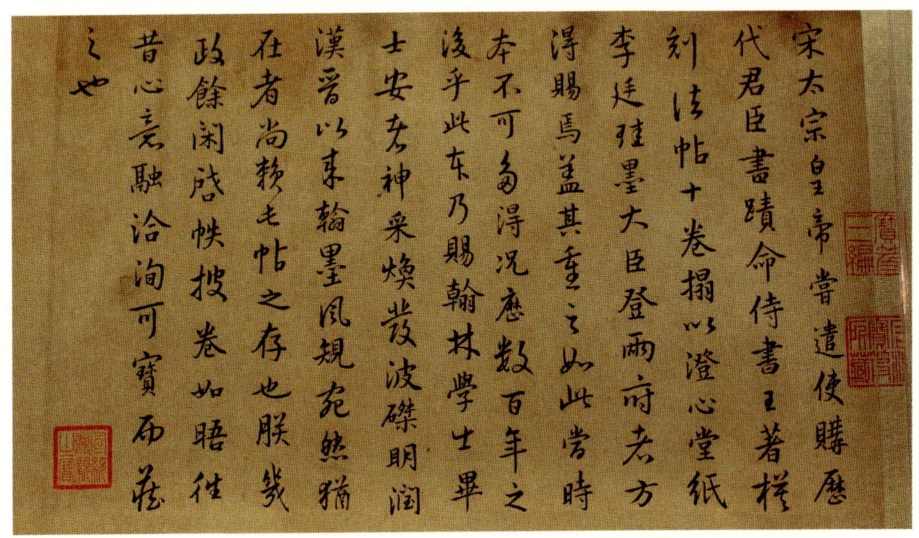

毕士安本《淳化阁帖》局部，现藏北京故宫博物院

《淳化阁帖》的缘由和经过："内府旧藏《淳化阁帖》极多，而此毕士安所得赐本拓最精好，爰特敕选工钩摹上石，冀复旧观。第王著昧于辨别，其所排类标题，舛陋滋甚，不当听其沿伪，以误后学。因命于敏中等详加考证，以次呈阅，候朕参定，分识各卷。并命蒐采诸家释文，依字旁注，其互异者折衷附记于后，以资省览。"[84]宋《淳化阁帖》的编者王著，擅长书法，宋太宗慕名召入宫中为皇帝侍书，但他鉴赏造诣不深，因此奉旨编纂的《淳化阁帖》疏于考证，真伪杂出，错乱失序。乾隆命于敏中等人编成的《钦定重刻淳化阁帖》共十卷。此帖参取前人论说，并以诸家法帖互相考订，对原帖校勘精审，变更原帖次序重新编排。改变宋《淳化阁帖》将书圣王羲之（303—361）、王献之（344—386）父子作品独立分列于最后的方式，除将历代帝王帖编于首卷外，对收入的各书家基本按年代、官职、爵里、姓名的顺序来著录。每帖旁加刻释文，末附订异。从乾隆三十四年（1769）二月到三十七年（1772）四月，清廷用三年多的时间将《钦定重刻淳化阁帖》摹刻成144方帖石，刻成之后，镶嵌在长春园淳化轩与含经堂之间的24间回廊之中。乾隆三十八年（1773），主持《武英殿聚珍版程式》编纂工作的侍郎金简（？—1794）因"石刻贮禁庭，自宜赐以外罕得瞻仰"，奏请以聚珍版摹印释文，使海内"共窥八法之精妙"。《钦定重

84 于敏中等编：《乾隆摹刻淳化阁帖》墨拓影印本，武汉古籍书店，1985年版。

刻淳化阁帖释文》抄录释文以武英殿聚珍版印制，是《钦定重刻淳化阁帖》的精简本，省略图版部分的帖文，只留文字部分的释文考证，便于宫廷内外的书法爱好者参照学习。《光绪顺天府志》载：“御刻《淳化阁帖》，乾隆三十四年，按《淳化阁帖》翻刻寖多，初拓绝妙，高宗嘉惠艺林，择内府所蓄毕士安赐本命于敏中等详加考正，释文旁注，钩摹上石，砌于蕴真斋之廊，更名淳化轩，凡十卷，每卷各有御识。前勒乾隆三十四年御笔谕旨，又三十六年御制《淳化轩记》冠于卷端。”

《淳化阁帖》与《钦定重刻淳化阁帖》标题次序差异表

淳化阁帖	钦定重刻淳化阁帖
历代帝王法帖第一	历代帝王法帖第一
历代名臣法帖第二	上古至晋人法帖第二
历代名臣法帖第三	晋人法帖第三
历代名臣法帖第四	晋人法帖第四
诸家古法帖五	晋人法帖第五
法帖第六	晋人法帖第六
法帖第七	晋人法帖第七
法帖第八	晋至梁人法帖第八
法帖第九	陈至唐人法帖第九
法帖第十	唐人及无名氏法帖第十

《钦定重刻淳化阁帖》用油纸朱笔双钩摹写，以此上石。刊刻完成后，双钩底本乾隆也不舍丢弃，浓墨廓填，命人装裱成册，至今仍收藏于故宫博物院。乾隆在《钩填〈淳化阁法帖〉成因题以句》诗中说：“《淳化阁帖》重刻既成，因以双钩上石之本命工填墨。昨夏驻山庄，几暇比对临写，较之追摹墨拓，更能得其用笔神理。昔人所谓双钩廓填，下真迹一等也。临仿凡三次，始能脱其情而契其神，而钩填之本亦不可弃也。爰命装潢成册。”[85] 全帖刻竣后，拓四百部，交江南织造、盐政配做套匣后，乾隆分赐皇子皇孙，亲王以下，文职二品以上，及内廷翰林、外省督抚、衍圣公和翰詹国子监教习庶常馆并

85 《清高宗御制诗文全集》，四集，卷十九，中国人民大学出版社，1993年版。

各省书院，供皇室、文臣和各省学子临习，并在紫禁城及直隶、山东、江浙等各处行宫和各省胜地收贮，以便自己随时观览、临摹。拓本由紫檀、楸木、楠木等木料制作封面，封面帖名嵌螺钿或铜镀金字，装潢精美。“乾隆三十七年十一月初五日，太监胡世杰交《钦定重刻淳化阁帖》六十分，每分计十册，传，上曰：‘交苏州巡抚萨载、苏州织造舒文、杭州织造寅保、江宁织造寅著、两淮盐政李质颖、长

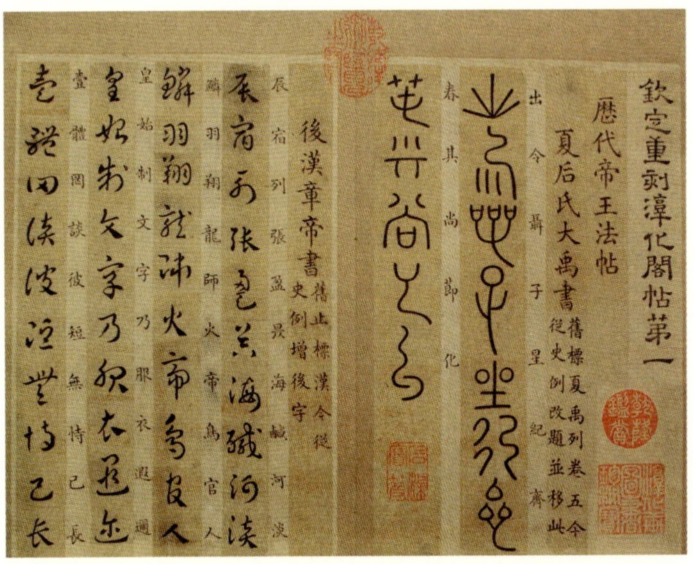

清内府钩本《钦定重刻淳化阁帖》，现藏北京故宫博物院

芦盐政西宁，每人各十分配做壳面套匣，其签子俱做阳纹字，做得一二分先行送来，余者做得陆续送来。’……上曰：‘法帖壳面套匣不必做雕漆，着伊等各随意配做木植壳面、套匣，其签子上字或用本身木上雕做或做银母字嵌安或用木金字，俱要阳文。’”[86] 圆明园共有11处景点先后收贮有一套拓本，即如园、芰荷香、狮子林、同乐园、泽兰堂、含经堂、保合太和、天宇空明、安澜园、蓬岛瑶台和思永斋。原帖则珍藏在圆明园淳化轩内。

淳化轩位于长春园含经堂景区。含经堂坐落在长春园中心地带，是长春园最大的风景建筑群，占地4.5万平方米，包括含经堂、淳化轩、蕴真斋等十多处建筑，是乾隆为自己归政后预修的一处大型寝宫。

淳化轩位于含经堂大殿正北中轴线上，乾隆三十五年（1770）建成，因收藏毕士安本《淳化阁帖》而得名。乾隆在《淳化轩》诗注中宣称：“若纪元得至六十，则寿登八十五，彼时当归政居此。果如所愿，

86 中国第一历史档案馆、香港中文大学文物馆编：《清宫内务府造办处档案总汇》，卷三十五，人民出版社，2005年版，482页。

得以翰墨静娱，诚至乐也。”[87]紫禁城内宁寿宫乐寿堂建于乾隆三十七年（1772），其建筑规制、庭院布局及功能，均仿长春园淳化轩。乐寿堂前后庭院回廊壁间嵌置的“敬胜斋法帖”帖石陈置方式也是仿照长春园淳化轩的“钦定重刻淳化阁帖”帖石。乾隆四十六年（1781）的《乐寿堂》诗注中有“乐寿堂左右廊壁嵌‘敬胜斋帖’石刻，如淳化轩嵌壁之例”。[88]乐寿堂和淳化轩前庭东西不设配殿，仅以十二间游廊与前殿相接，衬托出主殿恢弘的气势。但乐寿堂的“敬胜斋法帖”帖石根据内容形式、数量，变化为前后二进院分置，且帖名与堂名不作统一。

淳化轩南北开敞，面宽七间，进深三间，两卷勾连悬山式、带前后廊，主体建筑琉璃瓦覆顶，内部是上下两层结构，并设有东西暖阁和二层仙楼。外檐悬挂乾隆御书“淳化轩”一块玉二色金闹龙底黑漆字匾。轩前有东西回廊各12间，清样式雷图中称为“墨刻游廊”，廊壁镶嵌“钦定重刻淳化阁帖”帖石，每间嵌帖石6方，共144方，帖石以楠木镶边框。

乾隆《御制淳化轩记》概述了淳化轩的由来与命名的始末：“淳化轩何为而作也，以藏重刻淳化阁帖石而作也。……故言帖必以赵宋为犹近，而宋帖必以淳化为最美。……石刻既成，凡若干页。使散置之，虑其有失也。爰于长春园中含经堂之后，就旧有之回廊，每廊砌石若干页，恰得若干廊，而帖石毕砌焉。廊之中原有蕴真斋，因稍移斋于其北，即旧基而拓为轩。事起藏贴，则以帖名名之。”[89]

1860年圆明园被英法联军洗劫、焚毁。淳化轩地面建筑被毁，收藏其中的各类文物也化为灰烬。至今仅残存部分灰土基础和少量石质建筑构件。“钦定重刻淳化阁帖”帖石也逐渐损毁、散佚。1912年姚华所写《圆明园游记》载：“绕至东大殿，于绘月、搴芝二石下，徘徊久之，拾得断碑一块。草书二行，又二半行，云‘不知此去’，又云‘不讲竟’。旁有楷书释文，又有一行释文，云‘汝还当此’。疑是御书或摹魏晋帖也。”[90]通过作者姚华拾得断碑的位置，“绘月、搴芝二石下”，可知是长春园含经堂。“搴芝”“绘月”二石原置于

87 《清高宗御制诗文全集》三集，卷九十二，中国人民大学出版社，1993年版。

88 《清高宗御制诗文全集》，四集，卷七十七，中国人民大学出版社，1993年版。

89 于敏中等编：《日下旧闻考》，卷八十三，北京古籍出版社，1985年版，1381页。

90 姚华：《圆明园游记一》，载于舒牧等编《圆明园资料集》，书目文献出版社，1984年版，297页。

含经堂遗址现状

乐寿堂庭院回廊内陈设的「敬胜斋法帖」帖石

壹 现存园内的帖石

（一）长春园

含经堂，园毁后分别于 1914年和 1919年被移往中山公园。由断碑草书旁有楷书释文的形式可确定为《钦定重刻淳化阁帖》中张旭《终年帖》的残石。由此可知1912年时“钦定重刻淳化阁帖”帖石已损毁，遗址上仅余残石。

在含经堂遗址整修和考古发掘中，出土“钦定重刻淳化阁帖”帖石共十件。1994年整修园内山形水系时，从含经堂遗址东侧河道中出土“钦定重刻淳化阁帖”帖石七件。2001年含经堂考古发掘时，在淳化轩遗址周围又出土“钦定重刻淳化阁帖”帖石三件。均为汉白玉质地，因有残缺而尺寸大小不一。每件帖石的侧面，阴刻楷书一行“淳化阁帖 ×册 ×号”，是清朝工匠为防止镶嵌时帖石顺序错乱所刻。在帖石顶部和底部的对称位置均有两个榫窝。为方便整理，下文的帖石序号是作者所定，已不是帖石原排列顺序。

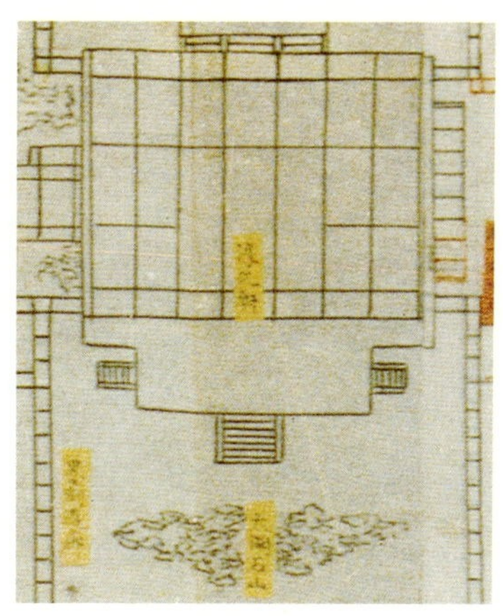

样式雷中淳化轩和墨刻游廊平面图

淳化轩遗址现状

壹 现存园内的帖石

1-1
“钦定重刻淳化阁帖”帖石一

此帖石较完整，正面标题部分内容为“钦定重刻淳化阁帖第五。晋人法帖，晋右军将军琅琊王羲之书。旧列卷八，今移改。旧四十三帖，今自卷六归入一帖”。旁刻“乾隆鉴赏”圆玺和“淳化轩图书珍秘宝”方玺。之后竖刻草书三十一行，草书旁附楷书释文。此帖石内容是《钦定重刻淳化阁帖》第五中王羲之书《小大悉帖》《不审帖》和部分《清和帖》。帖石侧面阴刻楷书一行“淳化阁帖五册一号”。

录　文

钦定重刻淳化阁帖第五｜晋人法帖｜晋右军将军琅琊王羲之书旧列卷八今移｜改旧四十三帖，今｜自卷六归入一帖｜羲之死罪小大悉比来未

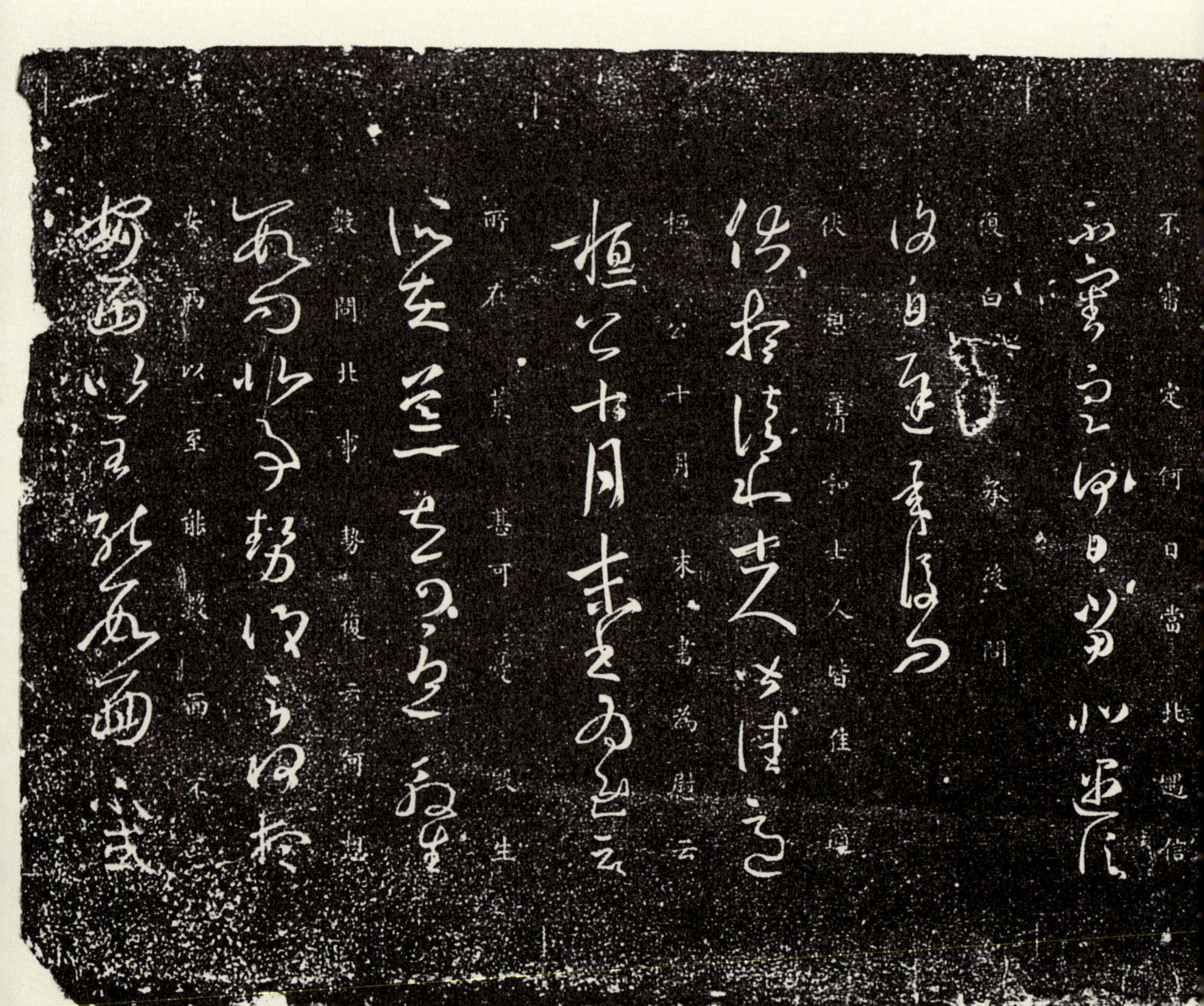

惶」不可怀未复临海问悬情」计宾命行应至迟

下公」还具承问妹极得散力」以为至慰期等故

尔耳」因缘不多白羲之死罪」不审定何日当北

遇信」复白迟承后问」伏想清和士人皆佳适」

桓公十月末书为慰云」所在荒甚可忧殷生」数

问北事势复云何想」安西以至能数面不或

『钦定重刻淳化阁帖』帖石一

『钦定重刻淳化阁帖』帖石一拓片

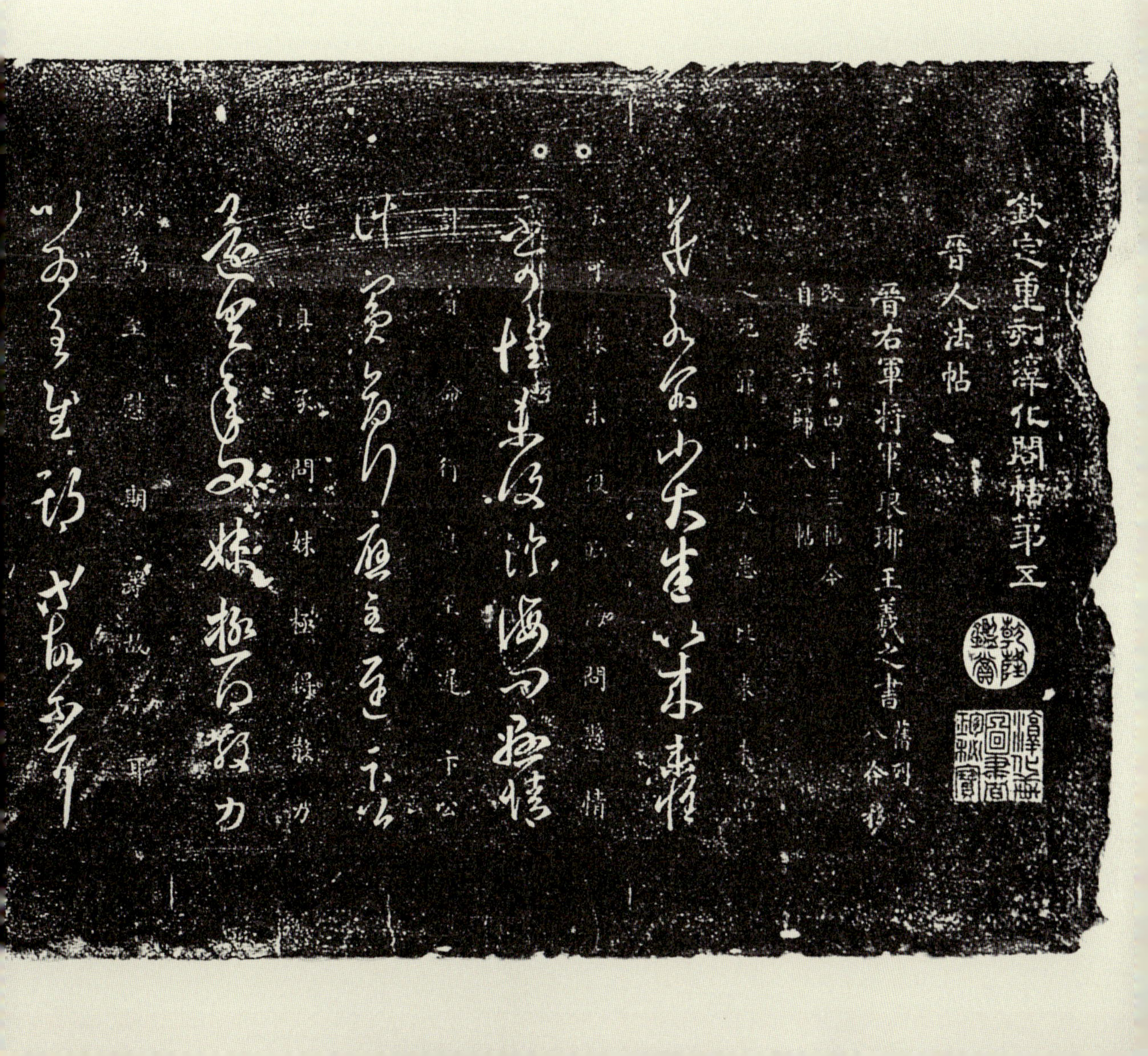

欽定重刻淳化閣帖第五

晉人法帖

晉右軍將軍琅琊王羲之書

1-2
"钦定重刻淳化阁帖"帖石二

此帖石较完整。单面竖刻楷书三十九行，为《钦定重刻淳化阁帖》第五卷最后一部分，是对这卷帖内容的考证。最后刻款"乾隆三十四年岁在己丑春二月奉敕校正宋淳化阁帖刻拓模勒上石"篆书四行和"乾隆鉴赏"圆玺、"淳化轩图书珍秘宝"方玺。帖石侧面阴刻楷书一行"□□阁帖五册十四号"。

录文

王羲之小大帖比来从王澍释顾从羲作以来又未惶从顾释施宿」作惟又临海临从黄谏释海从澍释顾作谘诲又宾命从顾释澍云」命当是禽存考又承问亦从顾释承一作年非帖末罪字草法不可」辨顾云钩摹之失　运民帖民从顾从义释一作代非大观合下项」为七字为一帖文义似相属而笔法不同仍如旧　多日帖比从施」宿释顾从义作似非又观望从顾释望或作宜非又乃苦亦从顾释」一作乃者非又一昔亦从顾释或作一发非县户帖首一字顾从」义释作乡与草法不合一作得字体稍近姑从之又其名从顾释名」一作不非　转佳帖或从顾从义释一作咸非　大热帖白字从王」澍释顾从义作上非　中郎帖往从顾从义释一作德非又论顾作」冷亦作临注云一作论按文法论字较合因从之　比日帖不具从」王澍释顾从义云当作有非又白亦作澍释　延期帖贤从顾从义」释原缺上一笔当是钩摹之失今从大观补　狼毒帖两从顾从义」释王澍云当是雨文义不协　阔转久帖同之从罗森释刘次庄□」得非冬中帖不具从顾从义释王澍作不一一　阮公帖阮公从」刘次庄释顾从义云当是既月非王澍云当是阮郎草法亦不甚合」又何万从顾释澍云当作阿万玩草法不类阿字又大灸从顾释□」谏作

大恶非又得力从朱家标释顾作将刀非又且字钩摹稍有缺」笔按绛帖合下月末蒸湿为一帖蒸湿帖字体不同月末则大小正」类文法亦相属存考丘令帖册从顾从义释罗森作州非又水丘」亦从顾释一作水近非 遣书帖足下从刘次庄释施宿作重慰非」王澍释作之亦二字于文义不协又善除不除并从顾从义释刘俱」作保非又卿亦从顾释澍云当是公 采菊帖何以从王澍释刘次」庄作似顾从之作比俱非又菊从顾释黄庭坚作药非增慨帖想」示之示刘次庄施宿作必顾从义云当作君朱家标作念俱与草法」不合王澍释作示引行穰帖为证从之又迟从刘释顾云当作返非」又善散从顾释澍作节散 月半帖邑邑从顾从义释王澍作足下」按下字与草法不合 独坐帖果去诸家释并同王澍云按书法当」是果者 安西帖知从顾从义释刘次庄作大非又都督亦从顾释」刘作都共非又督之同 长史帖胥从顾从义释胥与壻同顾引干」禄字书为证刘次庄施宿分作知耳二字非又休种从刘释按张溥」所辑王羲之集以休种为句犹言为长史休之后耳种或作稚王澍」疑作肿俱非种下一字刘作知顾云当作不与草法文义俱不合疑」是意字摹缺末一笔姑释以俟考 得凉帖比来从顾从义释刘次」庄施宿作以来又合二字作几俱非又邑邑亦从顾释一作区区□」面行从刘释顾云疑作拜 此郡帖自非非字旧缺一笔今从大观」补又未见从顾从义释见刘次庄作忽施宿作免俱非又顷从王澍」释顾作须非 行成帖以从从顾从义释以黄伯思作比非又般亦」从顾释黄庭坚施宿陈与义俱作列非」乾隆三十四年岁在己」丑春二月奉」敕校正宋淳化阁帖刻」拓模勒上石

『钦定重刻淳化阁帖』帖石二

『钦定重刻淳化阁帖』帖石二拓片

帖石二侧面

『钦定重刻淳化阁帖』帖石二刻款和刻印

1-3
“钦定重刻淳化阁帖”帖石三

此帖石单面竖刻，正面标题已残缺，“晋人法……晋右军……名今移改……帖今移一帖……”，其后刻草书十四行，草书旁附小楷释文。此帖石内容为《钦定重刻淳化阁帖》第三中王羲之书《适得书帖》《知欲东帖》《差凉帖》《奉对帖》和部分《汝不帖》。帖石侧面刻楷书一行“淳化阁帖三册第一号”。

录文

晋人法……」晋右军……」名今移改……」帖今移一帖……」适得书知……」欲中治甚愦愦向宅」上静佳眠都不知足下」来门甚无意恨不

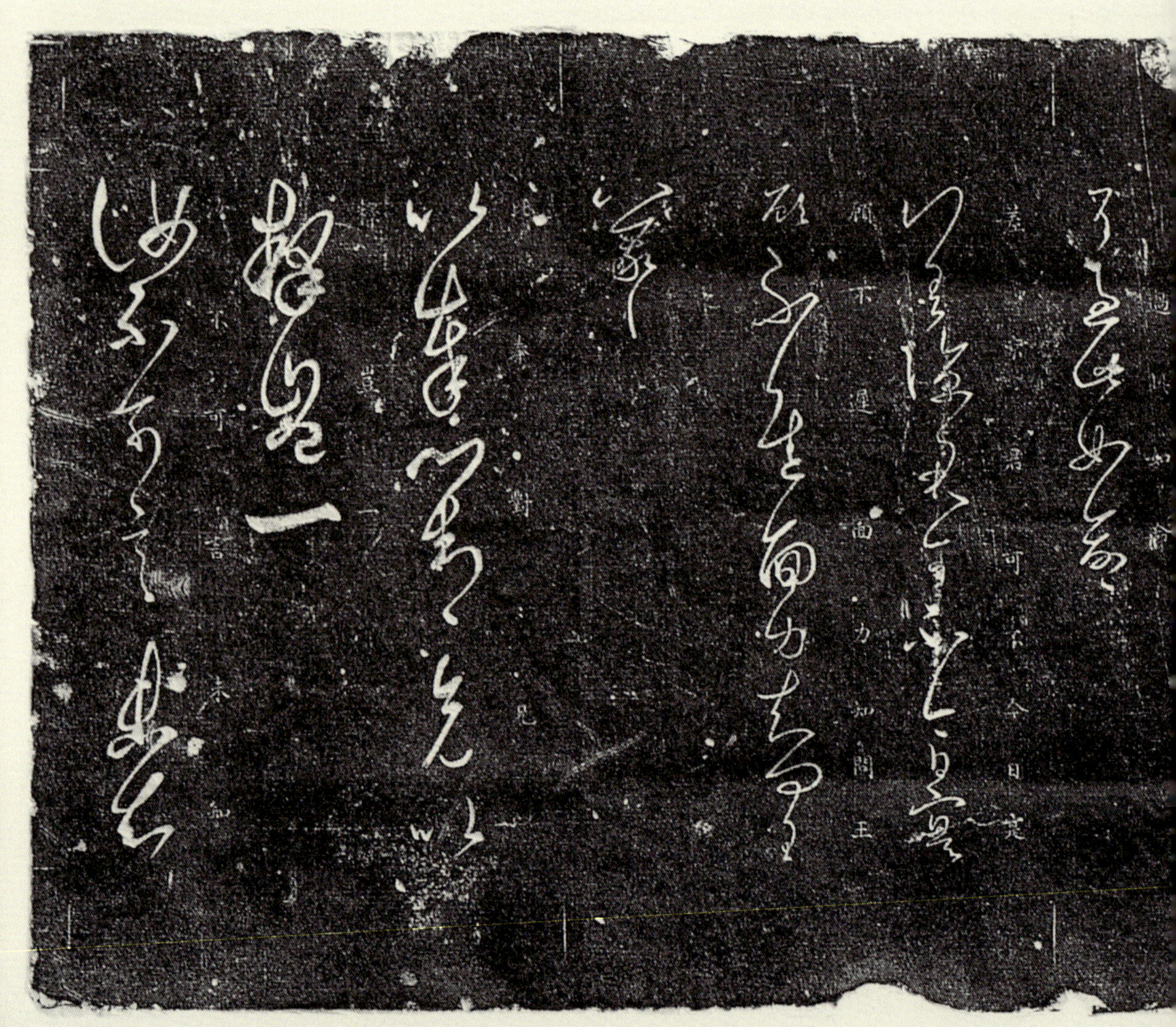

暂」面王羲之」知欲东先期共至谢」奕处云何欲行想忘」耳过此如命」差凉君可不今日寔」顾不迟面力知问王」羲之」比奉对对兄以」释岂一」汝不可言未知

『钦定重刻淳化阁帖』帖石三拓片

『钦定重刻淳化阁帖』帖石三

帖石三侧面

1-4 "钦定重刻淳化阁帖"帖石四

此帖石较完整，单面竖刻草书二十行，草书旁附小楷释文。此帖石内容是《钦定重刻淳化阁帖》第三中王羲之书《儿女帖》的一部分、《省足下别帖》和《谯周帖》。帖石侧面阴刻楷书一行"淳化阁第三册六号"。

录　文

以毕唯一小者尚未婚耳｜过此一婚便得至彼今内外孙｜有十六人足慰目前足下情｜至委曲故具示｜省足下别疏具彼土山川诸｜奇扬雄蜀都

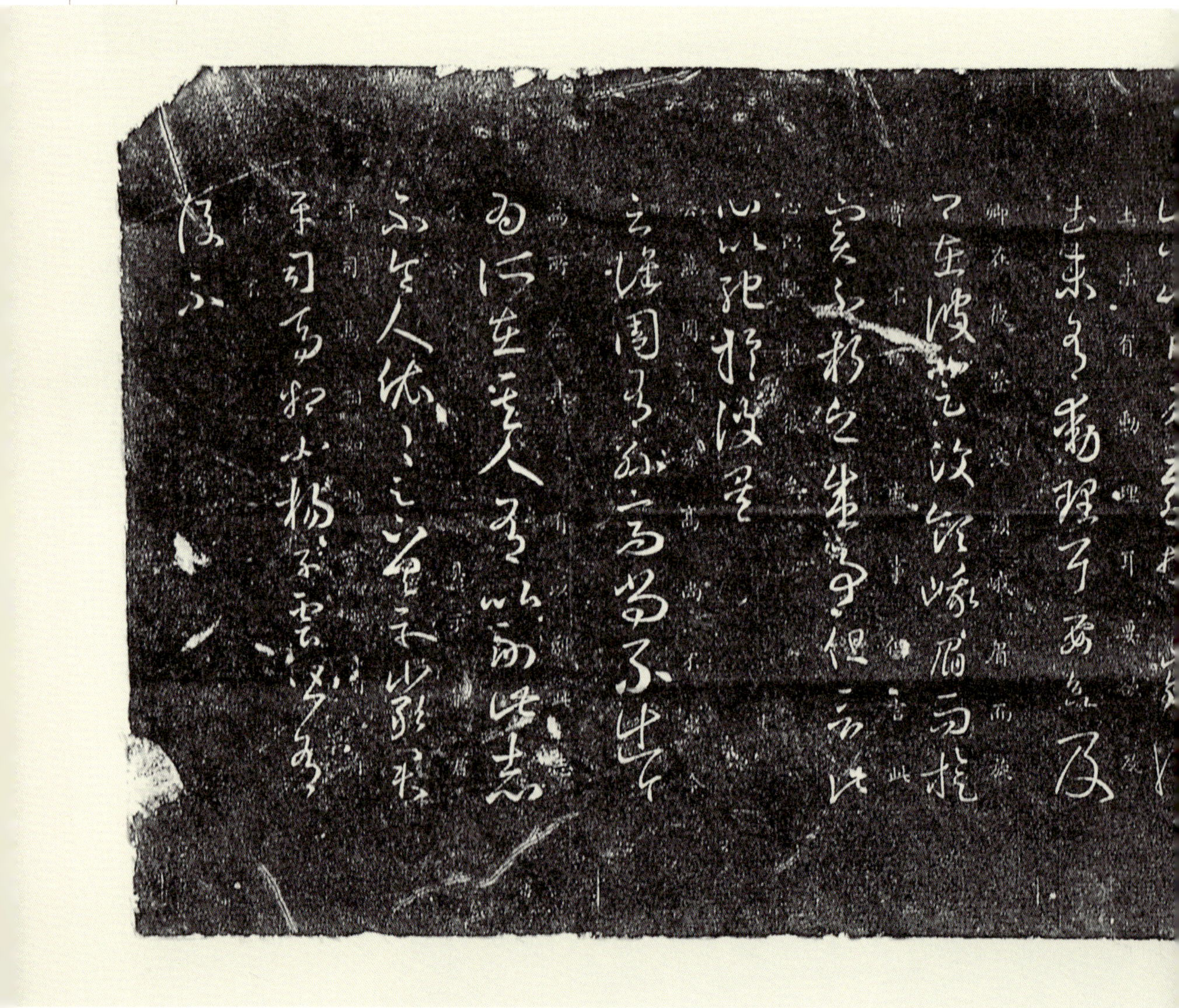

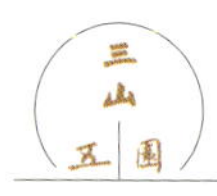

左太冲三」都殊为不备悉彼故为」多奇益令其游目意足」也可得果当告卿求迎少」人足耳至时示意迟此期」真以日为岁想足下镇彼」土未有动理耳要欲及」卿在彼登汶领峨眉而旋」实不朽之盛事但言此」心以驰于彼矣」云谯周有孙高尚不出今」为所在其人有以副此志」不令人依依足下具示严君」平司马相如扬子云皆有」后不

『钦定重刻淳化阁帖』帖石四

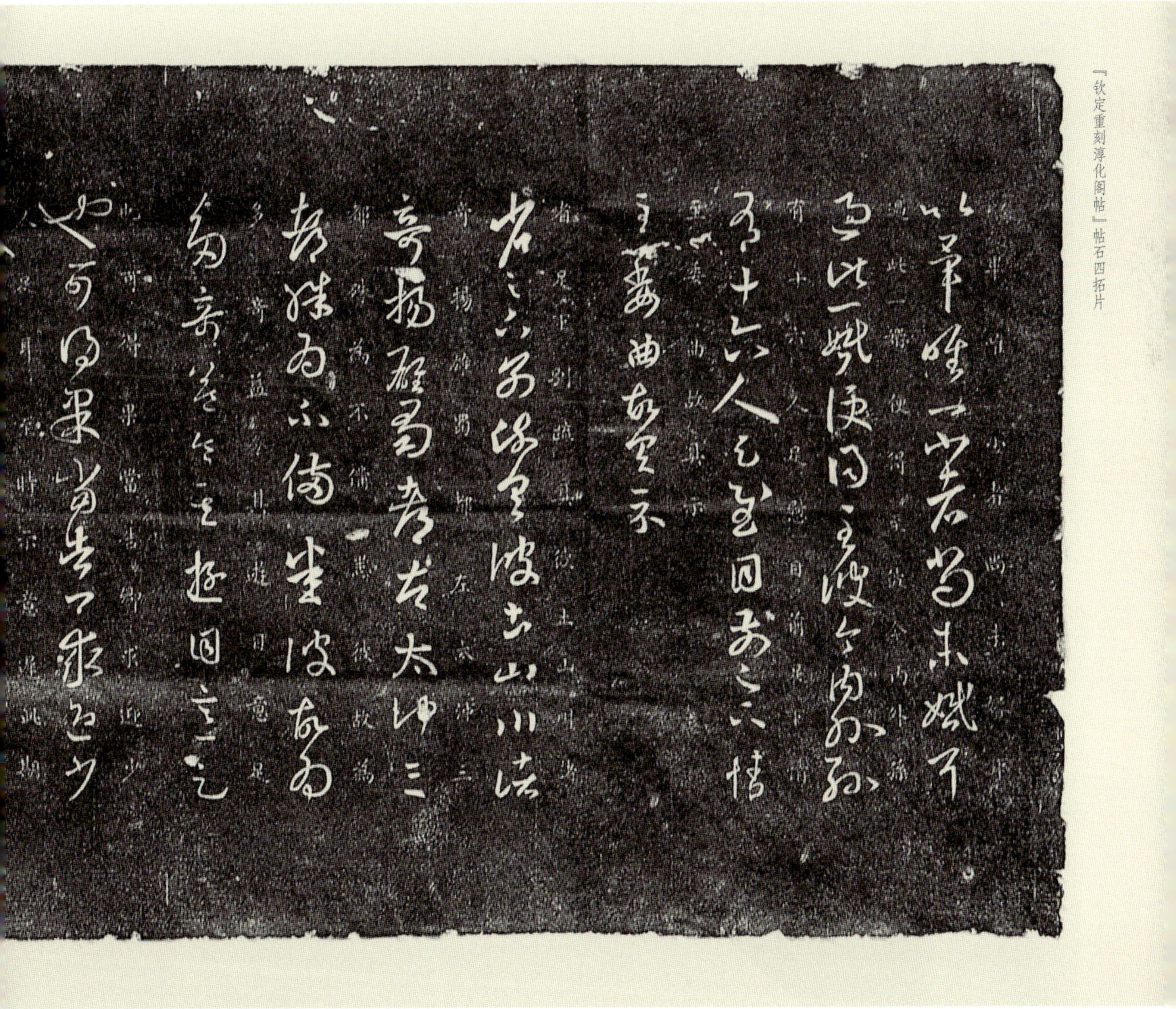

『钦定重刻淳化阁帖』帖石四拓片

1-5 “钦定重刻淳化阁帖”帖石五

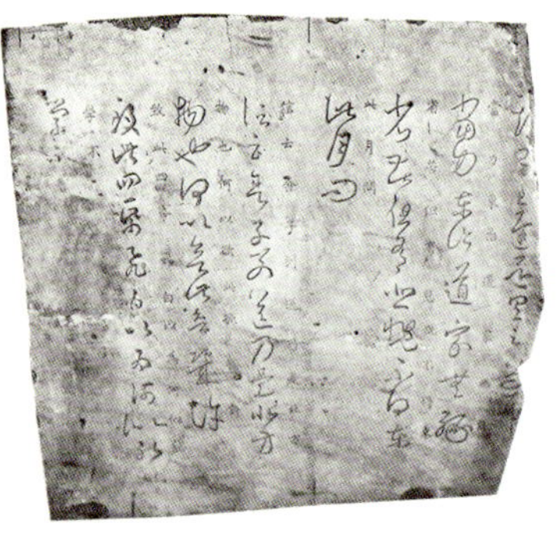
『钦定重刻淳化阁帖』帖石五

此帖石残缺较多，字迹也大多模糊不清。单面竖刻草书九行，草书旁附小楷释文。帖石内容是《钦定重刻淳化阁帖》第三中王羲之书《足下散势帖》和《衰老帖》。

录 文

……耳｜……散势小差此慰｜无以为喻云气力故尔｜复以悒怛想散患得｜差馀当以渐消息耳｜吾顷无一日佳衰老｜之弊日至夏不得有｜所啖而……｜劣……

1-6 “钦定重刻淳化阁帖”帖石六

『钦定重刻淳化阁帖』帖石六

帖石六侧面

此帖石残缺较多，单面竖刻草书八行，草书旁附小楷释文，内容是《钦定重刻淳化阁帖》第四中王羲之书《期已至帖》《力东帖》《舍子帖》和《飞白帖》。帖石侧面阴刻楷书一行“淳化阁帖第四册八号”。

录 文

期已至迟还具足下问耳｜当力东治道家无缘｜省苦但有悲慨不得东｜此月问｜信云舍子别送乃是北方｜物也何以欲此欲几许｜致此四纸飞白以为何似能｜学不

「钦定重刻淳化阁帖」帖石五拓片

「钦定重刻淳化阁帖」帖石六拓片

1-7
“钦定重刻淳化阁帖”帖石七

此帖石仅残存一角。单面竖刻草书两行，草书旁附小楷释文，字迹大多残缺，可辨识者只有五字。此帖石内容是《钦定重刻淳化阁帖》第三中王羲之书《近得书帖》和部分《昨书帖》。侧面残存四字“淳化阁帖”。

录文

近不 | 四月廿

帖石七侧面

“钦定重刻淳化阁帖”帖石七

1-8
“钦定重刻淳化阁帖”
帖石八

此帖石部分残缺。单面竖刻行书七行，小楷六行。此帖石内容是《钦定重刻淳化阁帖》第一中唐太宗书《数日来患痢帖》《引高丽使帖》《服蜀葵帖》《唱箭帖》和部分《斅庾信帖》。

录　文

□诸司有事进｜状敕十一日｜□令今旦引高丽｜使人辞明日将来｜敕二日｜卿昨日道服蜀葵可录｜方将来敕廿三日｜唱箭处只道官号及姓不唱｜名不知是何人想宜应合唱名｜敕三日｜……五言秋日□庾信体｜……月□□穿晓露丛｜……冷□火不温风花

“钦定重刻淳化阁帖”帖石八

“钦定重刻淳化阁帖”帖石八拓片

1-9
“钦定重刻淳化阁帖”帖石九

此帖石单面竖刻行书十二行，行书旁附小楷释文，字迹大多残缺，可辨识者只有三十四字。此帖石内容是《钦定重刻淳化阁帖》第一中唐太宗书《怀让帖》和《使至帖》。侧面阴刻楷书“淳化轩……”。

录文

济……｜俟似少可……｜差伤念不可……｜□知也……｜……｜……｜复何似……｜善将息……｜贤公即宜……｜后遣若……｜拣择□□北□动｜静□□即行相

『钦定重刻淳化阁帖』帖石九拓片

『钦定重刻淳化阁帖』帖石九

1-10
“钦定重刻淳化阁帖”帖石十

此帖石仅残存一角，单面竖刻残存有阴刻小字楷书和大字行书，共五行，内容是《钦定重刻淳化阁帖》第三王羲之书部分《奉告帖》和部分《鲤鱼帖》。

录 文

羲之平……｜羲之白……｜敬……

乾隆《钦定重刻淳化阁帖》在清代影响很大，无论是帝王宗室还是文人学子，都十分重视此帖。从乾隆三十四年（1769）二月至三十七年（1772）四月，乾隆曾先后题咏淳化轩及《钦定重刻淳化阁帖》二十五次。诗句云：“阁帖欣犹善本全，几余考订为重镌。墨华辉映题轩扁，石刻珍藏嵌壁砖。”[91]“淳化因藏旧版真，两廊石壁拱轩唇。”[92]“屏石叠玲珑，文轩有路通。建廊藏帖版，开户对薰风。”[93]乾隆将《钦定重刻淳化阁帖》拓本作为临习书法的范本，不仅自己曾临写有三次之多，而且广赐宗室群臣及各省书院，并于立春日在重华宫茶宴上与群臣以《重刻淳化阁法帖》颁赐群臣事联句。嘉庆帝也曾作《恩赐淳化轩重镌〈淳化阁帖〉恭和御制元韵》称赞此事：“澄心堂纸廷珪墨，几阅淳熙元祐年。三古法书精鉴朗，百朋秘宝艺林全。

清人临写《钦定淳化阁帖》，现藏北京故宫博物院

91《清高宗御制诗文全集》，三集，卷九二，中国人民大学出版社，1993年版。

92《清高宗御制诗文全集》，三集，卷九八，中国人民大学出版社，1993年版。

93《清高宗御制诗文全集》，四集，卷九，中国人民大学出版社，1993年版。

兰亭岂得夸唐室，枣板空教订昔贤。却愧明窗摹写拙，凡将才究学童篇。”

清代文人士大夫的笔记中也有不少关于圆明园淳化轩和《钦定重刻淳化阁帖》的记载。《啸亭杂录》记载：“法帖之久，无如《淳化阁帖》。其后《鼎》《绛》《汝》诸帖互相仿摹，愈失旧规，近日祖帖收藏家，无过而问者。惟大内所藏，系当日所赐毕士安者，篇帙完善，墨沈如新，成亲王曾见之。纯皇帝珍惜如宝，特建淳化轩以贮之。又命于文襄摹刻上石，颁赐诸王公卿，虽不及原帖之善，亦自成一家焉。”[94]赵慎畛的《榆巢杂识》记载：“内府所刻帖，《三希堂帖》嵌于阅古楼，《墨妙轩帖》嵌于万寿山惠山园中。乾隆癸巳，重刻《淳化阁帖》成，适长春园中新构文轩落成，右、左廊各十二楹，每楹分嵌六石，即以‘淳化’名轩。尝拓四百部，分赐群臣。内府拓帖，多用乌金拓，独此仿蝉翼拓，犹存古意。”[95]《养吉斋丛录》记载：“长春园在圆明园之东……园有淳化轩，落成时适重刻《淳化阁帖》，于左右廊各十二楹内，每一楹嵌六石，因以‘淳化’名之。……乾隆三十四年，诏发内府所藏《淳化阁帖》，以毕士安本拓最精，选工钩摹上石。而王著排署标题多舛谬，命内廷诸臣考正世次姓氏，分识卷端，并采诸家释文，以嘉惠海内操觚之士。……乾隆间重刻《淳化阁帖》，始于己丑二月，至壬辰四月蒇工。赐内官文臣二品以上，外及督、抚，共一百六十余部。其加赐册本者三十八人，独于公敏中赐二部。至颁储行宫、名胜、官署、书院者，又七十余部。”[96]

虽然关于“宋拓淳化阁帖赐毕士安本”的真伪和乾隆《钦定重刻淳化阁帖》艺术性的优劣还有许多争论，但乾隆《钦定重刻淳化阁帖》的编制、刊刻和赏赐是清朝统治者为了巩固统治，积极接受汉族传统文化的反映。乾隆的重刻是对原刻毁损佚失的弥补，使原拓得以化身千万，传之久远。

94 昭梿：《啸亭杂录》，卷二，中华书局，2005年版，30页。

95 赵慎：《榆巢杂识》，下卷，中华书局，2005年版，221页。

96 吴振棫：《养吉斋丛录》，卷三，中华书局，2005年版，375页。

『钦定重刻淳化阁帖』帖石十

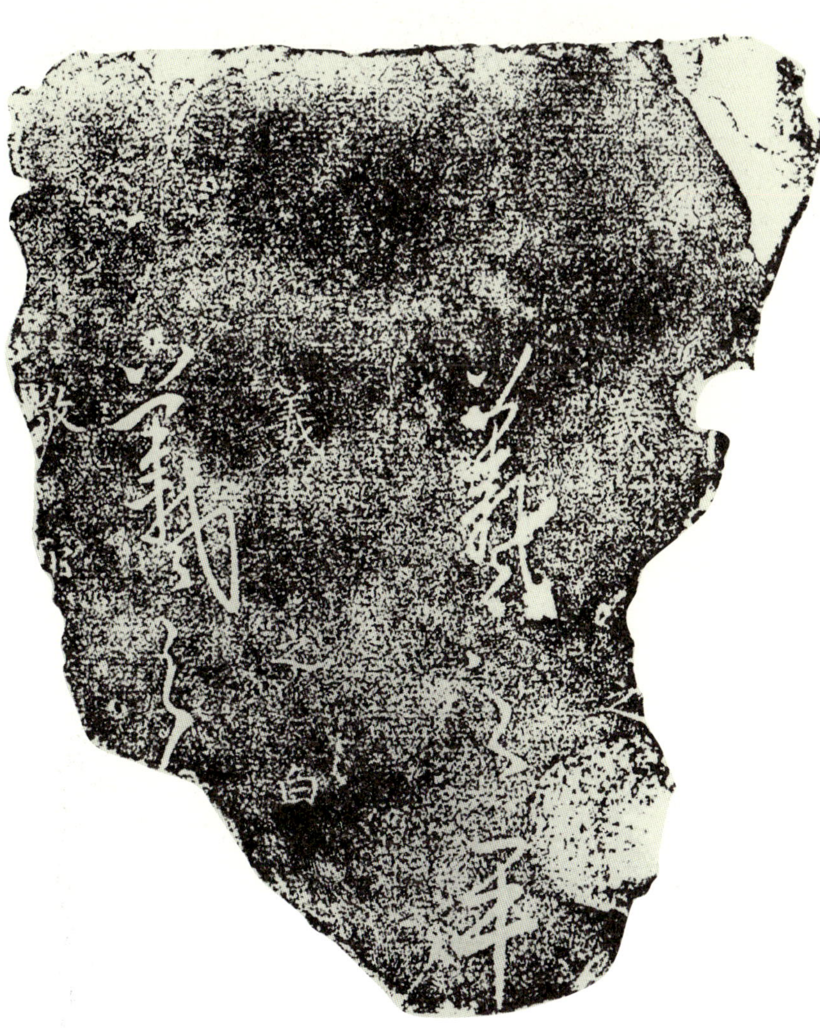

『钦定重刻淳化阁帖』帖石十拓片

2

米南宫自书诗卷真迹帖石

米芾（1051—1108），北宋书画家、鉴赏家，四十一岁前名黻，自元祐六年（1091）改名芾，字元章，号鹿门居士、襄阳漫士、海岳外史。徽宗赵佶召其为书画学博士，官至礼部员外郎，因礼部别称“南宫”，世称其为“米南宫”。他擅长诗文书画，精通鉴赏，嗜好收藏。米芾行事率性狂放，常有惊世骇俗之举，被称为“米癫”。他爱石如命，遇到自己喜爱的石头，则称“石兄”，并顶礼膜拜。宦游外出，藏品往往随行，并在船上大书一旗“米家书画船”。米芾的书法初宗二王、颜真卿，后博采众长，自成一家，在刚健端庄中，流露出婀娜的姿态。他于书法各体中行书成就最大，用笔变化多端，有“八面出锋”之誉，具真率自然之趣，为宋代“尚意”书风的代表书家，与蔡襄、苏轼、黄庭坚并称“北宋四大家”。他的书作历来被皇家所重，也深受翰墨骚人的喜爱。《宣和书谱》称其“大抵书仿羲之，诗追李白，篆宗史籀，隶法师宜官，晚年出入规矩，深得意外之旨”。

米芾的两卷书法《苕溪帖》和《蜀素帖》被公认是他书法成熟期的佳作，当时就名重一时，对后世影响很大。“蜀素”指的是一种名贵的绫素。据卷末题记可知，此绢于宋神宗庆历四年（1044）在四川东川所造，卷上的乌丝栏也是织出来的，可见当时就是专为书写而造。主人林希宝藏家中并装裱成卷。后林氏曾遍求名家书写，但诸家仅在卷尾题字以示谦逊，而米芾自恃才高长篇大书。元祐三年（1088）八月，米芾应时任湖州郡守林希的邀请，游览太湖近郊的苕溪，曾作《将之苕溪戏作呈诸友》诗，此墨迹即为《苕溪帖》，现藏北京故宫博物院。九月，米芾在蜀素上书五言、七言古诗、绝句、律诗各体诗共六题八首，这就是著名的《蜀素帖》。通篇行书，凡七十一行，每行字数不一，共

五百五十六字。因蜀素粗糙，书时须全力以赴。米芾笔力雄浑老辣，洒脱率意，笔法跌宕多变，变化莫测，创造了一种天真活泼激越昂扬的意境。董其昌评《蜀素帖》“如狮子捉象，以全力赴之”。乾隆肯定了这种评价，“谓狮捉象是精评”。

此卷在宋林希之后到明初三百余年间，流传情形不明，明清间历经书画名家及大收藏家如沈周、祝允明、文征明、董其昌、高士奇等的鉴藏。入清后，该帖原为大学士傅恒家中旧藏，乾隆四十七年（1782），傅家失火，此卷因付装裱得以保存。灾后，傅恒子福隆安将此卷进献给乾隆。乾隆五十三年（1788），傅家又遇火灾，恰好此卷已入藏内府。乾隆觉得这是天意促使这帧名帖免遭火劫，作《题米芾书蜀素卷》一首，记录了此卷入藏的经过及他对此卷书法的评价。并命词臣在《蜀素帖》卷首题写“翰墨因缘，流传有数。艺林名迹，当有神物护持，不可思议耳”。《蜀素帖》纸本现藏台北故宫博物院。

含经堂遗址出土的两方帖石尺寸相同，均比较完整。贴石内容一件为《蜀素帖》的一部分，一件为《蜀素帖》卷后诸多名家题跋和观款。其中一件帖石上刻帖名“米南宫自书诗卷真迹”。帖石置于含经堂何处，尚需进一步研究。此帖石为清宫旧拓，拓本现藏北京故宫博物院，共十五开，据此推测原帖石应为六方。而其中的两方能留存至今也是一大幸事，正如乾隆评价《蜀素帖》所言：“翰墨因缘，流传有数。”

2-1 米南宫自书诗卷真迹 帖石一

此帖石较完整，内容为《蜀素帖》的一部分，单面竖刻文字三十行。对照《蜀素帖》墨本，字体、印章、格式完全一致。《蜀素帖》共录米芾自书各体诗共六题八首，多为米芾为当时纪游或送行所作。《蜀素帖》既表现了米芾的书法才能，也展现了他多方面的诗才。此帖石是其中五首，分别为：游吴江县的名胜垂虹亭而作的《吴江垂虹亭作》；赴湖州途中而作的《入境寄集贤林舍人》；在吴兴郡城与林希等会于郡楼而作的《重九会郡楼》及《拟古》诗的一部分和《和林公岘山之作》的一部分。

录　文

忘形躯鹤有冲霄心龟｜厌曳尾居以竹两附口相｜将上云衢报汝慎勿语｜一语堕泥涂｜吴江垂虹亭作｜

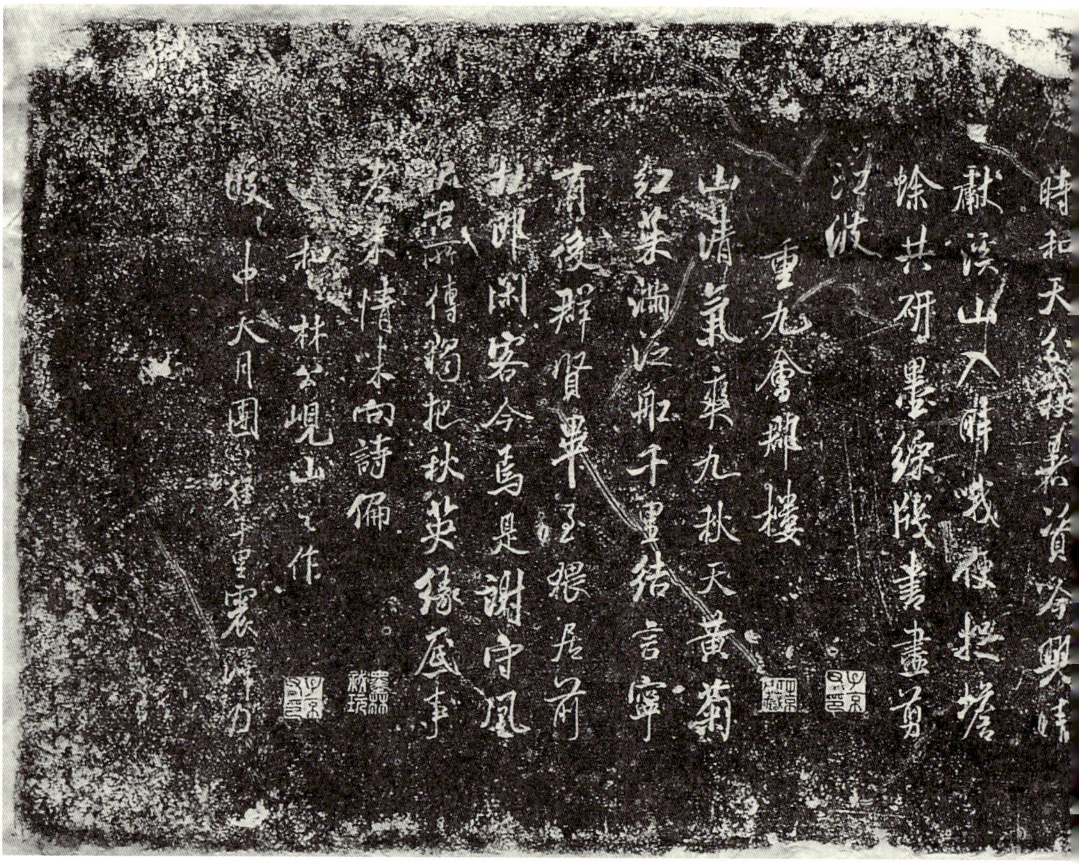

断云一片洞庭帆玉破鲈」鱼霜破柑好作新诗继桑」苎垂虹秋色满东南」泛泛五湖霜气清漫漫不」辨水天形何须织女支」机石且戏常娥称客星」时为湖州之行」入境寄」集贤林舍人」扬帆载月远相过佳」气葱葱听诵歌路不拾」遗知政肃野多滞穗是」时和天分秋暑资吟兴晴」献溪山入醉哦便捉蟾」蜍共研墨彩笺书尽剪」江波」重九会郡楼」山清气爽九秋天黄菊」红茱满泛船千里结言宁」有后群贤毕至猥居前」杜郎闲客今焉是谢守风」流古所传独把秋英缘底事」老来情味向诗偏」和林公岘山之作」皎皎中天月团团径千里震泽乃」

米芾《蜀素帖》墨本，现藏台北「故宫博物院」

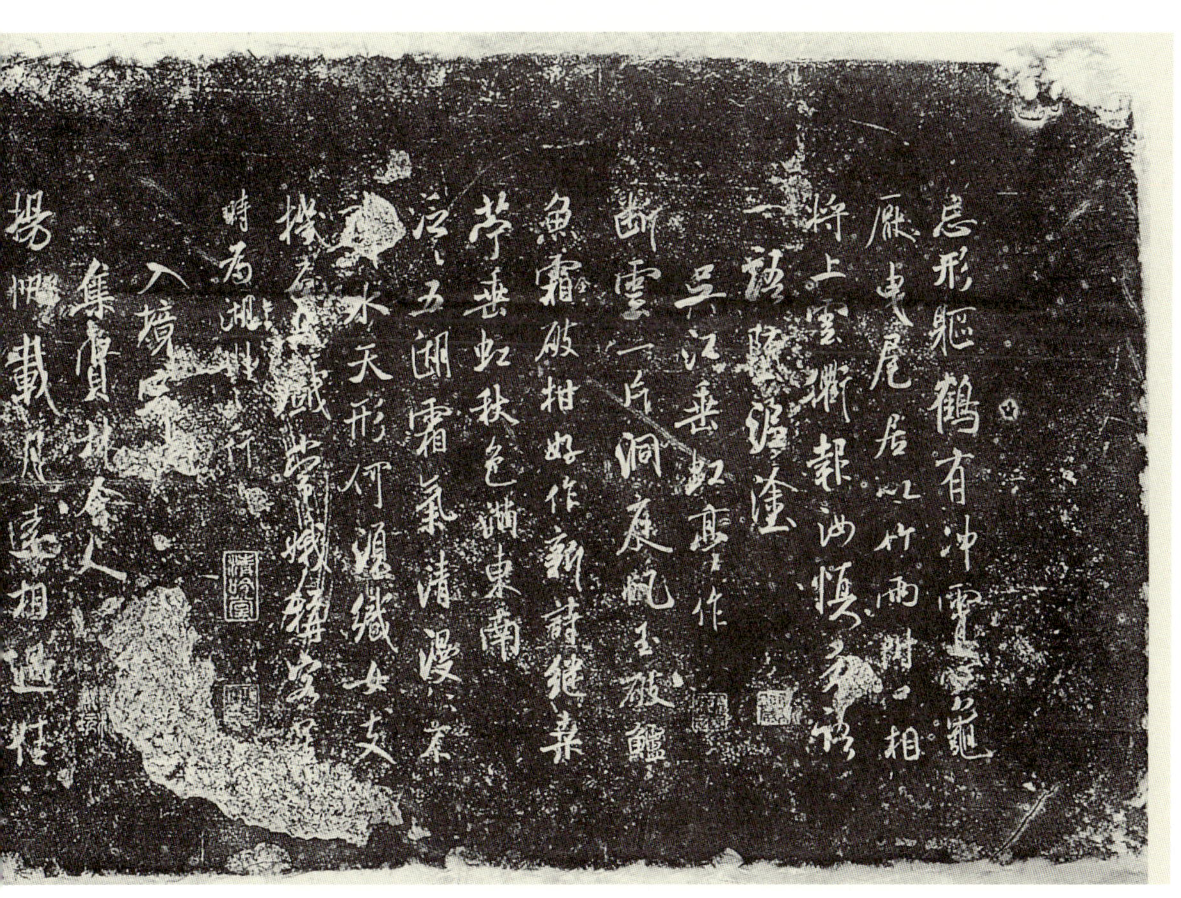

米南宫自书诗卷真迹帖石一拓片

2-2 米南宫自书诗卷真迹 帖石二

此帖石较完整，正面标题部分为“米南宫自书诗卷真迹”。单面竖刻文字二十三行。此件帖石内容为《蜀素帖》卷后祝允明、文征明、顾从义、董其昌诸多名家题跋或观款。其中明嘉靖时的研山居士顾从义（1523—1588），精鉴别，工书画。他的题跋叙述了《蜀素帖》的由来及自己收藏此帖的经过。

录文

过数辈宗道皆｜能致之欧阳公谓物｜长聚于所好信哉｜祝允明书｜嘉靖丁巳十月三日长洲文征明观｜蜀素一卷乃庆历四年甲申东川所造东园邵子中藏于家廿余年至熙宁元年戊申装｜褫成卷先记其尾虚其首以将属诸善书者庆历至熙宁二十余年矣至熙宁八年乙卯｜

胡完夫徐道渊闾丘公显观于子中家展转数遍亦题其尾尚其素也至元祐三年戊辰」始为米溪堂书熙宁至元祐又几二十余年矣子中完夫诸公爱其素如此不知诸公及」见溪堂之词翰否乎余自嘉靖三十二年癸丑得见于长安友人家倾囊以构之余素爱」米书见者不下廿卷此卷五百五十六字诗体具备墨妙入神真秘玩也且自庆历至今」五百二十余年矣完好如故又为沈石田祝枝山文衡山三先生所鉴赏尤为可宝余每」以此卷自随一日过吴中谒衡山先生独不携此适有覆舟之厄先生曰米书在否曰否」先生曰岂无神物呵护至此耶」嘉靖三十年辛酉闰五月研山居士顾从义北上舟南阳闸展卷谨识」右米书盖以老法用秃笔者遒古」可爱甲辰闰九月九日王衡题于春」水船崇祯七年岁在癸酉子月申甫计偕入」都门再观于东华门邸中一似米老」重观研山第无玉蟾蜍泪滴之恨」董其昌识时年七十九岁」米南宫自书诗卷真迹

米南宫自书诗卷真迹帖石二拓片

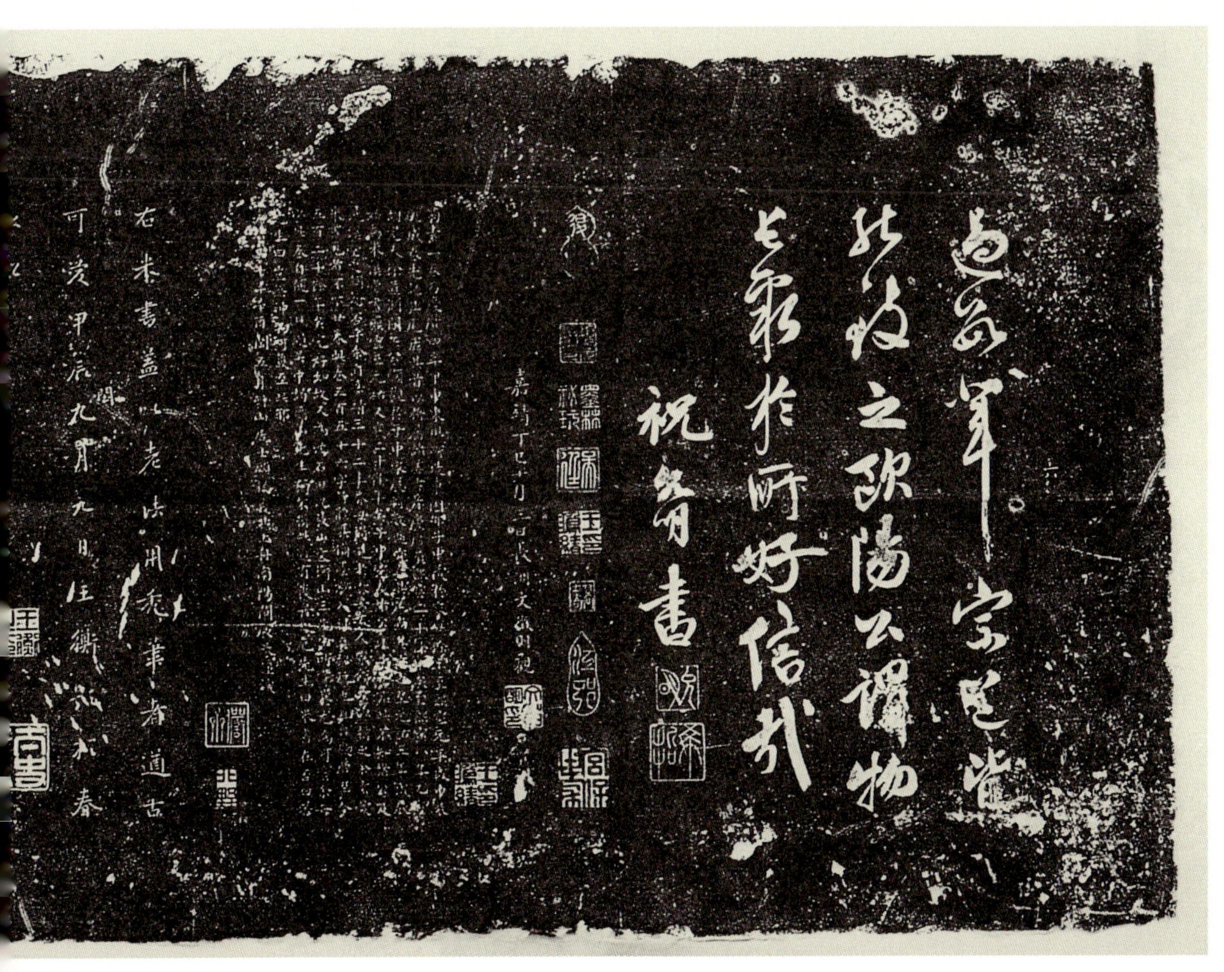

1

“兰亭八柱帖”

帖石

曲水流觞是由古代三月上巳举行的一种“修禊”活动演变而来。“修禊”也称“禊祓”，原是一种临水洗涤，禳灾祈福的祭祀活动。《说文解字》说：“祓，除恶祭也。”[97]修禊早在周朝已出现，并由专门的女巫掌管。《周礼·春官》中载：“女巫掌岁时祓除衅浴。”东汉郑玄注曰：“岁时祓除，如今三月上巳，如水上之类。”春秋时期，古人修禊时还常进行春游活动。《诗经·郑风·溱洧》所描绘的就是郑国人三月上巳在溱、洧两水边执兰草祓除不祥的情景。汉代每逢三月上巳，上自帝王下至庶民，都会聚集到水边洗祓以避邪求吉。《后汉书·礼仪志》载：“（三月）上巳，官民皆洁于东流水上。曰洗濯祓除，去宿垢疢，为大洁。”[98]关于修禊的起源历来说法不一，流传最广的如《宋书·礼志》载：“旧说后汉有郭虞者，有三女，以三月上辰产二女，上巳产一女，二日之中而三女并亡，俗以为大忌，至此月此日不敢止家，皆于东流水上为祈禳，自洁濯，谓之祠。分流行觞，遂成曲水。”[99]

水边“修禊”的古风始终未曾间断，只是随着时间的推移，从女巫掌管的祭祀仪式发展成郊外踏青的民俗活动，再演变为文人士大夫临流饮酒赋诗的风雅聚会。使曲水流觞延续千年的还缘于这样一次聚会：魏晋时期，社会动荡，士大夫阶层醉心玄学，崇尚清谈，寄情山水，以诗酒书画为乐。王羲之“雅好服食养性，不乐在京师，初渡浙江，便有终焉之志”。[100]东晋穆帝永和九年（353）三月三日，王羲之与孙绰、谢安、支遁等名士及亲友，“少长咸集”，在“崇山峻岭，茂林修竹，清流激湍，映带左右”的会稽（今浙江绍兴）山阴兰亭溪畔“流

97 许慎：《说文解字》，中华书局，1996年版。

98 《后汉书》，中华书局，1965年版。

99 《宋书》，中华书局，2003年版。

100 《晋书》，中华书局，1974年版。

觞曲水”，饮酒赋诗为乐。二十六人作诗“畅叙幽怀”，共得诗作三十七首，汇集成《兰亭集》，推举王羲之作序。羲之乘兴挥毫，以神来之笔写成千古名作《兰亭序》。据说王羲之酒醒后，“他日更书数十百本，无如祓禊所书之者。右军亦自珍爱宝重此书，留付子孙传掌”。[101] 正是这次极尽风流的兰亭雅集，为后世留下了脍炙人口的诗文，留下了堪称“天下第一行书”的《兰亭序》，留下了风行后世的曲水流觞。以至在后代文人士大夫心中，竟成了道不完的兰亭故事，解不开的兰亭情结。

王羲之的书法集诸家之优，初学卫夫人书法，后习李斯、钟繇等名家。一改汉魏以来质朴无华之风，书体与笔法变化多姿，流畅圆润，开一代书法之新风。尤其是在行草方面，王羲之的书法艺术达到了登峰造极、出神入化的程度，无人能出其右，人称“书圣”。何延之《兰亭记》载，羲之书《兰亭序》时，用“蚕茧纸，鼠须笔，遒媚劲健，绝代更无。凡二十八行，三百二十四字。有重者皆构别体，就中‘之’字最多，乃有二十许个，变转悉异，遂无同者”。《兰亭序》既是隶楷渐替之际的行书新体，又是王羲之生平杰作，堪称中国书法史上的巅峰之作。

唐太宗酷爱王羲之书法，在民间搜访购求右军真迹，珍藏宫中，积有两千多纸，“万机之暇，备加执玩，《乐毅》《兰亭》，尤闻宝重”。何延之《兰亭记》载，太宗说“右军之书，朕所偏宝，就中逸少之迹，莫如《兰亭》”。据传太宗去世后，《兰亭序》稿本真迹殉葬昭陵，杳如黄鹤，不识真面，令人遐思。《兰亭序》真迹虽已不传，但太宗生前命供奉拓书人赵模、韩道政、冯承素、诸葛贞等用双钩廓填法摹写数本，以赐皇太子、诸王近臣。还有虞世南、褚遂良、欧阳询等人的临摹本存世。

在唐太宗的推崇下，《兰亭序》在书坛的地位不断提高，人们借助摹拓、临写、刻石等手段不断复制。王羲之《兰亭序》原件虽已不复存在，但后世书法名家从未停止过对其摹拓。两宋诸帝皆好

101 张彦远：《法书要录》，卷三，《唐何延之〈兰亭记〉》，人民美术出版社，1984年版。

《兰亭》，宋高宗亲自临写《兰亭》，分赐众大臣。元明清三代的著名书家赵孟頫、陈献章、朱奋等也都曾临写过《兰亭序》。此帖传世墨迹、临摹本也曾屡次摹刻于石，拓本种类繁多。《兰亭八柱帖》的摹刻演绎了一段清皇室鉴赏、传承王羲之《兰亭序》的历史。

贰 现存于他处的贴石

康熙、乾隆推崇赵孟頫、董其昌书法，追本溯源即是羲之书风。康熙和乾隆南巡时，都曾亲临兰亭瞻仰。兰亭御碑亭中立有石碑，碑阳镌刻康熙三十五年（1696）康熙御书《兰亭序》全文；碑阴镌刻乾隆十六年（1751）乾隆游江南临兰亭时御书的七律《兰亭即事》：“向慕山阴镜里行，清游得胜惬平生。风华自昔称佳处，觞咏于今纪盛名。竹重春烟偏淡荡，花迟禊日尚敷荣。临池留得龙跳法，聚讼千秋不易评。”雍正虽从未亲临兰亭故地，却命宫廷画师绘制了以羲之兰亭曲水流觞为题材的《行乐图》，将自己化身成兰亭雅集的名士。雍正十二月行乐图中的《四月流觞》是清代宫廷画家结合圆明园的园林风光创作的，展现了清朝宫廷曲水流觞活动的场景。

坐石臨流
仄澗中瀠泉奔滙奇石
峭列為坻為碕為嶼為
奧激波分注潺潺鳴瀨
可以漱齒可以泛觴作
亭據勝冷然山水清音
東為同樂園
白石清泉帶碧蘿曲流貼貼
泛金荷年年上巳尋歡處便
是當時晉永和

圆明园四十景图咏之《坐石临流》，现藏法国国家图书馆

十二月行乐图轴之《四月流觞》，现藏北京故宫博物院

圆明园中建有两处风格不同的流杯亭，一处是圆明园的“坐石临流”亭，另一处是绮春园的“寄情咸畅”亭。

坐石临流是圆明园四十景之一。流杯亭位于此景的西北部，雍正时已建成一间小型重檐木柱亭。且据清内务府造办处《活计档》记载，雍正曾命宫廷造办处为流杯亭制作过专用的彩漆托碟：“雍正五年二月十一日，圆明园来帖内称，郎中海望奉旨：‘着将彩漆小木船、莲花瓣葫芦式托碟做几件，流杯亭用。’”[102] 乾隆将此景命名为“坐石临流”。乾隆九年（174）御制《坐石临流》诗序中记述了乾隆对此景的描述：“仄涧中潨泉奔汇，奇石峭列，为坻为碕，为屿为奥。激波分注，潺潺鸣濑，可以漱齿，可以泛觞。作亭据胜，泠然山水清音。”诗云：“白石清泉带碧萝，曲流贴贴泛金荷。年年上巳寻欢处，便是当时晋永和。”流杯亭周围的自然环境模仿浙江兰亭，在流杯亭周围种植茂密的竹林，布置悬葛垂萝。东、北两面围以小山，潺潺的溪水从北面堆叠着山石的洞口流出，经过流杯亭后，慢慢流入充满叠石的小溪。

雍正仿建浙江兰亭风景，着意营造雅逸的秀丽景致，乾隆则以书法、诗文在这里将兰亭文化发挥到了极致。乾隆四十四年（1779），弘历下旨将流杯亭改建成重檐八方亭，外檐悬御书“坐石临流”匾，并易以石柱。集内府珍藏历代名家的兰亭墨迹和有关兰亭的帖本八种：唐虞世南摹、褚遂良临、冯承素摹的《兰亭序》，唐柳公权书《兰亭诗》，清内府勾填戏鸿堂刻柳公权书《兰亭诗》，清于敏中补戏鸿堂刻柳公权书《兰亭诗》阙笔，明董其昌临柳公权书《兰亭诗》及乾隆临董其昌临柳公权书《兰亭诗》，命工于八根石柱上每柱刻一帖，即《兰亭八柱帖》。乾隆在他所作的诗及注中写道，“己亥春，辑兰亭八柱之册，因就此亭易以石柱，而各刻一册于柱，以永其传”，“钩摹传八柱，盖欲永其龄。即此千秋宝，因他一序馨”，“向因董其昌戏鸿堂刻有柳公权书《兰亭诗》，字句多阙，因命于敏中补成全字本。初阅《戏鸿堂帖》时，意谓柳迹久无存矣，嗣于《石渠宝笈》中得柳书《兰

102 中国第一历史档案馆、香港中文大学文物馆编：《清宫内务府造办处档案总汇》，第二册，人民出版社，2005年版，433页。

中山公园内『景自天成』亭

亭诗》墨迹，复得董其昌原本及余所临董卷钩摹勒石。然究非永和九年原序，则复检内府所藏虞世南、褚遂良、冯承素摹本，因并为钩刻，合成八册，名曰‘兰亭八柱’云”。兰亭八柱完工后精拓若干份，分赐近臣。《兰亭八柱帖》的底本盛装于由内廷特制的紫檀木雕兰亭八柱插屏内，珍藏宫中，现存于故宫博物院。八柱中的柳公权书《兰亭诗》是赝品早有定议，虞、褚、冯三摹本《兰亭》，虽也不是真迹，而是唐人描摹钩填，但此三卷逼真神似，充分地表达出摹钩的神妙。三卷之中又以虞、褚二本为佳，被人称为神龙本的冯摹《兰亭》也不逊于前二者。《光绪顺天府志》载：“御刻《兰亭八柱帖》，乾隆四十四年，按御刻《兰亭八柱帖》内，前三册为虞世南、褚遂良、冯承素模本，四册为柳公权书《兰亭诗》，五册为戏鸿堂刻柳公权书《兰亭诗》，六册为御敕于敏中补柳公权书《兰亭诗》，七册为董其昌仿柳公权书《兰亭诗》，八册为御临董其昌仿柳公权书《兰亭诗》。卷首御题五言排律一首，卷中御题七言绝六首，七言律四首，御跋四。又于敏中恭和御制元韵七言律一首，在大内。”

圆明园四十景图中的坐石临流亭

圆明园被毁后，坐石临流亭仅存兰亭碑石屏和八根帖刻石柱。宣统二年（1910），八根石柱被移至颐和园，1935年又移至中山公园，立于新建的“景自天成”重檐八角亭内。

兰亭八柱以帖式刻摹上石。每柱刻帖一册，因每册帖的内容不同，每柱所刻的长度也不同。第一、二、三、五分别刻于柱石的一面；第四、六、七、八因一面未能刻下本册帖的内容，故续刻于柱石的另一面。八根柱石所刻内容分拓为十二张拓片。石柱拓片为20世纪90年代所拓，八根石柱均出现风化现象。

1-1

“兰亭八柱” 第一根柱石——“虞世南摹《兰亭序》”

虞世南，字伯施，书承王羲之七世孙僧人智永，为唐时弘文馆学士，授秘书监，封永兴县子，人称“虞秘监”“虞永兴”。明代董其昌认为此本“似永兴所临”，故世称虞世南书。今人认为属唐人钩摹本。此帖由张金界奴进呈给元文宗，因钤有“天历之宝”，后称其为“天历兰亭”或“兰亭张金界奴本”。帖前标题为“兰亭八柱帖第一册”“虞世南摹兰亭序”。

1-2

“兰亭八柱” 第二根柱石——“褚遂良临《兰亭序》”

褚遂良，字登善，唐贞观时因“下笔遒劲，甚得王逸少体”，被魏徵推荐给唐太宗。李公麟云“遂良摹本，逸少神寓之迹也，唐文皇甘心学之”。因原卷前有明项元汴题“褚摹王羲之兰亭帖”而定名。褚摹本后有米芾题诗，故也有人认为是北宋米芾或同时代人所作。帖前标题为“……柱帖第二册”“……良摹兰亭序”。

1-3

“兰亭八柱” 第三根柱石——“冯承素摹《兰亭序》”

冯承素，字万寿，唐贞观年间曾直弘文馆，为供奉拓书人，时评其书“笔势精妙，萧散朴拙”。此本因有元代郭天锡跋文“唐太宗朝供奉拓书人直弘文馆冯承素等奉旨于《兰亭》真迹上双钩所摹”，故被认为是最接近原作的精摹本。且因有项元汴题记“唐中宗朝冯承素奉勒摹晋右军将军王羲之《兰亭禊帖》”，遂被定为冯承素摹本。卷首因钤有唐中宗年号“神龙”半印，又被称为“神龙本”。帖前标题为“兰亭八柱帖第三册”“冯承素摹兰亭序”。

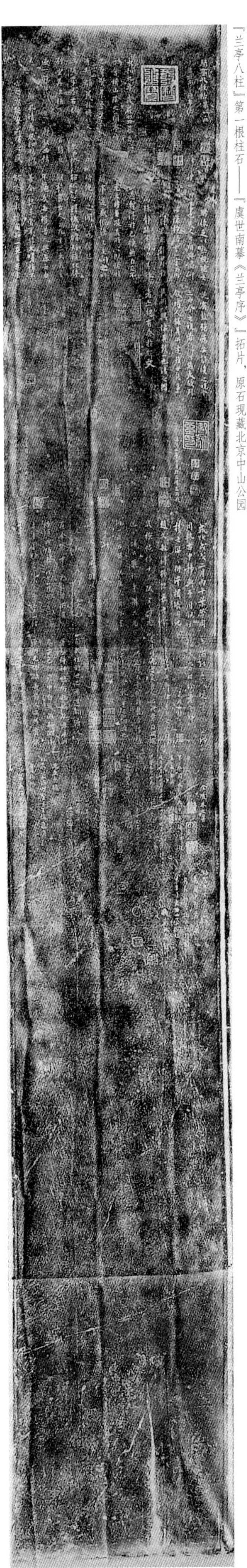

『兰亭八柱』第一根柱石——『虞世南摹《兰亭序》』拓片，原石现藏北京中山公园

『兰亭八柱』第二根柱石——『褚遂良临《兰亭序》』拓片，原石现藏北京中山公园

『兰亭八柱』第三根柱石——『冯承素摹《兰亭序》』拓片，原石现藏北京中山公园

1-4
“兰亭八柱”
第四根柱石——“柳公权书《兰亭诗》”

《兰亭诗》收录了兰亭雅集时王羲之与文士所赋四言和五言诗。宋代以来流传的兰亭诗卷有多种，内容不一。本卷包括王羲之、谢安、谢万、孙绰等二十六人的诗，又有王献之四言诗序、孙兴之五言诗序。凭宋代黄伯思尾题传为柳公权书，由于黄跋属明人伪造，且书风与柳书不合，故应为唐代一般书手的抄本。帖前标题为“兰亭八柱帖第四册”“柳公权书兰亭诗……”。

1-5
“兰亭八柱”
第五根柱石——“清内府钩填戏鸿堂刻柳公权书《兰亭诗》”

《戏鸿堂法帖》为明代著名刻帖，是万历三十一年（1603）董其昌选辑晋唐宋元名家书迹及旧刻本镌成，共十六卷。其中的柳公权书《兰亭诗》磨损残缺，乾隆四十三年（1778），鸿胪寺序班常福奉敕钩填此本。此柱石风化较严重，已漫漶不清。

『兰亭八柱』第四根柱石——『柳公权书《兰亭诗》』拓片，原石现藏北京中山公园

『兰亭八柱』第五根柱石——『清内府钩填戏鸿堂刻柳公权书《兰亭诗》』拓片，原石现藏北京中山公园

1-6

“兰亭八柱”第六根柱石——“于敏中补戏鸿堂刻柳公权书《兰亭诗》阙笔”

董其昌《戏鸿堂法帖》刻柳公权书《兰亭诗》中字多有阙笔，乾隆四十三年（1778），乾隆命文华殿大学士于敏中补成全字，以保存原貌。帖前标题为“兰亭八柱帖第六册”“于敏中补戏鸿堂刻柳公权书兰亭诗阙笔”。其中帖石第二面已漫漶不清。

『兰亭八柱』第六根柱石——『于敏中补戏鸿堂刻柳公权书《兰亭诗》阙笔』拓片，原石现藏北京中山公园

1-7

“兰亭八柱”
第七根柱石——“董其昌仿柳公权书《兰亭诗》”

董其昌仿柳公权书《兰亭诗》墨迹曾被清高士奇、张照等收藏，也曾析分为二，又先后入藏清内府。帖前标题为“兰亭八柱帖第七册”“董其昌仿柳公权书兰亭诗”。

『兰亭八柱』第七根柱石——『董其昌仿柳公权书《兰亭诗》』拓片，原石现藏北京中山公园

『兰亭八柱』第八根柱石——『御临董其昌仿柳公权书《兰亭诗》』拓片，原石现藏北京中山公园

1-8 "兰亭八柱"第八根柱石——"御临董其昌仿柳公权书《兰亭诗》"

乾隆对王羲之书法尤为偏好，在搜罗有关《兰亭序》和《兰亭诗》的历代名摹本和名拓本详加赏鉴的同时，还将其作为自己临习书法的范本，反复摹写。从《石渠宝笈》初编、续编、三编可以看出他所临习的各代各家法书中，王帖所占的比重最大，远远超过其他任何法帖。羲之的得意作品，乾隆皇帝近乎痴狂地临摹，"逸少兰亭帖，学摹自幼龄"，甚至一生都在不断临写《兰亭序》。[103] 这卷御临董其昌仿柳公权书《兰亭诗》也被收入兰亭八柱。帖前标题为"兰亭八柱帖第八册"。

《兰亭序》自问世后，千古流传，历经宋、元、明以迄于清，不仅因乾隆雅聚"兰亭八柱"而蔚成大观，而且已跳出书法之外，成为以兰亭曲水流觞为特征的兰亭文化。因此无论是对兰亭书法的倾心临摹，拓本的收集、鉴赏，还是于园林中修建曲水流觞亭，都昭显出清帝追慕魏晋士人风度、标榜高雅情趣的心态，是他们对其所崇尚并拥有的文人情怀、诗书境界的一种展示。

103《清高宗御制诗文全集》，五集，卷十五，中国人民大学出版社，1993年版。

叁 今尚未发现的帖石（一） 圆明园

1

水木清华之阁乾隆二十六年御笔诗文帖石

水木清华之阁位于圆明园四十景之别有洞天。乾隆二十六年 (1761)临水建三间二层楼阁，同年阁内放置内容为御书诗文帖的三十七种帖石。因帖石尚未发现，御书诗文内容不可考。《光绪顺天府志》载：“御书水木清华之阁石刻诗文帖，三十七种，乾隆二十六年，在圆明园。”

万寿山

香山
静宜园

玉泉山
静明园

清漪园

第六章

无双风月属昆明

——万寿山清漪园（颐和园）

第一节 万寿山清漪园概况

清漪园（颐和园）东近圆明园，西邻玉泉山，所在地段原有一座瓮山，为西山余脉，山下泉流汇成的湖泊称“瓮山泊”，明代改称西湖。这里远山近水，相互映衬，景色优美，使得帝王、贵戚、官僚、文人等纷纷来此游览或建造园林、寺庙。辽金时期这里便是北京西北郊著名的风景名胜。元世祖忽必烈开发瓮山泊，使其成为一座水库。元天历二年（1329），文宗在瓮山泊西北岸建造了“大承天护圣寺”。明弘治七年（1494），助圣夫人罗氏在瓮山南麓兴建圆静寺。明末清初，这里还建有好山园。

清代康雍乾三朝，政治稳定，国库日渐充盈，清廷开始在西郊兴建皇家园林。康熙朝重修香山行宫、玉泉山静明园，新建了畅春园。雍正年间，清廷 扩建了原雍亲王的赐园圆明园，使其成为御园。乾隆时期，西郊皇家园林的兴建达到鼎盛。自乾隆三年（1738）始，乾隆先后扩建了香山静宜园、玉泉山静明园以及圆明园。乾隆九年（1744），完成了圆明园四十景的建设，乾隆帝在御制《圆明园后记》中自豪地宣称，圆明园是“天宝地灵之区，帝王游豫之地，无以逾此”。同时为标榜自己的勤俭爱民，又说“后世子孙必不舍此而重费民力以创苑囿”。然而，“山水之乐，不能忘于怀”的乾隆从未放弃过对这片湖山胜景的规划。乾隆十四年（1749），为满足附近农田、园林乃至京城的用水，朝廷开始疏浚西湖以形成容量更大的蓄水库。“因命就瓮山前，芟苇茭之丛杂，浚沙泥之隘塞，汇西湖之水都为一区”。疏浚后的西湖，“廓与深两倍于旧”，清澈明净，环抱瓮山，据此山水营造园林成为乾隆帝不可抵挡的愿望。乾隆十五年（1750），乾隆自食其言，以建佛寺庆祝其母六十寿辰为名，在圆静寺旧址兴建“大报恩延寿寺”，并改瓮山名为万寿山，西湖名昆明湖，开始大兴土木修建皇家园林，并为这座新园赐名“清漪园”，直接以景观特征命名，意思是水清澈而有波纹。“得泉瓮山而易之曰万寿云者，则以今年恭逢皇太后六旬大庆，建延寿寺于山之阳故尔”。大报恩延寿寺是清漪园时期园内建筑的核心所在，之后重建颐和园时，也是在它的废墟之上进行重建，故而奠定了今天颐和园建筑群的基础。清漪园前山的中央有一组雄伟的以佛香阁为主体的佛教建筑大报恩延寿寺。乾隆十九年（1754），万寿山前山、昆明湖和东宫门一带的主要建筑基本竣工，清廷在北部修建了一道虎皮石围墙，东起文昌阁城关，绕过万寿山北麓到达西麓的贝阙城关，而园的东、南、西部没有设围墙，以昆明湖岸为界，使园内外景致连成一片。乾隆二十年（1755）后，朝廷 又建设了万寿山后山的须弥灵境、苏州街等景点。乾隆二十九年（1764），全园基本建成，占地二百九十余公顷，万寿山和昆明湖构成了园林的主体，是一座真山真水的皇家园林，与香山静宜园、玉泉山静明园合成“三山行宫”。乾隆在营造清漪园时，不仅保留了这一带原有的山水田园风光，将帝王宫殿的富丽与民间茅舍的精巧，以及宗教寺庙的肃穆并蓄其中，而且以杭州西湖为蓝本，在体现皇家气魄的同时兼收江南园林清雅的气韵。此时的清漪园除作为北京水利工程枢纽之外，主要是乾隆帝为太后延寿祈福、奉母礼佛，“过辰而往，逮午而返”的“敕几清暇散志澄怀之所”，并不承担居住、理政功能。

乾隆年间是清漪园的全盛时期，随着清王朝由盛转衰，内忧外患接踵而至，嗣后继位的帝王已无暇于园林建设和游园活动。嘉庆时，清廷仅对清漪园少数建筑进行修缮和改造。道光皇帝来此多是到广润灵雨祠祈雨，清漪园逐渐失去了往日的光辉。咸丰十年（1860），英法联军焚掠圆明园，清漪园同时罹难。园内的文物珍藏被抢掠一空，除了少数建筑幸存外，大部分都被焚毁。同治十年（1871），诗人王闿运和友人“过绣漪桥寻清漪园遗迹”，只见“颓垣断瓦，零乱榛芜，宫树苍苍，水鸣呜咽”，“玉泉悲咽昆明塞，惟有铜犀守荆棘。青芝岫里狐夜啼，绣漪桥下鱼空泣”，道出了此时园中的凄凉景象。

咸丰、同治两朝并未对清漪园进行整修，只是每年循例遣官至广润祠旧址，临时支搭席棚祭祀龙神。光绪年间，慈禧太后不顾国事衰弱，民生凋敝，处心积虑地筹备修复清漪园，作为她归政后的颐养之所。光绪十二年(1886)，她以创办昆明湖水操学堂为名，挪用海军建设专款，开始秘密修复清漪园。光绪十四年(1888)，清廷以光绪帝的名义发布上谕，将清漪园工程公开并将清漪园更名颐和园。此时园中东宫门、仁寿殿、玉澜堂、乐寿堂、长廊，以及南湖岛等处的许多建筑都已经开工甚至完成了。光绪二十六年（1900），八国联军兵临京师，慈禧太后携光绪帝仓皇逃往西安，联军相继进占颐和园，园内陈设和建筑又一次遭到破坏。光绪二十八年（1902），慈禧太后自西安返京后，又陆续修复了园中建筑。颐和园在保留清漪园原有的山水格局和少量残存建筑的同时，增建了上朝听政和与宫廷生活相关的建筑，并突出颐养的主题，多处宗教建筑改建为适合庆典、居住的寝宫。为了节省开支，园内多处景观建筑缩小规模、降低层数、简化装饰，或完全放弃。除南湖岛外，几乎放弃了西部湖面上的点景建筑，耕织图也被水操学堂取代，出于安全考虑，昆明湖周围添修了围墙。自光绪十八年（1892）至光绪三十四年（1908），慈禧太后和光绪皇帝在园中长期居住并处理朝政，举行庆典、宴饮、外交等活动。自此，颐和园继承了圆明园理政、起居的功能，成为帝后和晚清朝廷在紫禁城之外最重要的政治和外交中心。

颐和园的大部分建筑都是清漪园时期遗留下来的。乾隆皇帝为其生母孝圣皇太后的六十大寿而修建的佛寺，勾勒出一幅福山寿海的图景，在此基础上又修建了道教和各种民间神庙等宗教建筑群，容纳了农桑、文学、绘画、音乐等各种文化内容。清漪园是一座在天然山水的基础上经过精心修建的以佛寺为主体的皇家园林，皇帝及后妃遵从“辰来午往”的传统，并不在园中住宿。万寿山前山是层层升高的宗教建筑一为庆贺乾隆帝生母钮祜禄氏六十寿辰而建的大报恩延寿寺。寺庙由山脚到山顶随山势逐层升高，进天王殿后便是正殿大雄宝殿，东侧为慈福楼，西侧为五百罗汉堂，其后石台基上，耸立着四十一米高的八面三层四重檐的佛香阁，阁东为转轮藏和万寿山昆明湖碑，西有五方阁、宝云阁。山顶修建了众香界琉璃牌楼和无梁殿智慧海。万寿山后山中部从山脚下的松堂到山顶的中轴线上，布列着须弥灵境阁、香岩宗印之阁、四大部洲，排列有序，层层升高。颐和园是慈禧太后以光绪皇帝的名义下诏修复的皇家园林，基本沿袭了清漪园的布局，颐和园的功能以慈禧颐养天年和处理朝政为主，万寿山前山的大报恩延寿寺建筑群改为以排云殿为中心的建筑群，排云殿成为慈禧太后生日“庆典受贺”举行大典的地方。清廷还在东部兴建了为行政和生活服务的诸多建筑群，形成园内的行政区和生活区，颐和园演变为紫禁城之外的第二个政治中心。

1911年辛亥革命推翻了清王朝的统治。1912年中华民国成立，清帝退位。民国政府给予清皇室优待，根据优待条件，颐和园是废帝退居之所，成为皇室私产，由内务府管理。1913年4月，民国政府步军统领衙门制定了《瞻仰颐和园简章》，使高官显贵们有了“凭照参观”的特权。后由于对皇室400万元的经费逐年短欠，民国政府为了补贴原皇宫人员的生活，1914年 5月，步军统领衙门与内务府一致决定，特将颐和园辟为公园，开放售票，供人游览，将其所有收入归皇宫人所用。1928年，南京国民政府接收颐和园。但由于政局动荡，这段时间颐和园管理混乱，惨淡经营，处于失修状态。1961年，颐和园被列为全国重点文物保护单位。1998年，列入《世界遗产名录》。

从乾隆年间至今，经过二百余年的损毁和营造，清漪园变成颐和园，园内的景点及建筑也有损益增减，但山水及主要建筑格局却保留了下来。尤其是园中的石刻文物遗存丰富，别具特色，几乎囊括了中国石刻文物的全部类别，摩崖、刻石、碑刻、墓志、刻经和帖石均有。其中除墓志类年代较早，其他均为清代。和三山五园中其他园林相同的是，颐和园石刻文物中乾隆帝御题最多。乾隆曾在园内活动四十九年，留下与清漪园有关的诗作近 1500首，御笔题名、题咏的石刻遍及园内诸多景点。与三山五园中其他几处园林石刻不同的是，这里还保存了晚清慈禧太后御笔的摩崖和刻石，如含新亭后“小有趣”摩崖和谐趣园玉琴峡的御笔题刻群，具有很高的历史价值。这些石刻文物交织着盛世与末世帝后的精神追求与情趣爱好。颐和园中的碑刻可以作为清代皇家园林中的代表，体量庞大，造型多样，纹饰雕刻精美。碑文内容既有关于国家大事的，也有记载建筑形制、命名缘由的，更多的是皇帝在立碑之处的观景抒情。如“万寿山昆明湖”碑高 9米多，以整块青石刻成，碑阳镌乾隆御笔“万寿山昆明湖”六个大字，碑阴刻《万寿山昆明湖记》，内容记述扩建昆明湖经过，两侧均刻有乾隆御制诗，该碑为北京地区形制较大的穹碑，耸立在红墙黄瓦的殿阁中，格外吸引人，其史料和艺术价值以及镌刻技术都值得研究。乾隆时期北京皇家园林中特有的昆仑石碑，颐和园中有三座，不仅形制精美，四面还都刻有乾隆御制诗。清华轩碑亭中乾隆御笔“万寿山五百罗汉堂记”碑，碑西刻乾隆御制《万寿山五百罗汉堂记》，碑文记载了罗汉堂的形制、规模和建造经过，对于已被焚毁的罗汉堂，碑文具有很高的史料价值。碑东刻乾隆御制《西师诗》，碑南刻乾隆御制《平定准噶尔勒铭伊犁之碑》，碑北刻乾隆御制《平定准噶尔后勒铭伊犁之碑》。碑文记述了乾隆年间平定准噶尔叛乱的史实，是记述乾隆“十全武功”的重要石刻文献。

由于无论是清漪园还是颐和园时期，此园始终处于有管理的状态，加之石刻文物材质坚硬，体量又较大，损毁和挪移、流散的情况不多。下文的颐和园石刻文物细目中分三大类予以介绍。第一类是“现存石刻”，这类文物数量最多，按石刻文物的分类，分为摩崖、刻石、碑刻、墓志、刻经、帖石，每类中按文物朝代和时间排序。第二类是“复制石刻”，这类文物是清漪园时期经历了英法联军及其之后的破坏，已不复存在，新中国成立后，在颐和园管理处的努力下，逐步按照历史原貌恢复的石刻。虽是复制品，但仍具有一定的历史价值。第三类是“今已不存的石刻”，此类文物是根据《日下旧闻考》《清朝通志》《光绪顺天府志》等史料，查找出的今已不存的清漪园石刻，其中有的记载较多，如乾隆御制万寿山大报恩延寿寺碑和乾隆御制“墨妙轩法帖”贴石，有明确记载毁于咸丰十年英法联军之役。有的史料中虽有记载，但实地勘察中未见。这部分石刻情况尚不明确，也许已不存，也许在某处但文字已漫漶。

御制万寿山清漪园记

《万寿山昆明湖记》作于辛未，记治水之由与山之更名及湖之始成也。万寿山清漪园成于辛巳，而今始作记者，以建置题额间或缓待而亦有所难于措辞也。夫既建园矣，既题额矣，何所难？而措辞以与我初言有所背，则不能不愧于心。有所言乃若诵吾过而终不能不言者。所谓君子之过，予虽不言，能免天下之言之乎？盖湖之成以治水，山之名以临湖，既具湖山之胜概，能无亭台之点缀？事有相因，文缘质起，而出内帑，给雇值，敦朴素，祛藻饰，一如圆明园旧制，无敢或逾焉。虽然《圆明园后记》有云，不肯舍此重费民力建园囿矣。今之清漪园非重建乎？非食言乎？以临湖而易山名，以近山而创园囿，虽云治水，谁其信之？然而畅春以奉东朝，圆明以恒莅政，清漪、静明，一水可通，以为敕几清暇散志澄怀之所，萧何所谓无令后世有以加者，意在斯乎！意在斯乎！及忆司马光之言，则又爽然自失。园虽成，过辰而往，逮午而返，未尝度宵，犹初志也，或亦有以谅予矣。[1]

1 于敏中等编：《日下旧闻考》，卷八十四，北京古籍出版社，1985年版，1393页。

第二节 万寿山清漪园石刻

壹 现存石刻

[一] 摩崖

颐和园内的摩崖石刻主要分布在万寿山上，大部分镌刻在天然的崖壁上，也有的刻在独立的岩石上。摩崖的时代多为清漪园时期乾隆御题，也有一部分是同治、光绪朝颐和园时期慈禧太后的题刻。摩崖形制随岩壁的天然形状而刻，有的诗刻周围有长方形的开光，古朴自然。尤其是万寿山后山西部赅春园中以满壁巉岩为后墙的清可轩和天然石洞香岩室，充分利用自然的岩石，因地制宜依山就势而建，其建筑结构堪称一绝。其中镌刻在岩壁上的乾隆在此吟作的御制诗，为景色增添了无限的意趣。

1

乾隆御笔 “燕台大观” 刻石

乾隆十五年（1750），清廷于万寿山餐秀亭（光绪时期改为福荫轩）后西北山坡的巨石上刻乾隆御笔“燕台大观”四字，横刻，行书，四字上方正中钤刻“乾隆御笔”方形印玺。据《日下旧闻考》记载：“餐秀亭后石壁上勒御题‘燕台大观’四字。”[2]《光绪顺天府志》载：“御书‘燕台大观’四字，行书，乾隆十五年，在清漪园餐秀亭后。”

福荫轩在乾隆年间称餐秀亭，是一座两层楼的建筑，后被英法联军所毁。光绪时期，慈禧太后在其旧址上建成一层平面呈书卷式的建筑，改称福荫轩。燕台又名幽州台，为战国时燕昭王所筑的“黄金台”，后来用作北京地区的代称。清漪园时期这里地势高旷，登临远眺，可以观赏到从东南方的北京城到西北部燕山的壮观景色。

乾隆御笔『燕台大观』刻石

2 于敏中等编：《日下旧闻考》，卷八十四，北京古籍出版社，1985年版，1395页。

2

清可轩
乾隆御笔榜题
摩崖群

赅春园始建于乾隆十七年（1752），位于万寿山后山西部的山谷中。赅是完备、兼备之意。赅春园之名寓意春天美好的景色被兼容并蓄到这个小园林中。赅春园建筑群坐南向北，由宫门、蕴真赏惬殿、竹籞、清可轩、留云、香岩室等建筑组成。赅春园利用万寿山天然的岩壁沟壑布局，通过不同的建筑形式，因地制宜，依山就势而建，将沟谷、山林、峭壁融为整体。清可轩是赅春园的主体建筑，矗立在万寿山后山西部的半山腰处。建筑背靠山岩，面阔三间，屋顶利用翘起山岩，将梁搭建于岩上，与山石自然衔接，以满壁巉岩为后墙。建筑与岩壑相交，依青崖为墙，山屋相融，结构堪称一绝，极富山林幽居之趣，深受乾隆皇帝钟爱。石壁上镌刻乾隆咏清可轩榜题、诗句多首，为园中清幽的景色增添了无限的意趣。

咸丰十年（1860）英法联军焚掠西郊诸园，赅春园罹难。光绪十二年（1886），慈禧太后重修颐和园时没有恢复此处，现仅存遗址。诗刻多漫漶不清，有些已全佚。《日下旧闻考》载："清可轩石壁间御题曰'集翠'、曰'诗态'、曰'烟霞润色'、曰'方外游'、曰'苍崖半入云涛堆'。"[3] 清《光绪顺天府志》和《清朝通志》均记载，清可轩石壁原有御书题榜摩崖七处，御制诗刻三十首。今乾隆御书七处题榜摩崖均在，御制诗刻遗迹可见三十二处，其中十八处能确定诗文，十四处仅见开光，字迹已经全部漫漶。

3 于敏中等编：《日下旧闻考》，卷八十四，北京古籍出版社，1985年版，1404页。

赅春园清可轩遗址

壹 现存石刻

【一】 摩崖

2-1 乾隆御笔“清可轩”刻石

乾隆十七年（1752）刻于清可轩后檐墙顶部，岩壁正中。乾隆御笔“清可轩”三字横刻，行书，擘窠大字，苍劲有力。《光绪顺天府志》记载：“御书‘清可轩’三字，行书，乾隆十七年。在清漪园。”

2-2 乾隆御笔“集　翠”刻石

乾隆十七年（1752），御笔“集翠”二字刻于“清可轩”摩崖东侧的崖壁上。横刻，行书。

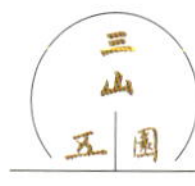

乾隆御笔「清可轩」刻石

乾隆御笔「集翠」刻石

2-3 乾隆御笔“诗　态”刻石

乾隆十七年（1752）刻于“清可轩”摩崖东侧下方。乾隆御笔“诗态”二字竖刻，行书。《光绪顺天府志》记载：“御书‘诗态’二字，行书，乾隆十七年。在清漪园清可轩石壁。”

乾隆御笔『诗态』刻石

2-4

乾隆御笔“寒　碧”刻石

乾隆十七年（1752）刻于清可轩石壁东侧半山坡巨石上。乾隆御笔“寒碧”二字横刻，行书，两字正中钤一方印，已漫漶。《光绪顺天府志》记载：“御书‘寒碧’二字，行书，乾隆十七年。在清漪园清可轩外横石。”

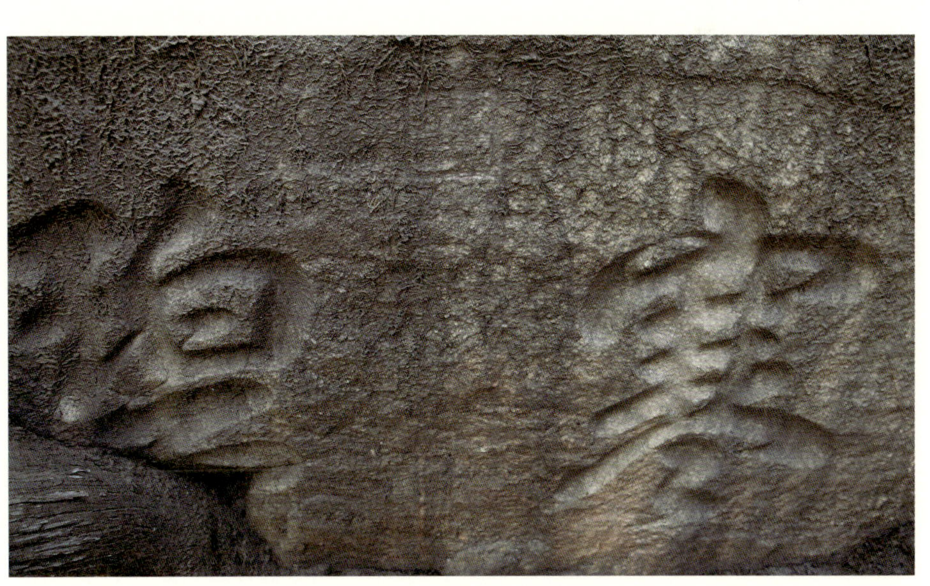

2-5 乾隆御笔“苍崖半入云涛堆”刻石

乾隆十七年（1752）刻于“清可轩”摩崖东侧下方崖壁。乾隆御笔“苍崖半入云涛堆”竖刻二行，行书，取自宋苏轼《武昌西山》中“归来解剑亭前路，苍崖半入云涛堆”之句。句末钤刻一方形印玺，已漫漶。《光绪顺天府志》载：“御书‘苍崖半入云涛堆’七字，行书，乾隆十七年。在清漪园清可轩石壁。”

2-6 乾隆御笔“方外游”刻石

乾隆十七年（1752）刻于“诗态”摩崖东下方，向北倾斜的岩石上。乾隆御笔“方外游”三字竖刻，行书。“方外”指世外仙境，“方外游”是脱离俗尘的世外之游。《光绪顺天府志》记载：“御书‘方外游’三字，行书，乾隆十七年。在清漪园清可轩石壁。”

乾隆御笔『苍崖半入云涛堆』刻石

乾隆御笔『方外游』刻石

2-7 乾隆御笔“烟霞润色”刻石

原所在的岩壁已经与山体脱离，现卧于“清可轩”摩崖的岩壁前，刻字面朝上。乾隆十七年（1752）刻乾隆御笔“烟霞润色”横刻，行书。四字正中钤刻一方形印玺，已漫漶。《光绪顺天府志》记载：“御书‘烟霞润色’四字，行书，乾隆十七年。在清漪园清可轩石壁。”

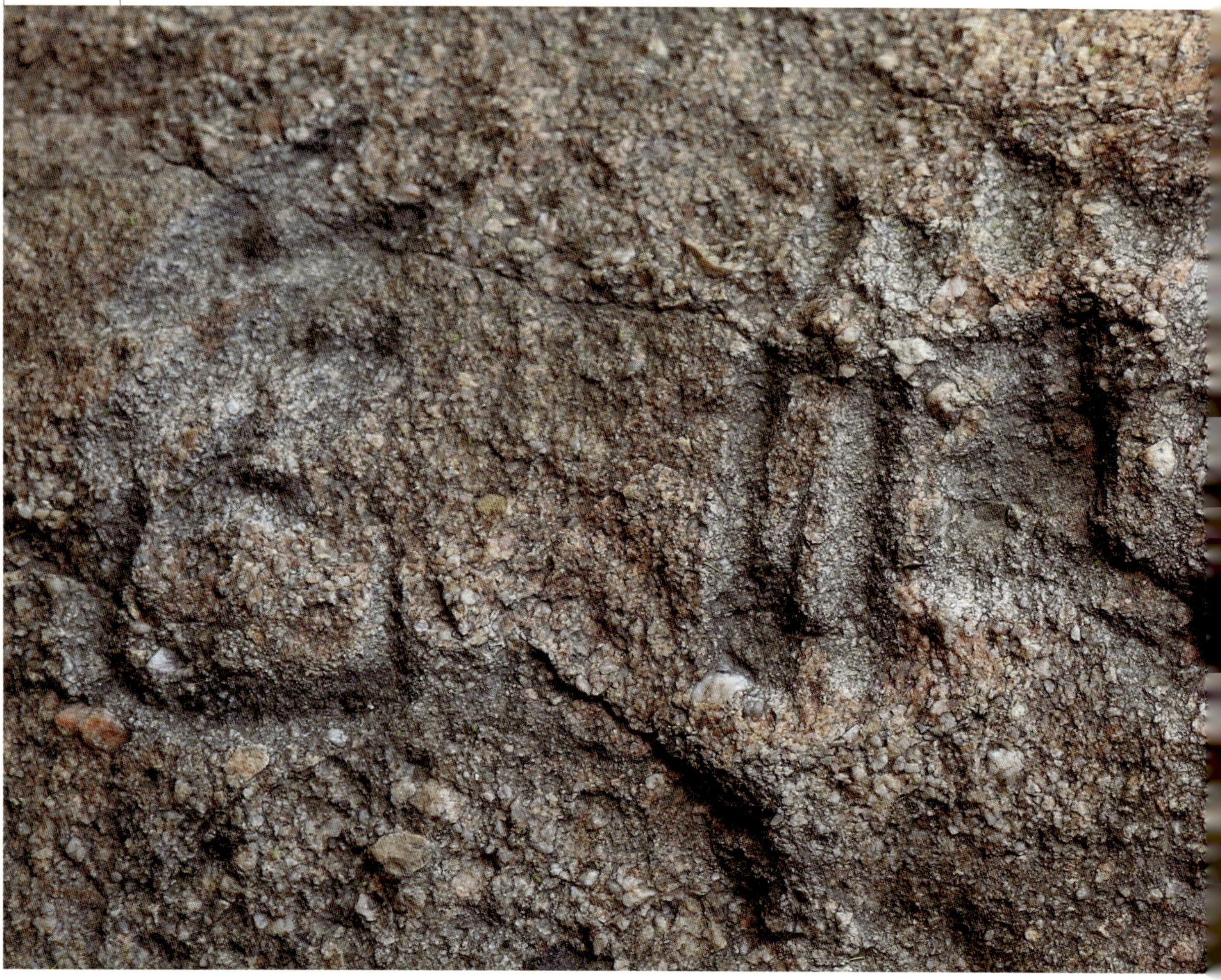

乾隆御笔「烟霞润色」刻石

3

乾隆御笔“清可轩”诗刻群

《清朝通志》记载，清可轩岩壁行书御制《清可轩》诗共三十首。在乾隆御笔“清可轩”摩崖周围的岩壁上刻有不少长方形开光，开光内可见乾隆御笔诗刻遗迹三十二首，目前可辨识十八首。录文根据石壁上现存文字，括号内为石刻文字已漫漶处对照《乾隆御制诗文全集》补齐的文字。以其中较清晰的五首为例。

3-1 乾隆十七年御笔“再题清可轩”诗刻

乾隆十七年（1752）御笔《再题清可轩》诗，刻于御笔“诗态”摩崖东。竖刻五行，行书。

录　文

藉谁谢赋与刘铭，」可读儒书可阅经。」如如大士钵中物，一」室芙蓉浩劫青。」乾隆御笔再题（清）（可）（轩）

末尾钤二方形印玺，均已漫漶。

乾隆十七年御笔『再题清可轩』诗刻

3-2
乾隆十九年御题 “清可轩” 诗刻

乾隆十九年（1754）御题《清可轩》诗，刻于清可轩西侧面东石壁靠北上侧。竖刻文字六行，行书。

录 文

倚岩诘曲构闲房，（生）（色）（瑶）屏」满屋张，竹秀石奇参道妙，水」流云在示（真）（常）。（天）花（不）（碍）一床」落，仙（草）（真）成四季芳。今日行春」（绝）（胜）（处），（银）塍罨腩兆农祥。」甲戌仲春御题

末尾钤刻二方形印玺和一花印，均已漫漶。

3-3
乾隆二十七年御题 “清可轩” 诗刻

乾隆二十七年（1762）御题《清可轩》诗刻于清可轩摩崖西侧下。竖刻文字六行，行书。

录 文

（北）（山）早（识）（幽）（居）」有，南国遍游（胜）」地（无），（夏）（屋）（含）（凉）」幂岩壁，芳馨仙」草翠纹铺。」仲夏御题

末尾钤刻一方形印玺，已漫漶。

乾隆十九年御题「清可轩」诗刻

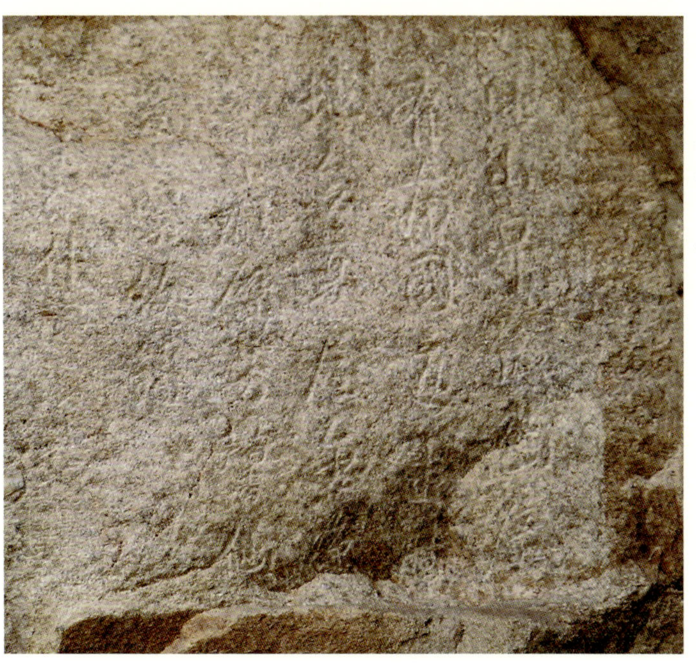

乾隆二十七年御题「清可轩」诗刻

3-4
乾隆三十二年御制“清可轩题壁”诗刻

乾隆三十二年（1767）御制《清可轩题壁》诗，刻于御笔“诗态”摩崖东。竖刻八行，行书。右半部只可辨认前四行，左侧诗文全部漫漶。

录 文

疏轩倚（半）（岩），（山）」阴最（佳）处。入室衣」（袂）寒，（绣）壁莓苔」（护）。（含）（露）多（润）意，」（摇）（风）（有）（生）（趣）。（九）（夏）足」（延）（憩），（况）（始）（清）（和）（遇）。」挼（毫）（促）（得）（句），」（笋）（舆）（便）（可）（去）。

3-5
乾隆五十三年御题“清可轩”诗刻

乾隆五十三年（1788）御题《清可轩》诗，刻于御笔“诗态”摩崖东。竖刻七行，行书。末尾题刻为丁未，即乾隆五十二年，《乾隆御制诗文全集》记为乾隆五十三年。

录 文

（屋）中有（峰）（峦），清托高士」志。心中具城府，可畏佥」人意。高士近（奚）（妨），（佥）人」吁可畏，严光高士俦，林」（甫）佥人（辈）。去取有关（哉），」（斯）言岂（儿）戏。」丁未御题。

末尾钤刻二方形印玺，均漫漶。

乾隆三十二年御制『清可轩题壁』诗刻

乾隆五十三年御题『清可轩』诗刻

4

乾隆御笔“香岩室”诗刻群

香岩室位于万寿山后清可轩西，是依岩所筑的一个洞室。乾隆年间洞内陈设石桌，供奉石佛，犹如一座佛家闭关静修的山岩石室。岩室四面为石壁，洞壁满刻乾隆诗文。乾隆诗中道出了清可轩和香岩室的结构：“清可轩依岩作壁，香岩室竟洞为庐。”目前，洞壁上刻乾隆御题诗十首，可辨识出七首，其余三首文字漫漶，已无法辨别。洞口内北壁镌刻御制诗四首，洞内石室，南壁、东壁、北壁可见诗刻开光六处。《光绪顺天府志》载：“御制《香岩室》诗，行书，乾隆十一年、十七年、三十六年，五言古各一首。三十六年，五、七言律各一首。在清漪园。”以其中较清晰的六首为例。

赅春园香岩室遗址

4-1 乾隆御笔“香岩室”诗刻群

乾隆十七年（1752）御笔“香岩室”三字刻于香岩室洞内壁。横刻，行书。《光绪顺天府志》载：“御书‘香岩室’三字，行书，乾隆十七年。在清漪园清可轩石洞。”

4-2 乾隆十七年御制“香岩室”诗刻

乾隆十七年（1752）御制《香岩室》诗，刻于香岩室洞内东壁。竖刻九行，行书。

录 文

牝洞（依）翠岩，月廊｣接（虚）室，窈窕｣深且明，偃息（静）而｣一，拂（招）清风来，｣（荟）（蔚）白云出，观｣书（志）（足）（娱），（体）道｣神自谧，（拟）（以）永日｣托，夫（岂）所（无）逸。

句首印玺漫漶不能辨识，句末为“☰”乾卦花印。

乾隆御笔「香岩室」刻石

乾隆十七年御制「香岩室」诗刻

4-3 乾隆十八年御制“香岩室”诗刻

乾隆十八年（1753）御制《香岩室》诗，刻于香岩室洞内北壁下部左侧。竖刻十行，行书。

录 文

岩栖（聊）（趁）片时」闲，妙得环中（中）」（更）（环），（弃）（日）（雅）宜」小年景，构（庐）」恰借嵌空山。（蝉）」如佛（偈）（谈）非口，」香（散）（天）（花）（笑）（破）」（颜），（未）（免）（踯）（躅）（动）」（清）（恋），（白）（雪）（不）（共）」客人还。

句首和句尾钤刻有印玺，均已漫漶。

乾隆十八年御制『香岩室』诗刻

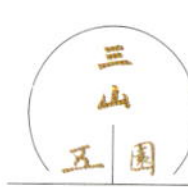

4-4

乾隆二十二年御题“香岩室”诗刻

乾隆二十二年（1757）御题《香岩室》诗，刻于香岩室内洞东南壁。竖刻八行，行书。诗文漫漶严重。

录 文

林壑入奇（观），（烟）（云）足（佳）（致）。」嵌岩拟陶（穴），（峭）（蒨）饶清（闷）。」栋宇既（不）（藉），（藻）（缋）安容试。」门（惟）一洞幽，（席）（可）十笏置。」俯仰（托）遥会，（栖）（迟）得近憩。堪蠲」五（盖）（累），（以）（受）（万）（物）（备）。（纵）（匪）」木（石）（居），时复有此意。」

乾隆（丁）丑（春）月御题

句末钤刻二方形印玺，均已漫漶。

乾隆二十二年御题『香岩室』诗刻

4-5 乾隆三十六年御题“香岩室”诗刻

乾隆三十六年（1771）御题《香岩室》诗，刻于香岩室内洞东南壁。竖刻十行，行书。诗刻漫漶严重。

录 文

（香）（岩）石（室）（幽），（清）（可）（轩）」之左。（轩）（固）（偶）一经，（室）更」（弗）恒坐。前已（轩）（中）（憩），」兹游（室）（实）可。（洞）（户）（窄）」（益）（狭），盘（陀）平不（颇）。（天）」花（霏）（其）（芬），（禅）枝缪（以）」（锁）。（龙）（象）（底）（须）（守），（瓶）（钵）」（惟）（静）（妥）。如如供大士，跏」（趺）青（莲）（朵）。（那）（罗）延窟」是，无示（中）（示）（我）。辛卯御题。

句尾钤刻二方形印玺，均已漫漶。

乾隆三十六年御题「香岩室」诗刻

4-6
乾隆五十三年御题“香岩室口号”诗刻

乾隆五十三年（1788）御题《香岩室口号》诗，刻于香岩室内洞北壁上部。竖刻七行，行书。

录 文

清可轩依岩作壁，」香岩室竟洞为庐。」所期归政七年后，」静坐（其）（中）（阅）（梵）（书）。」香（岩）（室）口号一首」戊申新正月」御题

句尾钤刻二方印玺，均已漫漶。

乾隆五十三年御题「香岩室口号」诗刻

5

乾隆御笔“留　云”刻石

香岩室西侧的留云阁，是乾隆年间仿南京永济寺而建。面阔两间，后檐柱依壁而建，前檐柱基在陡峭的山坡上用大木支撑，宛如悬于空中，故名留云阁。“留云”指云气停留不散，形容环境清幽。岩壁上刻有乾隆御笔“留云”，横刻，正书。二字中间上方钤刻一方形印玺，已漫漶。其旁山岩上镌有释迦摩尼与十八罗汉像。

乾隆御笔「留云」刻石

6

乾隆御笔“含新亭”诗刻群

含新亭始建于乾隆朝，光绪年间重修，是一座坐北朝南的重檐六角攒尖顶亭。亭东、北、西三面放置太湖石和笋石。《光绪顺天府志》记载：“御制《含新亭》诗，行书，乾隆四十七年、五十年，七言绝各一首，在清漪园。”

6-1 乾隆四十七年御笔“含新亭口号”诗刻

乾隆四十七年（1782）御笔《含新亭口号》诗，刻于含新亭前独立的岩石上。竖刻五行，行书。

录　文

春来物物总含新，大造｜无私泽被均。结习未｜能全化者，对兹却忆｜旧时人。口号一首｜壬寅新正御笔

末尾钤刻二方形印玺。

含新亭

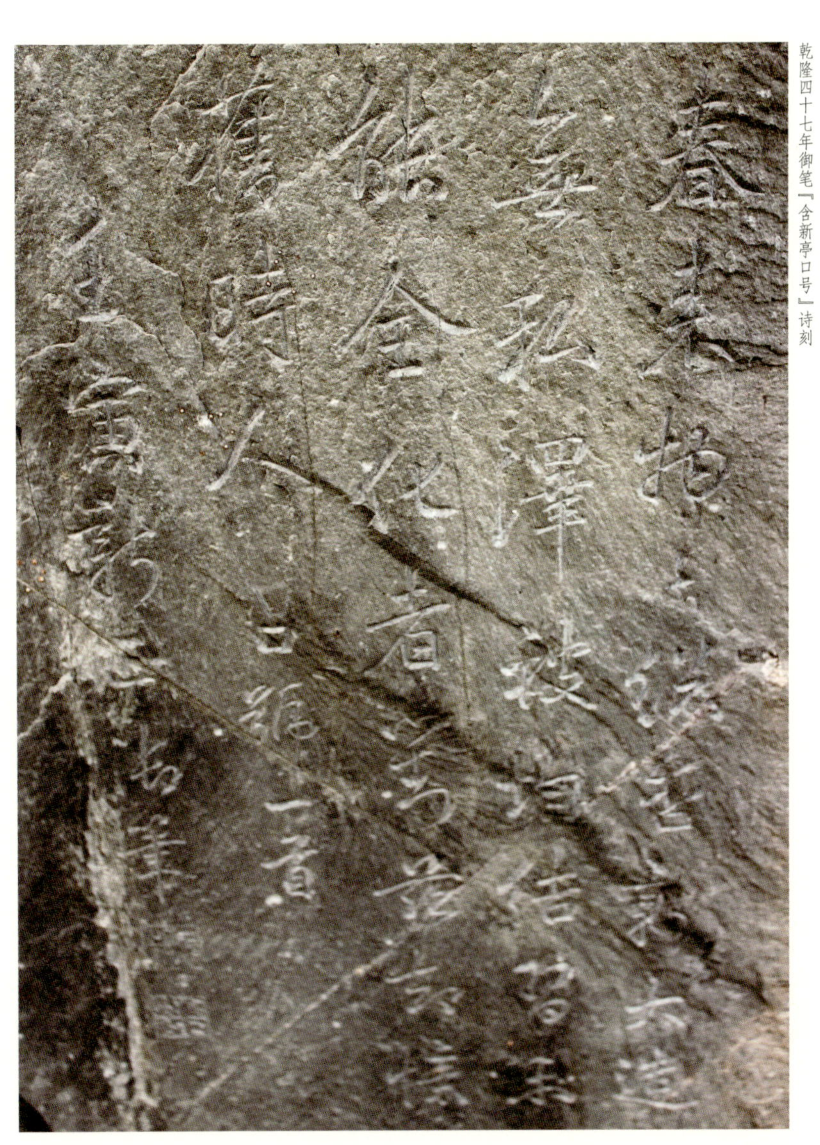

6-2
乾隆五十三年御笔
“含新亭”
诗刻

乾隆五十三年（1788）御笔《含新亭》诗，刻于含新亭前独立的岩石上。竖刻五行，行书。

录 文

问学由来贵日新，然而」含养贵存神。试看色色」形形者，造物鸿功物」被均。含新亭有会」戊申□□御笔

末尾钤刻二方形印玺，均已漫漶。

6-3
乾隆五十七年御题“含新亭”诗刻

乾隆五十七年（1792）御题《含新亭》诗，刻于含新亭前的独立的岩石上。竖刻五行，行书。

录文

春来无物不含新，十」翼中标辞系真。仁者」见仁知者知。其间岂」（藉）（语）言频。」壬子新正御题

末尾钤刻二方形印玺。

乾隆五十七年御题「含新亭」诗刻

7

乾隆御笔 “画　峰” 刻石

乾隆御笔“画峰”二字刻于万寿山西麓，延清赏楼后东坡的独立山石上，形容此处峰岩如画的景色。横刻，正书，两字上方正中钤刻一方形印玺，已漫漶。

8

乾隆御笔 “碧　鲜” 刻石

乾隆御笔“碧鲜”二字刻于万寿山西麓，延清赏楼南侧殿后的独立山石上。横刻，正书，两字上方正中钤“乾隆御笔之宝”方印。指此处山石间布满碧绿的苔藓，摩崖石刻有引导游览者视线，欣赏景观的作用。

乾隆御笔「画峰」刻石

乾隆御笔「碧鲜」刻石

9

乾隆御笔 "栖　霞" 刻石

乾隆御笔"栖霞"二字刻于万寿山重翠亭西的山岩上。横刻，正书。

10

慈禧御笔 "小有趣" 刻石

光绪年间慈禧太后御笔"小有趣"三字，刻于万寿山含新亭后东北的一方山石上。横刻，正书。

乾隆御笔『栖霞』刻石

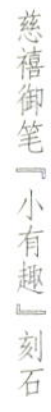

慈禧御笔『小有趣』刻石

11

慈禧御笔
“玉琴峡”
刻石群

谐趣园原名惠山园，乾隆朝仿无锡寄畅园而建。全园以水面为中心，环池布置厅、堂、楼、榭、亭、轩等建筑，曲廊连接，间植垂柳修竹。池北岸叠石为假山，从后湖引来活水经玉琴峡沿山石叠落而下，注于池中。玉琴峡是一条引水渠，经过造园家的艺术加工，隐溪水于竹丛，配山石、松萝，使景观变得生动形象，意蕴丰富。中国古代造园常借琴音比喻山水之音。谐趣园“玉琴峡”仿寄畅园的“八音涧”而建，命名取峡中水流声音清越如琴声之意。玉琴峡流水两侧的山石上镌刻慈禧御笔“玉琴峡”“泉流不息”“松风”“萝月”“仙岛”刻石，皆正书，五处题字上方均钤刻篆书“慈禧皇太后御笔之宝”方形印玺。

11-1
慈禧御笔
“玉琴峡”
刻石

11-2
慈禧御笔
“泉流不息”
刻石

11-3
慈禧御笔
“仙　岛”
刻石

11-4
慈禧御笔
“萝　月”
刻石

慈禧御笔『泉流不息』刻石

慈禧御笔『仙岛』刻石

慈禧御笔『萝月』刻石

11-5
慈禧御笔
“松 风”
刻石

12

慈禧御笔“堆云积翠”刻石

谐趣园涵远堂后堆叠的山石上刻慈禧御笔“堆云积翠”，意为堆山如云朵，水池似翠玉。横刻，正书。四字上方正中钤刻篆书“慈禧皇太后御笔之宝”方形印玺。

13

慈禧御笔“云　窦”刻石

小有天亭旁堆叠的山石上题刻慈禧御笔“云窦”。横刻，正书。两字上部正中钤刻篆书“慈禧皇太后御笔之宝”方形印玺。云窦刻石向西一带，原为乾隆朝惠山园八景之一的“涵光洞”。嘉庆改建谐趣园时以涵远堂取代了寻诗径、涵光洞等景观，“云窦”叠石群是慈禧时期的景物。

慈禧御笔『堆云积翠』刻石

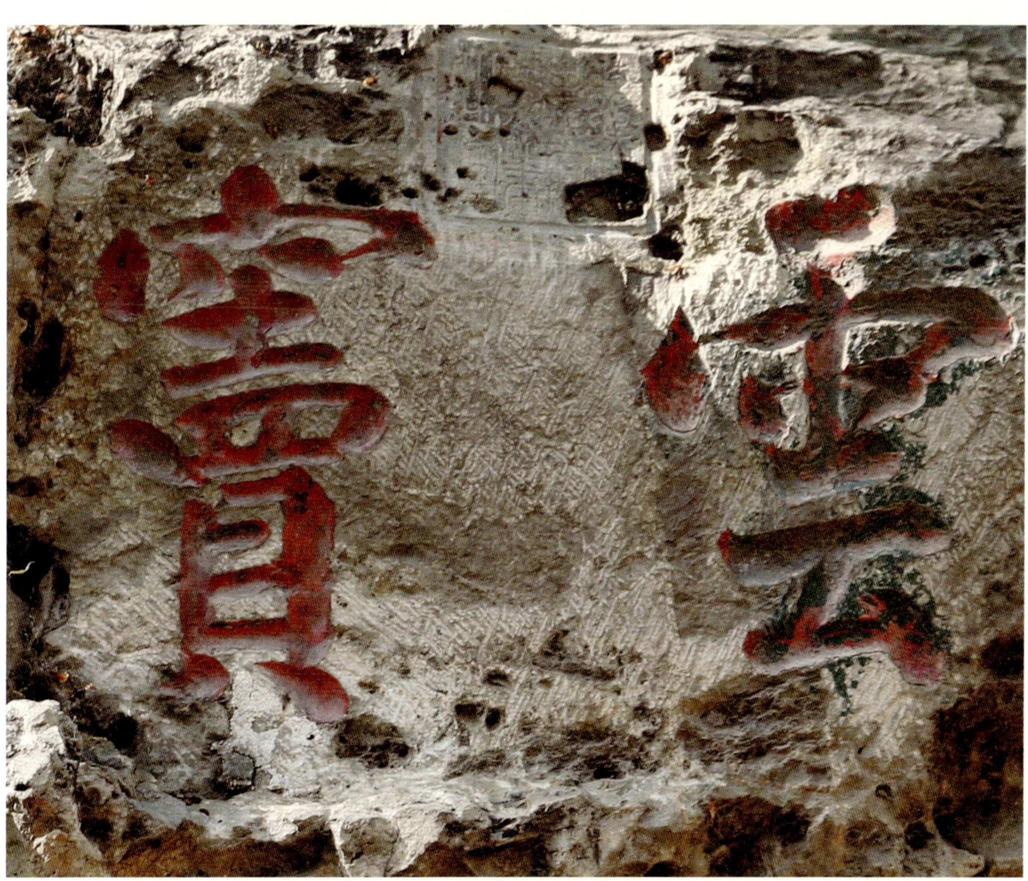

慈禧御笔『云窦』刻石

刻石是颐和园石刻文物中数量最多，形制最复杂的。种类有：太湖石题刻、石额、石联、石牌坊及石桥桥拱上的题刻。

1

乾隆御笔“水木明瑟”词题刻

乾隆御笔“水木明瑟”词刻于东宫门仁寿门内仁寿殿前西南角的太湖石上。仁寿殿是由乾隆朝清漪园的勤政殿演变而来，当年慈禧太后与皇帝并坐于此接见大臣。此太湖石是1937年由圆明园移至颐和园。竖刻文字，五行，行书。所刻诗文为乾隆九年（1744）乾隆为圆明园四十景之一的水木明瑟所作。词前原有序云：“用泰西水法引入室中，以转风扇，泠泠瑟瑟，非丝非竹，天籁遥闻，林光逾生净绿。郦道元云：‘竹柏之怀，与神心妙达；智仁之性，共山水效深。’兹境有焉。”记述了水木明瑟殿中引进西洋水法，通过转动风扇用以消暑。诗文第一句中第一个字石刻中为“风”，圆明园四十景图咏所记为“林”，略有不同。

录文

风瑟瑟，水泠泠。」溪风群籁动，山鸟一声鸣。」斯时斯景谁图得，」非色非空吟不成。」甲子夏日御题

末尾钤刻二方形印玺，“惟精惟一”和“乾隆宸翰”。

乾隆御笔『水木明瑟』词题刻

圆明园四十景图咏之《水木明瑟》

水木明瑟 調寄秋風清

用泰西水法引入室中以轉風扇泠泠瑟瑟非絲非竹天籟遥聞林光逾生淨緑酈道元云竹柏之懷與神心妙達智仁之性共山水效深茲境有焉

林瑟瑟水泠泠溪風羣籟動山鳥一聲鳴斯時斯景誰圖得非色非空吟不成

2

乾隆御笔“甲戌题石丈亭”诗刻

石丈亭位于长廊西端，乾隆十八年（1753）始建，光绪时重修。石丈亭是呈“凹”字形的建筑，院中放置有高 3.2米，形体挺拔，温润玲珑，孔洞通透的太湖石。石下是浮雕海浪纹的须弥座。此石的形状似一位老翁，被乾隆命名为“丈人石”。呼石为丈，取自宋代米芾拜石的典故。宋代著名的书法家米芾，爱石成癖。他见到奇石即“具衣冠拜之”，呼其为“石丈”。丈人石上刻乾隆十九年（1754）乾隆御笔《甲戌题石丈亭》诗。竖刻文字十二行，行书。

录文

岳立真｜堪称丈｜人，
莓苔｜烟雨渍｜龙鳞。
元｜章磬折｜何妨癖，｜
奚事当｜年白简｜陈。
甲戌｜题石丈亭｜御笔

末尾钤刻“乾隆宸翰”方形印玺。

丈人石

3

乾隆及诸臣作“青芝岫”诗刻

乐寿堂建于乾隆十六年（1751），由一组两进的四合院组成，正殿是乾隆为其母修建的寝宫。咸丰十年（1860）被英法联军所毁，光绪朝重建，作为慈禧在园内的寝宫。青芝岫石在乐寿堂水木自亲宫门内，长八米，宽二米，高四米，重约二十余吨。此石气势雄壮，色泽青润，状如莲花，由青石浮雕海浪纹的随形底座承托。明代著名文人米万钟，为米芾后人，爱石成癖。他在北京远郊房山发现了这峰奇石，想运回自己的花园装点庭院，由于石头太大，运送困难，终因财力不支只运到良乡便半途而废，并由此家败，此石因此得名“败家石”。百年后，乾隆南巡路经此处，见到此石，感叹大石的雄壮和其不凡的经历，于是以皇家之力将其运到清漪园乐寿堂前，命名“青芝岫”。乐寿堂为太后祝寿而建，“青芝岫”石与“乐寿”的主题相合。此时乐寿堂的正门“水木自亲”已经建成，石身大且体重，难以进院，乾隆遂命人拆墙破门，将此石安放在现今的位置，使其成为前殿穿堂门内的天然照壁，显示出园林的随意和自然。《日下旧闻考》记载：“乐寿堂前有大石如屏，恭镌御题‘青芝岫’三字，东曰‘玉英’，西曰‘莲秀’。”《清朝通志》载：“御书‘青芝岫’三字，乾隆十六年，行书，乐寿堂。御书‘玉英’二字，乾隆十六年，行书，乐寿堂。御书‘莲秀’二字，乾隆十六年，行书，乐寿堂。御制《青芝岫》诗，乾隆十六年，七言古一首，

『青芝岫』石

行书。”石身南侧乾隆御笔题刻的“青芝岫”三字中的“青”字已漫漶，但可见东侧的“莲秀”、西侧的“玉英”。三处题刻均为横刻，行书，上方正中钤刻有“乾隆御笔”方形印玺。乾隆十六年作《青芝岫》诗一首，镌刻于石南面，字迹漫漶。石身上还刻有乾隆朝汪由敦、蒋溥、钱陈群、刘统勋等大臣敬题诗句。

3-1 乾隆御笔“青芝岫”题刻

3-2 乾隆御笔“莲 秀”题刻

3-3 乾隆御笔“玉 英”题刻

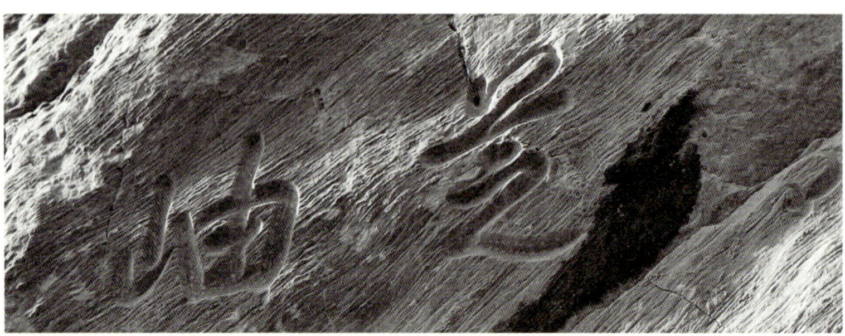

乾隆御笔「青芝岫」刻石

乾隆御笔「莲秀」刻石

乾隆御笔「玉英」题刻

3-4
乾隆十六年御制“青芝岫”诗刻

乾隆十六年（1751）作《青芝岫》诗刻于青芝岫太湖石上。竖刻文字二十行，行书。《日下旧闻考》载原诗有序：“米万钟《大石记》云：‘房山有石，长三丈，广七尺，色青而润，欲致之勺园，仅达良乡，工力竭而止。’今其石仍在，命移置万寿山之乐寿堂，名之曰‘青芝岫’，而系以诗。”[4] 序文和诗赞美了“青芝岫”的玲珑，记述了将其运到清漪园乐寿堂的经过。

录 文

我闻莫厘缥缈，乃在洞庭中。湖山秀气之」所钟，爰生奇石窍玲珑。石」宜实也而函虚，此理诚难穷。谁云南」北物性殊燥湿，此亦有之殆或过之」无不及。君不见房山巨石磊岂岌，万」钟勺园初筑葺。旁搜皱瘦森笏」立，缒幽得此苦艰涩。致之中止卧」道旁，覆以葭屋缭以墙。年深屋」颓墙亦废，至今窍中生树拱把强。」天地无弃物，而况山骨良？居然屏」我乐寿堂。青芝之岫含云苍，摧嵬」刻削裒直方。应在因提疏仡以前」辟元黄。无斧凿痕剖吴刚，雨留」飞瀑月留光。锡名题什翰墨香。老」米皇山之石穴九九，未闻一一穴中金」幢玉节纷萦纠。友石不能致而此」致之，力有不同事有偶。智者乐兮」仁者寿，皇山洞庭夫何有？」青芝岫影 乾隆辛未」吉御制并书

末尾钤刻有“☰”乾卦圆玺和“隆”字方形印玺。

4 于敏中等编：《日下旧闻考》，卷八十四，北京古籍出版社，1985年版，1394页。

三山五园

3-5 汪由敦敬题“青芝岫”诗刻

汪由敦（1692—1758），字师苕，一作师茗，号谨堂，一号松泉，浙江钱塘人。清雍正二年（1724）进士，以庶吉士迁内阁学士，直上书房。乾隆时期授侍读学士，累迁工部尚书、刑部尚书、吏部尚书、协办大学士。谥“文端”，赠太子太师。乾隆朝著名的词臣，学问渊深，文辞雅正，善书法，以馆阁体著称，兼工篆、隶。奉命而作的《青芝岫》诗句刻于石上，竖刻，行书，现存八行，右侧已经部分缺失。

录文

（本）（是）（齐）（房）（种），（新）（从）（圆）（峤）（分）。（金）（光）凝碧彩，珠露｜润苍纹。远势森｜三秀，高标矗｜五云。松筠同献｜寿，瑞色共氤｜氲。｜青芝岫一律｜臣汪由敦

末尾钤两方印，其中一方为“臣汪由敦”，另一方已漫漶。

3-6
蒋溥敬题“青芝岫”诗刻

乾隆朝著名词臣蒋溥（1708—1761），字质甫，号恒轩，江苏常熟人。清雍正八年（1730）进士。官至太子少保、协办大学士兼礼部尚书，掌翰林院事。既从事书籍编纂等活动，又是一位有成就的画家，谥“文恪”。奉命而作《青芝岫》诗句刻于石上，竖刻文字九行，行书。

录 文

云根属瑰姿，｜物外寄芳躅。｜元契搜精英，｜长歌予甄录。｜霞茎发神芝，｜虹彩藏璞玉。｜乐寿意相涵，｜万松护寒绿。｜臣蒋溥敬题

末尾钤刻两方形印玺，“共沐恩泿”和“臣蒋溥”。

3-7 钱陈群敬题 “青芝岫” 诗刻

钱陈群（1686—1774），字主敬，号香树，浙江嘉兴人。清康熙六十年（1721）中进士。雍正、乾隆时值南书房，充经筵讲官，官至刑部左侍郎。卒年 89岁，谥“文端”。奉命而作《青芝岫》诗句刻于石上，竖刻文字八行，行书。

录 文

奇石耸芝盖，| 结束青芙蓉。致 | 雨微外润，歙云 | 物中空。| 乐寿有真得，元 | 气含鸿蒙。|

钱陈群敬题

末尾钤刻两方形印玺，“臣钱陈群”和“勤能补拙”。

钱陈群敬题『青芝岫』诗刻

3-8
刘统勋敬题“青芝岫”诗刻

刘统勋（1699—1773），字延清，山东诸城人。清雍正二年（1724）中进士，选庶吉士，授编修，乾隆时累官至东阁大学士兼军机大臣，先后主管刑部、工部、吏部、礼部、兵部事务，乾隆敕修《四库全书》，担任正总裁。其为官清正廉洁，秉性耿直，卒于清乾隆三十八年（1773）十一月，谥“文正”。奉命而作《青芝岫》诗句刻于石上，竖刻文字十一行，行书。

录 文

少霞仙吏纪草木芝有五｜本一最奇千年日烁翠示｜胜元气化作青琉璃米家｜孙子□不得固知勺园位｜置非其且天中之天颜｜乐寿左□珊瑚琅玕枝一｜朝突兀□□岫花木竹石｜皆仙姿鸾翔凤翥｜宸章披溯厥由来目以芝一｜年三秀长九兹青青之色遥｜连岳镇同嵚崟臣刘统勋敬题

末尾钤刻两方形印玺，其一为“臣刘统勋”，另一方已漫漶。

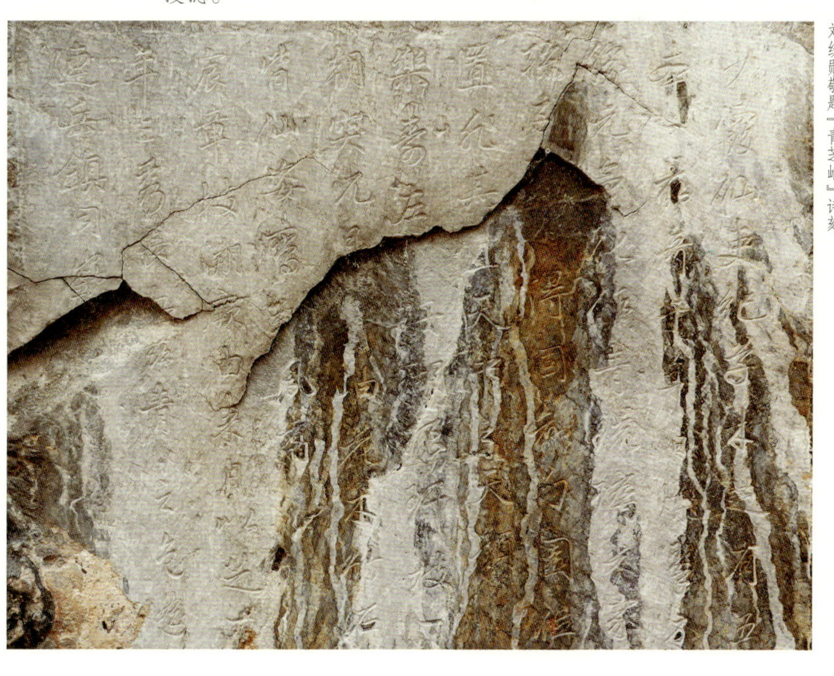

刘统勋敬题「青芝岫」诗刻

4

乾隆御笔“众香界”“祇树林”石额

万寿山围绕“万寿”主题，以永恒不灭的佛国净土世界为布局。佛香阁北面的山岩上矗立着一座五彩琉璃牌楼。牌楼坐落在汉白玉须弥座上，全部用砖石修砌，面阔三间，以汉白玉砌筑三个拱形门。正中间的门上方南北两面各镶嵌一件青石质乾隆御笔石额，南额为“众香界”，北额为“祇树林”，均横刻，正书，三字正中上方钤刻“乾隆御笔之宝”方形印玺。

乾隆引用佛经中的典故，为此处牌楼题名。众香界是佛经中虚构的理想之国。《维摩诘所说经·香积佛品》载：“有国名众香，佛号香积……其国香气，比于十方诸佛世界人天之香，最为第一……其界一切皆以香做楼阁，经行香地，苑园皆香，其食香气，周流十方无量世界。”祇树林指“祇树给孤独园”，是印度佛教圣地之一，传说释迦牟尼曾在此说法二十余年。一位因乐善好施而被称为“给孤独”的古印度富商，听闻释迦牟尼佛说法，万分感动。他看到城南郊有处园林清净幽雅，欲将此地献给释迦佛，于是，拜谒此地的所有者——桥萨罗国的太子祇陀，希望能够买下这片园林，但太子却戏称，只有将黄金铺满园地才肯卖出。富商便耗尽家资，达到太子的要求。太子颇为感动，说园中土地尽铺金箔，已为你所得，但园中树木却未贴金箔，仍为我所有，我亦欲以此献佛，便以二人名义合称此园为“祇树给孤独园”。从此，佛降临讲经，此处成为佛教圣地。以此为额，寓意这里是佛陀说法的净土世界。

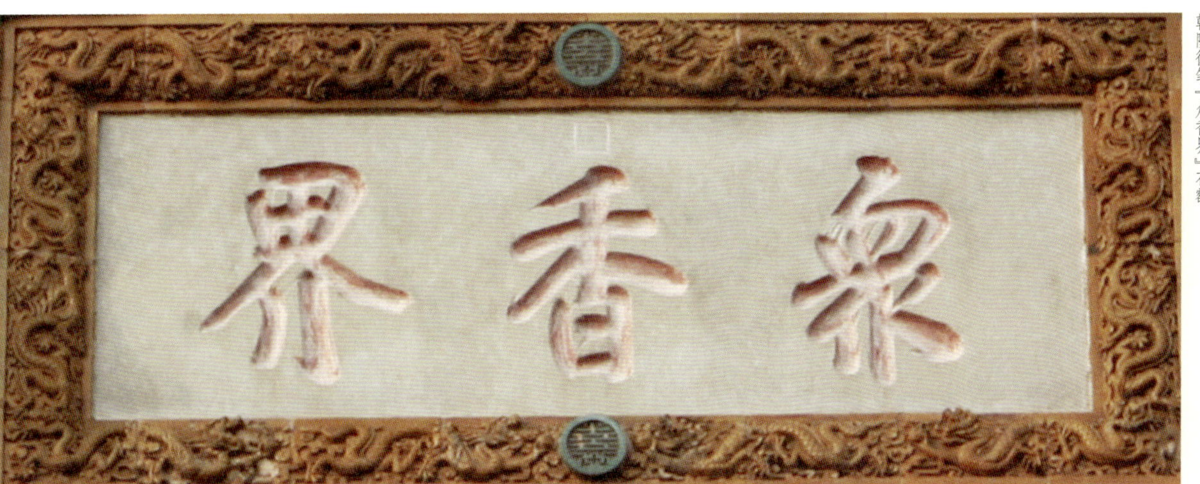

乾隆御笔「众香界」石额

乾隆御笔「祇树林」石额

乾隆御笔「众香界」琉璃牌楼

5

乾隆御笔
“智慧海”
“吉祥云”
石额

智慧海建于乾隆年间，位于万寿山山顶，是排云殿建筑群中轴线上最后一组建筑，是一座用砖石构筑而成的两层五间重檐歇山顶大殿。它没有使用中国传统的梁架木构件，俗称“无梁殿”。因殿内供奉无量寿佛，也称“无量殿”。正中拱形门的上方，镶嵌青石质地乾隆御笔石匾额，南面为“智慧海”，北面为“吉祥云”，均横刻，正书，四周单层莲瓣纹装饰。“智慧海”石额引首章为长方形刻印“古香斋”，压角章为“契理在寸心”和“乾隆宸翰”两方形印玺。“智慧海”源自《无量寿经》“如来智慧海，深广无崖底”，形容佛的智慧像大海一样，法无边际。“吉祥云”石额三字上部正中刻有“乾隆御笔之宝”方形印玺。“吉祥云”指佛陀说法之时，祥瑞彩云跟随汇聚。屋顶的琉璃以紫、蓝等色，外墙全部用黄、绿两色琉璃瓦装饰，墙面镶嵌了一排排精致的小佛龛，每个佛龛中均嵌有一尊琉璃佛像，共一千余尊，富丽辉煌。咸丰十年（1860），英法联军焚掠清漪园时，众香界和智慧海因其砖石、琉璃质地而未被烧毁。光绪十四年（1888）重新修缮。清漪园时期的大报恩延寿寺中只有众香界和智慧海幸存至今，但智慧海墙面上的很多佛像都被砸坏了头部。

乾隆御笔「智慧海」石额

乾隆御笔「吉祥云」石额

6

荇桥牌楼
乾隆御笔石额

荇桥以水中荇藻命名，始建于乾隆年间，光绪年间重修，东西跨越在湖上，花岗岩桥基，桥上建有长方形重檐桥亭。荇桥东西两侧各建有一座玲珑的四柱三楼木牌楼。在两座牌楼正中分别镶嵌着青石质地的乾隆御笔匾额四面。东牌楼东侧题额“蔚翠”、西侧题额“霏香”；西牌楼东侧题额“烟屿”、西侧题额“云岩”，均横刻，正书。两字正中均钤刻有“乾隆御笔”方形印玺。题额内容是乾隆对荇桥四周山水风光的赞美。

荇桥西牌楼

荇桥牌楼乾隆题额「蔚翠」

荇桥牌楼乾隆题额「霏香」

荇桥牌楼乾隆题额「烟屿」

荇桥牌楼乾隆题额「云岩」

荇桥东牌楼

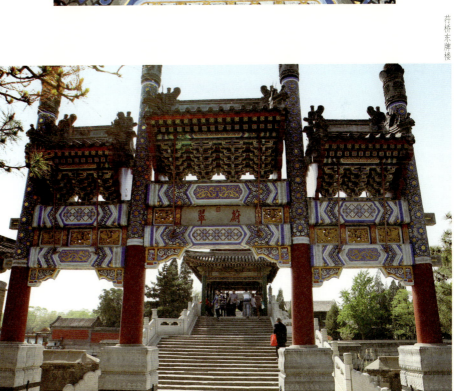

7

乾隆御笔 “知鱼桥” 石坊匾联及诗刻

谐趣园位于万寿山东麓，原名惠山园，始建于乾隆十六年（1751），仿江苏无锡惠山的寄畅园修建。《日下旧闻考》记载：“惠山园门西向，门内池数亩，池东为载时堂，其北为墨妙轩。……墨妙轩内贮三希堂续摹石刻，廊壁间嵌墨妙轩法帖诸石。园池之西为就云楼，稍南为澹碧斋。池南折而东为水乐亭，为知鱼桥。就云楼之东为寻诗径，径侧为涵光洞，迤北为霁清轩，轩后有石峡。”[5] 乾隆命名的惠山园八景为：载时堂、墨妙轩、就云楼、澹碧斋、水乐亭、知鱼桥、寻诗径、涵光洞。嘉庆十六年（1811）加以扩建，更名谐趣园。咸丰十年（1860）被毁，光绪十七年（1891）重建，成为慈禧游乐垂钓的园中园。

池岸水湾之间架设一座“知鱼桥”，为乾隆时期惠山园八景之一。知鱼的典故见《庄子·秋水》：“庄子与惠子游于濠梁之上。庄子曰：‘鲦鱼出游从容，是鱼之乐也。’惠子曰：‘子非鱼，安知鱼之乐？’庄子曰：‘子非我，安知我不知鱼之乐？’”这段先秦哲学家庄子和惠子关于“鱼之乐”的有趣辩论，是古代园林造景的重要主题，如圆明园坦坦荡荡的知鱼亭、北海的濠濮涧、避暑山庄的濠濮涧、香山静明园的知鱼濠，都是相同的意境。知鱼桥是一座桥身贴近水面的石平桥，桥北建有一座高2.57米的精致的青石牌坊。牌坊上镌刻乾隆御题“知鱼桥”题额、两副对联和乾隆十九年至嘉庆元年（1754—1796）御题《知鱼桥》诗刻十六首。《清朝通志》记载：“御制《知鱼桥》诗，乾隆二十八年、三十一年、三十三年、三十七年、四十一年、四十六年、五十年，七言绝各一首，俱行书。”

5 于敏中等编：《日下旧闻考》，卷八十四，北京古籍出版社，1985年版，1400页。

知魚橋
風瀨琤琮石有聲
知鱼桥
Bridge of Knowing the Fish (Zhiyu Qiao)

7-1 乾隆御笔“知鱼桥”题额、楹联

石牌坊北面正中为乾隆御笔“知鱼桥”三字，横刻，正书。末尾钤两方形刻印，其中一方为“乾隆宸翰”。牌坊北面楹联为乾隆御笔“月波潋滟金为色，风濑琤琮石有声”。南面楹联为乾隆御笔“回翔凫雁心含喜，新苗蘋蒲意总闲”。

乾隆御笔「知鱼桥」题额

知鱼桥北面楹联

知鱼桥南面楹联

7-2
甲戌乾隆御题“知鱼桥”诗刻

乾隆十九年（1754）乾隆御笔“知鱼桥”诗刻，竖刻十四行，行书。

录　文

屧步石桥｜上，轻鲦出｜水游。濠梁｜真识乐，竿｜线不须投。｜子我嗤多｜辩，烟波匪｜外求。琳池｜春雨足，菁｜藻任潜浮。｜甲戌春月｜题知鱼桥｜一律｜御笔

末尾钤刻有“乾”字圆印玺和“隆”字方印玺。

7-3
乙亥乾隆御题“知鱼桥”诗刻

乾隆二十年（1755）乾隆御笔“知鱼桥”诗刻，竖刻三行，行书。

录　文

林泉咫尺足清娱，拨刺文鳞动绿蒲。当｜日惠庄评论处，至今知者是㛐隅。｜乾隆乙亥春仲御题

末尾钤刻有二方印玺“乾隆御笔”和“惟精惟一”。

7-4
戊寅乾隆御题“知鱼桥”诗刻

乾隆二十三年（1758）乾隆御笔“知鱼桥”诗刻，竖刻三行，行书。

录　文

平铺半亩冻琉璃，未是轻鲦出水｜时。谩道跃潜殊理趣，鱼知鱼乐我因知。｜戊寅春日御题

末尾钤刻有二方印玺“惟精惟一”和“乾隆宸翰”。

7-5
庚辰乾隆御题“知鱼桥”诗刻

乾隆二十五年（1760）乾隆御笔“知鱼桥”诗刻，竖刻四行，行书。

录　文

饮波练影无痕，戏莲闯｜藻便蕃。知否付之鳞类，｜惠庄却费名言。｜庚辰长夏御题

末尾钤刻二方印玺“惟精惟一”和“乾隆宸翰”。

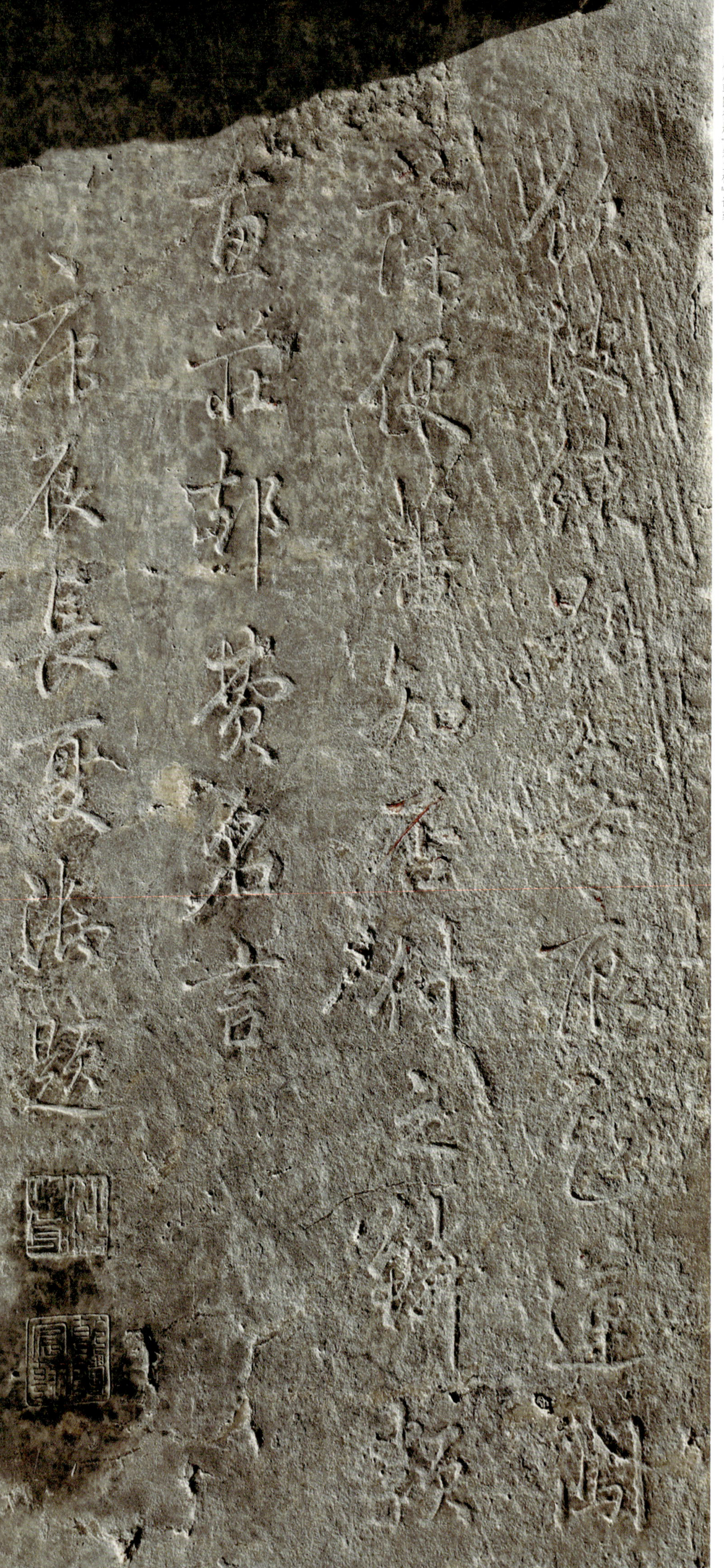

庚辰乾隆御题「知鱼桥」诗刻

7-6 辛巳乾隆御题“知鱼桥”诗刻

乾隆二十六年（1761）乾隆御笔“知鱼桥”诗刻，竖刻四行，行书。

录 文

香霞蔚霞净琉璃，极乐国｜中解夏时。便是游鳞那无｜乐，欲嗤庄叟太言知。｜辛巳新秋御题

末尾钤刻有二方印玺，其一为“乾隆宸翰”。

7-7 癸未乾隆御题“知鱼桥”诗刻

乾隆二十八年（1763）乾隆御笔“知鱼桥”诗刻，竖刻十三行，行书。

录 文

几个文｜鳞水｜面游，偶｜因浮豫｜识庄｜周。□｜予乐欲｜公天下，｜那向｜区区在｜藻求。｜癸未新｜正御题

末尾钤刻有二方印玺，已漫漶。

辛巳乾隆御题『知鱼桥』诗刻

7-8 丙戌乾隆御题“知鱼桥”诗刻

乾隆三十一年（1766）乾隆御笔“知鱼桥”诗刻，竖刻十三行，行书。

录 文

石栏雁｜齿亘春｜池，出水｜轻鲦在｜藻思。数｜典列庄｜亦繁矣，｜由来其｜乐有鱼｜知。｜丙戌新｜正下浣｜御题

末尾钤刻有一方形印玺，已漫漶。

7-9 戊子乾隆御题"知鱼桥"诗刻

乾隆三十三年（1768）乾隆御笔"知鱼桥"诗刻，竖刻十二行，行书。

录 文

负冰才｜解尚矜｜鳞，画水｜浮潜意｜趣新。庄｜惠是非｜嫌语絮，｜请看者｜个早知｜春。｜戊子新正｜御题

末尾钤刻有"乾隆宸翰"方形印玺。

7-10 壬辰乾隆御题"知鱼桥"诗刻

乾隆三十七年（1772）乾隆御笔"知鱼桥"诗刻，竖刻十三行，行书。

录 文

曲折石｜桥俯碧｜漪，唫喁｜春水出｜鱼儿。却｜嗤庄惠｜特多事，｜何必辨｜知与不｜知。｜壬辰新｜正下浣｜御题

末尾钤刻有"乾隆御笔"方形印玺。

7-11 丙申乾隆御题"知鱼桥"诗刻

乾隆四十一年（1776）乾隆御笔"知鱼桥"诗刻，竖刻八行，行书。

录 文

石桥曲折镜｜光披，潜跃文｜鳞适任伊。俯｜仰清华谁弗｜乐，便当鱼乐｜亦应知。｜丙申仲夏月｜御题

末尾钤刻有两方印玺"所宝惟贤"和"乾隆御笔"。

7-12 辛丑乾隆御题"知鱼桥"诗刻

乾隆四十六年（1781）乾隆御笔"知鱼桥"诗刻，竖刻八行，行书。

录 文

桥上偶然一｜俯披，鲦鱼出｜水乐由伊。惠｜庄自是出尘｜者，何事辨知｜与不知。｜辛丑闰夏月｜御题

末尾钤刻有两方形印玺，其一为"如日孜孜"，另一方已漫漶。

7-13 乙巳乾隆御题“知鱼桥”诗刻

乾隆五十年（1785）乾隆御笔“知鱼桥”诗刻，竖刻九行，行书。

录 文

久议惠庄」多费辞，鱼」乎子者究」为谁？不如桥」上观而乐，」万物由其」付自知。」乙巳新正」御题

末尾钤刻印玺已漫漶。

7-14 庚戌乾隆御题“知鱼桥”诗刻

乾隆五十五年（1790）乾隆御笔“知鱼桥”诗刻，竖刻九行，行书。

录 文

鱼负冰过」波跃时，桥」头小步契」幽思。惠庄」总落未忘」我，付不知原」胜有知。庚戌新」正中浣」御题

末尾刻印已漫漶。

7-15 辛亥乾隆御题“知鱼桥”诗刻

乾隆五十六年（1791）乾隆御笔“知鱼桥”诗刻，竖刻九行，行书。

录 文

宛转曲桥」若濠上，鲦鱼」自出自游之。」凭栏每论」知否者，总」是惠庄隐」笑时。」辛亥仲夏」御笔

末尾刻印已漫漶。

7-16 乙卯乾隆御题“知鱼桥”诗刻

乾隆六十年（1795）乾隆御笔“知鱼桥”诗刻，竖刻八行，行书。

录 文

新水溶溶弱」练拔，开奁绿」藻欲生时。负」冰才罢锦鳞」脆，乐否惟鱼」任自知。」乙卯新正」御题

末尾钤刻两方印玺均已漫漶。

7-17

丙辰乾隆御题“知鱼桥”诗刻

嘉庆元年（1796）乾隆御笔“知鱼桥”诗刻，竖刻七行，行书。

录 文

春水融冰澹荡｣漪，弗寒弗暖正｣宜时。其间底用｣劳分辨，莫若娵隅付彼知。｣丙辰孟春月｣御题

末尾钤刻有二方形印玺，其一为“太上皇帝”，另一方已漫漶。

丙辰乾隆御题『知鱼桥』诗刻

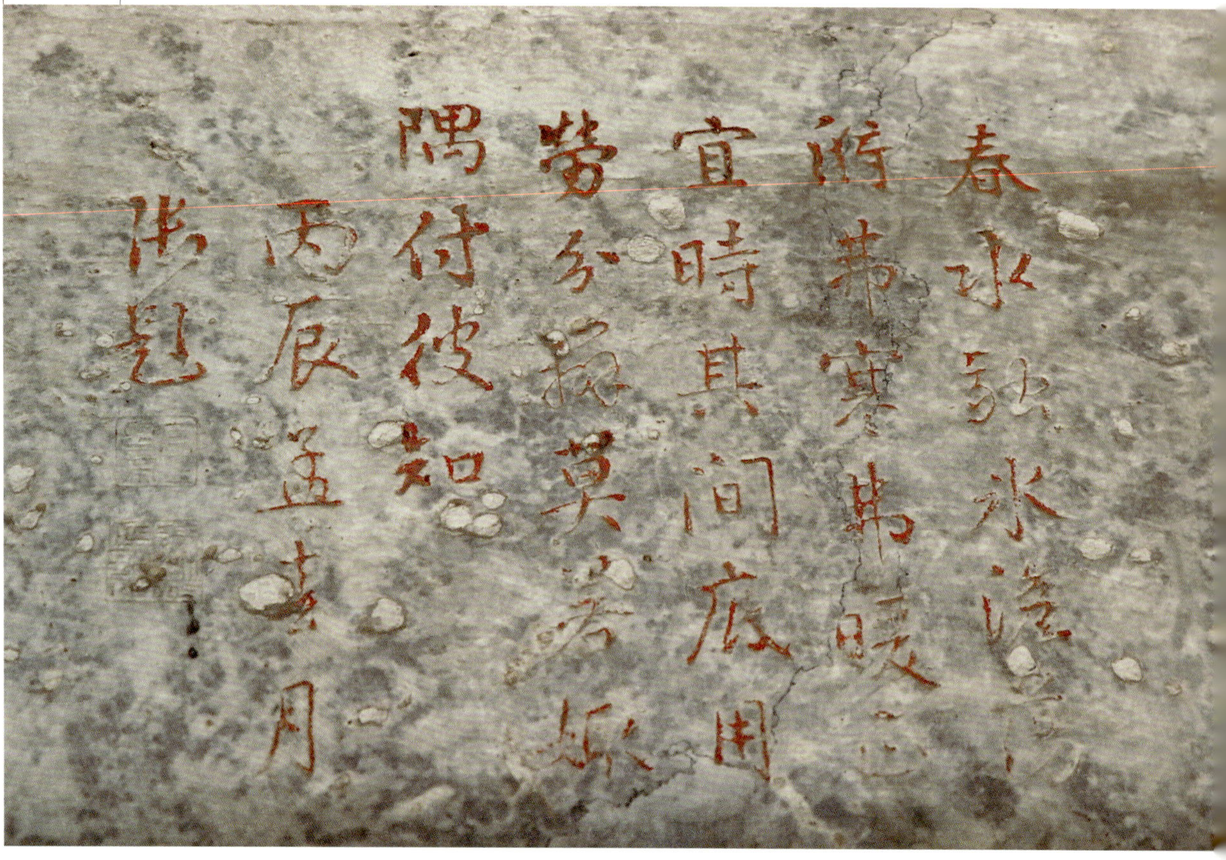

8

“画中游”石坊
乾隆御笔匾联

画中游位于万寿山前山陡峭的西南坡，为一组依山而建的小园林，始建于乾隆年间，光绪朝重修。画中游建筑高低错落，地势高敞，东、西、南三面可凭栏眺望，收纳四面景观，宛若置身画中。建筑主体是中轴线最南端的一座两层八角楼阁，名澄辉阁。正殿前有一座高三米多，庑殿顶的汉白玉石牌坊。题额和楹联的内容，表现了观赏者游览“画中游”的感受，山水如画仿佛置身于清凉仙境。

南面横额：乾隆御笔“山川映发，使人应接不暇”。句末有二方形刻印，其中一方为“所宝惟贤”，另一方已漫漶。

南面楹联：乾隆御笔“幽籁静中观水动，尘心息后觉凉来”。句末有刻印一方，已漫漶。此句摘自乾隆十七年御制诗《夏日香山静宜园即事四首》。

北面横额：乾隆御笔“身所履历，自欣得此奇观”。句末有二方形刻印，已漫漶。

北面楹联：乾隆御笔“闲云归岫连峰暗，飞瀑垂空漱石凉”。句末有二方形刻印，其中一方为“乾隆宸翰”，另一方已漫漶。此句摘自乾隆十七年御制诗《夏日香山静宜园即事四首》。

壹 现存石刻

【二】刻石

石坊北面横额

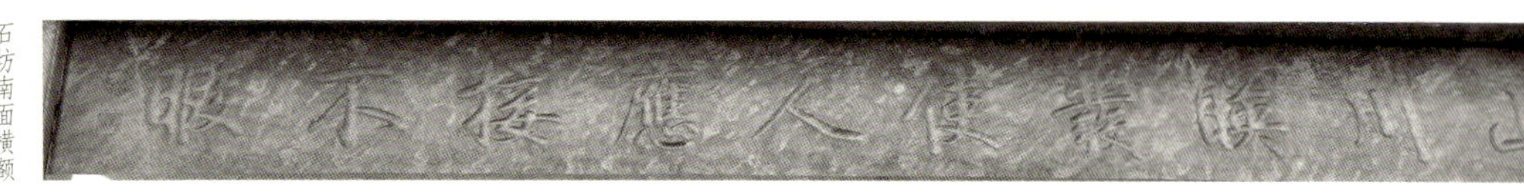
石坊南面横额

石坊北面楹联

石坊南面楹联

9

“宝云阁”石牌楼
乾隆御笔匾联

宝云阁位于佛香阁西侧山石环绕的台地上。主体建筑宝云阁铜殿坐落在寺院中央，始建于乾隆二十年（1755），通高 7.5 米，重 207 吨，梁、窗、椽、瓦及内供佛像均为铜铸。运用中国传统的拨蜡、翻砂等工艺铸造而成，是国内目前尚存的工艺最精、体量最大的铜殿之一。《日下旧闻考》载：“宝云阁范铜为宇，御题额曰‘大光明藏’。”[6]宝云阁院门外有一座三门四柱的石牌楼，柱、枋、椽、瓦、斗拱等所有构件，都仿木结构用石材制作。牌楼上南北雕琢着精致的云龙纹、八仙人物等，石柱和额枋两面均镌刻乾隆御笔匾联。

南面正额：“暮霭朝岚常自写”。引首章为椭圆形“德日新”，压角章为方形印玺“惟精惟一”和“乾隆宸翰”。此句摘自乾隆十二年御制诗《皋涂精舍》。

南面两次额分别为“山色因心远”“泉声入目凉”。引首章为椭圆形“德日新”，压角章为方形印玺“惟精惟一”和“乾隆宸翰”。此句摘自乾隆御制诗《项圣谟松涛散仙图即用自题原韵》。

6 于敏中等编：《日下旧闻考》，卷八十四，北京古籍出版社，1985年版，1399页。

南面楹联为“境自远尘皆入咏，物含妙理总堪寻”。引首章为“奉三无私”，压脚章为“☰”乾卦圆印和“隆”字方印。此句摘自乾隆御制诗《夏日建福宫》。

“几许崇情托远迹，无边清况惬幽襟”，引首章为“敬胜怠”，压脚章为方形印玺“乾隆御笔”和“所宝惟贤”。此句摘自乾隆御制诗《秋季御园即景杂咏》。

北面正额“侧峰横岭尽来参”，引首章为“德日新”，压角章为方形印玺“惟精惟一”和“乾隆宸翰”。此句也摘自乾隆十二年御制诗《皋涂精舍》。

北面次额分别为“川岩独钟秀”“天地不言工”。引首章为“德日新”，压角章为方形印玺“惟精惟一”和“乾隆宸翰”。此句摘自乾隆十二年赴承德途中所作御制诗《滦阳别墅》。

北面楹联“苕雪溪山吴苑画，潇湘烟雨楚天云”，引首章为“奉三无私”，压脚章为“☰”乾卦圆印和“隆”字方印。摘自乾隆十三年山东祭祀泰山途中所作御制诗《赵北口即景》。

“众皱峰如能变化，太空云与作沉浮”，引首章为“敬胜怠”，压脚章为方形刻印“乾隆御笔”和“所宝惟贤”。此句摘自乾隆御制诗《恭依皇祖登岱诗韵》。

宝云阁匾联内容刻画了在此处看到的风景，眺望青山使人心胸开阔，听淙淙泉声，看涓涓流水，使人感到凉意，景与情融为一体。故宫博物院藏《崇庆皇太后万寿庆典》，是乾隆皇帝为母庆六旬万寿命宫廷画师绘制的长篇巨秩，共四卷，第一卷名《嵩呼介景》，描绘的是由万寿山东宫门外牌楼起，至昆明湖入长河口止，万寿山昆明湖初建时诸景。图中绘有此牌楼。

《崇庆皇太后万寿庆典》中的宝云阁石牌楼

宝云阁石牌楼南面正额

宝云阁石牌楼南面次额

壹 现存石刻

【二】 刻石

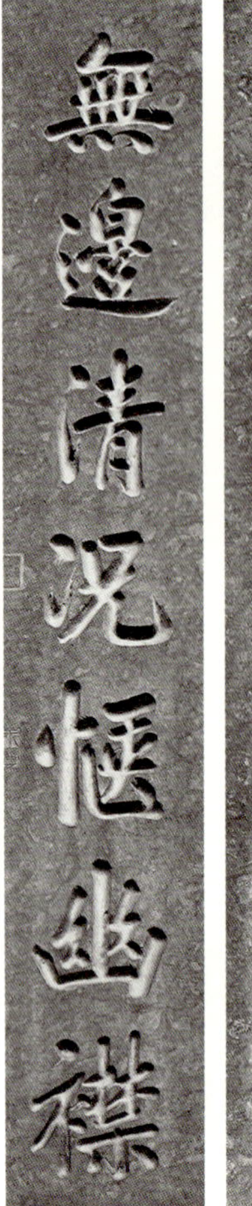
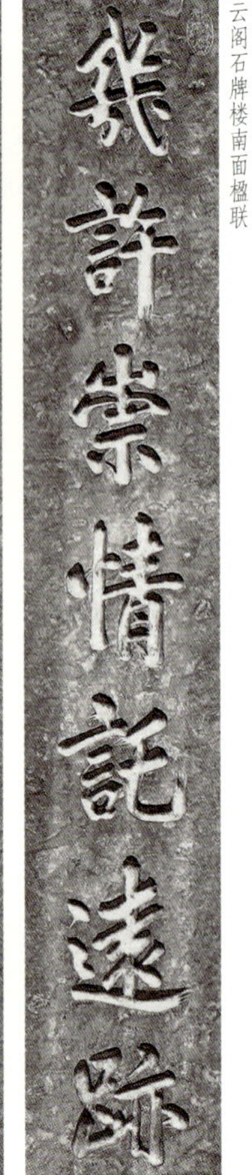

宝云阁石牌楼南面楹联

宝云阁石牌楼北面正额

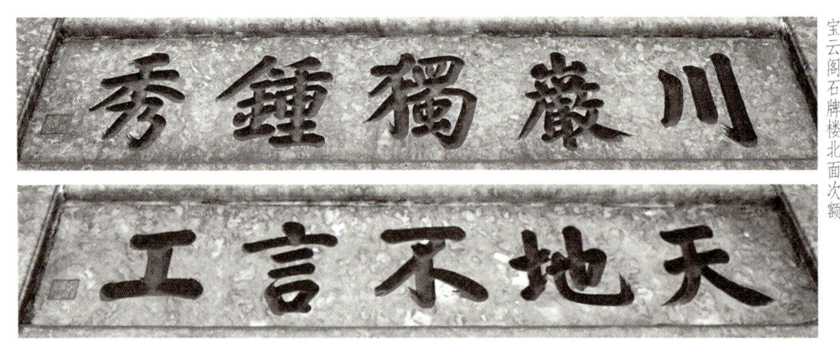

宝云阁石牌楼北面次额

宝云阁石牌楼北面楹联

10

乾隆御笔 “通　云” 城关石匾

乾隆年间清漪园没有完整的围墙，光绪年间修建颐和园时，才补筑了东、南、西三面的围墙。清漪园修建有六座城关，据守交通要道，有官兵在城关上对园林内外进行监察守卫。城关由两部分组成：下为砖砌城台，城台中央开拱券门洞，上部是城楼，建造成楼、阁、亭、殿等各种丰富的样式，有的城关中还供奉神像。

通云城关与寅辉城关东西相对峙，始建于乾隆年间，是清漪园时期保留下来的建筑，光绪时期进行修缮。城关坐落于假山之上，北侧紧邻围墙。南北向，南面拱门上方有乾隆御笔“通云”青石匾，横刻，行书，匾四周装饰单层莲瓣纹。“通云”寓意此城关地势高敞，仿佛能通往云中仙境。

11

乾隆御笔

“紫气东来”
“赤城霞起”

城关石匾

紫气东来城关坐落在万寿山东麓折向后山的山路上，据守园东部的交通要道。始建于乾隆年间，光绪朝重修。城关南北向，下有高大的城墩台，城楼为长方形歇山重檐顶建筑，城墙上沿为垛口墙。城关南北券门的上方，分别镶嵌乾隆御笔青石匾，南面为“紫气东来”、北面为“赤城霞起”，横刻，正书，匾四周装饰单层莲瓣纹，四字正中钤刻“乾隆御笔”方形印玺。匾文内容不仅寓意吉祥，还巧妙地道出了城关的地理位置、环境。典出老子过函谷关的故事。春秋时期，函谷关的守令尹喜登楼远望，发现东方有一团紫气升起，并缓缓向函谷关飘来，他觉得将要有圣人来临，于是斋戒更衣虔诚等候，果然见到道家的创始人老子骑青牛经过此地，便请老子写下了《道德经》。老子随后出关而去。后人用“紫气东来”比喻有圣人或祥瑞降临，祥瑞长寿的景外之景油然而生，和盘托出祝寿的深意。赤城山在浙江省天台县北，山石呈赤色，状如云霞，又壁立如城。赤城形容自然红色的峭壁山体，也形容晨晖、夕阳之时照耀的城关。万寿山在元明时被称为瓮山，史籍载瓮山土也是赤色的。清漪园建成后，乾隆见城关北面的山坡上赭红色的山石赤色如霞，故用“赤城霞起”为额。

壹 现存石刻

[二] 刻石

『紫气东来』『赤城霞起』城关

『紫气东来』石匾

『赤城霞起』石匾

「寅辉」「挹爽」城关

12

乾隆御笔

“寅　辉”“挹　爽”

城关石匾

“寅辉”“挹爽”城关位于万寿山后山的山麓要道，始建于乾隆年间，光绪朝重修。城关东西向，东西两面券门上嵌有乾隆御笔青石匾，东为“寅辉”、西为“挹爽”，横刻，正书，匾四周装饰单层莲瓣纹，二字正中钤刻“乾隆御笔”方形印玺。寅为十二地支之第三位，用以表示时间，约为黎明的三点到五点，“寅辉”意思为迎接朝阳的光辉。“挹爽”为收取清爽之意，指此处将西山秀色尽收眼底。

「寅辉」石匾

「挹爽」石匾

13

乾隆御笔 “宿云檐” 城关石匾

宿云檐城关坐落在万寿山西麓尽头，始建于乾隆十八年（1753），是乾隆朝清漪园时期从西面入园的门户。城关坐北朝南，砖砌的城台上建有一座重檐八角攒尖楼阁。北面拱门上乾隆御书青石匾“宿云檐”，横刻，正书，匾四周装饰单层莲瓣纹，三字正中钤刻“乾隆御笔”方形印玺，有白云出没檐间的含义。关上供奉武圣关羽塑像。《日下旧闻考》载：“城关额曰‘宿云’，檐曰‘贝阙’，上有楼，奉关圣，御书额曰‘浩然正气’。”[7]

『宿云檐』城关

『宿云檐』石匾

7 于敏中等编：《日下旧闻考》，卷八十四，北京古籍出版社，1985年版，1400页。

14

乾隆御笔
“文昌阁”
城关石匾

文昌阁建于昆明湖东岸，万寿山东麓尽头，为清漪园的园门之一，是六座城关中最大的一座，始建于乾隆十五年（1750）。当时文昌阁以南不设围墙，文昌阁为清漪园南大门。咸丰十年（1860）被英法联军烧毁，现存城门为光绪时重建。文昌阁砖砌的城台上是一座平面呈“十”字形的楼阁，内供文昌帝君，四角各有一座角亭。万寿山西麓宿云檐城关供奉关帝，东麓文昌阁供奉文昌君，二者分别扼守着万寿山的东西，遥相呼应，寓意文武辅弼。南面拱门上镶嵌乾隆御书青石匾“文昌阁”，横刻，正书，匾四周装饰单层莲瓣纹，三字正中钤刻“乾隆御笔”方形印玺。

「文昌阁」城关

「文昌阁」石匾

15

乾隆御笔
“千峰彩翠”
城关石匾

“千峰彩翠”城关矗立在万寿山山脊上。建于乾隆年间，为一座单开间的歇山式城楼。乾隆御书青石匾“千峰彩翠”，横刻，正书，匾四周装饰单层莲瓣纹，四字正中钤刻“乾隆御笔”方形印玺。“千峰彩翠”寓意群峰呈现斑斓翠绿之色。城关位于万寿山山脊之上，依山势而建。登关远望，北面或西面的远山皆层密叠嶂，夏秋之际，更是千峰彩翠，使观者犹如置身画境。

『千峰彩翠』城关

『千峰彩翠』石匾

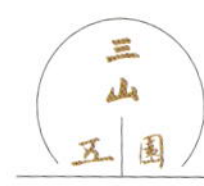

16

乾隆御笔
“岚翠间”
石洞题额楹联

涵虚堂位于南湖岛北部堆砌的假山顶。乾隆朝始建时为高三层的望蟾阁，嘉庆朝将其改建为单层的涵虚堂。咸丰十年（1860）被毁，光绪朝重修。涵虚堂北下面的石洞名为“岚翠间”，面对着碧波荡漾的昆明湖和连绵不断的万寿山。石洞建造在用青石堆砌而成的高大假山之中，上可达涵虚堂，下可通湖岸码头。石洞拱券门上镶嵌乾隆御书青石额“岚翠间”，横刻，行书，三字正中钤刻“乾隆御笔”方形印玺。《光绪顺天府志》载：“御书‘岚翠间’三字，行书，乾隆十八年，在清漪园。”石额两侧镶嵌青石乾隆御笔对联：“刊岫展屏山，云凝罨画。平湖环镜槛，波漾空明。”石额和对联描绘了从这里可以看到的风景。

『岚翠间』石洞题额

『岚翠间』石洞楹联

『岚翠间』石洞

17

乾隆御笔
“蕴奇积翠”
石洞题额楹联

绮望轩是位于万寿山后山中路西侧的一座园中园。题名意为观望绮丽景色之轩。绮望轩自成一园，“绮望轩”既是小园林的整体名称，也是临水主体建筑的名称。始建于乾隆十九年（1754），咸丰十年（1860）被毁，今仅存遗址。堆砌假山石为园门，园内建筑由游廊连接。主体建筑绮望轩面阔三间，建在临河的假山石洞上，今仅存石洞。石洞拱券门上镶嵌乾隆御笔青石额“蕴奇积翠”，横刻，行书，四字正中钤刻“乾隆御笔”方形印玺，四周装饰单层莲瓣纹。石额两侧镶嵌青石乾隆御笔对联：“萝径因幽偏得趣，云峰含润独超群。”此句摘自乾隆十四年御制诗《夏日玉泉山》，原诗描写了玉泉山的景色。

『蕴奇积翠』石洞

『蕴奇积翠』石洞题额

『蕴奇积翠』石洞楹联

18

乾隆御笔
“川泳云飞”
西洋门匾联

养云轩始建于乾隆年间，是万寿山前山东部的一所院落，依山面水，幽雅可爱。大门为中西合璧的风格，坐北朝南。门南面正中镶嵌乾隆御书“川泳云飞”汉白玉匾额，横刻，行书，四字正中钤刻“乾隆御笔”方形印玺。匾四周装饰西洋式缠枝叶纹。形容园中景象生机勃勃，万物各得其乐。石额两侧镌刻乾隆御书楹联：“天外是银河，烟波宛转。云中开翠幄，香雨霏微。”句末钤“☰”乾卦圆印和“隆”字方印。北面楹联：“群玉为峰楼，台移海上。众香是国花，木秀人寰。”轩外犹如天上银河，烟波浩渺委婉曲折；又如云中打开绿色的帷帐，香雨迷蒙。从养云轩南望，南湖岛犹如漂移在海上的仙山琼阁，回望万寿山，佛国众香界花木秀丽，胜于人间。

「川泳云飞」西洋门南侧楹联

「川泳云飞」西洋门及联

「川泳云飞」西洋门石匾

19

乾隆御笔
“云会寺”
石匾

云会寺和善现寺为万寿山后山中路四大部洲等大型宗教建筑的衬景。分列在四大部洲东、西两侧的山石上。云会寺在四大部洲西面，意为云雾会聚之寺。乾隆时建成，光绪朝重修。山门面北而开，门券上方为青石质匾，乾隆御笔“云会寺”，正书，匾四周装饰单层莲瓣纹，三字正中钤刻“乾隆御笔”方形印玺。云会寺接近山顶，远望风云会聚，也形容佛陀说法，众多弟子追随如云会聚。

『云会寺』山门和石匾

20

乾隆御笔
“善现寺”
石匾

善现寺位于四大部洲东，与云会寺相对称，中轴线一左一右护卫着四大部洲。寺构筑于山石上。乾隆年间始建，咸丰朝被毁。山门面阔一间，拱券门上方为青石质匾，乾隆御笔“善现寺”，横刻，正书，匾四周装饰单层莲瓣纹，三字正中钤刻“乾隆御笔”方形印玺。

21

乾隆御笔
“妙觉寺”
石匾

妙觉寺是园中最小的寺院，坐北朝南，山门面阔一间。门上方为青石质匾，乾隆御笔“妙觉寺”，横刻，正书，匾四周装饰单层莲瓣纹，三字正中钤刻“乾隆御笔”方形印玺。

「善现寺」山门和石匾

22

嘉庆御笔

“敕建广润灵雨祠”

石匾

位于颐和园南湖岛的广润灵雨祠，俗称龙王庙。龙王在中国古代是掌管人间雨水调配，普降甘霖之神。农业社会，上天降雨不仅是与百姓休戚相关的大事，也直接关系到王朝的稳定和繁荣。这座龙王庙是明代西湖东界长堤上的龙神祠。清乾隆十五年（1750），乾隆修建清漪园，拓宽昆明湖水面，改建南湖岛，在旧址上修缮了龙王庙，同时封祠内龙王为“安佑广济龙神”，此后这里成为皇家祭祀祈雨的重要场所。这里初名广润祠，起源于唐宋时期皇帝封四海龙王，其中西海龙王被封为广润王。昆明湖旧称西湖、西海，所以昆明湖畔的这座龙王庙被乾隆命名为广润祠。乾隆曾多次到此祈雨，在一次祈雨灵验后，乾隆将龙王庙增号为“广润灵雨”。嘉庆朝，皇帝仍按先朝惯例每年到此祭祀龙王，并亲自题写“广润灵雨祠”的石额。咸丰十年（1860），广润灵雨祠被英法联军焚毁，殿宇、祭器俱无存。即便如此，清廷仍在原址上支搭席棚，设立龙神牌位致祭。光绪十四年（1888），慈禧重建广润祠。直至清亡，每年春秋两季清廷遣官致祭广润祠的制度相沿不改。“文革”期间，广润灵雨祠再次被毁，1986年重建。在封建社会中，农业是国家的经济命脉，决定着国家的盛衰与荣辱，是历代帝王首要关注的问题。农业生产受气候的影响很大，尤其是水、旱等自然灾害会给农业带来致命的打击，而宗教中司掌雨雪的龙神直接决定着水旱的发生，因此龙神自产生之日起便被看作是农业的保护神，受到历代统治者的重视。

广润灵雨祠山门

广润灵雨祠坐北朝南，周围红色院墙，由牌楼、旗杆、山门、祠堂等组成。山门面阔一间，黄琉璃瓦歇山顶，门上正中嵌有嘉庆帝御书的“敕建广润灵雨祠”石额，横刻，正书，匾四周装饰单层莲瓣纹，正中钤刻“嘉庆御笔之宝”方形印玺。

『敕建广润灵雨祠』石匾

23

治镜阁乾隆御笔 “蓬岛烟霞” 石匾额

治镜阁位于颐和园西北部湖中心圆形岛屿之上，只有舟船相通。始建于乾隆二十五年（1760），咸丰十年（1860）因四面环水且远离万寿山主体建筑而幸免遇难。光绪十三年（1887）重修颐和园时，朝廷因资金短缺无力修复，还拆下治镜阁的砖石木材去营造其他主要宫殿。治镜阁从此成为水中的荒岛，现仅存两层土城基址。《日下旧闻考》中记载了其格局和匾额情况：“畅观堂西北湖中圆城，为门四，其上为治镜阁。……圆城四门，南额曰‘豳风图画’，北曰‘蓬岛烟霞’，东曰‘秀引湖光’，西曰‘清含泉韵’。其中复为重城，四门额曰‘南华秋水’，曰‘北苑春山’，曰‘晖朗东瀛’，曰‘爽凝西岭’。阁制凡三层，下曰‘仰观俯察’，中曰‘得沧州趣’，上悬‘治镜阁额’。”[8]根据记载可知，岛上建筑由两部分组成，“圆城”和“治镜阁”。当时治镜阁只是对城上三层楼阁的称呼，今成为岛上整组建筑的称呼。圆城有东、西、南、北四门，城门上镶嵌乾隆皇帝根据治镜阁四面不同景色御笔题写的石额，石额东为“秀引湖光”，指岛东昆明湖的秀色湖光；南额为“豳风图画”，浓缩了此处眺望到的平畴沃野田园景象；西为“清含泉韵”，写意出西山倒影在泉水泽流的湖中；北额为“蓬岛烟霞”，将北部万寿山的山阁云楼喻为人间仙境。圆城中又包括一重城，也有四门，分别有四字题额。城之上三层楼阁名治镜阁，一、二、三层分别悬挂匾额“仰观俯察”，中曰“得沧州趣”，上悬“治镜阁”额。圆城现存北额“蓬岛烟霞”，为青石质，乾隆御笔，正书，匾四周装饰单层莲瓣纹。据此推测，圆城城门上东额“秀引湖光”，南额“豳风图画”，西额“清含泉韵”，均为石额，形制也大致相同。

治镜阁乾隆御笔『蓬岛烟霞』石匾额

8 于敏中等编：《日下旧闻考》，卷八十六，北京古籍出版社，1985年版，卷八十四，1407页。

乾隆御笔“玉带桥”题额楹联

昆明湖的西堤仿杭州西湖苏堤而建，也仿苏堤六桥修建了秀丽而又风格各异的六座桥。光绪年间这六桥的名称由南至北分别为柳桥、练桥、镜桥、玉带桥、豳风桥、界湖桥，其中玉带桥和界湖桥是石桥，其余四座均为亭桥，桥上分别建有造型各异的亭子。

玉带桥始建于乾隆十五年（1750），是西堤上唯一的一座单孔高拱石桥，用汉白玉砌成，高 8.7米。玉带桥跨在昆明湖的入水口上，帝后由清漪园乘船至玉泉山静明园游览，往返必经过此桥。为方便御舟通行，桥面高耸成半圆形，曲线优美流畅，形似古人佩饰的玉带，因此得名。桥拱两侧正中栏板上乾隆御书题额“玉带桥”三字。位于桥拱下方左右两侧乾隆御书楹联，西联：“地到瀛洲，星河天上近。景分蓬岛，宫阙水边多。”东联：“螺黛一痕，平铺明月镜。虹光百尺，横映水晶帘。”清漪园时期园西界没有围墙，玉带桥相当于门的功能，两联内容生动描绘出玉带桥周围的景物。

玉带桥西侧联

玉带桥

25

乾隆御笔“绣漪桥”题额楹联

绣漪桥位于昆明湖最南端，乾隆时期帝后由紫禁城来园，如行水路，经常从西直门外高梁桥畔的倚虹堂乘坐画舫，经过长河通过绣漪桥进入昆明湖。这里是自长河水路进入清漪园必经的交通要道。绣漪桥造型为高拱单孔，桥身高 9米。在满足皇帝御舟游览的实用功能同时，桥身艺术化的造型又是昆明湖上的精致点景，与周围自然环境相得益彰。题额位于桥拱两侧正中横刻乾隆御书“绣漪桥”，行书。楹联位于桥拱下方左右两侧，竖刻，行书。南联：“螺黛一丸，银盆浮碧岫。鳞纹千叠，璧月漾金波。”北联：“路入阆风，云霞空际涌。地临蓬岛，宫阙水边明。”

26

乾隆御笔
十七孔桥
题额楹联

十七孔桥横跨在东堤和南湖岛之间，不仅是前往南湖岛唯一的通道，也是园中最大的一座桥梁。始建于乾隆年间，光绪时重修，桥长150米，宽8米，由十七个拱券连续而成，故称十七孔桥。从桥的中间往两边数，均是九个桥洞，而九是单数中最大的数字，象征帝王的至高无上。桥下的孔洞还可以有效减少水流对桥体的冲击，通过大大小小的船只。十七孔桥青石筑成的桥体呈拱形，两侧的汉白玉望柱上雕有神态各异的石狮子 544个。乾隆御题石额位于中心拱券两侧正中，横刻，行书，南额为修蝀凌波；北额为灵鼍偃月。比喻十七孔桥像飞架于昆明湖碧波之上的七彩长虹，又如浮游在水面形如半月的神兽。石桥的两副对联位于桥拱下方左右两侧，竖刻。行书，南联为：“烟景学潇湘，细雨轻航暮屿。晴光缅明圣，软风新柳春堤。”北联为：“虹卧石梁，岸引长风吹不断。波回兰桨，影翻明月照还空。”桥额和对联词句描写出这里的湖光景色。

27

东宫门前“涵　虚”“罨　秀”牌坊石额

东宫门是清漪园的正门，“涵虚”牌坊立于东宫门外，是从东面进入颐和园的第一座建筑。木牌楼东西向，三门四柱七楼，庑殿顶。两侧有对仗工整的石额，东面石额为“涵虚”，西面石额为“罨秀”。“涵虚”寓意映照着天空的水面；“罨秀”指覆盖着秀色的山峦。精炼地点出园内山清水秀的景色精华，使人产生渐入佳境之感。乾隆时期此牌坊的石额西为“涵虚”，东为“罨秀”，光绪重修的时候将此石额的方向调换了。

28

新建宫门“延　旭”“舒　云”牌楼

新建宫门牌楼建于光绪十七年（1891），为一座四柱三楼式牌楼。两侧有对称的石额，东枋心石额为“延旭”，西面石额为“舒云”。

壹 现存石刻

【三】 碑刻

颐和园中的碑刻体量庞大，造型多样，纹饰雕刻精美，有立碑、卧碑、昆仑石碑。碑文内容既有关于国家大事的，也有记载建筑形制的，更多的是皇帝在立碑之处的观景抒情之作。

1 绣漪桥北昆仑石

乾隆时期的皇家苑囿中常放置有昆仑石碑，颐和园中现存三座，形状、纹饰、石质基本相同。圆首长方形碑身，碑身四面阴刻乾隆御制诗句，下承高浮雕海水江崖纹石座。石座上方左右各凿有一方形凹洞。碑的形状类似宋代的“笏头碣”，风格古朴敦厚，端庄凝重。昆仑石是巍峨高耸的昆仑山的化身，古代传说认为昆仑山为仙境。石身为山，石座为海，昆仑石碑不仅仅是山水风光的点缀，更是清王朝江山永固、天下统一的象征。

此昆仑石乾隆二十九年（1764）立于昆明湖东堤南秀漪桥北。昆仑石坐西朝东，汉白玉质，碑首半圆形，碑身四面阴刻乾隆御题诗，下承海水江崖碑座。诗文内容记述了乾隆自长河水路来园沿途所见的景色。

绣漪桥北昆仑石

碑 东

乾隆二十九年（1764）“甲申夏六月下浣御笔，高梁桥放舟至昆明湖沿途即景杂咏四绝句”，竖刻九行，行书。《光绪顺天府志》载：“御制《高梁桥放舟至昆明湖沿途即景杂咏》，行书，乾隆二十九年，七言绝四首，在清漪园。”

录 文

迩日炎歊特异常，放舟川路取延凉。几湾｜过雨菰蒲重，夹岸含风禾黍香。 何必嫌迟｜上水船，溪风襟袖正泠然。岸旁行骑活于画，｜树里鸣蝉清胜弦。 乘凉缆急进舟轻，堤柳｜浓阴覆水清。乐善园将万寿寺，今朝权付｜不留行。 绣漪桥过即昆湖，万顷空明意与｜俱。已到清凉无暑处，不妨胜处憩斯须。｜高梁桥放舟至昆明湖沿途即景杂咏四｜绝句 甲申夏六月下浣御笔

末尾钤刻方形印玺“所宝惟贤”和“乾隆御笔”。

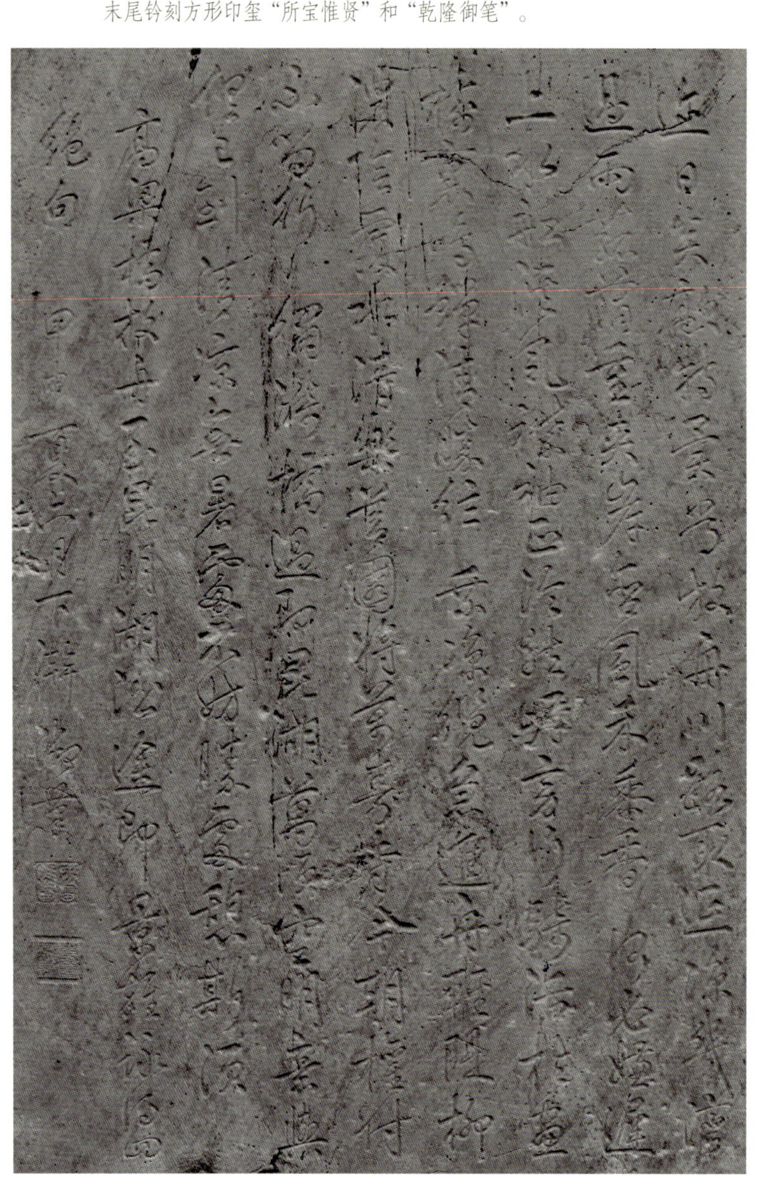

昆仑石东面

碑 西

乾隆二十九年（1764）“甲申暮春之初御笔，舟过万寿寺未入，遂由绣漪桥至昆明湖沿水路揽景集咏得诗六首”，竖刻十行，行书。《光绪顺天府志》载：“御制《舟过万寿寺未入遂由绣漪桥至昆明湖沿途揽景集咏》，行书，乾隆二十九年，七言绝六首，在清漪园。”

录 文

片刻徘徊乐善园，进舟仍复溯长源。麦刚茁垅新膏润，」稻米栽塍宿水存。　广源闸隔水高低，易舫之间屧步堤。」万寿寺才离半里，扬帆姑且置招提。　麦庄桥过接长春，」两岸轻烟罥柳新。石坝金河泄余水，天然洪泽那堪伦。　坝」外湖心亭好在，乍因缀景忆西湖。曾经一到常空过，似此何」须构筑乎。　绣漪月漾忽当头，绿柳红桃四面稠。寒食明」朝兼上巳，岂能分日作缀游。　陆纤入湖易水纤，湖光」上下漾天光。小船轧轧鸣榔处，不辨吴村与越乡。」舟过万寿寺未入遂由绣漪桥至昆明湖沿水路揽景」集咏得诗六首　甲申暮春之初御笔

末尾钤刻方形印玺“所宝惟贤”和“乾隆御笔”。

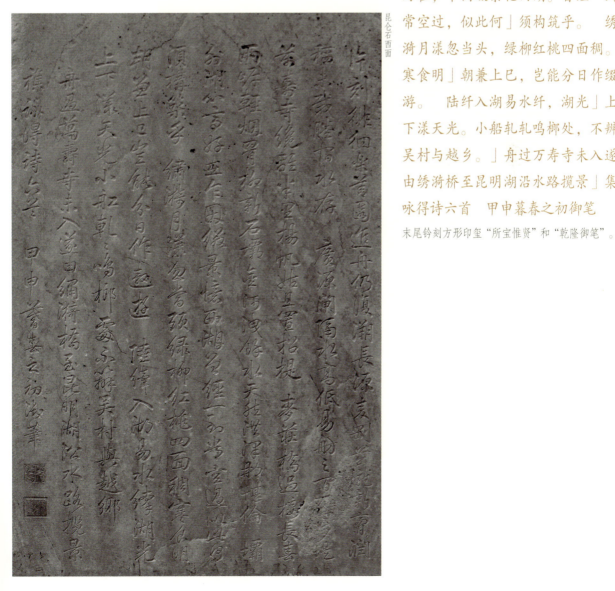

昆仑石西面

碑南

乾隆三十年（1765年）“乙酉仲夏，自高梁桥进舟由长河至昆明湖得四绝句”。竖刻七行，行书。《光绪顺天府志》载：“御制《自高梁桥进舟由长河至昆明湖》诗，行书，乾隆三十年，七言绝四首，在清漪园。”

录文

长河雨后波增涨，趁爽平明好进船。柳岸忽闻嫩」簧响，始知复育化成蝉。依水园存乐善名，兰堤」几转面前迎。径过自是慵游览，不为忙承风利行。广」源闸限水高下，登岸因之又换舟。悟得盈科成利」济，前人经理足佳谋。沿堤垂柳复高榆，浓绿荫」中牵缆纡。才过绣漪桥侧畔，波光迎面顿清殊。」乙酉仲夏自高梁桥进舟由长河至昆明湖得四绝句　御笔

末尾钤刻方形印玺“所宝惟贤”和“乾隆御笔”。

昆仑石南面

北侧碑面漫漶，文字无法辨识。原为乾隆三十一年（1776）四月十七浴佛日作《自长河进舟至昆明川路即目得诗六首》。《光绪顺天府志》载“御制《自长河进舟至昆明川路即目得诗六首》，行书，乾隆三十一年，七言绝。在清漪园。”

2

东堤
昆仑石

乾隆二十九年（1764）立，位于昆明湖东堤铜牛北。《日下旧闻考》载：“廓如亭之北为昆仑石，勒御制诗。”[9] 东堤昆仑石坐西面东，汉白玉质。半圆形碑首，碑身四面刻乾隆御题诗，下承海水江崖碑座。

东堤昆仑石

9 于敏中等编：《日下旧闻考》，卷八十四，北京古籍出版社，1985年版，1405页。

碑 东

乾隆二十九年（1764）“西堤作甲申仲春月御笔”。竖刻六行，行书。御制《西堤》诗原有序文：“西堤在畅春园西墙外，向以御园而设，今昆明湖仍在堤外，其西更置堤，则此为东矣。”序和诗文说明了此堤命名的缘由。乾隆整治玉泉山、香山一带的水道，疏浚、开拓西湖作为蓄水库并设置相应的闸涵设施。疏浚西湖后，将湖面往东拓展。这条旧堤原是康熙时为防卫地势较低的畅春园免受西湖泛滥影响而修筑的，以其在该园的西面故名西堤。昆明湖往东拓展后，就利用这条旧堤加固、改造而成为湖东岸的大堤，同时，乾隆在湖中间偏西的地方另筑一道西堤，于是，原来的西堤就成为东堤了。《光绪顺天府志》载：“御制《廓如亭西堤》诗，行书，乾隆二十九年，七言律一首。在清漪园。”

录 文

西堤此日是东堤，名象何曾定｜可稽。展拓湖光千顷碧，卫临墙｜影一痕齐。刺波生意出新芷，踏浪｜忘机起野鹭。堤与墙间惜弃地，｜引流种稻看连畦。西堤作｜甲申仲春月御笔

末尾钤刻方形印玺“乾隆宸翰”和“信天主人”。

碑 西

乾隆二十九年（1764）“昆明湖上作甲申季夏中浣御笔”。竖刻七行，行书。《光绪顺天府志》载：“御制《玉河泛舟》诗，行书，乾隆三十二年，七言绝一首，在清漪园。”

录 文

快霁朝来殊畅心，几余湖上｜试追寻。东堤石啮腰含涨，｜西岭云归顶尚阴。风细波｜轻全拂暑，沾优旸若恰宜｜今。六桥那畔鳞塍接，骋望新｜秧喜不禁。昆明湖上作｜甲申季夏中浣御笔

末尾钤刻方形印玺“乾隆宸翰”和“信天主人”。

昆仑石东面

昆仑石西面

西堤此日是東堤名象何曾定
可稽展拓湖光千頃碧衛堤墻
影一痕齊刺波生意出新葦踏浪
心機起野鷺堤與墻間惜棄地
引流種稻更連畦 西堤作
甲申仲春月御筆
昆仑石东面拓片

快雪朝來殊暢幾舒湖上
試追尋東堤石齾腰雲漲
西嶺雲歸頂尚陰風細波
輕金拂畧霽沿復暘寒旅宫
今六橋那畔鏁睦橋騁望新
秋未弗禁　昆明湖上作
甲申季夏中澣御筆

昆仑石西面拓片

碑南

乾隆三十二年（1767）“玉河泛舟三首，丁亥仲春月中浣御笔”。竖刻文字八行，行书。碑身字迹漫漶，根据《乾隆御制诗文全集》三集卷六十三补齐录文。

录文

静明一水达昆明，桂棹乘流画舫轻。几」曲柳塘偏致远，薰黄丝挽淡烟横。　溶溶」春水冻全消，饮练忽过玉带桥。数日山」居切问」寝，那更逐景恣逍遥。　翦湖片刻到东堤，」卫士轻舆候已齐。回首玉泉烟树渺，只看」塔影蘸玻璃。　玉河泛舟三首」丁亥仲春月中浣御笔

末尾钤刻两方印玺，均已漫漶。

碑北

乾隆三十五年（1770）“昆明湖上作，庚寅夏闰月上浣御笔”。竖刻七行，行书。

录文

敕政抡材还有暇，昆明咫尺试临诸。依然水木清华」处，不到忽过两月余。旰宵望雨深忧切，雨足散怀」临碧湖。豆町稻塍苏绿意，思量忧实未予孤。辟湖」蓄水图灌溉，水志亏来二尺过。不误耕畴徐长足，吾宁」惟是赏烟波。堤西水阙将断港，未可沙棠径进航。灌」输稻田逭旱候，便迟游兴正何妨。昆明湖上作」庚寅夏闰月上浣御笔

末尾钤刻方形印玺“所宝惟贤”和“乾隆御笔”。

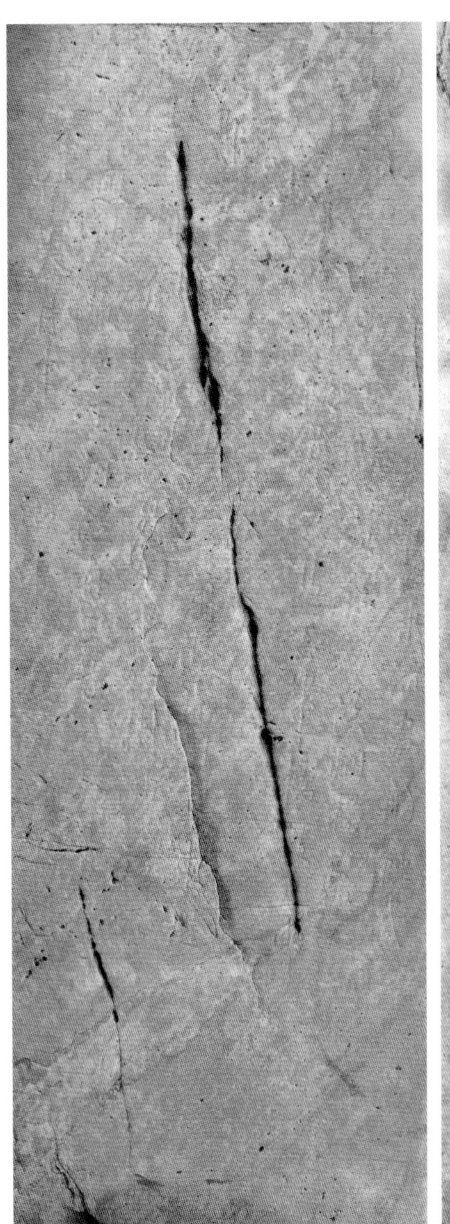

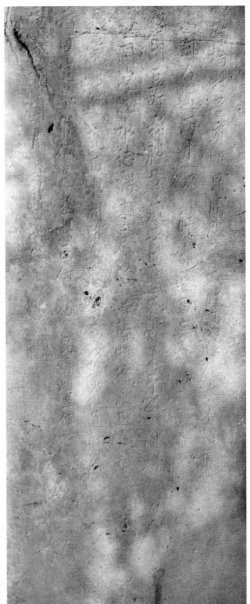

昆仑石南面

昆仑石北面

3

"耕织图"
昆仑石

耕织图是一套古代书画的名称，最初的绘者为南宋楼璹。他作耕、织 45幅图描绘农桑生产的各个环节，反映了农桑的全过程。是此后的历代帝王、官府劝民勤农的重要方式。历代摹本很多，其中以元代程棨摹本最佳。耕织图始建于乾隆十六年（1751），借画题作景名，不仅突出这一带景色所具有的水乡风貌，而且从内容上也涵纳了中国农耕文化的要素。这里种植大片稻田，自西绵延至玉泉山静明园。康熙时期，清廷在耕织图北侧的青龙桥及功德寺设稻田厂，乾隆十六年（1751）将内务府织染局迁至此处。乾隆三十四年（1769），元代程棨绘制的《耕织图》真迹进入内廷，乾隆加以御书题跋，共 48幅，藏于圆明园多稼轩，同时将其双钩上石。历时三年完成，将其镶嵌在这里，景色与绘画完美统一。

清漪园时期昆明湖东、西、南三侧不设围墙，当时西堤"左昆明右玉泉"，堤西湖泊与园外水田相接，常有农夫在稻田里劳作，一派江南水乡风光。乾隆十六年（1751），清廷内务府将负责宫廷所用丝织品生产的机构织染局从地安门搬迁至玉带桥西，将此地命名为"耕织图"，并竖立碑刻。农业社会，注重男耕女织，发展农桑，帝王在园囿中设有农事活动区，体现了重农兴稼穑的国策。耕织图在咸丰十年（1860）被毁，光绪十二年（1886），慈禧在耕织图废墟上新建水师学堂。2004 年，颐和园管理处恢复了包括蚕神庙在内的部分耕织图建筑。《日下旧闻考》载："延赏斋在玉带桥之西，前为玉河斋，左右廊壁嵌耕织图石刻，河北立石勒'耕织图'三字。"耕织图景区北侧玉河斋前竖有'耕织图'昆仑石，坐北朝南，汉白玉质，半圆形碑首，碑身四面刻乾隆御题诗，下承海水江崖碑座。

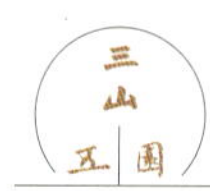

昆仑石北面

碑 北

乾隆十八年（1753）“癸酉夏御题”，竖刻四行，行书。

录 文

玉带桥边耕织图，织云耕」雨肖东吴。每过便尔留清」问，为较寻常景趣殊。」乾隆癸酉夏御题

末尾两方刻印已漫漶。

碑 南

正中竖刻乾隆御笔“耕织图”三字。“耕”字上方钤方形印玺“乾隆御笔”。

“耕织图”三字左：乾隆四十四年（1779）“己亥仲夏题”，竖刻四行，行书。

“耕织图”三字右：乾隆五十六年（1791）“辛亥仲夏题”，竖刻三行，行书。

昆仑石南面局部

录 文

稻田蚕屋带河滨，正值课耕问织辰。漫拟汉家沿故事，」一般深意在勤民。稻田欲雨蚕宜霁，万事从来艰两全。」造化且艰副民欲，临民者合惧瞠然。」己亥仲夏月上浣御题

末尾钤刻两方印玺“古稀天子之宝”和“犹日孜孜”。

录 文

岂不诗题图以识，欲看活画事真情。三眠」欣暖一耘润，庆慰中饶敬惕生。」辛亥仲夏月上浣御题

末尾钤刻两方印玺“八徵耄念之宝”和“自强不息”。

昆仑石西面

碑　西

乾隆三十一年（1766）“丙戌仲夏月御笔”，竖刻四行，行书。碑身字体漫漶。根据《乾隆御制诗文全集》补全录文。诗文见《乾隆御制诗文全集》三集卷五十七《玉河》。《光绪顺天府志》载：“御制《玉河》诗，行书，乾隆三十一年，七言绝一首，在清漪园。”

录　文

玉河舟去复舟回，泉弱水微露|岸隈。一雨应教诸事美，越|难片刻锁眉开。玉河一首|丙戌仲夏月御笔

末尾钤刻两方印玺“所宝惟贤”和“乾隆御笔”。

昆仑石东面

碑　东

乾隆三十一年（1766）“丙戌清和御题”，竖刻四行，行书。碑身字体漫漶，根据《乾隆御制诗文全集》补全录文。诗文见《乾隆御制诗文全集》三集卷五十七《耕织图口号》。

录　文

稻已分秧蚕吐丝，耕忙|亦复织忙时。汉家欲笑昆明|上，牛女徒成点景为。|丙戌清和御题

末尾钤刻两方印玺“所宝惟贤”和“乾隆御笔”。

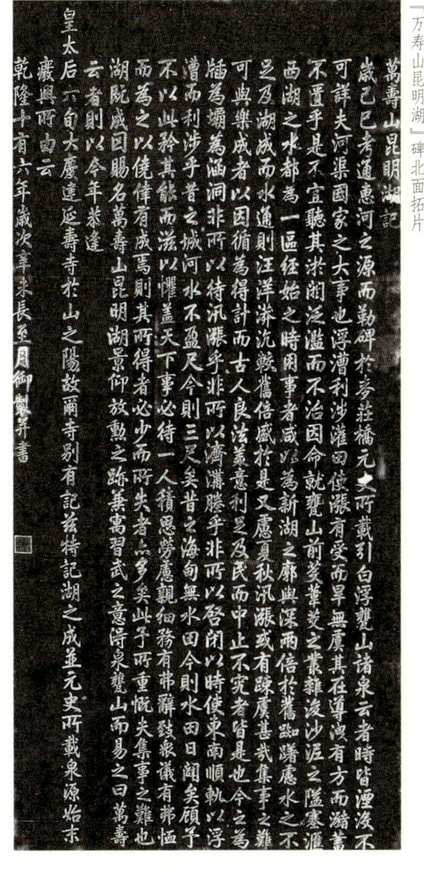

萬壽山昆明湖記
歲己巳考通惠河之源而勒碑於麥莊橋元史所載引白浮甕山諸泉云者時皆湮沒不
可詳夫河渠國家之大事也浮漕利涉灌田使漲有受而旱無虞其在導洩有方而瀦蓄
不匱乎是不宜聽其淤閼泛濫而不治因命就甕山前芟葦茭之叢雜浚沙泥之隘塞滙
西湖之水都為一區經始之時司事者咸以為新湖之廓與深兩倍於舊踟躕慮水之不
足乃湖成而水通則汪洋漭沆較舊倍盛於是又慮夏秋汛漲或有疎虞甚哉集事之難
可與樂成者以因循為得計而古人良法美意利足及民而中止不究者皆是也今之為
牐為壩為涵洞非所以待汛漲乎非所以濟灤滕乎非所以啓閉以時使東南順軌以浮
漕而利涉乎昔之城河水不盈尺今則三尺矣昔之海甸無水田今則水田日闢矣顧予
不以此矜其能而滋以懼蓋天下事必待一人積思勞慮親細務有弗辭致衆議有弗恤
而為之以僥倖有成焉則其所得者必少而所失者亦多矣此予所重慨夫集事之難也
湖既成因賜名萬壽山昆明湖景仰放勳之跡兼寓習武之意得泉甕山而易之曰萬壽
云者則以今年恭逢
皇太后六旬大慶建延壽寺於山之陽故爾寺別有記茲特記湖之成並元史所載泉源始末
廢興所由云
乾隆十有六年歲次辛未長至月御製并書

『万寿山昆明湖』碑北面拓片

4

乾隆御书

“万寿山昆明湖”

碑

乾隆御笔“万寿山昆明湖”碑位于佛香阁东转轮藏前，立于乾隆十六年（1751），是清漪园旧物。《日下旧闻考》载：“慈福楼……后崇台上石幢勒‘万寿山昆明湖’六字，后刊御制《昆明湖记》。”[10]此碑青白石质，通高 9.87 米，体量巨大，造型浑厚，是颐和园中第一大御碑。由碑首、碑身、碑座三部分组成。碑首为四龙脊方首，碑额篆书“御制”；碑身四面阴刻乾隆御书，碑框雕龙纹；碑座为四面立雕龙女海兽纹束腰须弥座式。

『万寿山昆明湖』碑

10 于敏中等编：《日下旧闻考》，卷八十四，北京古籍出版社，1985 年版，1396页。

碑　南

乾隆十六年（1751），乾隆御书“万寿山昆明湖”六字。竖刻，正书。“万”字上方正中钤“乾隆御笔”刻印。《清朝通志》记载：“御书‘万寿山昆明湖’六字，乾隆十六年，正书，清漪园阁后。”

碑　北

乾隆十六年（1751），乾隆御书“万寿山昆明湖记”。竖刻十六行，行书。碑文用四百四十七个字描述了疏浚扩展昆明湖的目的和经过。《清朝通志》记载：“御制《昆明湖记》，乾隆十六年，行书，清漪园阁后。”

录　文

万寿山昆明湖记｜岁己巳，考通惠河之源而勒碑于麦庄桥。《元史》所载引白浮、瓮山诸泉云者，时皆淹没不｜可详。夫河渠，国家之大事也。浮漕利涉灌田，使涨有受而旱无虞，其在导泄有方而潴蓄｜不匮乎！是不宜听其淤阏泛滥而不治。因命就瓮山前，芟苇茭之丛杂，浚沙泥之隘塞，汇｜西湖之水，都为一区。经始之时，司事者咸以为新湖之廓与深两倍于旧，踟蹰虑水之不｜足。及湖成而水通，则汪洋漭沆，较旧倍盛，于是又虑夏秋汛涨或有疏虞。甚哉，集事之难，｜可与乐成者以因循为得计，而古人良法美意，利足及民而中止不究者，皆是也。今之为｜闸、为坝、为涵洞，非所以待汛涨乎？非所以济沟塍乎？非所以启闭以时使东南顺轨以浮｜漕而利涉乎？昔之城河水不盈尺，今则三尺矣。昔之海甸无水田，今则水田日辟矣。顾予｜不以此矜其能而滋以惧。盖天下事必待一人积思劳虑，亲细务有弗辞，致众议有弗恤，｜而为之以侥幸有成焉，则其所得者必少，而所失者亦多矣。此予所重慨夫集事之难也。｜湖既成，因赐名万寿山昆明湖，景仰放勋之迹，兼寓习武之意。得泉瓮山而易之曰万寿｜云者，则以今年恭逢｜皇太后六

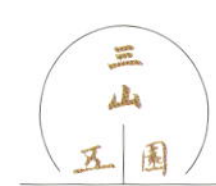

旬大庆，建延寿寺于山之阳故尔。寺别有记，兹特记湖之成，并《元史》所载泉源始末」废兴所由云。」乾隆十有六年岁次辛未长至月御制并书

末尾两方刻印，其一为方形“乾隆宸翰”，另一方已漫漶。

碑　东

乾隆十八年（1753）御制《万寿山即事》，竖刻六行，行书。

录　文

韶月寻清赏，芳晨礼照园。山容将欲染，春事渐堪论。阶藓含阳重，林禽较昔」繁。吉云频蕴酿，雪雨总天恩。　面水背山地，明湖仿浙西。琳琅三竺宇，花柳六桥」堤。冻解凫鹥乐，风轻梵呗低。高峰称万寿，」慈寿祝同齐。　梅雪清喷麝，松风谡起涛。得奇欣在迩，因迥亦为高。纵匪民之力，宁无作」者劳。抒怀聊即事，便与付宣毫。」万寿山即事三首　乾隆癸酉春月御题并书

末尾钤刻方形印玺“乾隆宸翰”和“陶冶性灵”。

碑　西

乾隆三十五年（1770）御制《自玉河泛舟至昆明湖即景得句》，竖刻，行书。《光绪顺天府志》记载：“御制《自玉河泛舟至昆明湖即景》诗，行书，乾隆三十五年，七言绝六首，在清漪园。”

录　文

出墙有舫候堤边，迤逦玉河棹向前。流水无冰渟水冻，户枢不朽理同然。　界湖楼迥俯长川，建闸高低资节宣。缀景讵因供游赏，大都图以灌溪田。　氍毹帷暖水寒降，大食玻璃亦置窗。岸转舟回山改向，何殊揽景泛吴江。　来往必经耕织图，耕夫织妇廑勤劬。饲蚕浸种时虽早，此意宁当一刻无。　堤界昆明西与东，六桥如带总舟通。治经水阁夫何似，一朵芙蓉玉镜中。　画舫乘来到石舫，清漪园接静明园。于斯自问犹觉恧，何怪他人有后言。

5

乾隆御笔“寻诗径”碑

乾隆御笔“寻诗径”碑，现存谐趣园兰亭。乾隆清漪园时期此地为惠山园寻诗径，奇峰怪石之间一条小径蜿蜒贯通。乾隆将周边的景色和自己游赏的感受刻于石碑之上。光绪十八年（1892）重修谐趣园时，增建兰亭，并将石碑移到兰亭内。兰亭坐北朝南，面阔一间，亭内矗立乾隆御笔“寻诗径”碑。“寻诗径”意为寻觅诗句之径，取自唐代诗人李贺的典故：“李贺每旦出，骑弱马，从小奚奴，背锦囊。遇所得赋诗，书投囊中。”遨游于风景名胜，寻求诗句。此碑立于乾隆十九年（1754），青石质，僧帽式碑首，长方形碑座。碑南额篆书“御制”，东首书乾隆“癸未新正御题”诗，西首书乾隆“辛巳新秋御题”诗，北首书乾隆“庚辰夏御题”诗。碑南及东西两侧分别刻有“乾隆甲戌御题”“乙亥仲春御题”“戊寅春日御题”乾隆《寻诗径》五言诗一首、七言诗二首，均行书。《光绪顺天府志》记载：“御制《寻诗径》诗，行书，乾隆二十八年、三十一年、三十三年、三十七年、四十一年、四十六年、五十年，七言绝各一首，在清漪园。”

乾隆御笔『寻诗径』碑

乾隆御笔『寻诗径』碑东侧

碑　南

碑首为篆书“御制”二字。

南侧碑身为“乾隆甲戌御题”诗刻，竖刻六行，行书。

录　文

岩壑有奇趣，烟云无尽|藏。石栏遮曲径，春水漾方|塘。新会忽于此，幽寻每|异常。自然成迴句，底用|锦为囊。|乾隆甲戌御题

句末钤刻方形印玺“所宝惟贤”和“乾隆御笔”。

碑　北

碑首为乾隆“庚辰夏御题”诗刻，竖刻六行，行书。

北侧碑身上有乾隆御笔“寻诗径”。三字引首章为刻印“奉三无私”，三字落款章为方形刻印“乾隆宸翰”和“陶冶性灵”。

录　文

窈窕冲瀜间，诘曲|逶迤处。目击斯道|存，浅言亦深趣。于|此论格律，何殊刻|舟误。|庚辰夏御题

句末两方刻印，下面一方为“乾隆宸翰”。

碑　东

碑首为乾隆“癸未新正御题”诗刻，竖刻九行，行书。

碑身为乾隆“戊寅春日御题”诗刻，竖刻三行，行书。

录　文

一卷当谷下|临陂，步入|幽深总合诗。|便是三唐|多作者，个|中滋味几|人知。|癸未新正|御题

句末钤刻方形印玺“所宝惟贤”和“乾隆御笔”。

录　文

古锦囊教奴子携，惟应愈湜解|金鎞。如今拟问李长吉，题凑诗乎|诗凑题。戊寅春日御题

句末两方刻印，“惟精惟一”和“乾隆宸翰”。

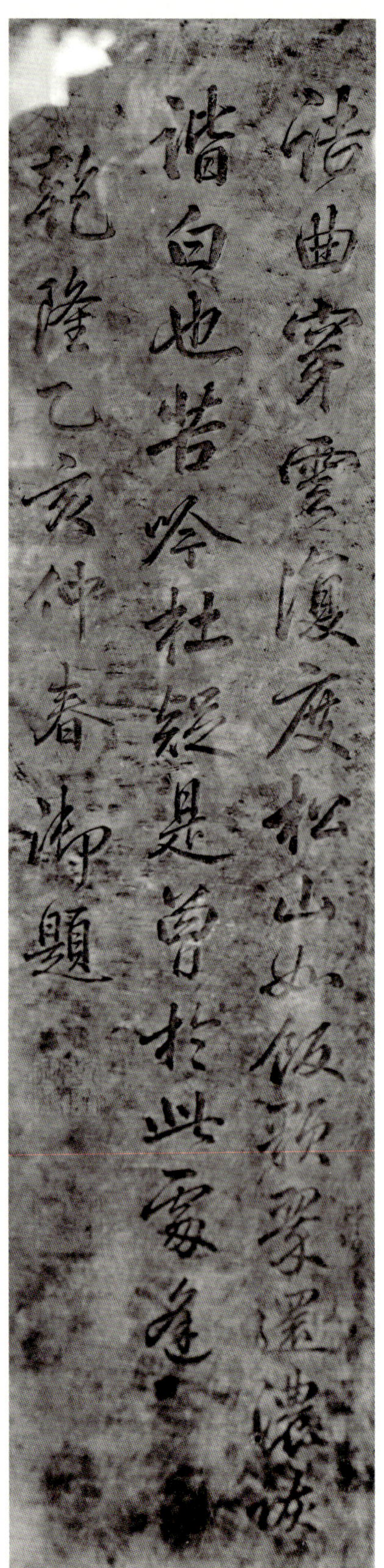

乾隆御笔『寻诗径』碑西侧

碑 西

碑首为乾隆“辛巳新秋御题”诗刻，竖刻九行，行书。

碑身为乾隆“乙亥仲春御题”诗刻，竖刻三行，行书。

录 文

奇峰诡石｜解招携，即｜是黄金刮｜眼锦。快霁｜一天残暑退｜，得教触景｜此拈题。｜辛巳新秋｜御题

句末钤刻两方刻印，已漫漶。

录 文

诘曲穿云复度松，山如饭颗翠还浓。诶｜谐白也苦吟杜，疑是曾于此处逢。｜乾隆乙亥仲春御题

句末钤刻方形印玺“乾隆御笔”和“所宝惟贤”。

雲復度松山
乙亥仲春御題

6

乾隆御书“万寿山五百罗汉堂记”碑

此碑位于清漪园时期五百罗汉堂院内，今颐和园清华轩东院。清漪园罗汉堂始建于乾隆十六年（1751），是仿杭州云林、净慈寺修建的一座五百罗汉堂。山门内有一座八角形水池，上架单孔石拱桥，后为平面呈“田”字形的汉藏结合式罗汉堂。乾隆在《万寿山五百罗汉堂记》一文中说，当初筹建大报恩延寿寺时，并不曾有建罗汉堂的设想。乾隆十六年（1751）他奉母南巡游览杭州云林寺、净慈寺，第一次见到如宫殿般的五百罗汉堂,才知道五百之名始自钱塘,且“其来久佚”，堂中那一尊尊罗汉，给乾隆留下了深刻的印象。乾隆南巡归来，正值万寿山大报恩延寿寺落成，“寺之西有隙地，因命筑堂，以肖钱塘”，虽学钱塘，却不完全照搬。《日下旧闻考》中关于罗汉堂有详细记载：“大报恩延寿寺之西为罗汉堂，田字式。……罗汉堂为门三，南曰华严真谛，东曰生欢喜心，西曰法界清微。堂内分甲乙十道，塑阿罗汉五百尊，东门内曰祇树园，曰狮子窟，曰须夜摩洞；转而南为阿迦桥；稍南曰阿楼那崖，曰徙多桥，桥上曰弥楼，曰摩偷地，曰砥柱，曰摩诃窝；上曰兜率陀崖，曰功德池，曰旃檀林；再上曰须弥顶，曰善现城，曰金田，曰陀罗峰，曰鸡园，曰鹿苑；中为室罗筏雷音殿；北曰耆阇崛；旁曰舍利塔，曰蜂台，曰毗诃罗桥；南曰露山，曰香岩；西曰信度桥；诸额皆御书。堂之东有亭，卧碣上勒御制《五百罗汉记》。”[11]由此可知，罗汉堂的平面呈田字式，有南、东、西三门，南门额曰“华严真谛”，东门额曰“生欢喜心”，西门额曰“法界清微”。内分为甲、乙、丙、丁、戊、己、庚、辛、壬、癸十道，并根据罗汉各自行为处事之状，依据佛经的记载，标其位名，再将五百罗汉分奉其中。堂东侧建碑亭一座，坐西朝东，面阔三间，歇山顶，其内的石碑上刻有御制《五百罗汉记》全文，对堂内罗汉的形态做了生动的描述。罗汉堂于咸丰十年（1860）被毁，仅存堂前单孔石桥和卧碑。光绪时期慈禧在旧址上建造了一组两进四合院式的建筑“清华

11 于敏中等编：《日下旧闻考》，卷八十四，北京古籍出版社，1985年版，1399页。

轩”，改变了建筑的形制和功能。

乾隆御制“五百罗汉记”碑立于乾隆二十二年（1757），体量巨大，为青石质长方形卧碑，通高2.09米，宽2.21米，厚1米。碑首为僧帽顶，刻云雷纹；碑身四面刻乾隆御题诗句；碑下束腰长方形须弥座式碑座高0.77米。此碑曾被焚，今碑身仍有裂痕。新中国成立后，周总理指示对此碑要妥善保护。

碑东刻乾隆二十三年（1758）御制《西师》诗。碑南刻乾隆二十年（1755）御制《平定准噶尔勒铭伊犁之碑》。碑北刻乾隆御制《平定准噶尔后勒铭伊犁之碑》。碑文记述了乾隆年平定准噶尔叛乱的史实。这是记述乾隆“十全武功”的重要石刻文献。

西师碑是乾隆二十三年（1758）御制，此时是乾隆平定准噶尔叛乱胜利结束和平定南疆叛乱的开始。内容记述了从康熙至乾隆三朝皇帝出兵征讨准噶尔全过程，时间跨度大约为七十年，是乾隆对西北战事的总结，是研究清代西北边疆和民族关系极为重要的历史资料。五言纪事长诗，共二千余字。以诗记史，并用大量文字对诗文进行注疏，是一篇纪实性的史诗。蒙古族按照活动地域不同，分为漠南蒙古、漠北喀尔喀蒙古、漠西厄鲁特蒙古。厄鲁特蒙古分为四部，即和硕特、准噶尔、杜尔伯特、土尔扈特。厄鲁特蒙古四部虽然形成了联盟,但仍然是“各统所部,各不相属”,“部各有汗”。漠南蒙古在清军入关前已归附了清朝，漠北蒙古（喀尔喀）经康熙三次率兵亲征也已归附。唯有漠西蒙古（厄鲁特）在准噶尔部的统领下雄踞西北，进而与清廷对抗。准噶尔是漠西厄鲁特蒙古中的一个部落。康熙二十九年（1690），准噶尔的首领噶尔丹在沙俄的支持下公开叛变，康熙亲征，大败噶尔丹。平叛之后，在多伦建立喇嘛寺庙“汇宗寺”，利用藏传佛教安抚人心。这一民族政策起到了很好的效果，蒙古各部及西藏地区在很长一段时期都处于和平共处的状态。乾隆十年（1745），达瓦齐成为准噶尔汗，他再次发动叛乱，据守伊犁。乾隆二十年（1755），乾隆出兵西征，平定叛乱，生擒达瓦齐。为了纪念这次胜利，同年，乾隆不仅在清漪园五百罗汉堂石碑东侧设立平定准噶尔勒铭伊犁之碑，同时也在避暑山庄修建普宁寺，并在普宁寺中修建平定准噶尔勒铭伊犁之碑，碑文与清漪园中的碑文相同，不同之处是普宁寺中的碑文是用四种文字撰写。两年之后，准噶尔的另一首领阿睦尔撒纳与沙俄相勾结再次叛乱，乾隆再次西征。平叛之后，乾隆对这次胜利非常满意，刻平定准噶尔勒铭伊犁之碑，同时放置在清漪园五百罗汉堂前和普宁寺中。

西师碑的价值不仅体现在记录清代乾隆平定准噶尔的功绩，在近代中国和苏联的边界谈判中也起到了很好的作用。1960年，中国与苏联关系恶化，周恩来总理主持边界谈判。谈判初期，困难重重，在翻阅大量的历史资料后，周总理在乾隆御笔西师诗碑中找到了中俄边界的证据，中苏边界最终在平等的基础上划定。

碑　西

碑西有书于乾隆二十一年（1756），刻于乾隆二十二年（1757）的御制《万寿山五百罗汉堂记》。碑文记载了罗汉堂的形制、规模和建设过程，并详细介绍了罗汉堂“甲乙丙丁戊己庚辛壬癸”十道内罗汉的称谓、出处和形态。对于已被焚毁的罗汉堂，碑文具有很高的史料价值。《光绪顺天府志》载：“御制《万寿山五百罗汉堂记》，正书，乾隆二十二年，在清漪园。”

录　文

调御丈夫作天人师，世出世间，示权变法以度众生。得其门而入其室者，自小乘进至四果，方得谓之罗汉。故《楞严经》富楼那言：“我于佛前，助佛转轮，因狮子吼，成阿罗汉。”十六应真之号，诸经皆有，而《大论》则云：“五千罗汉，其力最大。”《金刚经》须菩提言：“世尊，我若作是念，我得阿罗汉道。世尊，则不说须菩提，是乐阿兰那行者。”是知五千不为多，十六不为少。五百罗汉堂之作，抑亦概于是乎？昔苏东坡有《荐诚禅院五百罗汉记》，其言曰：“僧应言将造五百罗汉于钱塘而载以归。”夫罗汉何处不可造，而必钱塘乎？及辛未南巡至浙，若云林、若净慈，无不有五百罗汉之堂，乃知五百之名，始自钱塘，其来久矣。归而万寿山之大报恩延寿寺适成，寺之西有隙地，因命筑堂，以肖

钱塘。第云林、净慈皆五百列坐，斯乃置山林、溪涧、宫殿，其中俾步以入者，后先左右与袈裟钵锡之侣相周旋，若夫行住坐卧，不拘一律，又非尽跏趺之死灰槁木已也。于诸境界各取梵经所载，以标其名，而五百人者不复一一为之安名立字，所为不即不离，如是如是而已。甲祇树园者，《金刚经》所云佛在舍卫国祇树给孤独园与大比丘等说法之所也。以杖锡担棕毛坐具者一，执如意者一，执卷轴者一，肩杖履若达摩者一，执经册者一，矮而携筇竹以行者一，皆若欲入园门而往听法然者。门之内步崖侧者一，踞石坐者一，立峰顶而向下窥者一。峰回路转而为狮子窟，所为善狮子吼施无畏声者。是以手指云径，似示人以路者一，合十只手而执灵寿杖者一，拂而左钵而右立于两旁者二，崖之巅抱膝而坐者一 ,以手指地若咨启者一，摇手者一，憩树下者一，涧旁嵌穴而露半身者，捻数珠者，回首顾者，将前却者，闭双目者，嗒然笑者，倚杖坐者，竖一指者，手擎卷者，坐抚膝者，披经示者，瞪目观者，手挥拂者，俯流泉者，顾而问者，凡十五。涧之彼岸，荷禅杖飞行为撒手悬崖者一，徐而步者，负囊者，走且顾者，二人持一杖者，嗅天花者，振锡者，为思想者，凡八。而狮子窟之事略毕。乙过狮子窟则为须夜摩洞，须夜摩者，此云善时分也。洞之内坐而手持桃者，立而合掌者，袖手者，问讯者，凡四。见于岩之穴者三，或捧腹，或槃陀，或抚石状。各别引双手者一，拄木杖者一，玲珑峰之内或见半身，或见其首者二。垂膝坐而瞌睡者，指经册若参究者，捧香炉者，笠而执拂者，持经函者，侧而撼石坐者，擘窣堵波者，凡七。河之中立而掀双手者一，立揽双手于胸者一，河之裔端坐持斫讫罗于胸前者一，掷杖为龙飞去者一，前而行后而附其臂者，凡二。又前而却视者一，坐石窟者，立其侧者，揶揄者，凝目视者，凡四。舞铙钹者二，坐而观空者二。洞之右为阿伽桥，阿伽，此云水也。桥之北闭目而坐于峦岫间者一，拱双手而立者一，执如意行者一，搘隙弃罗行者一，隐现而见于峰隙石旁，若笑、若戚、若语、若默者凡四。抱膝坐而回睇者一，双拳手者一，挐杖且扶及所扶者二，合掌立者一，按手仰视山腰者一，俯而若答者二，度桥而南扶智杖偏袒两肩者一，合掌者一，托键镃者一，坐岭上挺右臂摘星者一，振德杖者一，持应器对者二，怒者、喜者、欠伸者、垂膝者、垂头者，凡五。提钵蹇莫者一，步屧硐道者一，伛偻者一，振铎者一，转而右坐阿楼那崖，钵中生青莲花者一，立其侧者二，崖之畔举一指出乾闼城者一，若指人以正路者一，袒裼双臂若掷拂子者一，抚膝不语者一，立而问者、疑者、对者、是者、非者、服者、不服者、自思者，凡八。过此而为摩偷地矣。

丙经云，三天有摩偷地，在须弥四陲住，于是而证四果。曰须陀洹，曰斯陀含，曰阿那含，曰阿罗汉者，凡四。参六波罗蜜，曰布施，曰精进，曰持戒，曰忍辱，曰禅定，曰智慧，而各执一义者，凡六。参六种性，曰习种，曰长养，曰性种，曰不可坏，曰道种，曰正法，而各执一义者，凡六。于六波罗蜜而不住者一，于六种性而善离者一，窈然而深处于摩诃窝者三。摩诃有三义，谓大、多、胜。各持一义而究之出石洞立而若有迟者一，坐而竖天龙指者一，并肩行者二，接武行者三，揎拳作相扑者二，立而观者二，背而弗观者一，共语者二，以屈眴拭背者一。转而为徙多桥，《西域记》所云冷河者也。立此岸而振九连环杖者一，著僧伽梨而乘马于河中者一，牵者一，向而顶礼于此岸者一，右膝著地举一手启请者一，彼岸卓立翠微者一，趺而掬钵多罗者一，摇扇者、戏狮子者、挥麈尾者、握莲花者、数阿唎吒迦者、支颐者，凡六。立水中壶卢上者一，桥之右立水中石砥者一，浴者二，将浴者三，浴罢者二，持净瓶者一，双手抖擞数珠者一，见于丛樾间，或肥、或瘠、或肥瘠适中者三，峣峰拔起而立于最高处者一，嵌仄以下得稍平可立二人，一老者，一壮年者，又缘而下地遂广把花篮者、戴箬笠者、承贝叶者、骑白象者，凡四。绵谷沿缘以进，趋步、徐步、连步、展步者亦四。却望而俟之者二，将为五体投地顶礼者一，合掌为恭敬者三，此则弥楼前或至或未至者。弥楼者，此云光明七金山，法华谈经之所，因以

天竺紫金光如来像供之。楼之背峭壁千寻，不可上下，一石撑涧底而亘立于云霄，是则砥柱也已。柱之旁一须者，一不须者，须者拍不须者肩，而不须者枝月牙杖云。丁岈然洼窪然，尺寸千里，迥不可穷，宏不可概者，曰兜率陀。兜率陀者，妙足之谓也。宴坐而谈四大者四，曰地、曰水、曰火、曰风。遥向望而瞻礼者二，促膝坐而谈二白法者二，曰惭、曰愧。独坐而究无生者一，以拂拂之者一，展瞿修罗而视之者二。为食施五福相者五，曰富、曰寿、曰颜泽、曰多力、曰身安。参楞伽三种波罗蜜者三，曰世间、曰出世间、曰世出世间。参圆觉三无碍法界者三，曰静、曰幻、曰寂。

戊兜率陀之南则功德池。八功德水出，佛摄受经往而浴者，凡十三。执珊瑚者，徒步者，曳杖者，走而却者，擎壶卢中出蜃气者，疾足、蹑足、蹀足、举足行者，拥膝、盘膝、侧膝、扪膝憩者。池彼岸为坻为屿，高下相错，坐而抚雄狮者一，促膝观者一，独坐止观者一。立而证三种罗汉果者三，曰慧解脱、曰俱解脱、曰无碍解脱。戏子母虎者一，扬拳欲搏之者一，拒而止之者一。坐池边参华严六相者六，若总相、若别相、若同相、若异相、若成相、若坏相。杖而将至溪边者一，伸左臂其长不可量而入水捉月者一，坐其侧观者一。横溪则为信度桥，所为菩萨化为龙王流出信度河者。是桥之西坐而只手持轮者一，桥之东坐穹洞劈腹见佛相者一。向而作礼者六，赞之、叹之、悲之、欣之、敬之、慕之，情不一。背而立者一，洞之阴藉草坐石者四，振衣者、举扇者、闭目入定者、击击子聒之者，状不一。转而南则为香岩。步岩洞将出者一，旃檀功德佛相在焉合掌作礼者一，执经者、执法供者、执七宝如意者，凡三。嵚崎旁出坐深穴中者二，若不知有佛者。然其知之乎？其不知之乎？吾安得而知之？

己树之名不可穷也。有菩提，有娑罗，有尼拘律陀，有多罗，而赅之曰：栴檀林。轮囷蒙络，槎枒摇缀，日照之为空色，风拂之为空音。偃息其间者，则有皙者、黑者、赤者、黄者、白者，面之色各殊；嚬者、颦者、吁者、听者、吲者、呿者、嗚者，面之状各殊，若是者凡十二。自顶门出婴儿者一，入三摩提毒虫魑魅扰之而不动者一，将出洞门手持拂子丝觌觌下垂者一。出林洞则须弥顶，此云妙高也。未至顶而徘徊于翠嵁间者五，若狞貌、若嬉貌、若善貌、若不善貌、若美貌。立于顶之上者八，若长身、若短身、若粗身、若细身、若壮身、若弱身、若伟身、若孱身。步蜿蜒石径，将往法华，所谓善现城者六，跨而行者，跀而行者，跡而行者，踦而行者，跻而行者，跥而行者，立善现城当门而咍者一，若曰此不易入云尔。

庚振衣千仞之冈，若跣足者。婆娑大树之下，若钩膝者，若深目者，若痒耳者，若哆口者。独立诡石之侧，若方面者。侣武羊肠之径，若疏眉者，若曲碌腰者，若弹指者，若碧眼者。徘徊溪谷之幽，若挺臂者，若台背者，若拳挛手者。踟蹰碧岫之旁，若隆鼻者。结伴峭茜之丛，若剖胸者，若露肘者，若露齿者，若宣舌者。是皆得于金田及陀罗峰之间，凡十八。金田者，布金之田，而陀罗者，即所云能持集种种善法云。

辛极神通之变而莫可究范者，莫过于阿罗汉矣。则有若自手劈面而复露一面者，以手捧膝跸立而旋转无穷者，以手按膝作胎息导引法者，噀钵而兴云者，挥手而生风者。擎一树而三千年开花，三千年结子，如西池蟠桃者，怡而为春舒者，笑而为夏长者，怒而为秋落者，戚而为冬藏者，说如不说者，不说如说者，示如不示者，不示如示者，劈胸见佛端坐者，躴躿而觉其长者，侏儒而不觉其短者，臃肿而不觉其肥者，端坐琢齿漱舌为化身坐忘法者，四肢距地伸缩引气为鹿戏法者，颓形雕容而相好具足者，伸一指而具空色二谛者，伸二指而具非空非色一谛者，微笑不言而具空色非空非色皆非谛者，凡二十四。皆聚于鸡园，得见如来最初成道，如楞严憍那五比丘所云者。

壬仙人鹿野苑者，辟支佛所住，世尊亦于此成道。遥向室罗筏而顶礼者一，旅而进将受教者二，骑鸾凤行空而来受教者二。室罗筏者，世尊谈华严之所，林曰逝多园，

曰给孤独，大庄严重阁在焉。梵天紫金光，如来据七宝座而为说法，一切菩萨天人八部之所，围绕不可量数，自重阁夤缘而下，缭而曲，窈而深者，曰耆阇，崛山形如鹫，亦名鹫岭。撞钟者一，鸣鼓者一，击木鱼者一，由山径降而复升招手者一，摇手者一，揞手者一，敛手者一，展手者一，扬手者一。披蒙茸，跻巑岏，则见所谓舍利塔者，扶携行者二，握手行者二，拾级登者一，欲登且止而悟，眼之见色，耳之听声，鼻之嗅香，舌之辨味，身之知触，意之思法者六，及登塔院绕塔而悟四种性智者四，曰大圆镜智，曰平等性智，曰妙观察智，曰成所作智。塔之下，峰益峭，树益密，径益险。坐云窦双手拖眉至地者一，著郁多罗缯者一，瘦骨立者一，磬折者一，盘曲出幽可达蜂台。

癸佛说法四十九年，未曾说一字。而谓有所说法耶？所说法不可得，而谓有听法及于法得度者耶？而谓有西天震旦，种种世界国土之分别耶？蜂台者，吾知其为天竺，世尊诵经之处乎？吾知其为樊忱诗中所云者乎？则有若参禅那者，有若持戒律者，有若演大论者，有若译经论者，有若摇扇思者，有若扶剌竭节思者，有若默坐思者，有若倚树思者，有若掇篮思者，有若捧册思者，有若搞石思者，凡十一。大溪横其前野，彴可步过，頳頩其面者，褦襶其身者，呴嘘其口者，凡三。皆若有所佇，擢萎閜砢，褭窕冲融之间，若有路，若无路，若可见，若不可见，而呎尔，啁尔，卓尔，提尔，携尔，介尔，率尔，莞尔，哑尔，骚骚尔，洒洒尔，狰狰尔，凉凉尔，悠悠尔，若是者凡十四。溪流益阔，桥益长，其名曰毗诃罗，桥之南参眼受色者，耳受声者，鼻受香者，舌受味者，身受触者，意受法者，凡六。是受者，非受者，凡二。能受者，所受者，凡二。非能受者，非所受者，凡二。绝岭之上，各露半身，远而，魁而，衎而者，凡三。石室之中，攒簇而立，粲然，肃然，漠然，怡然，凛然，隤然者，凡六。极下牝穴，窅隘以深。寂若，邈若者凡二。隔岫颙若者一，缘磴而上，跃如，坦如，招如，昂如，迢如，仙如，轩如，泊如，侃如，皤如，如如者，凡十一。磴侧峭壁之下，圩其顶而凹凸其面者凡二。一按双手于腹，若运气然，其一挺一臂向空而握一拳当胸前，坐其旁而持结夏具者三，一以净瓶植珊瑚，一以玻璃盘贮修陀，其一展画卷。《华严》所云露山者在焉。穿洞而出，亦可达香岩，洞之左，立而持鐄子者一，坐而结手印者一，洞之右，展双手若取物者一，执朵莲者一，杖头系壶卢、画卷、杂物而执之者一，执舍罗者一，据洞顶一手持摩尼珠而戏天龙者一，飞流直下，自龙口出，即信度河源也。其菩萨所化为龙王者乎？盘桓嶕嵘之崀，若坐若立者八，则究涅槃八味者也。若常住，若寂灭，若不老，若不死，若清净，若灵通，若不动，若快乐。纡绕而下，得稍平立者四，则咨贤首四事者也。为理，为事，为事理，为事事。转而又下，立平石者二，则思楞严二殊胜者也。曰上合圣，曰下合凡，翘立涧边以军持接悬泉者一，以二铁钵接者一，既接水而灌漱罢者一，嗅优钵昙花者一，弹指者一，持七宝轮者一，趴坐者一，别为一旅骑麒麟而行者一，前后拥护供养者凡八，持净水者，澡水者，香者，花者，灯者，涂香者，食者，乐器者。复有六，曰执镜者，曰执琵琶者，曰执炷香者，曰执蒲阇尼者，曰执震越者，曰执如意宝者，复有二，曰供养作供养观者，曰供养不作供养观者。五百罗汉之迹，于是乎毕阐。是记成于乾隆丙子夏六月，五百相好成已久矣。所司砻石请勒诸本山，因如所请，书之。时丁丑长夏，回思作记时，直一弹指，顷俄已阅岁，辄复记其后。御笔

碑 东

乾隆二十三年（1758）“《西师》诗一篇，乾隆戊寅夏六月之吉御制并书”。时年正值平定准噶尔叛乱胜利结束，平定南疆大小和卓叛乱的开始，所以乾隆在此首 186句五言长诗中以史入诗，并用大量文字注释，具有十分重要的史料价值。

录 文

西师历四载，王臣久于役。谁无室家心，而能忘契阔。始

缘趁机动，操刀乃必割。终以」阻远艰，举棋忌屡易。欲罢又未能，永言志颠末。」皇祖征朔漠，即此厄鲁特。三番整六师，狼群始窘迫。策妄退守巢，于以延喙息。取馘索贼」子，惟命无敢逆（噶尔丹兵败，仰药死，其子脱身逃窜。时策妄阿拉布坦鼠伏一隅，畏威椒德，献出逆尸，不敢容留逆子）。厥后渐滋饶，遂复劫西域（策妄阿拉」布坦逞其诈力，势渐强横，计诱拉藏汗，以女妻其长子丹衷，袭杀拉藏汗，大肆劫略。我师抵西藏，其酋率大策零敦多卜始引众归巢。大策零敦多卜即今达瓦齐之祖，为策妄族兄）。终康熙年间，盖未止兵革。」皇考阐」前猷，思一劳永逸。两路命大举，帑藏非所惜。究因时弗臻，胜败互轩轾（雍正年间，西北两路驻兵，贼以送还罗卜」藏丹津为名，又值西帅入觐，劫窃西路马群，因藉所获马力，跳梁北路，势甚猖獗。后为额驸策楞击败于额尔德尼招，几至匹马不返。而将帅之臣，按兵不追，贼众得以兔脱。我武既扬，遂有罢兵之议）。曰予守」成训，罢兵事安戢。稔知贼所恃，其长有二术：一曰激我怒，劳我众远出。彼乃邀近功，」坐绌我物力。一曰窥我边，列堠疲戍卒。戍久心或懈，彼乃逞陵轶。知然明告彼，以主」待其客。远兵既罢征，远戍亦罢拨。近边汝或伺，汝远劳竭蹶。噶尔丹策凌，闻言乃计」诎。得失故晓然，求和使来亟。来亦弗之拒，厚往示恩泽。如是终彼身，无事皆宁谧。其」子曰阿占（即策妄多尔济那木扎尔之乳名），暴虐莫可诘。用是失众心，相延为篡夺。喇嘛达尔济，戕彼位」自袭。达瓦齐攘之，计盖由撒纳（喇嘛达尔济既篡阿占而夺其位，达瓦齐偕阿睦尔撒纳奔哈萨克，藉其声援，复篡喇嘛达尔济，皆阿睦尔撒纳为之谋画，盖欲自取也）。绰罗斯汗」族，达瓦齐一脉。阿睦尔撒纳，辉特别枝叶。时虑众鲜从，以此缀旒设。终不忘伊犁（伊犁，」盖四卫拉特会宗之地也），煽乱事狡谲。达瓦齐弗甘，兵连祸相结。惟时三策凌（都尔伯特台吉策凌、策凌乌巴什、策凌孟克，恐祸及己，率所部来降），」避祸来投阙。撒纳旋亦归，宠遇厕班列。熟筹如许众，杂居喀尔喀。如狼入羊群，几不」遭哐啮。就其力请师，毋宁授之钺（阿睦尔撒纳归命乞师，朕思机既可乘，而新降多人，若尽处我喀尔喀之地，终非长策，故定议出师，遂命阿睦尔撒纳，副将军班第以往）。国家」全盛时，出帑储胥孥。曾弗加赋徭，更未废赈恤。

八旗及索伦，劲旅多英杰。其心尽忠｣笃，其技善撇捩。那如杜甫诗，惨恻《新婚别》。乙亥我出师，一矢曾未发。五月大功成，庶｣以慰｣前烈。而何狼子心，饱扬去飘瞥。留语啖众狙，倡乱动戈戟。致我二臣捐，驿路肆唐突（阿逆潜蓄异谋于达瓦齐就擒，大兵凯旋时，即流言胁众，党恶之徒，仓猝变动，班第、鄂容安同时致命疆场，贼众纷纷四出，窃占伊犁，截断台路）。｣群言益蜩螗，无怪懦者怯。欲弃巴｣里坤，坚志斥其说。整师重讨叛，所向复无敌。一二畏首尾，乃致贼免脱（大兵复进，前徒倒戈，阿逆众叛亲离，｣成擒在迩，乃因将军策楞、参赞玉保等不和，又无克敌致果之略，阿逆得以亡命）。申命事穷追，大宛搜三窟。于诈应以直，残喘命得乞（哈萨克汗阿布｣赉始意欲留阿睦尔撒纳，大兵已压其境，相隔一谷，阿逆自度力不能支，因遣使诡辞称哈萨克众即欲擒献阿逆，但其汗阿布赉未到，乞暂缓师，适以策楞获罪，命达尔党阿将兵前往。我兵以逆贼在目前，争欲进促，而达尔党阿以为天朝当示大义，｣彼既缚献，不宜加师，力阻众兵，徘徊观望。而贼得以橐载远扬矣）。宰桑勤王者，见此笑以窃。遂生轻我心，旋师反又忽（时呢马、哈萨克锡拉皆已授职｣从征，见达尔党阿为贼所卖，笑其无能。自哈萨克还，复生变计，与巴雅尔，莽噶里克等密谋构乱，以害将军和起）。计赚我和起，奋勇沙场没。兆惠全师还，则予命｣往接（将军兆惠以孤军远驻伊犁，闻呢吗等作乱，整师东旋，中途屡歼逆众，值朕命侍卫图伦楚等率师赴援，乃得振旅而归抵巴里坤）。丁丑重问罪，值彼互残杀。因缘撒纳｣归，遇我窜仓猝（诸将分南北两路，直指伊犁，维时扎纳噶尔卜杀其叔绰罗斯汗噶尔藏多尔济，欲并其众，寻又为台｣吉达瓦齐所杀，而献其首军门。时阿睦尔撒纳复自哈萨克逃回伊犁，聚众争长，突遇我师，跳身遁迹）。｣富德蹑其后，大宛徕汗血。称臣许捕寇，寇更逃罗刹（富德追阿睦尔撒纳，适值哈萨克之兵，而哈萨克畏我兵威，称臣贡马，且誓擒贼自效。阿逆知｣不能免，乃奔俄罗斯。俄罗斯一名罗叉，或曰罗刹）。或曰不必追，或曰不必索。或曰捐伊犁，筑室谋纷汩。北荒守和议，冥｣诛致贼骨。伊犁倡乱流，大半就擒讫。初议众建侯，为抚四卫拉。二十一昂吉，公属抡｣阀阅（准噶尔厄鲁特又名四卫特拉，部内有绰罗斯、辉特、和硕特、都尔伯特四族，各领其众，而绰罗斯为长。噶尔丹策凌时，设二十一昂吉，昂吉者，部落之称也，为其汗公属。达瓦齐既执归京师，于四部各封一汗，而二十一昂吉则归之公属，如八旗蒙古然，仍择其世族宰桑辈长之）。是予奉」天道，好生体」造物。讵知彼孽深，历世不可活。以其狙诈类，诚如向所画。每岁费豢养，终亦背恩蔑。」是伤我脂膏，而育彼羽翼。不如反之速，扫荡今将洁。猰貐肆恶流，三氏沦亡歇（噶尔藏多尔济」被杀，绰罗斯族殄灭无几；辉特汗巴雅尔亦以叛逆诛殛；和硕特汗沙克都尔满津心怀携贰，参赞大臣雅尔哈善诇知异谋，歼之于巴里坤外）。余都尔伯特，始终守臣节。所以至」今存，耕牧安职殖。其廿一宰桑，非诛即病殁。不善降百殃，此理愈昭晰。谓祸乃成福，」致得每于失。幸以免众议，孰非」鸿佑锡。设使司事者，惟明更勇决。万全尽美善，讵有小差跌。都大承平久，军旅谁经」历。益因警宴安，求全肯过刻。先是花门类，杂种日回鹘。久属准噶尔，供役纳秷秸。羁」縻其和卓（噶尔丹策凌先以兵威迫胁回人，执其酋长和卓，拘系于阿巴噶斯之部落，以回民分隶各昂吉下而役使之），笼络其臣妾。我师定伊犁，乃得释缧」绁。我将纵之归，抚众许朝谒（和卓初闻大兵西伐，献款输诚，备极恭顺。我将军班第等因纵还故土，俾抚驭其众，纳赋执役）。肉骨生死恩，感应久不」辍。报德乃以怨，转面凶谋黠。我将所遣使，百人遇害剧（和卓归故域后，我将军等差副都统阿敏道率百人往会盟，而彼乃设计尽行戕害）。」是皆奉上命，守义遭枭兀。苟不报其仇，何以励忠赤。厄鲁今荡平，回部余波蕞。徒以」守坚城，未可一时拔。贾勇诚易登，伤众非所悦。中夜披军书，万里遥筹策。穷荒信」安用，弦上矢难遏。志因继」两朝，变岂防一切。」苍灵赖有成，浮论宁袪惑。开边竟无已，自问多惭德。但思文子言，解嘲守弗悖。」右《西师》诗一篇。乾隆戊寅夏六月之吉御制并书

碑　南

“乾隆二十年岁在乙亥夏五月之吉御制”平定准噶尔勒铭伊犁之碑，竖刻十八行，行书。

录　文

平定准噶尔勒铭伊犁之碑」惟」天尽所覆，俾我皇清，罔不在宥。惟清奉」昊天，抚薄海，兆庶悉主悉臣。」太祖、」太宗、」世祖肇基宅中，皇者其武。」圣祖、」世宗覲光扬烈，克臻郅隆。逮予藐躬，思日孜孜，期四海同风。姿汝准噶尔，亦蒙古同类。何自外携，数世梗化，篡夺」相仍，硕仇其下？厥达瓦齐，甚毒于酲。众心痡痡，如苗斯蟊，如虺斯螫，众口嗷嗷。视尔嗷止，予焦劳止，期」救不崇朝止。视尔痡止，予噫嘻止，亟出汝涂泥止。乃命新附，尔为先锋，熟悉其路；乃命劲旅，携数月粮，毋或掠掳。师行」时雨，王旅啴啴。亦无潦阻，左旋右抽。王旅浑浑，既暇以休。乌鲁木齐，及五集赛，度之折折，台吉宰桑，迎降恐后，」奚事斧吭？波罗塔拉，阔尔奇岭。险如关阖，倒戈反攻。达瓦齐走，旦夕涂穷。回部遮获，彼鼠斯喙。地入无隙，露布」飞尘。受俘午门，爰贷其罪。自今伊始，四部我臣，伊犁我宇。曰：绰罗斯及都尔伯特、和硕特、辉特，封四可汗。众」建王公，游牧各安。宰桑、公、臣，属我旗籍。谁汝苦辛，尔恭尔长。尔孳尔幼，徐以教养。尔驼尔牛，尔羊尔马，畜牧优」游，分疆各守。毋相侵陵，以干大咎。齐御外域，曰布鲁特，越哈萨克，醉饮饱食。敬兴黄教，福自天锡。伊犁平矣，」勒贞珉矣，于万斯年矣。」乾隆二十年岁在乙亥夏五月之吉御制

碑　北

“乾隆二十三年岁在戊寅秋七月之吉御制”平定准噶尔后勒铭伊犁之碑，竖刻十四行，行书。

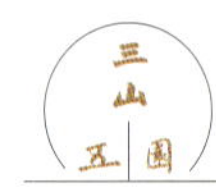

录文

平定准噶尔后勒铭伊犁之碑」天之所培者，人虽倾之，不可殛也；」天之所覆者，人虽栽之，不可殖也。嗟汝准噶尔，何狙诈相延以世而为贼也？强食弱，众凌」寡，血人于牙，而蔑知悛易也。云兴黄教，敬佛菩萨，其心乃如夜叉、罗刹之以人为食」也。故罪深恶极，自作之孽，难逭活也。先是分封四部，众建宰桑、四图什墨、廿一昂吉，」盖欲继绝举废，以休以息也。而何煽乱不已，焦烂为期，终于沦亡胥尽，伊犁延袤万」里，寂如无人之域也。是非我佳兵不戢以杀为德也，有弗得已耳。西师之什，实纪其」详悉也。以其反复无常，迟益久而害益深。则其叛乱之速，未尝非因祸而致福也。是」盖」天佑我皇清，究非人力也。伊犁既归版章，久安善后之图要焉，已定者讵宜复失也。然屯」种万里之外，又未可谓计之得也。其潜移默运，惟上苍鉴之。予惟」奉时相机，今日之下，亦不敢料以逆也。是平定准噶尔后勒铭伊犁之碑」所由作也。」乾隆二十三年岁在戊寅秋七月之吉御制

7

乾隆御笔

“即景杂咏”

碑

清漪园时期此地为惠山园墨妙轩，御制墨妙轩法帖帖石置于轩中。嘉庆时进行改建，光绪时将乾隆御笔“即景杂咏”碑放置在此处，现为谐趣园湛清轩。青石质，卧碑。

碑 阳

乾隆二十九年（1764）“甲申暮春之初御题”七律诗一首，竖刻十行，行书。《清朝通志》载：“御制《墨妙轩》诗，乾隆二十年，七言绝一首，二十九年，七言律一首，俱行书。”

录 文

碧溪一带锁嵚崟，」径入文轩翰墨林。」四壁茗华阅今古，三」希倒薤藉追寻。烟」云舒卷为同异，情」性刚柔在酌斟。数」典更欣过庭论，悬」针竟尔度金针。」甲申暮春之初」御题

末尾钤刻方形印玺“信天主人”和“乾隆宸翰”。

碑 阴

乾隆三十七年（1772）“壬辰孟夏月中浣自玉河放舟由昆明湖归御园即景杂咏得八绝句”。竖刻十八行，行书。《光绪顺天府志》载：“御制《自玉河放舟由昆明湖归御园即景杂咏》，行书，乾隆三十七年，七言绝八首，在清漪园。”

录 文

游八刻余诗廿首，羽林苑外候将劳。暇云」遣

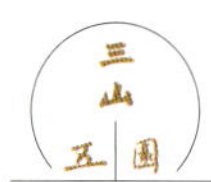

则归应可，兴所适当戒在豪。　来以轻」舆返以舟，为欣顺水送乘浮。界湖回望高」楼远，笑我当前缺句留。　两行绿树布」阴齐，不见黄莺听巧啼。日色日声镜光」里，弗留而过几湾堤。　堤外鳞塍插秧遍，」方方白水浸青苗。农功较比常年早，夏」长秋收候正遥。　渔村蟹舍遥相望，贳社」菱丝夫岂殊。柔橹数声苇渚拂，却看」漠漠起飞凫。　机声轧轧听来近，早识」舟经耕织图。别舍蚕功刚炙箔，总关民」计总廑吾。　玉带桥过出玉河，昆明湖阔」静微波。行来画舫舣石舫，路取山阴近几」多。　山阴佳景颇堪寻，得句多哉弗重吟。」便返御园问奏章，遥遥军务正关心。」壬辰孟夏月中浣自玉河放舟由昆」明湖归御园即景杂咏得八绝句」御笔

末尾钤刻方形印玺“所宝惟贤”和“乾隆御笔”。

8

乾隆御笔“御制万寿山多宝塔颂”碑

乾隆“御制万寿山多宝塔颂”碑在万寿山后山花承阁遗址多宝琉璃塔前。花承阁是修建在须弥灵境阁东侧半山腰的小型寺庙园林。院落依山势建在高低两层台地上。花承阁西面是一个长方形的小院，院南耸立着八面七级的多宝琉璃塔，塔前有一座牌楼。下层台地上竖立着此碑。《日下旧闻考》载：“花承阁之左为多宝琉璃塔。塔下有石碑，勒《御制多宝佛塔颂》。”[12] 多宝琉璃塔建于乾隆十六年（1751），是乾隆为庆祝皇太后六十寿辰而建。塔高 17.6米，八脊攒尖七重檐顶，底座为一层汉白玉须弥座。塔身用黄、绿、青、蓝、紫五色琉璃砖镶嵌了 596尊佛像，是清代琉璃塔中的精品。

乾隆“御制万寿山多宝塔颂”碑，汉白玉质地，僧帽顶，碑身下承八角形须弥座，雕刻纹饰精美。用满、汉、蒙、藏四种文字镌刻乾隆《御制万寿山多宝佛塔颂》。汉文正书，竖刻十行。碑文记述了多宝塔的位置、形制、用料、佛雕及命名。文中依《妙法莲华经》内容叙述了佛经故事，借以寓意万寿山是使多宝佛现身的佛国净土。

录 文

御制万寿山多宝佛塔颂｜万寿山阴花承阁西，五色琉璃合成宝塔，八面七层，高五丈余，黄碧彩翠，错落相间。飞檐宝铎，层层周缀。榱橤户牖，不施寸木。黄金为顶，玉石｜为台。千佛瑞相，一一具足。坐莲花座，现宝塔中。轮相庄严，凌虚标胜。用稽释典，名曰多宝佛塔。偈以颂之。颂曰：｜佛前七宝塔，高五百由旬。涌出虚空中，种种宝庄校，多摩罗跋香，天曼

12 于敏中等编：《日下旧闻考》，卷八十四，北京古籍出版社，1985年版，1402页。

陀罗华。以是为供养，时出大音声，赞叹佛妙法。」人天千万亿，怪得未曾有。佛告大乐说，乃过去东方，无量僧祇劫，有佛号多宝，时作大誓愿。说《法华经》者，我当为证明。」若在在处处，有说《法华》者，宝塔皆涌出，分身无量佛，如恒河沙数。善哉世尊言，此塔随处现，恒河沙国土，千万亿菩萨，」充满于其中。今此宝净地，释迦牟尼佛，来此分半座，愿以神通力，接引诸大众，皆在虚空中。善哉世尊言，妙不可思议。」是山即耆崛，清净极安乐，白毫光一照，宝塔随涌现。当未现塔时，多宝佛何在？宝塔忽涌现，全身在其中。一佛一宝塔，」光满三千界。一塔千亿佛，神妙复如是。了了见十方，宝树与宝衣。无量亿宝物，充牣于其中。以是供养佛，而得大法喜。」今多所众生，安乐普利益。般若金刚身，寿量千万亿。种诸福德本，大慈悲愿力。成就是功德，现此宝塔故。

花承阁遗址多宝琉璃塔

9

耶律楚材墓碑

耶律楚材（1190—1244），字晋卿，号湛然居士，又号玉泉老人，元代著名的政治家。他是契丹皇族后裔，出身于一个居留在金中都汉化了的契丹士大夫家庭。其祖父、其父都曾仕金朝。《元史》载耶律楚材“博极群书，旁通天文、地理、律历、术数及释、老、医卜之说”。耶律楚材辅佐成吉思汗、窝阔台，长期任中书令之职，推行“以儒治国”方针，为蒙古贵族能够适应中原文化做出了重要贡献。耶律楚材终年55岁，逝世于蒙古帝国的首都和林，朝廷给以厚葬，追封他为广宁王，谥“文正”。他生于北京，视玉泉山为其故乡，因此他去世后，乃马真皇后遵照他的遗愿，将其遗体运回北京安葬在“玉泉东瓮山之阳”，即万寿山脚下。元世祖忽必烈继位后，非常敬重这位老臣，为其修墓、建祠、立像，四时祭祀。元代的耶律

耶律楚材祠内石碑

耶律楚材祠

楚材墓占地面积很大，后逐渐荒废。乾隆修建清漪园时，敬仰耶律楚材的为人，将耶律楚材墓圈在园内，建墙垣以与勤政殿及周围区域相隔。又于乾隆十五年（1750）在墓冢前建祠堂三间，中供塑像，并在祠堂前竖立石碑，石碑青石质，螭首，趺座。碑身镌刻乾隆御制诗和大臣汪由敦撰写的碑记，以记其沿革。作为一代君主，如此对前代朝廷的良臣，正是褒贤劝忠之道。咸丰十年（1860）耶律楚材祠被毁，光绪十三年（1887）重建并保存至今。

碑　阳

乾隆御题耶律楚材墓七言律诗及序文。竖刻十行，行书。《光绪顺天府志》：“御制《题耶律楚材墓》诗，行书，乾隆十五年，七言律一首，在郊垌。”

录　文

题耶律楚材墓｜墓在瓮山好山园之东。昔年营园时，以其逼近园门，故培｜土为山其上以藏之。闻其为楚材之墓久矣，使阅时而湮｜灭无传，岂所以褒贤劝忠之道哉？因命所司仍其封域之｜制，并为之建祠三间，使有奠馈申酌之地。并命汪由敦为｜碑记，而题之诗如左：｜曜质潜灵总幻观，所嘉忠赤一心殚。无和幸免称冥漠，有墓｜还同封比干。窀穸即仍非改卜，堂基未没为重完。摛文表德｜辉贞石，臣则千秋定不刊。｜乾隆庚午夏四月上浣御笔

末尾钤刻有方形印玺“所宝惟贤”和“乾隆宸翰”。

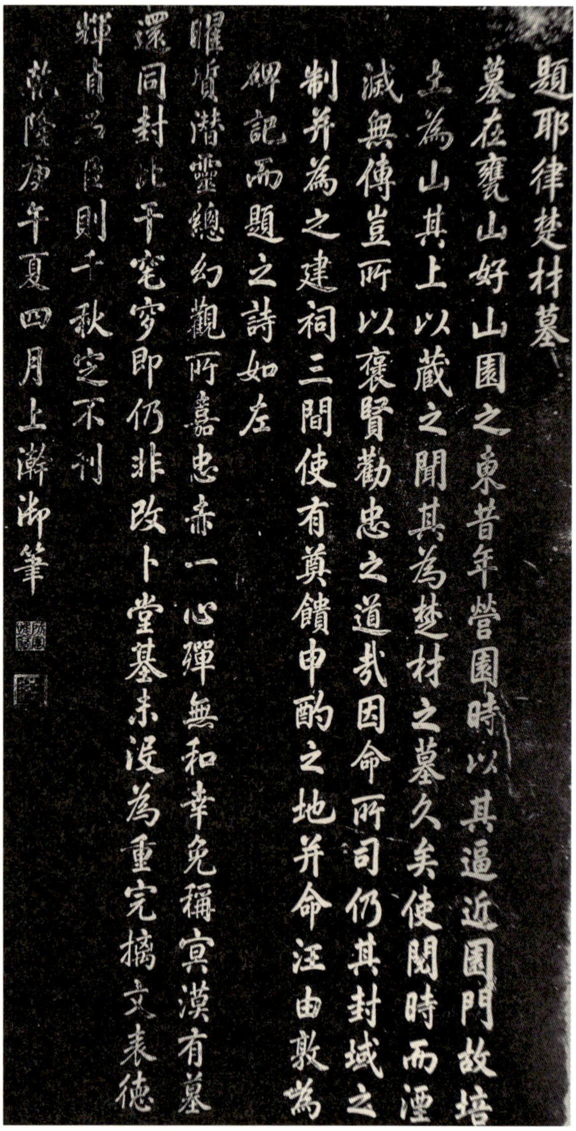

乾隆御笔《题耶律楚材墓》

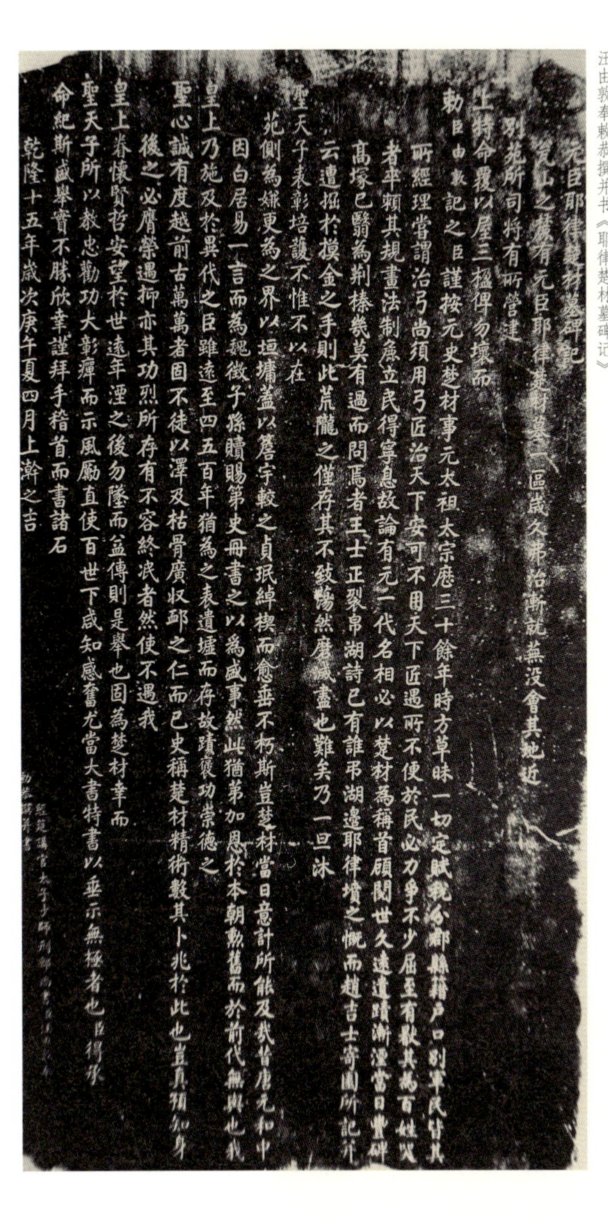

汪由敦奉敕恭撰并书《耶律楚材墓碑记》

碑 阴

汪由敦奉旨作《耶律楚材墓碑记》。正书，竖刻十九行。

录 文

元臣耶律楚才墓碑记」瓮山之麓有元臣耶律楚材墓一区，岁久弗治，渐就芜没。会其地近」别苑，所司将有所营建，」上特命覆以屋三楹，俾勿坏，而」敕臣由敦记之。臣谨按《元史》，楚材事元太祖、太宗，历三十余年，时方草昧，一切定赋税，分郡县，籍户口，别军民，皆其」所经理。尝谓治弓尚须用弓匠，治天下安可不用天下匠？遇所不便于民，必力争不少屈，至有厌其为百姓哭」者。卒赖其规画，法制粗立，民得宁息。故论有元一代名相，必以楚材为称首。顾阅世久远，遗迹渐湮，当日丰碑」高冢已翳为荆榛，几莫有过而问焉者。王士祯裂帛湖诗已有“谁吊湖边耶律坟”之慨，而赵吉士寄园所记并」云“遭掘于摸金之手”。则此荒陇之仅存，其不致荡然磨灭尽也，难矣。乃一旦沐」圣天子表彰培护，不惟不以在」苑侧为嫌，更为之界以垣墉，盖以檐宇，较之贞珉绰楔而愈垂不朽，斯岂楚材当日意计所能及哉？昔唐元和中，」因白居易一言而为魏徵子孙赎赐第，史册书之，以为盛事。然此犹弟加恩于本朝勋旧，而于前代无与也。我」皇上乃施及于异代之臣，虽远至四五百年，犹为之表遗墟而存故迹。褒功崇德之」圣心，诚有度越前古万万者，固不徒以泽及枯骨，广收恤之仁而已。史称楚材精术数，其卜兆于此也，岂真预知身」后必膺荣遇，抑亦其功烈所存，有不容终泯者？然使不遇我」皇上眷怀贤哲，安望于世远年湮之后匆坠而益传？则是举也，固为楚材幸，而」圣天子所以教忠劝功，大彰瘅而示风励，直使百世下咸知感奋，尤当大书特书以垂示无极者也。臣得承」命记斯盛举，实不胜欣幸，谨拜手稽首而书诸石。」乾隆十五年岁次庚午夏四月上浣之吉。经筵讲官太子少师刑部尚书臣汪由敦奉敕恭撰并书

1

耶律铸夫妇墓志

1998年 9月，工作人员在昆明湖东岸施工时，在耶律楚材墓的东南发现了元代耶律楚材次子耶律铸及夫人奇渥温氏的合葬墓。墓为砖室墓，由墓道、墓门、前室、前室的东西耳室、后室以及后室的两个耳室组成。墓道早期曾经被破坏，墓室也被盗过。出土有金、银、陶瓷、石等各种质地文物 190余件。残存的随葬品及墓室结构显示出耶律楚材之子耶律铸在元朝的显赫地位。根据墓志内容可知，耶律铸生于金兴定五年（1221）五月初三，卒于元至元二十二年（1285）四月十二日，享年 65岁，其妻奇渥温氏卒于同年五月六日，享年 33岁，二人于同年七月十五日同时下葬，葬于大都昌平瓮山先茔。此墓的发现明确了此处为耶律楚材家族的墓地。距墓门 1.48米处的墓道上方，南北向并列立有碑形墓志两方，均为汉白玉质，碑首呈半圆形，下呈汉白玉座。

耶律铸墓志高 135厘米，宽 84厘米，厚约 2厘米。志文 27行，行 41字。篆额“故中书左丞相耶律公墓志铭”，正文题“大元故光禄大夫监修国史中书左丞相耶律公墓志铭”。志文介绍了耶律铸的生平事迹。耶律铸，生前曾参与平定阿里不哥叛乱，监修国史，三次官拜中书左丞相之职，地位显赫，有七位夫人与众多子孙。他卒于元朝至元二十二年（1285），终年 65岁。墓志作者赵天民，是辽代勋臣赵思温之后。

耶律铸墓志拓片

耶律铸夫妇合葬墓考古发掘现场

录　文

大元故光禄大夫监修国史中书左丞相耶律公墓志铭」公讳铸，字成仲，辽太祖长子东丹王九世孙。王讳曰突欲，生燕京留守、政事令娄国。娄国生将军国隐。国隐」生太师合鲁。合鲁生太师胡笃。胡笃生定远大将军内剌。内剌生银青荣禄大夫、兴平军节度使德元。德元」弟聿鲁，生正议大夫、尚书右丞履，字履道。兴平公以为子，遂承其后，谥曰文献公。文献公生中书令楚材，字」晋卿。中书令及漆水国夫人苏氏，从」车驾西征，至于西域□□□□□辛巳年五月初三日，公生。既成童，从学于九山李先生子微，博闻强记，文」笔为天下之冠，□号□□□□□□行于世。及长，又能通诸国语，精敏绝伦。」天后朝，嗣领中书省事，年□二十有三。中统元年，公在六盘山。夏，会有变，扈从者皆从之，唯公弃其妻子，挺」身逃归。」上大喜，诏曰："庆承相种，学冠□□。□振家声，雅知朝政，盖为臣无以有己，而忧国常忘其家。矧遵阀阅之先」猷，宜正君臣之大义。可特授中书左丞相。"至元元年八月，加光禄大夫、中书左丞相如故。四年六月，改荣禄」大夫、平章政事。五年九月，复拜光禄大夫、中书左丞相。公每在朝，竭诚尽忠。经纶庶政，以治民为己任。十年」十一月，迁光禄大夫、平章军国重事。十三年六月，诏公可监修国史，余如故。」朝廷凡有大事，必咨访焉。十九年冬十月，又拜光禄大夫、监修国史、中书左丞相。二十二年四月十二日甲」寅，以疾薨，享年六十有五。□□□□祖宗以来，皆以礼薄葬，縻财单币，腐于地下，诚无益于亡者。使其中无」可欲，或后世误为人所动□□□□君子能掩之者。诸子泣奉命。是年七月十五日乙酉，葬于瓮山之阳，中」书令之兆次，礼也。夫人七，□粘合氏，中书公之女，也里可温真氏，赤帖吉真氏，雪尼真氏，奇渥温真氏二人，」瓮吉剌真氏。子十二人，长□希征，中顺大夫、滁州镇守万户；次希勃，三十一岁而卒；次道道，早卒；次希亮，嘉议大夫、吏部尚书；次希宽，□□王位下奉御；次希素，既娶而卒；次希周，嘉」议大夫、左侍仪、奉御，兼修起」居注；次希光，奉训大夫、真定路治中；次希逸，嘉议大夫、山东东西道提刑按察使；次希援；次希崇；次希晟。粘」合氏生道道，赤帖吉真氏生希亮、希素、希光、希逸，奇渥温真氏生希援、希崇、希晟。女六人，长适行中书省左」丞汪惟正，次适兴元□□□□□已适人矣。孙男十三人，孙女十四人。将葬，尚书公等使来请铭于天民。天」民□公□□□□□□□□□□盛德，其何敢辞。呜呼！公之功勋事业，始则布于民心，终则著于史策，于兹不」□□□□□□□□□□□而具其始末，为之志云。铭曰：」……庆门 有贤有哲 令子令孙 以及于公 名高位尊」……克敦 嗟乎终哉 祔于英魂 埋石圹前 以图永存」……

至元二十二年七月十五日立石

耶律铸夫人墓志高0.8米，宽0.43米。志文26行，阳面14行，阴面12行，行23字。题额楷书“故郡主夫人奇渥温氏墓志铭”。首题“故光禄大夫中书左丞相监修国史耶律公郡主夫人墓志”。

耶律铸夫人奇渥温氏墓志阴面拓片

耶律铸夫人奇渥温氏墓志阳面拓片

录文

故光禄大夫中书左丞相监修国史耶律公郡主夫人墓志」郡主夫人姓奇渥温氏，小字琐真，」斡真大王女孙，捏木儿图大王幼女，」塔察儿大王从妹也。中统之初，有浑都海者起乱于西土，」中书公遂捐弃妻子，挺身来归。」主上以公忠于王室，忧劳甚厚。未几，」东藩王塔察儿奉」旨以郡主下嫁于公。当是时也，郡主甫及笄年，其治家处身」之道，一用汉人之法，未尝以富贵骄人，又能以礼自防，至于」助宗庙之祭，则一尽其诚，接夫家之亲，唯恐其后，蔼然有勤」俭之称，而无妒忌之行。故中外欣欣，人无间言。虽前史所载」勤于妇道者，亦何以加焉。《易》曰：女正位乎内，男正位乎外。岂」非得正内之体乎。呜呼！天不假年，享年三十有三，以疾终于」室， 寔庚辰三月之六日也。有子三人，长曰希援，娶瓮吉剌氏；」次曰希崇，娶安氏；次曰希晟。女孙曰久安。谨卜于至元二十」二年秋七月十五日，与」中书耶律公合葬于大都昌平县瓮山先茔之次，礼也。既葬，」诸子泣且念曰：母氏圣善，不愧古人。自惟幼弱，敢忘于孝。愿」纪诸石，用传不朽。托予为文以记之。予嘉其孝子之心不可」违也，敬系之以辞曰：」维夫人之生兮，实为」王室之亲。爰及归于公兮，又能以贵下人。既无险诐私谒之」心兮，足以继古人之芳尘。噫！皇天辅于有德兮，不及于身」而必及于子孙也。」至元二十二年七月十五日志」山东进士马利用撰

1

须弥灵境石经幢

石经幢，须弥灵境遗址东、西各一座。立于乾隆十七年（1752），原位于大报恩延寿寺内。光绪十二年（1886）移至此处。大报恩延寿寺是乾隆皇帝于乾隆十六年（1751）为庆贺其母后钮祜禄氏六十岁寿辰，选择瓮山圆静寺废址兴建的清代皇家园林，是清漪园中的中心建筑。《日下旧闻考》记载："慈福楼西为大报恩延寿寺，前为天王殿，为钟鼓楼，内为大雄宝殿，后为多宝殿，为佛香阁，又后为智慧海。……大报恩延寿寺内额曰度世慈缘，曰作大吉祥，曰真如，曰妙觉，曰华海慈云，皆御书。殿前碑亭勒御制《大报恩延寿寺记》，殿后碑亭东勒《金刚经》，西勒《华严经》。"[13] 大报恩延寿寺自南向北依次由天王殿、钟鼓楼、大雄宝殿、多宝殿、佛香阁和智慧海组成。大雄宝殿前建碑亭一座，石碑上刻有御制《大报恩延寿寺记》，殿后东、西各建碑亭一座，石碑上分别刻经文。

两座石经幢汉白玉质，通高 7.43米，重檐八角攒尖顶，下为三层塔式，各面皆雕佛像，再下一层各面刻经。下承三层须弥座。碑文御笔正书，大部分文字已漫漶。

13 于敏中等编：《日下旧闻考》，卷八十四，北京古籍出版社，1985年版，1396页。

三
山
五 园

石经幢

须弥灵境阁遗址

1

乾隆御临
历代名帖帖石

玉澜堂是光绪时期皇帝的寝宫，北面的两进院子是宜芸馆，适宜藏书、读书之馆。“芸”是一种香草，古人夹在书页内以驱逐蠹虫，古代的书籍又称“芸编”。乾隆时期的宜芸馆是一处书房。光绪时期这组建筑是隆裕皇后的居所，庭院东边的屋子是光绪瑾妃的住所，殿堂名称沿用乾隆旧名。宜芸门内廊壁东、西各嵌五方乾隆御临历代书家名帖的帖石。帖石青石质，长方形，行、草书体，正面阴刻弘历从乾隆十一年（1746）至十三年（1748）之间御临的晋王羲之、唐颜真卿、宋米芾、元赵孟頫及明董其昌等书家名帖。《光绪顺天府志》载：“御临颜真卿《争座位帖》，行书，乾隆十七年，在清漪园。……御临米芾帖……乾隆十九年，在清漪园万寿山。”

东一方：御临赵孟頫帖及俞和帖。
东二方：御临颜真卿《争座位帖》。
东三方：御临米元章《德行帖》。
东四方：御临王羲之帖。
东五方：御临董其昌帖及颜真卿《乞米贴》《鹿脯帖》。
西一方：御临董其昌帖。
西二方：御临赵孟頫帖。
西三方：御临赵孟頫帖。
西四方：御临颜真卿《自书告身帖》。
西五方：御临米元章帖。

贰 依据史料复制的石刻

颐和园中的一些石刻，尤其是乾隆朝清漪园时期的石刻，经历了咸丰十年（1860）英法联军及之后的破坏，大多已不复存在。中华人民共和国成立以后，在颐和园管理处的努力下，部分景观和景观内的石刻，按照历史的原貌得以恢复。这些石刻虽已不是原物，但也具有一定的价值。

1 乾隆御题“耕织图”刻石

耕织图是建在清漪园西北的一处具有江南风情，体现耕织生产的景区，景名借用古画题名，寓田园如画之意。临河为玉河斋，西为蚕神庙，北为染织局，染织局后为水村居。农桑是封建王朝的经济命脉，历代帝王为了巩固统治，都将劝农课桑作为重要的施政方针。玉带桥西为清廷织染局所在地，竖有“耕织图”昆仑石碑，旁为一组建筑延赏斋。延赏斋廊壁上嵌有刻石画《耕织图》48幅。耕织图是中国古代艺术的重要题材，常出现于绘画、陶瓷、家具等装饰上。最早见于著录的是南宋画家楼璹所作《耕织图》。乾隆三十四年（1769），乾隆考辨订正了元代画家程棨摹宋代楼璹《耕织图》绘制的《耕作》图21幅、《蚕织》图24幅，加御题跋共48幅，双钩阴刻上石，历时三年完成，嵌于延赏斋前轩廊壁间。每图长53厘米，高34厘米。每幅图右方为篆书南宋楼璹五言诗一首，旁附正楷小字释文。每幅图上还有清高宗用楼璹原韵加题的行书诗文一首。石刻图画精美，书法流畅，艺术地展现了古代男耕女织的场景，也体现了乾隆游赏之余不忘国计民生的思想。《光绪顺天府志》载：“御题《耕作蚕织二图即用程棨书楼璹诗韵》，行书，乾隆三十四年，五言古四十五首，在清漪园延赏斋。”咸丰十年（1860），耕织图除昆仑石碑幸存外，全被英法联军损毁。民国初年，徐世昌将这里残存的耕织图石刻据为己有，镶嵌在和宝花园。1960年，部分残石被中国国家博物馆（原中国历史博物馆）收藏。现镶嵌在延赏斋前轩廊壁间原址的耕织图石刻为颐和园管理处2004年制作的复制品。

乾隆御题『耕织图』刻石（复制品）

延赏斋

2

须弥灵境前
“慧　因”
牌坊石额

须弥灵境由三层台地组成，山麓临后湖的第一层台地为庙前广场，其中坐落着三座牌楼。《日下旧闻考》记载：“其（北楼门）南为长桥，桥南佛寺。三面立坊楔，内为须弥灵境，后为香岩宗印之阁，阁东为善现寺，西为云会寺。……须弥灵境坊额中曰慈福，曰慧因，东曰旃林，曰莲界，西曰梵天，曰宝地。”[14]这段记载说明须弥灵境在北宫门三孔长桥以南，最前方有三座牌楼，中间的“慈福”牌楼，背面额曰“慧因”，东面的“旃林”牌楼，背面额曰“莲界”，西面的“梵天”牌楼，背面额曰“宝地”。六幅题额皆以佛教为主题，暗示即将出现的景象。今须弥灵境正殿和配殿已无存，现存的慈福牌楼是颐和园管理处在1985年修复的，其他两座牌楼仅存遗址。

「慧因」石匾

「慈福」石匾

须弥灵境前牌坊

14 于敏中等编：《日下旧闻考》，卷八十四，北京古籍出版社，1985年版，1403页。

1

乾隆御制 万寿山大报恩延寿寺碑

大报恩延寿寺碑《日下旧闻考》记载：“（大报恩延寿寺）殿前碑亭勒御制《大报恩延寿寺记》。”御制万寿山大报恩延寿寺碑立于乾隆十六年（1751），碑文用满、汉、蒙、藏四种文字书写，汉文由汪由敦奉敕正书。《光绪顺天府志》载：“御制《万寿山大报恩延寿寺碑记》，国书，汪由敦奉敕正书，蒙古、西番四体书，乾隆十六年，在清漪园。”御制万寿山大报恩延寿寺碑的碑文记载了乾隆帝修建大报恩延寿寺的缘由和经过，是一方非常重要的碑刻，可惜毁于咸丰十年（1860）英法联军之役。录文摘自《日下旧闻考》。[15]

录　文

钦惟我圣母崇庆慈宣康惠敦和裕寿皇太后，仁善性生，惟慈惟懿，母仪天下，尊极域中。粤乾隆辛未之岁，恭遇圣母六帙诞辰，朕躬率天下臣民，举行大庆礼，奉万年觞，敬效天保南山之义。以瓮山居昆明湖之阳，加号曰万寿，创建梵宫，命之曰大报恩延寿寺。殿宇千楹，浮图九级，堂庑翼如，金碧辉映，燃香灯，函贝叶，以为礼忏祝嘏地。朕惟人子，之于亲恩罔极，则思报之心与为罔极。而报恩之分恒不能称其思报之愿。凡所谓祝釐颂嘏，修香光之业，开法喜之筵，于申报曷能以毫发数？亦随

15 于敏中等编：《日下旧闻考》，卷八十四，北京古籍出版社，1985年版，1396—1398页。

时随地致其爱慕诚悃云尔。我圣母至仁广被，如大云起雨，一切卉木药草，随分受润，慈心善质，自足以绵纯嘏，集遐福。盛德之致福永年，固有不求而至焉。而兹复以祇陀布金之园，为灌佛报恩之举。金盘炫日则光照云表，宝铎含风则音出天外，法鼓洪响，偈颂清发，于以欢喜赞诵，不更有以广益福利，绵远增高，为圣母上无量之寿哉。自今伊始，其以兹寺为乐林、为香国，万几之暇，亲奉大安辇随喜于此。前临平湖，则醍醐之海也。后倚翠屏，则阿耨之山也，招提广开，舍利高矗，则琉璃土而玉罂台也。散华葳蕤，流芬飞樾。栴檀之香遡风而闻，迦陵之鸟送音而至。我圣母仁心为质，崇信净业，登斯寺也，必有欣然合掌喜溢慈颜者，亦足为承欢养志之一助。且山容清净，贞固恒久，宝幢金刹，日月常新。藉兹山之命名，申建寺之宏愿，春晖寸草之心与俱永焉。爰为之记，并依般若四声作祝颂曰：

佛言慈善根，广受诸利益。如缫能藉玉，如磁解吸铁。
又言布施力，指期得果报。如尼拘类树，岁收实数万。
洪惟我圣母，圣善实性生。至仁荫世界，慈氏再出世。
譬犹黍谷吹，葭管才一动。万物尽和煦，蔼然游春温。
以此无量德，致彼无量福。五福寿最先，寿量不可说。
我欲报罔极，亦复何以加。宝篆镂精璆，琼册镌华玉。
繄闻香光业，供养利人天。堪以无碍施，广益无量寿。
遂效呼嵩祝，耆阇崛移来。更阐甘露场，祇树园布就。
青鸳大兰若，堂殿八九重。铁锁界百道，铃铎半空响。
后有舍利塔，直上凌虚空。高悬金露盘，去地百余丈。
中为无垢地，处处白银阶。涂壁百品香，窣地七宝饰。
堂堂莲花座，宝相何庄严。涌现白毫光，圆容规满月。
其余大菩萨，罗汉及金刚。金缕伽梨衣，各各端正在。
宝刹初告成，圣寿聿届临。彩幢华盖中，虔修佛顶会。
以何备供养，新鲜五茎花。摩勒果万枚，伊蒲馔千斛。
又何备供养，五彩毡氍毹。新罗紫金钟，祇洹青玉钵。
环绕礼法忏，膜拜复呗诵。牟尼一串珠，遍翻榆樘函。
轰轰法鼓震，琅琅铜钹响。薝蔔散馥郁，慧灯发光明。

维时十方界，无不生欢喜。龙天八部中，一声齐赞叹。
天女散香花，众花纷纷下。拈花虔顶礼，敬上无量寿。
亦有大迦叶，如闻紧那弦。起作小儿舞，敬上无量寿。
最后如来佛，降自忉利天。手持千叶莲，敬上无量寿。
圣寿本无量，更有无量加。无量复无边，万万千千载。
以兹福德地，常作快乐园。时驾紫罽车，来此一随喜。
喜林大葱郁，乐树高婆娑。四望种福田，三界选佛地。
朝朝承圣欢，岁岁奉慈辇。延此无量寿，敬报罔极恩。

2

乾隆御制
“墨妙轩法帖”
帖石

谐趣园墨妙轩始建于乾隆朝，嘉庆十六年（1811）更名为湛清轩，光绪时期重建。乾隆时期墨妙轩内藏有三希堂法帖续摹石刻，又称“墨妙轩法帖”帖石。《日下旧闻考》载：“惠山园规制仿寄畅园，建万寿山之东麓。……惠山园门西向，门内池数亩，池东为载时堂，其北为墨妙轩。……墨妙轩内贮三希堂续摹石刻，廊壁间嵌墨妙轩法帖诸石。”[16]关于《墨妙轩法帖》的编订和刊刻过程，在《国朝宫史》中有详细的记载：“《三希堂法帖》既成，皇上复取《石渠宝笈》续入名迹，自唐褚遂良以下诸家，凡三十余种，钩模编次，凡四卷。乾隆十九年勒石。首冠皇上谕旨：朕听政之暇，翰墨自娱。内府所藏书家真迹，无虑数十百种，展阅之余，手自摹写，品评题识，至于再三。丁卯岁有《三希堂》之刻，已骈罗其中，艺林墨宝，略为大备。近复搜遗《石渠》，得唐贤褚遂良以下若而人，凡三十余则，汇为四卷，颜曰《墨妙》。镌之贞石，用广流传。古泽发于行间，新香流于字里，不独使前人遗墨矩度长昭，

16 于敏中等编：《日下旧闻考》，卷八十四，北京古籍出版社，1985年版，1400页。

亦以界后学临池，津梁可逮。以是为《三希》之续，固非与淳化、大观争多角胜也。”[17]《光绪顺天府志》载：“御定《墨妙轩法帖》，乾隆十二年，按御定《墨妙轩法帖》四卷，自唐褚遂良至元赵孟頫，凡十八人书，分为四卷，中恭刻御书题跋三则。二卷有御书怀素《苦笋贴》释文并跋，末有蒋溥等恭跋。帖在大内惠山园墨妙轩两壁间。”《三希堂法帖》全称《三希堂石渠宝笈法帖》，共 32 册。乾隆十二年（1747），乾隆从内府收藏的晋至明代书法墨迹中，选出部分传世珍品，命蒋溥、汪由敦等大臣按年代顺序编辑成册后勾摹勒石，嵌于北海阅古楼内壁上。因法帖中收录了晋人书三件稀世墨宝：王羲之《快雪时晴帖》、王珣《伯远帖》、王献之《中秋帖》，故名《三希堂法帖》。五年后，乾隆又从内府所藏中挑选出唐朝褚遂良至明朝文徵明等人的行草各体作品，复命蒋溥、汪由敦等大臣编校，并刊刻成帖石，镶嵌于墨妙轩两壁间。帖石毁于咸丰十年（1860）。

17 鄂尔泰、张延玉等编：《国朝宫史》，卷三十六，北京古籍出版社，1994年版，690页。

肆 尚未发现的石刻

《光绪顺天府志》有记载而实地勘察未见的石刻列在此处。这部分石刻也许已不存，也许在某处但文字已漫漶。

1	御制《大报恩延寿寺志过》诗，行书，乾隆二十三年，五言古一首。在清漪园。
2	御制《大报恩延寿寺瞻礼》诗，行书，乾隆二十五年，五言古一首。在清漪园。
3	御书“万寿山金刚经塔”，正书，乾隆二十五年。在清漪园。
4	御书“万寿山心镜图”，行书，乾隆二十五年。在清漪园。
5	御书“化宇长春”四字，行书，乾隆三十二年。在清漪园。
6	御制《沿湖岸过玉带桥》诗，行书，乾隆三十二年，七言绝二首。在清漪园。
7	御制《绣漪桥》诗，行书，乾隆三十四年，五言古一首。在清漪园。
8	御制《玉带桥》诗，行书，乾隆三十五年，七言绝一首。在清漪园。
9	御制《舟过绣漪桥》诗，行书，乾隆四十七年，五言古一首。在清漪园。
10	御制《昆明湖》诗，行书，乾隆二十九年，七言绝四首，五言绝一首。二十五年，七言绝四首。在清漪园。
11	御制《涵光洞》诗，行书，乾隆二十八年、三十一年、三十三年、三十七年、四十一年、四十六年、五十年，七言绝各一首。在清漪园。

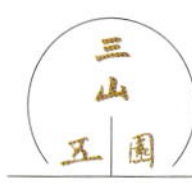

后　记

在《北京“三山五园”石刻文化》一书即将付梓之际，我们不由思绪万千，沉浸在多年来的回忆中。我们二人都是从事北京地区文物调查、保护与研究的专业人员，在文物保护工作中相识。我 1961年从北京大学历史系考古专业毕业后，一直奋战在北京文物战线上，熟悉了国家和市级文物保护单位的“四有”工作，勘查过许多遗址、墓葬和古建筑。陈辉在圆明园管理处从事文物保护和研究工作十余年，我们两人虽年龄相差甚远，但这一课题将我们联系在一起。我们有共同的愿望，利用业余时间相互切磋、探讨，才完成了此书。石刻多分布在“三山五园”中，有的地方已是遗迹，陈辉年富力强，承担了拍照、查阅文献等工作，许多宝贵的业余时间，或在园中或在灯下，展现了年轻知识分子对事业的执着。

我们收集了大量资料，经过整理后，按石刻学的理念进行分类。记录石刻的地点、形制、录文，甚至皇帝的印玺也有收录（风化严重、漫漶不清或遭人为破坏的石刻除外），期盼尽量多地记录石刻的相关信息。但客观上来说，石刻多分布在山间或遗址处，寻找极难，捶拓或拍照更是难上加难。但我们立志

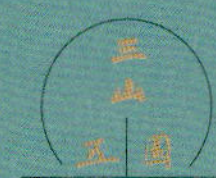

要做成此事，就要勇往直前。通过查阅历史资料、拜读先行者们的成果和实地考察，我们最终使这一课题得以完成。

此书是在北京市文物局各位领导的关心下，通过专家们的审定，得到北京燕山出版社的协助，才得以出版。在此感谢北京市文物局王有泉、韩更处长；北京石刻艺术博物馆的郭豹、石奕馆长，王晓静、张云燕研究员；颐和园、香山、中国园林博物馆的研究人员翟小菊、朱如意、赵丹萍；北京圆明园管理处以及北京燕山出版社社长夏艳、编辑邓京。在此对一切给予我们帮助和支持的领导和朋友们表示衷心的感谢！

此书难免有不足甚至不妥之处，请专家和读者不吝赐教。

吴梦麟

陈　辉

参考书目

1 《清高宗御制诗文全集》，中国人民大学出版社，1993年版。

2 于敏中等编：《日下旧闻考》，北京古籍出版社，1985年版。

3 马宗霍：《书林藻鉴》，文物出版社，1984年版。

4 吴振棫：《养吉斋丛录》，中华书局，2005年版。

5 中国第一历史档案馆编：《圆明园》，上海古籍出版社，1991年版。

6 舒牧等编：《圆明园资料集》，书目文献出版社，1984年版。

7 中国营造学社编：《中国营造学社汇刊》，知识产权出版社，2006年版。

8 《圆明园》丛刊，中国建筑工业出版社，1984年版。

9 《清仁宗御制诗集》，海南出版社，2000年版。

10 《御制乐善堂全集定本》，吉林出版集团，2005年版。

11 《清世宗文集》，海南出版社，2000年版。

12 中国第一历史档案馆、香港中文大学文物馆编：《清宫内务府造办处档案总汇》，人民出版社，2005年版。

13 于敏中等编：《乾隆摹刻淳化阁帖》墨拓影印本，武汉古籍书店，1985年版。

14 昭梿：《啸亭杂录》，中华书局，1980年版。

15 赵慎畛：《榆巢杂识》，中华书局，2005年版。

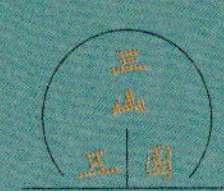

16 徐自强、吴梦麟:《古代石刻通论》,紫禁城出版社,2003年版。

17 陈辉:《圆明园遗珍——圆明园文物研究》,学苑出版社,2014年版。

18 阚红柳主编:《畅春园研究》,首都师范大学出版社,2015年版。

19 张宝章:《三山五园新探》,中国人民大学出版社,2014年版。

20 张宝章:《畅春园记盛》,开明出版社,2009年版。

21 王珍明主编:《乾隆三山诗选》,开明出版社,2006年版。

22 颐和园管理处编:《颐和园志》,中国林业出版社,2006年版。

23 香山公园管理处编:《清·乾隆皇帝咏香山静宜园御制诗》,中国工人出版社,2008年版。

24 香山公园管理处编:《香山石刻石雕》,新华出版社,2009年版。

25 圆明园管理处编:《圆明园流散文物》,文物出版社,2007年版。

26 圆明园管理处编:《圆明园百景图志》,中国大百科全书出版社, 2010版。

27 颐和园管理处主编:《颐和园史事研究百年文选》,中国建筑工业出版社,2016年版。

28 吴廷燮等编:《北京市志稿·金石志》,北京燕山出版社,1998年版。

29 周家楣、缪荃孙编:《光绪顺天府志》,北京古籍出版社,1987年版。

30 北京图书馆金石组编:《北京图书馆藏中国历代石刻拓本汇编》,中州古籍出版社,1989年版。

图书在版编目(CIP)数据

北京"三山五园"石刻文化 / 吴梦麟, 陈辉著. --
北京: 北京燕山出版社, 2018.12

ISBN 978-7-5402-5299-1

Ⅰ. ①北… Ⅱ. ①吴… ②陈… Ⅲ. ①石刻—文化—
北京 Ⅳ. ① K877.404

中国版本图书馆 CIP数据核字 (2019)第 004365号

北京『三山五园』石刻文化

著　者　吴梦麟　陈　辉
责任编辑　邓　京
设　计　芥子设计 + 黄晓飞
出版发行　北京燕山出版社有限公司
社　址　北京市丰台区东铁匠营苇子坑 138号
邮　码　100079
电话传真　86-10-65240430（总编室）
印　刷　北京雅昌艺术印刷有限公司
成品尺寸　185mm×295mm
字　数　550千字
印　张　75
插　页　6
版　别　2020年 10月第 1版
印　次　2020年 10月第 1次印刷
ISBN　978-7-5402-5299-1
定　价　586.00元